中國李白研究

启功题

中国李白研究会　马鞍山李白研究所　编

2023年

国家一级学会
中国李白研究会

凤凰出版社

图书在版编目（CIP）数据
中国李白研究. 2023年 / 中国李白研究会，马鞍山李白研究所编. -- 南京 : 凤凰出版社，2024. 12.
ISBN 978-7-5506-4487-8
Ⅰ. K825.6-53；I207.227.422-53
中国国家版本馆CIP数据核字第2024Y7E200号

书　　名　中国李白研究（2023年）
编　　者　中国李白研究会　马鞍山李白研究所
责任编辑　李相东
特约编辑　张淑婧
责任监制　程明娇
出版发行　凤凰出版社(原江苏古籍出版社)
发行部电话025-83223462
出版社地址　江苏省南京市中央路165号,邮编:210009
照　　排　南京凯建文化发展有限公司
印　　刷　安徽省天长市千秋印务有限公司
安徽省天长市郑集镇向阳社区邱庄队真武南路168号
开　　本　890毫米×1240毫米　1/32
印　　张　9.875
字　　数　284千字
版　　次　2024年12月第1版
印　　次　2024年12月第1次印刷
标准书号　ISBN 978-7-5506-4487-8
定　　价　98.00元
(本书凡印装错误可向承印厂调换,电话:0550-7964049)

《中国李白研究》编校人员名单

中国李白研究会第二十一届年会暨李白学术研讨会合影

中国李白研究会第二十一届年会暨李白学术研讨会闭幕式

第三十四届马鞍山李白诗歌节拜谒诗仙仪式

李白文化研究发祥地学术研讨会

目　录

论李白先道后佛与道、佛融合的生命哲学

——联系东晋以来士大夫接受道、佛两教的历史背景

钱志熙

由于生平的求仙学道活动，以及大量的游仙诗写作，李白与神仙道教的关系向来受到关注。李长之甚至直接称李白为“道教徒诗人”①，这个看法为学者们普遍接受。当然，李长之在论李白的道教信仰时，也认为“后来道家是掺入佛的成分的了，李白更时常谈禅，并同许多和尚打交道”②。他这里所说的“道家”，就是道教，他说李白后来谈禅，是因为道教本身掺入了佛的成分。后来学者对李白与佛教的关系也作了不少研究，但与李白和道教关系的研究相比，其与佛教关系的研究尚有较大的探讨空间。笔者近期撰写的专论李白的佛教信仰及其接受佛学生命观问题的论文，在前贤时秀有关论述的基础上提出一些新看法，从李白一篇佚存的铭文“唯佛与佛，乃能知之尔”入手，对李白诸佛思想、实相思想、净土信仰及禅净合一的佛学思想作了比较系统的论述③。所以，李白与佛教的关系，决不仅是道教掺入佛这样一个层面。

李白思想与信仰方面由道入佛、佛道融合的特点是很突出的。这里的道，主要是指道家，而非道教。章继光的论文比较明确地指出李白的“佛教思想往往与道家思想融合在一起”，并加以相关的论述④。但李白思想中佛、道的关系究竟如何？尤其是对佛、道的接受方式，是否

---

① 李长之《司马迁之人格与风格·道教徒的诗人李白及其痛苦》，商务印书馆 2019 年版，第 378 页。

② 《司马迁之人格与风格·道教徒的诗人李白及其痛苦》，第 378 页。

③ 钱志熙《李白与佛教思想关系再探讨》，《社会科学战线》2022 年第 2 期。

④ 章继光《李白与佛教思想》，《中国李白研究（1990 年集下）》，江苏古籍出版社 1991 年版，第 67—70 页。

存在先道后佛的问题。这些问题是本文讨论的重心。

我的基本理解是,凡是对这一类问题的讨论,就事论事、就人论人是不能真正解决问题的,因为思想的问题有一种历史的渊源,有广泛的历史与社会文化背景。某些问题,如果不把握具体事实,很难作出整体判断;同样不掌握整体的事实,也就不能真正理解具体的、个别的事实。所以本文尝试将李白思想与信仰中的道、佛关系问题,放在东晋以来士大夫接受道、佛两家的历史中来把握。当然,这个整体的历史是很大的,它本身是一个大课题,我只能就自己把握到的一些层面来阐述。

一　从东晋以来士大夫接受道、佛两教背景来看李白的先道后佛

李白自述少年就学仙好道,学道求仙是其终生的行为[①],所以一般认为,李白与佛教的关系,或者说其学佛参禅,是后来发生的行为。关于李白学佛的经历,安旗、李芳民等家已有所讨论。安旗先生曾对李白佛教诗文进行编年笺释,并撰写《李白与佛教》一文,指出李白涉佛文字在数量上超过王维。她根据《答族侄僧中孚赠玉泉仙人掌茶》指出李白在天宝三年时已用"青莲"之号,又根据《庐山东林寺夜怀诗》的内容认为李白在天宝九载已皈依南禅[②]。李芳民先生根据王琦注《李太白全集》等文献,对李白作品运用佛典的情况作了比较全面的调查,认为李白所阅读的佛典不少于 16 种,并且涵盖了开元、天宝及至德后三个时期,各有不同的接受特点[③]。诸家根据李白作品中表现佛教思想的多少,大抵认为李白是在开元、天宝之际逐渐深入佛法。李白《赠僧崖公》

① 钱志熙《李白与神仙道教关系新论》,《中国高校社会科学》2015 年第 5 期。

② 安旗《平生无限伤心事,不向空门何处消——李白与佛教》,载安旗《我读李太白》,三秦出版社 1998 年版,第 125—156 页。

③ 李芳民《论李白对佛教的接受及其文学表现》,《清华大学学报(哲学社会科学版)》2021 年第 3 期。

自述“昔在朗陵东，学禅白眉空”[①]，而此诗之作，据诸家之说，应在天宝十三年[②]。朗陵山在河南确山县西南，其地距离李白早年居住的安陆及曾经游历的汉东不算特别远。李白在朗陵学佛，或许在其隐居安陆、漫游江汉时期。当然，南朝以来佛教经典就是文人主要的阅读对象，所谓“精内典”也被文人视为一种必要的修养。所以，我们也很难说李白早年甚至少年时就没有接触佛典。但如果从深度接受佛学的角度来看，上述这些看法也许有一定的道理。

我们认为从思想及信仰行为的发展来看，李白开始主要是接受道家与道教的，道家、道教与他复古、好奇、崇尚自然的个性与风格也是比较自然地契合的。李白与“道”的关系，包含着与原始道家思想即老庄思想，以及与后来的道教思想的关系两个方面。道家思想从根本上说是一种复古、返朴归真的思想。刘向、班固等人有诸子出于王官之学的说法，并认为：“道家者流，盖出于史官，历记成败存亡祸福古今之道，然后知秉要执本，清虚以自守，卑弱以自持，此君人南面之术也。”[③]但《庄子·天下篇》则更强调其为古之道术。《天下篇》开篇就说：“天下之治方术者多矣，皆以其有为不可加矣。古之所谓道术者，果恶乎在？”[④]“以本为精，以物为粗，以有积为不足，澹然独与神明居，古之道术有在于是者。关尹、老聃闻其风而悦之。”[⑤]道教虽然是一种后起的宗教，但其宗教哲学的基础来自道家，并且其所崇尚的诸神也多来自上古神话，如西王母。

李白行为、思想与艺术上一个最为独特的个性，就是复古的意识比一般文人要强烈得多，这是他接受道家、道教思想很重要的原因。我认为，无论是接受道家的人生观，还是接受神仙之说，在李白这里，都属于复古行为之一，与其突出的、带有浪漫色彩的复古意识是一致的。这就是李白信道与人格行为的统一之处。我们甚至可以认为，李白在文化

① 王琦注《李太白全集》卷十，中华书局 1977 年版，第 542 页。
② 詹瑛主编《李白全集校注汇释集评》，百花文艺出版社 2010 年版，第 1560 页。
③ 班固著，颜师古注《汉书》卷三十，中华书局 1962 年版，第 1732 页。
④ 王先谦《庄子集解》，中华书局 1987 年版，第 287 页。
⑤ 《庄子集解》，第 294 页。

与行为上一致倾向于复古的表现,根源于他前期深受道家及道教思想的影响。

那么,李白怎么又与佛教发生关系并且产生深度介入的呢?我认为要从士大夫阶层先后接受道教与佛教的历史来了解。道教是中国原有宗教,其正式确立虽在汉末魏晋时期,但是道教徒往往追溯其源于道家,神仙道术也多可追溯至战国时代。所以,道教是中国原生的,也可以说是文明时期最早形成的宗教形式(相对于原始宗教而言)。佛教在传入之初,是被视为一种外来的方术,实际上被看成汉魏之际神仙道术之一种。小乘佛教的禅数之学与传统的修炼之术当然是不同的,但在汉代也往往被视为仙、隐之一种表现方式。进入南朝,佛教才完全独立,其教义与传统道教之不同也越来越明显,释俗之争、佛道之争也开始出现了。但另一方面,这也是佛道两教相互影响的开始。尤其是道教,事实上大量吸收了佛教的内容。

佛、道相争与相互影响的问题,应该从宗教的内容即教义,以及宗教的组织即教团两方面分别把握。从宗教内容来讲,佛教与道教一直是相互汲取,当然也相互论争,但以相互汲取为主流。但从宗教的组织来说,佛教与道教一直是两教,两个宗教团体之间也有互渗的关系,但毕竟以互争为主流。尤其是在魏晋至唐代,两教的争议为主要矛盾之一面。但是两教之争主要存在于严格的宗教徒人群中,就文人士大夫群体来讲,同时接受两教属于更主流的表现。如果说东晋南朝时期士大夫群中还存在着比较明显的崇道与崇佛之争,那么进入唐代社会,自由地取法于两教成了更普遍的现象。儒与释、道之争,一直贯穿到唐宋时代,也一直是中古到唐宋思想史中的重要主题。但释与道之争,主要是在六朝时期,到了唐代,没有看到因崇信道教而坚决地排斥佛教的现象,佛与道已经处于比较和谐地各传其道的时期,也可以说有更多的结合点。

李白道、佛兼信,如果从比较广大的历史背景来说,就是东晋南朝以来士大夫佛、道兼取的文化传统在其身上的体现。李白的道教色彩是很突出的,但作为文人士大夫,他于道、佛两教之间并不存芥蒂。这也说明,我们直接把他称为“道教徒诗人”是不太合适的。

二 “门业”与时代的影响

从东晋到南朝，士大夫在信仰上有一个由传统的崇道转向崇佛，或由单纯信仰道教转向佛道兼修的现象。这个时期，佛教与道教是作为两种不同的宗教存在于士俗中的。士族制度决定宗教信仰的家族性质，无论是道教与佛教，都是作为家族的信仰而存在，庶民亦当受其影响。这也奠定中国古代（乃至近现代）宗教信仰家族的根本。当时把这种家族的宗教信仰称为“门业”，不同家族，门业不同。如南齐张融自称“吾门世恭佛，舅氏奉道”（《以门律致书周颙等诸游生》）[①]，孔稚珪则自称“民积世门业，依奉李老，以冲尽为心，以素退成行”（《答竟陵王启》）[②]。梁武帝萧衍家族原本也是信道的，他本人做了皇帝后大弘佛教，云“弟子经迟迷荒，耽事老子，历叶相承，染此邪法，习因善发，弃迷知返。今舍旧医，归凭正觉……不乐依老子教，暂得生天。涉大乘心，离二乘念，正愿诸佛证明，菩萨摄受。萧衍和南”（《舍道事佛文》）[③]。又如江淹早年从事道教，著为《山中楚辞五首》，其中《构象台》《访道经》都是表现求道之旨，后来归依极乐净土，相信缘果之说。李白先道后佛，即从求神仙到礼赞金仙，与上述东晋诸人的情况相似。

大量的资料，包括南北朝小说都反映了在南北朝时期，不仅士族，即使是庶民，家族的信仰都有类似上述的“门业”现象。南朝以降，佛法越发兴盛，刘宋文帝刘义隆、南齐竟陵王萧子良、尤其是梁武帝萧衍等帝王弘扬佛教，使得原本以信奉天师道为主的南朝士族中的许多人转向佛教，也引发了士大夫群中争议佛道高低，各主神灭、神不灭之说的辩论。关于士族分别以道或佛为“门业”的问题，陈寅恪在《天师道与海

① 严可均辑《全上古三代秦汉三国六朝文·全齐文》卷十五，中华书局 1958 年版，第 2873 页。

② 《全上古三代秦汉三国六朝文·全齐文》卷十九，第 2895 页。

③ 《全上古三代秦汉三国六朝文·全梁文》卷六，第 2986 页。

滨地域之关系》《陶渊明之思想与清谈之关系》等文中,曾经做过概括的分析,这个问题也是他首先提出来的。尤其是在后一篇文章中,他将当时原本信奉天师道而改信佛教现象分为三类:一是保持家传之道法,而排斥佛教;二是弃舍家世相传之天师道而皈依佛教;三是持调停道、佛二家之态度,即不尽弃家世遗传之天师道,但亦兼采外来之释迦教义[①]。陈氏此论虽是指向南朝士族,但这种现象恐怕不止出现在南北朝,到唐代应该仍在延续。唐代在佛道两家信仰上的家族性、地域性现象,恐怕仍然有类似南北朝的情况遗留。这启发我们在理解李白与道、佛两教关系时要关注家族、地域因素。李白生长于道教发源地蜀中,蜀中与汉中一直是道教传承的中心地带。李白自叙“家本紫云山,道风未沦落”(《题嵩山逸人元丹丘山居》)[②],并言“十五游神仙”(《感兴八首》其五)[③],这种情况,应该从家族与地域方面寻找解释,其举“家”而言,颇如齐梁诸家之自称门业[④]。则李白的家族应以信道为主,是一个道教的家族。按南朝诸家说法,即其“门业”应是道教。但李白本人,后来又深度地接受了佛教。他正属于陈氏所说的调停道、佛二家的态度,即不尽弃家世遗传之天师道,但亦兼采外来之释迦教义。这就涉及李白的道、佛融合问题。如果我们将李白与他的同龄人王维进行比较,也许对这一点能看得更清楚。王维的家世,或说其“门业”就是崇佛的,而李白的“门业”则应属于道教。中国古代士大夫的道、佛信仰,与庶民的信仰不同,带有更多自觉的个人思想探讨的性质,但是从其开端始,又往往与家庭的信仰有直接的关系,而且在整个信仰的过程中,也始终脱离不了家庭的影响,如王维、黄庭坚等人与佛教的关系,就很典型地体现了这种情况。故陈寅恪所提出的士大夫宗教信仰的“门业”现象,对于研究中国古代文人群的宗教信仰问题,是具有启发性的。

李白的先道后佛,与其成长的经历也有关系。李白青少年时代是

---

① 陈寅恪《陶渊明之思想与清谈之关系》,载《陈寅恪文集·金明馆丛稿初编》,上海古籍出版社2020年版,第220—221页。

② 《李太白全集》卷二十五,第1152页。

③ 《李太白全集》卷二十四,第1104页。

④ 参看钱志熙《李白与神仙道教关系新论》,《中国高校社会科学》2015年第5期。

道家、道教重新占上峰的时期，道与佛在南北朝至初唐有一种相互消长的关系。梁武帝崇佛抑道，隋炀帝也大崇佛教。唐初崇道，对自梁朝以来隆盛的佛教有一定的压抑。武则天时代则大崇佛教，实含有抵抗唐初因认老子为祖而崇道教的行为。到了玄宗时代又以崇道教为主，也有一反武氏之政的意味。上述的分判有助于我们理解李白与道教的关系。李白出生于武周长安元年(701)，但其成长主要是在玄宗时代。公元706年中宗即位，恢复了唐的正统，但中宗时期并没有摆脱武周政治的影响。真正在政治上对武周时代进行“拨乱反正”的，是在公元710年李隆基平定韦后之乱，拥立其父相王李旦即睿宗即位之后。这一年李白正好十岁，其《上安州裴长史书》自称“五岁诵六甲，十岁观百家。轩辕以来，颇得闻矣”[①]，所谓“观百家”正是其开始接受诸子百家思想的时期。按照李白尚奇的个性与其道教门业，《道德经》《庄子》《列子》应是其“观百家”的重点。也可以说，他的思想成长期是从武周时代以后开始的。这一时期道家、道教又成为主流，至少从主流意识来说，这是唐代道家、道教的繁荣时代。这一点道教史家们已有论述。我们通过研究发现李白的思想以道家为主，而又热衷于道教，因此不能不重视他的这个思想成长背景。

李白《古风》其一曾对玄宗政治作了一个基本的结论：“圣代复玄古，垂衣贵清真。”[②]不管这个结论与客观事实的对应度如何，关键在于李白自己一直从复玄古、崇尚道家清真无为之治来理解玄宗时代的政治。他的一切思想行为都与他对玄宗时代政治的理解大有关系。在《金陵与诸贤送权十一序》一文中，李白更为主观性地将自己的求仙好道放在李唐王朝“六叶继圣，希乎玄风”的背景之中：

> 我君六叶继圣，熙乎玄风；三清垂拱，穆然紫极。天人其一哉！所以青云豪士，散在商钓，四坐明哲，皆清朝旅人。吾希风广成，荡漾浮世，素受宝诀，为三十六帝之外臣。即四明逸老贺知章，呼余为谪仙人，盖实录耳。而尝采姹女于江华，收河车于清溪，与天水

① 《李太白全集》卷二十六，第1243页。

② 《李太白全集》卷二，第87页。

权昭夷,服勤炉火之业久矣。①

本文立意,原是讲青云豪士不为世用而放逸江湖、退为仙隐的现象,带有士不遇的意思,表面却说这是因为唐家六叶继圣,尚自然无为之治,所以士无所用于世,实是以颂寓讽。但这也反映了他主动将自己的求仙访道放在李唐崇玄重道的大背景中。因此,当李白走上政治舞台时,其所用的仍是道术之士身份,乃至赐金放还,也还是同样的身份,所以说道术是李白政治的重要面相。不同于其他以儒术济世之士,李白可以说是以道术而济世的,这自然与唐代政治中这方面的因素与背景相关。

虽然道与佛在一般印象里都是出世的,但当我们看到道家与道教所具有的"以道术济世"这一点后,我们发现,事实上相对于佛教的信仰来说,李白的道教信仰可以说仍带有入世的一面,而他对佛教的信仰,尤其是对佛教生命哲学的探索,才是完全属于一种出世的行为与思想。他晚年之深入佛教,实是其用世之心更加淡薄的表现。

东晋南朝以来,大部分士大夫都先道而后佛,佛玄相证,佛道兼崇。李白同时接受道、佛两教的思想特点,首先是受这一士大夫文化传统的影响。我认为事实是这样的:李白的生命思想具有浓厚的神仙道教特点,其终生坚持着一种求仙的幻想,但在发展过程中,又融入了佛教的思想与信仰。在李白的文学中,有些地方仙与佛的主题和形象是叠合在一起的。可以说李白生命形象之展开在于求仙之热情,但其生命哲学之高度则在于佛教的实相证悟,也可以理解为是用佛教的空,来破神仙家的色。佛道融合的问题,有助于我们更确切地解读李白的生命观及其在文学上的表现。

三　以玄为中介会合道、佛两家

生命思想包括生命价值观和生命本体观。生命价值观主要属于伦

① 《李太白全集》卷二十七,第1263页。

理道德的范畴，它与人们在社会生活中的行为方式密切结合，是社会伦理价值的思想基础；生命本体观即对生命真相的认识，则属于哲学的范畴。但两者有时不可清晰分开，生命价值观往往与本体观相关，甚至可以说每一种生命价值观都是建立在一种特定的生命本体观之上①。

与儒家不同，佛、道两家的生命思想偏重于生命本体观的方面。道家第一次充分地关注生命本身，探讨生命的本质与生存的方式。道教在形式与内容上接受神话及神仙意识，在宗教哲学的层面则充分地利用了道家的原典。道家原典直接成为道教的经典，其发展主要是一种新的、宗教的解释与改变，即把道家带有自然哲学的生命本体观改造为道教具有神秘色彩的宗教生命哲学。道教从根本来说是注重个体生命本身的，但在寻求一种宗教性质的个体生命之道的同时，必然也会对社会的问题有所判断。所以，无论是道家还是道教，都有社会伦理乃至政治思想的一个层面。总之，“道”是一个很复杂的概念，即使不将其他“道”放进去，仅说道家之道、道教之道，也已经包含至少上述两个这样不同的内涵了。我们现在说李白生命思想上佛道融合的“道”，就是包括了道家与道教两个层面的，对此，李白有其自己的理解与融合方式。但在研究李白之“道”时，这两部分还是要有所区别的。

无论从生命哲学还是宗教形式来看，笔者都认为道家、道教在先，而佛教在后。从生命哲学来说，道家如老子的后身而身存之说，庄子的厌生乐死之说，尤其是他们共同创造的一种趋向虚无的生命本体体验，与后来的佛教生命本体论如色空之说、涅槃之说都有相似的地方。中国古代文人，尤其是魏晋南北朝玄学盛行时期的文人，是先接受了道家这种生命哲学，然后再进一步接受佛教的生命哲学。李白在这方面表现得尤其突出。从生命哲学的发展进程来看，也可以说道家思想为佛教思想打了底，而佛教中国化的主要原因就在于有这一层底子。最初佛教徒多是用玄学思想来阐释佛教的，可以说在东晋时期，玄佛未分。另外，从宗教层面来讲，道教先于佛教，佛教最初是作为众多道术之一种为信仰者接受的，这是汉魏时期佛教的基本特点。当然，到了东晋、

① 参钱志熙《唐前生命观和文学生命主题》，东方出版社 1997 年版。

南北朝时期,两种信仰开始了比较明显的分流。道、佛的这种离合关系是很复杂的,它们在文人生命哲学与信仰行为上的融合,与上述的基本矛盾相联系。

上述东晋时期玄佛未分的思想,某种程度上仍体现在李白的思想中。李白《赠宣州灵源寺冲(一作仲)濬公》云:

> 此中积龙象,独许濬公殊。风韵逸江左,文章动海隅。观心同水月,解领得明珠。今日逢支遁,高谈出有无。[①]

支遁是东晋般若学六家七宗之"即色宗"的创立者,他于"心无""本无""本无异"诸宗之外,立"即色游玄"之论。《世说新语·文学篇》刘孝标注引其文,略云:"夫色之性,不自有色。色不自空,虽色而空。故曰色即空,色复异空。"[②]支遁又曾作《逍遥论》云"至人乘天正而高兴,游无穷于放浪,物物而不物于物,则遥然不我得;玄感不为,不疾而速,则逍然靡不适,此所以为逍遥也"[③],认为这是庄子明至人之心,建言大道,而寄言于鹏鷃。李白创作《大鹏赋》以为寄托,不仅是对庄子《逍遥游》中大鹏形象的再创造,也明显地受到支遁的影响。李白这首《赠宣州灵源寺冲濬公》诗,融入般若禅观的思想,有广泛的背景。他自称"今日逢支遁,高谈出有无",其实已说到东晋以来般若之学的根底上了,即以老庄的有无之说来阐述佛家的色空之谈,即不执空,又不滞有,空色双遣,有无两得。我们可由此窥见李白日常将道家有无之论与佛家色空之说放在一起把握的基本思想状态。

李白佛教内容作品的一个特点,是多会合道、佛两家之旨。李白的玄学造诣常常被研究者所忽略,这是一个专门问题,需要探讨。我们这里主要就玄佛的关系略作申述。东晋六朝以来,谈玄与谈佛是相通的。士大夫因玄学的贵无体道,对般若智慧产生浓厚的兴趣,终至于玄学衰落,而般若学本来面目越来越突出。李白深受道家自然说的影响,他对

---

① 《李太白全集》卷十二,第 631 页。

② 刘义庆著,刘孝标注,余嘉锡笺疏《世说新语笺疏》,上海古籍出版社 1993 年版,第 222 页。

③ 《全上古三代秦汉三国六朝文·全晋文》卷一百五十七,第 2366 页。

玄学是有所继承的，“今日逢支遁，高谈出有无”即反映了他对东晋士大夫崇尚般若学的情况是有所了解的。但道、佛之融合一直是般若空宗的基本特点，如周颙所著《三宗论》就会合道家的有无与佛教的空假二义。所以孔稚珪《北山移文》中说他“谈空空于释部，核玄玄于道流”①，最能见出文士于佛道二教左右逢源的佳境。李白正是将空色与有无合而论之的，这一点在上引《方城寺与元丹丘谈玄作》里表达得很清楚，从在寺中谈玄的题目也可以看出。又其《峨眉山月歌送蜀僧晏入中京》称赞僧晏“黄金师子乘高座，白玉麈尾谈重玄”，“重玄”一词，原本《老子》“玄之又玄，众妙之门”，僧晏被召入京，所谈应为佛法，而李白以“谈重玄”赞之。这种用法，出于东晋玄佛两界，其中支遁《咏怀诗》“中路高韵益，窈窕钦重玄。重玄在何许，采真游理间”②即是著名一例，恐怕也是后来文人使用此词的主要出处。支遁的重玄之学，当然是会合玄佛的。在李白同时期的其他诗人的诗中也可以见到这样的用法，如王维“功名与身退，老病随年侵。君子从相访，重玄其可寻”（《送韦大夫东京留守》）③，这里的“重玄”也是包括了玄与佛两方面的内容，可见玄佛相融，甚至玄、佛、仙的融合，仍是此期文人佛教的一种特点。而对于李白来说，他最精熟并服膺的是道家、玄学之论，所以他的玄佛相融表现得更为突出。笔者认为这是把李白融合佛道的最关键的层面。

四　以庄子为中介融通佛道

庄子的风格与思想对李白影响之巨大，世所多知。李白对生命本体及至生存状态的领悟，可说是融通庄、佛而自成一家的。在李白一些专门谈禅说佛的作品里，《庄子》的思想与词语，往往是其重要的媒介。某种意义上，我们也可以说李白是由庄入佛的。其《赠僧崖公》诗云：

① 《全上古三代秦汉三国六朝文・全齐文》卷十九，第 2900 页。

② 逯钦立《先秦汉魏晋南北朝诗・晋诗》卷二十，中华书局 1983 年版，第 1080 页。

③ 王维撰，赵殿成笺注《王右丞集笺注》卷四，上海古籍出版社 1998 年版，第 57 页。

昔在朗陵东,学禅白眉空。大地了镜彻,回旋寄轮风。揽彼造化力,持为我神通。晚谒太山君,亲见日没云。中夜卧山月,拂衣逃人群。授余金仙道,旷劫未始闻。冥机发天光,独朗谢垢氛。虚舟不系物,观化游江渍。江渍遇同声,道崖乃僧英。说法动海岳,游方化公卿。手秉玉麈尾,如登白楼亭。微言注百川,亹亹信可听。一风鼓群有,万籁各自鸣。启闭八窗牖,托宿掣雷霆。自言历天台,博壁蹑翠空。凌兢石桥去,恍惚入青冥。昔往今来归,绝景无不经。何日更携手,乘杯向蓬瀛?①

在"授余金仙道,旷劫未始闻。冥机发天光,独朗谢垢氛。虚舟不系物,观化游江渍"数句中,"冥机""虚舟""观化"都是来自庄子,李白以此来理解佛教生命哲学的神识乃至佛性、涅槃等概念。佛教讲超度,涅槃又叫槃舟。对于这种超度与槃舟,世俗层面的理解与哲学层面的理解是不同的。

我们再看李白的《与元丹丘方城寺谈玄作》:

茫茫大梦中,唯我独先觉。腾转风火来,假合作容貌。灭除昏疑尽,领略入精要。澄虑观此身,因得通寂照。朗悟前后际②,始知金仙妙。幸逢禅居人,酌玉坐相召。彼我俱若丧,云山岂殊调。清风生虚空,朗月见谈笑。怡然青莲宫,永愿恣游眺。③

此诗句句都是顿悟。开头"茫茫大梦中,唯我独先觉",是借《庄子·齐物论》"方其梦也,不知其梦也。梦之中又占其梦焉,觉而后知其梦也。且有大觉而后知此其大梦也"④的梦与觉之说来喻佛理。"腾卷风火轮,假合作容貌",萧、王诸家注都只泛泛引释家身体是地、水、风、火四大附合所成之说。安旗先生注引《圆觉经》《楞严经》《最胜王经》中相关

① 《李太白全集》卷十,第542—543页。

② 僧肇等注《注维摩诘所说经》卷二(上海古籍出版社1990年版,第42页):"法无有人,前后际断故。"僧肇注:"肇曰:天生万物,以人为贵。始终不改谓之人。故外道以人名神,谓始终不变,若法前后际断,则新新不同;新新不同,则无不变之者;无不变之者,则无复人矣。生(按,指道生)曰:人者,有灵于土木之称,是往来生死者也,往来固无穷矣,断则愈可乐也。"

③ 《李太白全集》卷二十三,第1059页。

④ 王先谦《庄子集解》卷一,第24—25页。

词语。此义佛经多有,很难属定李白这里主要是用哪种经典,其实也可以说这已成李白自己的一个思想。但我们看《维摩诘经·文殊师利问疾品第五》中两人大谈身心幻合及四大之病,如"又问:地大水大火大风大,于此四大,何大之病。答曰:是病非地,大亦不离地大,水火风大,亦复如是。而众生病从四大起,以其有病是故我病"①;又如"今我此病,皆从前世妄想颠倒诸烦恼生,无有实法,谁受病者?所以者何?四大合,故假名为身。四大无主,身亦无我"②,可以发现"腾转风火来,假合作容貌。灭除昏疑尽,领略入精要"几句与《维摩诘经》中的这番谈论义理最为接近。

前面说过,李白之"觉"义,是通庄佛两家之言,或者说是以佛之"觉"说来阐释庄之"觉"论。这比较典型地体现了李白融通道、佛思想的特点,即以道家经典概念与思想来阐释佛家的思想,同时又在佛家的思想里面,将道家的原有思想、概念加以发展。佛之"觉"是一个很精致的宗教哲学范畴,即为以神识了空,指向佛教的基本教义,如解空、证实相、入涅槃等。因此"神识"而识得生命体乃四大附会的假合之体。但唯此"神识",得澄观此身,进入一种寂照的境界,并且通于前后际(即过去、现在、未来),方才识得金仙即佛之妙。李白融合了道、佛两家,来体认"梦"与"觉"这两个在庄子那里已经提出的生命思想概念。这种融合差不多是水到渠成,毫无阻碍的。也就是说,李白是自然地出入佛、道两家思想之间,我们说他"融合",多少还是强调了两者之间原本的不同。

但是从"朗悟前后际,始知金仙妙"这一句中,透出一个重要的信息,就是虽然李白自由地出入道家与佛教的两种生命思想之间,而且在信仰形式上也常常将佛教与仙道相结合,但是他在这里还是有一个分判,即透彻地理解了佛道的"前后际"之说,也就是佛教的实相之观后,还是觉得"金仙"最妙。这是在与通常的神仙之说,即正统的道教神仙之说对比下作出的判断。那么这两句的意思是什么呢?我们不妨费词

① 僧肇等《注维摩诘所说经》,第101—102页。

② 僧肇等《注维摩诘所说经》,第104—105页。

解说一下。王琦注云:

> 《维摩诘所说经》:法无有人前后际断故。《华严经》:虽知诸法无有前际,而广说过去。虽知诸法无有后际,而广说未来。虽知诸法无有中际,而广说现在。金仙,为谓佛。释成时曰:李白诗云:"朗悟前后际,始知金仙妙。"柬文人如稻、麻、竹、苇,吐不出此十字。①

释成时为明代高僧憨山大师的高足,从他的评价中可见李白于佛法的超妙。这种神识即是诸佛所知见,是一种等觉、正觉。当生命进入此境界,仿佛得到一种永恒性。长期求仙的李白,终于在佛教里得到生命问题的根本性解决,并且从对佛教三际之说中,顿悟佛教生命之说实高于道教的神仙之说。

在李白一生的思想与行为中,其生死观的表现是多层次的。他曾经幻想长生成仙,又对此充满怀疑,他在诗歌中创造仙境,更多具有一种寄托的性质,或者说是对游仙文学传统的一种续写。其对生死问题的最终解决,或者说哲学意义上的解决,是将道家的自然生命哲学提高到佛教涅槃实相之说的高度。在这方面比较完整的表达是《鲁郡叶和尚赞》:

> 海英岳灵,诞彼开士。了身皆空,观月在水。如薪传火,朗彻生死;如云开天,廓然万里。寂灭为乐,江海而闲。逆旅形内,虚舟世间。邈彼昆阆,谁云可攀!②

这首诗应该是李白在鲁郡叶和尚圆寂时所作。禅宗开士圆寂、烧化时,照例作一种偈诗,李白此诗可能也属此类。禅宗之流认为无生宗旨不可言说,所以其语言的表达常常是凿空乱道,使人如坠五里雾中。这种风气在盛唐的禅师与文士那里应该还没有形成,所以李白的偈颂虽然义理深邃,但还是采用正常的语言表达方式。此诗主要表现佛教空观的生死观,这一点"了身皆空"四字说得很清楚了。从"如薪传火,朗彻生死"来看,李白接受的是慧远一派的神不灭思想,王琦正是引慧远《形

① 《李太白全集》卷二十三,第1060页。

② 《李太白全集》卷二十八,第1338页。

尽神不灭论》来注此二句的："火之传于薪，犹神之传于形；火之传异薪，犹神之传异形。前薪非后薪，则知指穷于术妙，前形非后形，则悟情数之感深。惑者见形朽于一生，例以谓神情俱丧，犹观火穷于一木，谓终期都尽耳。"这种神不灭论，与道教的鬼神之说不同，是一种更精致的唯神学说。对于中国古代士大夫来说，这种生命本体观，显然更具哲学的思辨意味，能够引发他们不断地去琢磨所谓真空妙有、涅槃实相。李白显然也被这种生命观吸引住了，并且形成他自己的悟解境界，所谓"寂灭为乐"，正是在这种生命观的神秘体验中达到的。虽然李白在这里仍然使用了庄子的"虚舟"之喻，但其哲学内容已非道家之说那样的简单了。最后的"邈彼昆阆，谁云可攀"显然否定了他一向追求的神仙之说了。陶渊明《影答形》诗云："存生不可言，卫生每苦拙。诚愿游昆华，邈然兹道绝。"[①]其实否定了昆(仑)华(山)求仙之说，李白这两句，正是陶诗之意。当然，陶渊明秉持的是与慧远神不灭说不同的神灭之说。佛教涅槃、实相的生死观，作为一种解脱死亡忧惧的生命哲学，其本质是对现实生命感受的一种超越。它的启示在于，从一种现实的感觉之流中超越出来，达到所谓的常住、湛然的境界。这样不仅能出离生死，同时也能勘透现实的一种空相，说到底是对是非、荣辱、得丧、祸福的一种超越，使生命能够进入更加自由、自在的境界。相比于此，不仅世俗的功名追求，如三不朽之说，是一种束缚，就连道家的神仙之说也充满了利害之念，说到底是执念于生命之形相的。

五　从神仙到金仙

李白的游仙诗，创造了各种形式的游仙形象。但他同时又接受净土的信仰，所以李白作品中又有佛的形象。那么在李白看来，仙与佛的形象是否有叠合之处呢？从一定程度上说是有的。就诗歌境界，或说诗歌中的形象塑造来说，李白诗文中有一种值得注意的现象，就是其作

① 逯钦立注《陶渊明集》卷二，中华书局 1979 年版，第 36 页。

品中的隐、仙、佛三种形象,常常是叠合在一起的。这当然不是李白诗文中所独有的,但的确在李白这里表现得较为突出。

就现实中具体的行为来说,隐逸、求仙、修佛这三种行为,在李白的自述与他述中时常有叠合的地方。前面论到李白《赠僧崖公》诗所述的学佛经历及述崖公游方宣化之事,就是合隐逸、求仙、修佛三者为一的。李白赞僧人,与其赞道教之士一样,一是赞其为江山英气所钟,二是赞其善游而能隐,三是赞其精于佛法。如其《江夏送林公上人游衡岳序》中所赞扬的:

> 江南之仙山,黄鹤之爽气,偶得英粹,后生俊人。林公世为豪家,此土之秀。落发归道,专精律仪。……闲云无心,与化偕往。欲将振五楼之金策,浮三湘之碧波。乘杯泝流,考室名岳;瞰憩冥壑,凌临诸天。……百千开士,稀有此者。……昔智者安禅于台山,远公托志于庐岳,高标胜概,斯亦向慕哉![1]

这其中很有意思的一种表达,是说江南之仙山及黄鹤爽气生出英俊之士,但这个英俊之士却是百千开士中稀见的一个。作者将其与净宗的初祖慧远及天台宗的智者大师相提并论。神仙之地而生佛教开士,这是意味深长的。可见在李白的感性体验中,仙与佛是合一的。又如此诗中的"诸天",出于佛经中的"诸天"。《李太白全集》卷十九《答族侄僧中孚赠玉泉仙人掌茶》:"宗英乃禅伯,投赠有佳篇。清镜烛无盐,顾惭西子妍。朝坐有余兴,长吟播诸天。"王琦注:"佛书言,三界共有三十二天,自四天王天至非有想非无想天,总谓之诸天。"[2]在这里,李白其实是将自然诸天,道教的天堂与佛教的诸天世界融在一起的。再如《江夏送倩公归汉东序》,乃是一篇送僧的文字,却大畅仙隐之说:

> 有唐中兴,始生紫阳先生。先生六十而隐化,若继迹而起者,惟倩公焉。蓄壮志而未就,期老成于他日。且能倾产重诺,好贤攻

① 《李太白全集》卷二十七,第1260—1261页。

② 《李太白全集》卷十九,第898页。

> 文。即惠休上人与江、鲍往复，各一时也。①

又其《莹禅师房观山海图》：

> 真僧闭精宇，灭迹含达观。列障图云山，攒峰入霄汉。丹崖森在目，清昼疑卷幔。蓬壶来轩窗，瀛海入几案。烟涛争喷薄，岛屿相凌乱。征帆飘空中，瀑水洒天半。峥嵘若可涉，想像徒盈叹。杳与真心冥，遂谐静者玩。如登赤城里，揭涉沧洲畔。即事能娱人，从兹得萧散。②

真僧灭迹达观，所修自然是佛道，但《山海图》却画的是蓬壶仙境，可谓学佛而寄托于仙境。这自然也是李白一向追求的融会仙佛的境界。可以这样说，学佛带给李白对神仙长生幻想的一种觉醒，从肉身成仙转向涅槃佛性的体验，以永恒的"神明之识"冥搜，这可以说是一种破除迷执。但李白终生仍然寄情于神仙之道，并且将其扩大到"金仙"之法中，这是一种情感的需要，也是一种文学抒写的需要。

由于佛教早期是作为汉魏众多求道、长生、成仙的道术的一种进入中土，并且和道教同样都是以一种宗教的形式来解决生死问题，所以在普通的士大夫阶层，道、佛往往联系在一起。或者说，在士大夫群体中，道、佛合流是更主要的表现。李白在这方面最具代表性。佛称"金仙"，李白也最喜欢使用这个词，如《赠僧崖公》中说白眉子"授余金仙道，旷劫未始闻"及《与元丹丘方城寺谈玄作》的"朗悟前后际，始知金仙妙"。

其实在中译的佛教经典中，也经常出现"仙""仙人"这样的名词。相对于佛教的佛、菩萨等而言，"仙"是一种外道。其中以创始于迦仳罗的"僧佉"一派影响尤其大③。这些外道与佛教徒一样，都是以苦行与禅定结合的方式来求得解脱的，可以说是佛教的渊源之一，尤其是佛教早年倡行的苦、集、灭、道四谛之说的小乘说法，其实与外道十分接近。

---

① 《李太白全集》卷二十七，第 1281 页。

② 《李太白全集》卷二十四，第 1138 页。

③ 黑格尔《哲学史讲演录》中"东方哲学"部分，认为古代印度与宗教与哲学一体，他把印度哲学分为"僧佉哲学""乔达磨与羯那陀的哲学"两部分。前一部分，实即佛经广泛涉及的外道之一种。参贺麟、王太庆译《哲学史讲演录》，商务印书馆 2019 年版，第 147—161 页。

但这些外道的教义与修行,因执着这种解脱法,反而陷入更严重的执缚之中。而佛教在深入这种解脱法的同时,又对这种解脱法进行再度的解脱。刘宋求那跋陀译《楞伽经》中云:“云何长苦仙?彼云何教授?如来云何于,一切时刹现。种种名色类,最胜子围绕?”[①]这一句实叉难陀译文的意思更明白:“仙人长苦行,是谁之教授?何因佛世尊,一切刹中现,异名诸色类,佛子众围绕?”[②]经中又云:“云何种种刹,仙人长苦行?”[③]意思是说既然是悟得生命的刹那,为何外道“仙人”又要长修苦行以求解脱。这里正透露了外道之“仙”之苦行,与佛教的于自心现境界,证其虚妄,求得实相的基本教义之不同。或许因为佛经中提到的这种印度外道与中国固有的各种神仙道术在表现上有类似的地方,尤其中土佛教本来又是经历过一个作为神仙道术之一种的阶段。我想是因为这个原因,所以佛经翻译家用中国固有的“仙”“仙人”这样的词来指称印土的外道,所以在中译佛经中,经常提到这种“仙”。如刘宋求那跋陀罗译《杂阿含经》卷十三论及“大苦聚灭”之法时说:

> 我时作是念:我得古仙人道、古仙人径、古仙人道迹,古仙人从此迹去,我今随去。譬如有人游于旷野,披荒觅路,忽遇故道古人行处,彼则随行,渐渐前进,见故城邑、古王宫殿……今我如是,得古仙人道、古仙人径、古仙人迹、古仙人去处,我得随去,谓八圣道——正见、正志、正语、正业、正命、正方便、正念、正定。我从彼道见老病死,、老病死集、老病死灭、老病死灭道迹。[④]

这里所说的古仙人,其实是佛教出现之前的各种被佛教称为外道的古代修行者,释迦牟尼承认他的学说尤其是像“八正道”的修行方法与其前外道有一种渊源关系。早期将此种外道翻译为“仙人”,可能是参照了中国的仙人概念,正如佛本身被称为金仙一样。可见道、佛两教之间,其实是存在一种通道。李白喜欢称佛为“金仙”,可以说最直观地呈示了他由道教之神仙通向佛教之“金仙”的道、佛两融的信仰面相。同

①② 释正受《楞伽经集注》卷一,上海古籍出版社2016年版,第13页。

③ 《楞伽经集注》卷一,第23页。

④ 求那跋陀罗译《杂阿含经》,华文出版社2013年版,第479—480页。

时佛经中存在着对于“仙”“仙人”的较多描写，也可能是李白于道经仙籍之外，对佛经发生浓厚兴趣的诱发点之一。当然，我这样说，不是说李白因为自身信仰道教，就只关心佛经中“仙”的记载，而是说佛教中固有仙、佛共存的现象，可能在相当大的程度上缩短了李白从道教进入佛教的距离。

六　道教与佛教生命本体观的不同与李白的深化

当然，李白对佛教的接受，绝不仅停留在“金仙”之说的层次上。他对道与佛，尤其是道教神仙之说与佛教的诸多教义之间是有分判的。也就是说，我们绝不能简单地认为，李白将佛教打并到道教里面了，将“金仙”与道教神仙混合在一起。事实上，我们强调李白生命观深受佛教的影响，正在于发现了这样一个事实，即李白明确地意识到自己的生命本体观，应该从道教向佛教发展。

道教与佛教的不同，根源于二者具有不同的宗教生命哲学。佛教与道教虽都重视形神关系，且就一般性质来讲，佛道都属神不灭者，但道教的神不灭与佛教的神不灭是不同的。道教所求是现实的长生，是个体的现实的生命直接走向长生永寿。佛教的宗旨，是建立在古代印度的生命轮回学说上的三世报身之说。明僧绍《正二教论》论两者之不同云：“夫佛开三世，故圆应无穷；老止生形，则教极浇淳（按：“淳”或当作“漓”）。所以在形之教，不议殊生；圆应之化，爰尽物类。”[①]这里用“在形之教”与“圆化之应”来分别指称道、佛两教，是很准确的。所谓“老止生形”，正是说道教以现实中个体生命的延长即长生永寿为目的。但在人类的“自然死亡”观念业已成熟的魏晋南北朝时期，这种建立在个体长生永寿的愿望上的修炼方式，很难真正让人相信。这也是后来道教要建立天堂之说的原因。天堂之说事实上是借鉴了佛教的西方极乐世界的教义，也可以说是以佛说济道说之穷。佛教的神不灭，则是用

① 僧佑编《弘明集》卷六，上海古籍出版社 1991 年版，第 38 页。

三世之说教义来体现的。为了证明这种通乎三世的圆应之说,佛教徒展开了对神识不灭的繁琐的神学哲学论证,成为南朝佛学的一大主题。上述正是佛、道在哲学思想上分歧的关键点。神识不灭的哲学当以慧远《沙门不敬王者论"形尽神不灭第五"》所论为代表。

佛教生命本体论的进一步展开,则体现在以《涅槃经》为根本经典的佛性理论。竺道生在大品涅槃未译来、"一阐提人亦能成佛"之论未见之前,已发众生皆有佛性的观点,实为顿悟之说的根本前提。到了涅槃佛性理论的完全清晰,佛教作为一种信仰,可以说真正与道教剥离了。当然,佛、道明确两分,还有一层原因就是净土宗信仰方式的建立。净土信仰是说众生只要诚称佛号,便可于临终时被阿弥陀佛接引至西天极乐世界。净土信仰从哲学上应如何理解,或者说净土信仰可不可以用一种哲学的方式来阐释,这是一个大问题,也是一个难点。笔者认为净土信仰其实是建立涅槃的另一种表现方式,属于象教范畴的内容。总之,在上述神识不灭的三世之说、涅槃、佛性,以及完全形象化了的净土宗等佛教的独特教义明确后,佛教与道教的不同就清晰地呈现出来了。尤其是对众生皆有佛性、涅槃净土思想的阐释,使佛广大化的教化功能优势完全呈现出来,甚至在某种意义上远远超过传统的儒、道两教。此后的佛教徒们要真正论证的问题就是佛性的存在范围与存在方式,以及成佛的可能性、成佛的本质。这些都是南朝僧侣与世俗信士讨论的基本的问题。极乐世界的信仰,三世报应的说法,正可济道教求仙之说虚无莫验之穷。用李白的话来说,就是"澄虑观此身,因得通寂照。朗悟前后际,始知金仙妙"(《与元丹丘方城寺谈玄作》)。与成仙说的单层次不同,成佛之说实在是可以从无穷层次上去理解。现实中释迦的的涅槃实际上就是死亡,但佛教以涅槃这样一种观念来理解死亡,并且有诸佛之说,使深入佛法的信徒们对佛教所说的生命本体也产生了困惑和穷究的兴趣,在各个层面、各种不同知解的人群中引起各自的探索兴趣。所谓"佛以一音演说法,众生随类各得解"(《维摩诘经》),正是佛教信仰与思想能够深深吸引中国古代士大夫的原因所在。总之,佛教的上述教义,给士俗带来了另一种生命永恒的慰籍与幻想,同时也开启了他们深入思考生命问题的新维度。李白作为一个天才的诗人与熟谙老庄之说的思想家，在其思想发展过程中深受佛教的吸引，是极为合理的现象。其生命观受佛教影响的程度，不容低估。

在佛教的教义明确后，道教对佛教的吸收也在展开。在经典方面，道教仿照佛经体制创造经典，当是不争的事实。而一些佛教的经典，同时为道教徒奉行。在学说方面，道教也接受涅槃之说并加以改造。从历史的原因来看，一些统治者，如齐竟陵王、梁武帝等人的崇佛，更促进了道教徒对佛教的部分接受。尤其是后者，在促使道教徒接受佛教方面起到了很大的作用。以陶弘景为例，他在南齐时还是一个纯粹的道教徒，沈约著《均圣论》认为佛教在周代应已传入中国，陶弘景著论驳之，但晚年在梁武帝的影响下，也开始奉佛。梁萧纶《隐居贞白先生陶君碑》记载陶弘景在天监十一年被梁武帝从南岳征还茅山就近问道后，"大造佛像，爰及写经，起塔招僧，备诸供养，自誓道场，受菩萨法，梦登七地，又得嘉名，具以启间。蒙敕许可，葛玄之梦见开士，朱鸾之远望尊仪，何以拟兹通感"①。陶弘景整理的道教上清派的主要典籍《真诰》中，反映了南朝后期佛与道相融的现象，如《稽神枢》"裴真人有弟子三十四人，其十八人学佛道，余者学仙道牖""周真人有十五人弟子，四人解佛法""桐柏有二十五人弟子，八人学佛"②。道教徒似乎不废佛典，如《真诰·翼真检》："仰寻道经《上清》上品，事极高真之业，佛经《妙法莲华》，理会一乘之致，仙书《庄子内篇》，义穷玄任之境。此三道足以包括万象，体具幽明。"③这些内容，应该是杨羲等人所撰《真诰》原本中所没有的。上清派以《法华经》为基本经典，对于我们理解李白与《法华经》的关系是很有启发性的。在李白早年醉心仙道时，《法华经》可能就已经是其必读的经典。李白应用佛典以《法华经》为最多的原因（据李芳民论文统计），在此可得到部分的解释。

从表面的现象来看，李白对于神仙之说似乎一直是抱乐观的态度

① 《全上古三代秦汉三国六朝文·全梁文》卷二十三，第3082页。

② 陶弘景注，[日]吉川忠夫等编，朱越利译《真诰校注》卷十四，中国社会科学出版社2006年版，第446页。

③ 《真诰校注》卷十九，第563页。

的。但他通过对佛理的深入研悟,有一种由仙法转向佛法的表现。还是以《与元丹丘方城寺谈玄作》一诗为例,其前“澄虑观此身,因得通寂照。朗悟前后际,始知金仙妙”是实相之论,也是过去、现在、未来三世之说,悟到另一种永恒存在的境界;后面“怡然青莲宫,永愿恣游眺”则是寄之于净土的畅想。所以我们说,李白的学佛,其实是济其神仙虚无说之穷的。李白的空色观与虚幻感是很明显的,如《梦游天姥吟留别》常被视为李白仙境塑造的代表作,但一开首“海客谈瀛洲,烟涛微茫信难求”已透出神仙之说为假托,后来借梦中尽情铺陈仙人下凡,而梦醒归于一空:“惟觉时之枕席,失向来之烟霞。世间行乐亦如此,古来万事东流水。”[①]此中所体现的道教神仙幻想与佛教万法皆空的思想,究竟何者为主要成分?这是一个耐人寻味的问题。但正是佛教,让李白对神仙世界有了一种新的鉴照与澄虑。

表面乐观于神仙想象的李白,其实一直没有真正消除对生死问题的焦虑。“生死了不尽,谁知此胡是仙真”(《上云乐》)[②],“惟佛知慧大而光生死雪”(《地藏菩萨赞序》)[③]。现实中生死问题的无法解决,以及政治的失意,使他寄托于求仙之想。但道教的修仙求长生,需要用事实来证明。除了传说中的仙人外,历史、现实中的修仙者,从未见真正成仙的正果。所以道教又推出各种解身成仙之说,如尸解、兵解等。这与世俗佛教将死亡称为涅槃成佛是一样的。事实上道教正是受佛教的涅槃说启发而推出这么多解化成仙的说法的。但佛教毕竟有更深的一种超脱生死的观点,即是冀凭实相的悟解来超脱、灭度众生。就如《金刚经》所说的:“所有一切众生之类,若卵生、若胎生、若湿生、若化生、若有色、若无色,若有想、若无想,若非有想非无想,我皆令入无余涅槃而灭度之。如是灭度无量、无数、无边众生,实无众生得灭度者。何以故?须菩提,若菩萨有我相、人相、众生相、寿者相,即非菩萨。”[④]这一番前

① 《李太白全集》卷十五,第706—708页。

② 《李太白全集》卷三,第206页。

③ 《李太白全集》卷二十八,第1336页。

④ 鸠摩罗什译,丁福保笺注《金刚经》,上海古籍出版社2020年版,第24页。

后语，初看是那样的矛盾。前面说将一切众生都灭度，令入无余涅槃，后面又说实无众生得灭度。这就是佛教的成佛许诺与道教的成仙许诺根本不同的地方。佛教并没有简单许诺真的得入涅槃，更不是简单地说进入一个现实形式的极乐世界。佛教真正许诺的，只是一种超脱生死的方法，这种超脱方法的根本，是悟得实相。实相是就本体或客体来讲，就本体来讲，也就是佛教认为众生皆具的佛性。悟得佛性且修行之，即上乘的成佛之途，也是解脱生死轮回的根本之途。所以佛教从根本来说是一种生命哲学，以超脱生死为核心观念。但是它又不同于哲学家的人生哲学，它还是一种宗教，其中仍然借助了幻想与神话的部分，尤其是对于信仰者坚净无比信心的一种要求。所以，简单地说中国古代文人对于佛教是一种思想的理性领悟，还是一种宗教感性、非理性的信仰，是极难分别的。对于李白、王维他们是这样，对于苏轼、黄庭坚也仍是这样。我们了解中国古代文人的佛教思想与信仰，先得掌握这个维度。就如我们在说到文人对道教神仙的信仰与修习时，要区分其中有非理想成分，也有对生命的积极的、执着的热爱，更有文学性的寄托。只说其中任何一层，都是不全面的。

结　论

总结来说，李白在儒家伦理观之外的生命体验与行为方式，或者说李白侧重个体的生命哲学与体验，是自由地出入道、佛、仙、隐各种意识之中的。从根本来说，这些都是为了解决其现实中所遇到的各种问题，尤其是生命本身的问题。从生命哲学来看，李白是融合道家的有无与佛教的空色，同时深入到佛教的各种生命哲学，尤其是“实相”“涅槃”等思想，在这个过程中，原始道家老、庄和玄学，起了一种中介的作用。李白在追求神仙世界的过程中，又遇到更加玄秘、更具内在体验性的净土信仰。虽然西方极乐世界、金仙之说仍是一种宗教学说，但一定程度上对李白原有的神仙信仰有一种解惑、释疑的功能。笔者认为，李白承自汉魏的激越的生命短暂焦虑，以及为解决此焦虑而发生的同样是承自汉魏的求仙热情,通过对佛教生命哲学的接受而有所解决。而要深度地了解李白与道、佛的关系,就不能不从一个比较广大的生命思想史的背景中去把握。所以,本文较多地涉及道、佛生命思想的整体,尤其是东晋以来士大夫接受道、佛两家的复杂经历。

(作者单位:北京大学)

本文曾刊于《中国高校社会科学》2024 年第 3 期,文字略有改动。

天宝初宗正寺扩容与李白心迹

——墓志文献中属籍记录与李白寻李彦允本末

查屏球

身世卑贱是李白人生的原始起点。在世族时代，伪饰家史，抬高门第，是一时风气。李白的家族给他留下一个虚拟的陇西李氏出身，为维持这一身世的有效性与可信度，他作出诸多努力，或远离本家，割断自身商民子弟的印迹，或娶没落相府孙女漂白出身，或与诸多陇西李氏攀附关系，效果都不明显。李白受玄宗礼遇，自信心大增，又遇宗正寺属籍扩容，使其益发强调"凉武昭王九世孙"的身世标识。因此，天宝初宗正寺扩容之事与李白出京活动关系甚大。学界此前对这一背景关注无多，近来随着新出墓志增多，此事在当时的反响渐渐清晰，有必要更具体地说明两者之间的关系。

一　由天宝墓志看唐玄宗扩容宗正寺之举的反响

阙名《大唐故巨鹿郡平乡县主簿李公（湛）墓志铭并序》记录了唐玄宗开启宗正属籍扩容之事。

> 夫死生夭寿者，万物之大归，性□之□域。□运相□，□移靡常。不纪徽猷，□□祖考。不原其本，安识其宗。公讳湛，字万顷。其先陇西人也。周柱下史伯阳之后，国史家谍，尽备而详。德音克宣，代业昭著。七代祖韶，大魏兵吏尚书、兼侍中、姑臧公、赠司空。公政和阴阳，功镂钟鼎。既明且哲，前辉后光。曾祖讳玄成，随潭府长史、济北郡太守。祖义瑛，皇朝散大夫、卫州共城豫州上蔡二

县令。实邦之彦,为代作楷。教兴三善,人谣二天。考讳颎,兵部郎中、宣州刺史、左领军卫将军、东都留守、上柱国、姑臧县开国侯。名亚台司,位毗元宰。出入华省,优游禁门。妙简帝心,政允人望。千里不期而自应,三军闻化而攸归。实谓文武克崇,威恩□济矣。公则家承朱绂,声高文苑。执心泉澄,秉操峰峻。幽关洞启,独擅词场。虚怀博通,能开惠政。是知国家□土,实唯其人。当途剧职,非贤罔乂。是用授公洺州邯郸县主簿。盖陟遐自迩,亦台阶之渐也。不□厥职,奄遘家艰。太夫人卒于内寝,哀何有极,孝闻于代。反车敷化,仁风载杨。谠言嘉谋,溢于人境。上佐之百里高枕,下兼之六曹闲豫。才始临人,弥留寝疾。开元廿九年四月廿八日,卒于官舍,春秋六十有六。同寮抚膺,人吏攀慕。永言其德,中心是悼。岂意宸光曲照,本枝不遗。是岁七月,有诏曰:古之宗盟,异姓为后。王者建嗣,莫遗其亲。凉武昭王孙宝已下姑臧公等子孙,并隶入宗正,编诸属籍。则我开元天宝圣文神武皇帝之族耳,辉耀当代,蝉联后叶。夫人索氏,义深同穴,惜不偕老。嗣子侃,昊天仰诉,迸涕交挥。痛此无依,哀不能已。今龟卜葬,荐马求吉。俭不逼下,奢不潜上。以天宝元年十一月,安厝于东京万安山南居大茔,礼也。冀万岁之后,知游魂在斯。用刊贞石,传之不朽。顾惟虚薄,式题铭云:

明时干禄,芳猷远震。德广万顷,才高千仞。人望袭荣,天胡不憖。灵輀夕俨,穗帷晨张。霜凋草色,月上松光。痛千秋兮万岁,唯德音兮不忘。(其五)

维天宝元年岁次壬午十一月□八日。(录文者按:原志如此,未见"其一"至"其四"字样。)①

墓志中所言"凉武昭王子孙隶入宗正"诏书,被收录于宋敏求编《唐大诏令集》卷三十五,题为《许凉武昭王孙绛郡姑臧等四公子隶入宗正属籍敕》,《全唐文》卷三十一作唐玄宗《命李彦允等入宗正籍诏》:

古之宗盟,异姓为后。王者设教,莫遗其亲。殿中侍御史李彦

① 吴钢主编《全唐文补遗(千唐志斋新藏专辑)》,三秦出版社 2006 年版,第 187 页。

允等奏，称与朕同承凉武昭王后，请甄叙者，源流实同，谱牒犹著。虽子孙千亿，各散于一方，而本枝百代，何殊于近属。况有陈请，所宜敦叙。自今已后，凉武昭王孙宝已下，绛郡、姑臧、敦煌、武阳等四房子孙，并宜隶入宗正，编诸属籍，以明尊本之道，用广亲亲之化。①

这是一个重要的举措，是对前期政策的一个改变。《唐会要》卷六十五"属籍宗正寺"："开元十三年四月，诏嗣王有傍继者，并宜总停。"②这一举措表明，玄宗有感于高宗、中宗、睿宗三朝宗室干政的混乱，对宗正属籍有控制，停止嗣王傍继者的属籍就是一例。但近二十年后，他又采取宽松政策，允许宗正属籍扩容。李彦允入宗正属籍之事，《唐会要》卷六十五有详明的记载："天宝元年七月二十三日诏：殿中侍御史李彦允等奏，称与朕同凉武昭王后，请甄叙者，源流实同，谱牒犹著。自今已后，凉武昭王孙宝已下，绛郡、姑臧、敦煌、武阳等四公子孙，并宜隶入宗正寺，编入属籍。"③这里所记之事就是上面引用的诏书④。

此事与玄宗提升凉武昭王李暠庙享地位是联系在一起的，宋敏求《唐大诏令集》卷七十八《追尊先天太皇德明兴圣皇帝等制》：

夫圣人之生，乃先天地，应变无体，其德犹龙，虽窅冥之物，不知谁子，而诞灵之后，亦必有先，圣祖父母著在图牒，母益寿氏，已崇徽号曰先天太后，父周上御史大夫，敬追尊为先天太皇，仍于谯郡置庙。自余一事已上准先大太后例。昔契敷五教，殷以为祖，稷播百谷，周以配天，况咎繇迈种，黎人怀德，我之本系，千载弥光，敬追尊为德明皇帝。凉武昭王，朕十一代祖也，积德石地，炳灵中叶，奄有万国，兆先帝功，敬追尊为兴圣皇帝。其灵侧近仍并禁樵牧，

① 董诰等编《全唐文》，中华书局 1983 年版，第 353 页。

② 王溥《唐会要》，中华书局 1960 年版，第 1141 页。

③ 《唐会要》，第 1142 页。

④ 《册府元龟》卷六百二十一："天宝元年七月诏曰：'古之宗盟，异姓为后，王者设教，莫贵其亲。殿中侍御史李彦允等奏，称与朕同承凉武昭王后，请甄叙者，源流实同，谱牒犹著，虽子孙千亿，各散于四方，而本枝百代，何殊于近属？况有陈请，所宜敦叙。自今以后，凉武昭王孙宝以下，绛郡、姑臧、敦煌、武阳等四房子孙，并宜隶入宗正，编诸属籍，以明尊本之道，用广亲亲之化。'"

春秋二时，备礼致祭，且圣祖所理，本在诸天，将欲降灵，固欲取象，况为帝号，岂可名宫。其玄元宫，西京宜改为太清宫，东京改为太微宫。天下诸郡改为紫极宫。两京宫内道士，宜先择有道行者一十人，自余于新度人中，简择取添满三七人为定额，仍各赐近城庄园各一所，并量赐奴婢等。①

不仅追封李暠为兴圣皇帝，而且扩大东西京玄元宫规模，配备专员管理。《旧唐书·礼仪四》:“(开元二十九年)七月，陇西李氏敦煌、姑臧、绛郡、武阳四房隶于宗正寺。”又:“(天宝)二年正月丙辰，加玄元皇帝尊号‘大圣祖’三字……三月壬子，亲谒玄元宫，圣祖母益寿氏号先天太后，仍于谯郡置庙。尊皋繇为德明皇帝，凉武昭王为兴圣皇帝。”②所记可能更确切。排比相关史料，可以推导出事情的原委:开元二十九年七月诏令陇西四房隶于宗正寺，天宝元年七月答应李彦允属籍请求，因为前一年有扩容之诏，彦允才有此申请，天宝二年三月尊凉武昭王为兴圣皇帝③。庙享礼制之变，应是宗正属籍扩容的结果。

唐王室世系是:李暠—李歆—李重耳—李熙(宣)—李天锡(光)—李虎(太祖)—李昞(世祖)，但唐初只立李熙以下四庙，之上诸祖并不入庙享之列，《唐会要》卷十二《庙制度》有记:

武德元年六月六日，立四庙于长安通义里。备法驾，迎宣简公、

① 宋敏求编《唐大昭令集》，中华书局 2008 年版，第 442—443 页。

② 刘昫等《旧唐书》，中华书局 1975 年版，第 926 页。

③ 《唐会要》《唐大诏令集》《册府元龟》史料所叙与《李湛墓志》有点不同，《唐会要》等皆言事在天宝元年，而墓志却说事在开元二十九年七月，墓志作于天宝元年十一月，是当时之物，应当更可信。后人将三事混同了。所以《李庭芝墓志》记此事是在“天宝中”。柳宗元《故岭南盐铁院李侍御墓志》也言:“天宝中，诏李氏由凉武昭王以下，皆得籍宗正。”《全唐文》卷七六二录任畴(会昌六年官太常博士)《正献懿二祖昭穆疏》也说:“天宝二年制，追尊咎繇为德明皇帝，凉武昭王为兴圣皇帝，十载立庙。”也明确指出天宝二年尊凉武昭王为兴圣皇帝事，但过了八十余年后，后唐人《覆追崇庙号奏(天成二年宰臣)》(《全唐文》卷九七〇阙名)提及此事则言:“伏据开元中追尊皋陶为德明皇帝，凉武昭王为兴圣皇帝，皆立庙于京都，制度斯在。”将后事提到开元年间了。《资治通鉴》卷二一五系此事于天宝二年:“三月壬子追尊玄元皇帝父周上御大夫为先天太皇，又尊皋繇为德明皇帝，凉武昭王为兴圣皇帝。”胡三省注言:“唐虞之世，皋陶为理，唐以为李氏得姓之始，故追尊为德明皇帝。凉武昭王暠，高祖之七世祖，建国于瓜、沙，李氏由是而兴，故尊为兴圣皇帝。”这应是宋人在辨别众史料后作出的选择。

懿王、景皇帝、元皇帝神主，祔于太庙，始享四室。贞观九年，命有司详议庙制度。……(原注：初议欲立七庙，以凉武昭王为始祖。太子左庶子于志宁以为武昭远祖，非王业所因，不可为始祖。竟从之。)

……

神龙元年五月，东都创制太庙。太常博士张齐贤建议曰："……今之议者，或有欲立凉武昭王为始祖者，殊为不可。何者？昔在商周，稷契始封，汤武受命。汤武之兴，祚由稷卨，故以稷卨为太祖，即皇家之景皇帝是也。凉武昭王勋业未广，后主失国，土宇不传。景皇始封，实基明德。今乃舍封唐之盛烈，崇西凉之远构，考之前古，实乖典礼。魏氏不以曹参为太祖，晋氏不以殷王卬为太祖，宋氏不以楚元王为太祖，齐梁不以萧何为太祖，陈隋不以胡公、杨震为太祖，则皇家安可以凉武昭王为太祖乎？……武德、贞观之时，主圣臣贤，其去凉武昭王，盖亦近于今矣。当时不立者，必不可立故也。今既年代浸远，乃复立之，是非三祖三宗之意。实恐景皇失职而震怒，武昭虚位而不答，非社稷之福也。"[①]

因此，天宝之前，宗正寺属籍多是从李天锡一辈算起[②]，共五十九族。

---

① 《唐会要》，第292—296页。神龙元年，中宗复辟，重建立太庙，太常博士张齐贤仍言："今之议者，或有欲立凉武昭王为始祖者，殊为不可。何者？昔在商、周，稷、卨始封，汤、武之兴，祚由稷、卨，故以稷、卨为太祖，即皇家之景帝是也。凉武昭王勋业未广，后主失国，土宇不传。景皇始封，实基明命。今乃舍封唐之盛烈，崇西凉之远构，考之前古，实乖典礼。"(《旧唐书·礼仪志五》)

② 《北史》卷一〇〇列传第八十八："后主讳歆，字士业，武昭王第二子也。武昭王薨，府僚奉为都督、大将军、凉公，领凉州牧、护羌校尉，大赦境内，改元为嘉兴。尊母尹氏为太后。在位四年，为沮渠蒙逊所败，国亡。武昭王以魏道武皇帝天兴二年立，后主以明元皇帝泰常五年而亡，据河右凡二世，二十一年。世子重耳奔于江左，遂仕于宋。后归魏，位恒农太守，即皇室七庙之始也。"《新唐书·宗室世系表序》："暠，字玄盛，西凉武昭王、兴圣皇帝。十子：谭、歆、让、愔、恂、翻、豫、宏、眺、亮。愔，镇远将军房始祖也。其曾孙系，平凉房始祖也。翻孙三人：曰丞，姑臧房始祖也；曰茂，敦煌房始祖也；曰冲，仆射房始祖也。曾孙曰成礼，绛郡房始祖也。豫玄孙曰刚，武陵房始祖也。歆字士业，西凉后主。八子：勖、绍、重耳、弘之、崇明、崇产、崇庸、崇祐。重耳字景顺，以国亡奔宋，为汝南太守。后魏克豫州，以地归之，拜恒农太守，复为宋将薛安都所陷，后魏安南将军、豫州刺史。生献祖宣皇帝熙，字孟良，后魏金门镇将。生懿祖光皇帝，讳天赐，字德真。三子：长曰起头，长安侯，生达摩，后周羽林监、太子洗马、长安县伯，其后无闻；次曰太祖；次乞豆。"《旧唐书·高祖纪》亦同。

《唐六典》卷十六“宗正寺”:

> 宗正卿之职,掌皇九族、六亲之属籍,以别昭穆之序,纪亲疏之列,并领崇玄署;少卿为之贰。九庙之子孙,其族五十有九:光皇帝一族,定州刺史乞豆;景皇帝之族六,谯、蔡、毕、雍、郇、郑;元皇帝之族三,梁、蜀、汉;高祖之族二十有一,隐太子、卫、巢、楚、荆、汉、酆、周、徐、韩、彭、郑、霍、虢、道、邓、舒、鲁、江、密、滕;太宗之族十有三,恒山、楚、吴、濮、齐、蜀、蒋、越、纪、代、江、赵、曹;高宗之族六,梁、许、泽、郇、孝敬、章怀;中宗之族四,懿德、庶人、节闵、殇帝;睿宗之族五,宁王、惠庄、惠文、惠宣、隋王。①

《唐六典》于开元十年开始编写,开元二十七年完成,所记为开元前期礼制。开元末,唐玄宗对宗正制度有所松动。如开元二十八年(740)五月,孙逖为“宗室大臣”太子少傅李暠所撰墓志铭言:“先是,国朝旧制,不以宗亲任权。开元以来,内举无避,唯善所亲,擢拜右职,公为首也。”②这里所言主要是指开元末天宝初,唐玄宗将宗正属籍上推三代,李暠以下四房均被括入,如诏所言:“自今已后,凉武昭王孙宝已下,绛郡、姑臧、敦煌、武阳等四房子孙,并宜隶入宗正,编诸属籍。”范围大增,相对于前期而言,这是一次大扩容。天宝五载(746)对宗正寺又有了新的扩容规定:“五载正月十三日敕:九庙子孙宜并升入五等亲,永为常式。至建中元年正月五日赦文:入庙子孙,非五等亲任用,如始封王。荫不限年代,补斋郎三卫,至简选日,量文武稍优与处分。”③不仅将宗正寺属籍扩展到九庙子孙,而且还提高入庙子孙待遇,不但长期享受荫庇,而且还给予特定出仕资格,由此看,扩容宗正属籍,是唐玄宗在天宝初施行的新政。

---

① 李林甫等《唐六典》,中华书局1992年版,第465—466页。

② 《全唐文》卷三一三,第3183页。

③ 《唐会要》卷六五,第1142页。

二　李白天宝初活动与玄宗扩容宗正之策

由《李湛墓志》看，玄宗对宗室的扩容与优惠政策在当时引起了较大的反响，如《大唐故中散大夫襄阳郡别驾上柱国李府君(庭芝)墓志铭并序》：

君讳庭芝，字邻几，陇西狄道人也。其先出自帝高阳颛顼之后。昔咎繇为理，因官得姓。洎玄祖降灵，以树命氏，迈德流于万叶，遗芳盛于今世。官婚推天下之最，人物冠名家之首。十一代祖暠，晋凉武昭王。天宝中，主上感肇霸之初，载兴王之业，有制册为兴圣皇帝。俾四公之后，咸属籍于宗正焉。曾祖，随济北郡守讳玄成。祖义琛，皇工部侍郎、雍州长史，有文学焉，有政事焉。开其阁者，是谓龙门；连其姻者，无非甲族。列考皇扬州江阳县令讳坚，生于冠盖之林，行其子男之化。变邑居为名教之府，吹淮海成礼乐之风。公即江阳府君之二子也。幼挺纯孝，长惟沉密。始冠以孝廉甲科，寻丁江阳府君及太夫人之艰。其不灭者如线。以为荣养不待，彩衣为谁空存；遗经不履，常调者十余载矣。上迫诸父之命，下恤群弟之孤，盖不获已，勉而从仕。解褐补怀州参军事。再辟汾州司户参军，转荆府兵曹。本道使给事中韩朝宗，以清白荐用，改少府监丞，加朝散大夫，除栎阳县令，迁绛州司马，加朝请大夫，换陈留郡长史、朝议大夫，移襄阳别驾，加中散大夫，进勋上柱国。凡八徙官而屡进阶，二京畿而六外郡。所之无不理之政，所为皆可大之业。其清标峻节，盖受于天，正词直道，可师于世。与朋以信，应物以诚。暗室无欺，鸡鸣不已于风雨；青云有望，鸿飞将上于寥廓。而知我者稀，俾予未偶。悠悠江汉之域，泛泛纪纲之佐。竟未展于长途，是不逢于知己。初闻公之病也，谓天之未丧斯文；及闻公之丧也，谓神之不福其善。岂天地神明之际，而亦有恶贤淫祸之情哉？呜呼！以天宝三载，捐馆于襄阳，春秋六十有五。痛矣夫斯人也而不跻寿域，以来岁乙酉，归于东京。泉门未开，旅殡犹寄。天不悔祸,而夫人孝义县君太原王氏又没。府君之妻,即吾姨也,皇蒲州桑泉县令方德之孙,皇鸿胪少卿先进之女。予识于髫龀之始,见其婚嫁之初。雅有令淑,能持门户。姓严而正,心惠与和。实谓未亡,以主祭祀丧纪之事;奈何忽丧,遂遗童稚零落之孤。春秋册有六,以其载七月,同祔于河南县万安山之阳,礼也。有三子,曰劲,曰颖,曰稷。皆犹冲童,遭此鞠凶。孺慕犹疑其可归,冥昧不知其已远。予义存山涛之事,心许嵇绍之孤。府君与予为友,岂唯刘阮之为客,亦以陈雷之定交。志于幽珉,以为实录。铭曰:

自古皆死谁不哀,唯君下世实悲哉。远图州郡不得志,明时台阁仍遗才。孤魂丹旐襄阳路,孀妻旅榇东京寓。祇言一剑独先沉,孰谓双棺更同祔。可怜孺慕往犹疑,痛此婴孩何所依。

太子内直丞京兆杜黯之书

天宝四载岁次乙酉七月丁巳朔十七日癸酉刻①

《李湛墓志》作于天宝元年,《李庭芝墓志》作于天宝四载,两家都将属籍宗正寺为无上光荣之事,《李湛墓志》直言:"我开元天宝圣文神武皇帝之族耳,辉耀当代,蝉联后叶。"李庭芝墓志也说:"天宝中,主上感肇霸之初,载兴王之业,有制册为兴圣皇帝。俾四公之后,咸属籍于宗正焉。"也特意说明唐玄宗扩容宗正寺属籍的原委,以表明与皇帝同族来提升门第。

这一情况,在墓志中也有体现,天宝前陇西李氏仅称门第之美,少言与皇族关系,如沈宇《大唐故雍州明堂县尉陇西李府君(惠)墓志铭并序》:

公讳惠,字惠,陇西成纪人也,凉武昭王十一代之孙。自柱下生周,五千言之道德;将军在汉,一百战之功勋。玉叶金柯,门称甲族,衣冠礼乐,世传余美。②

李亘《大周故成均监明经李君(准)墓志铭并序》:

君名准,字幼均,陇西城纪人也。十代祖暠,晋凉武昭王。五

① 《全唐文补遗(千唐志斋新藏专辑)》,第200—201页。

② 吴钢主编《全唐文补遗》第八辑,三秦出版社2005年版,第31页。

代祖韶，魏吏部尚书、雍州刺史，赠司空，谥文恭公。世笃忠贞，名播图史。曾祖元俭，齐吏部郎、太原郡守。祖玄成，唐谭州长史，忠孝博学，著名当代。父义琛，唐雍州长史、岐州刺史。言行满于天下，道德流于海内。君即岐州府君第六之幼子也。[①]

《唐故蒲州猗氏县令陇西李府君墓志铭并序》：

公讳景由，字逸客，陇西成纪人也。始系本枝，伯阳中抚，封于姑臧，后淳耀乎有凉，粤武昭王玄盛者，自君为十叶矣，天下之人，谓之甲族。[②]

天宝初，陇西李氏墓志多记录玄宗追李暠为"兴圣皇帝"一事，如王利器《唐故通议大夫使持节东阳郡诸军事守东阳郡太守上柱国李府君(先)墓志铭并序》：

府君讳先，字开物，成纪人也。其先祖颛顼高阳有才子，其姓标，后魏陇西为甲门。今天子不弃宗亲，弘我烈祖。天宝三载，以晋凉武昭王暠策为兴圣皇帝焉。昭王洎公十一代，则知盛德者百世祀，积善者余庆长。[③]

卢绩《大唐故景城郡录事参军上柱国陇西李府君(景献)墓志铭并序》：

裔子逃难，越去殷都。阽于死亡，大命将泛。以食木子，因而获全。遂改氏曰李，所由大矣。其嗣昌祖，置彼周行。有道则谷，食菜苦县。谨此侯度，以承天休。置德于玄元，启宠于来胤。秦有李信，世增其名。厥孙仲祥，逐北于陇西狄道，追赠太尉，窆于兹土，子孙宅焉。汉魏已降，公侯继踵。是后有嗣宗职者，次及于事，藏在王府。梁(凉)封为武昭王。今上以祖宗之庆追赠兴圣皇帝，帝讳暠，则君八代祖也。[④]

天宝之后，陇西李氏墓志，多强调与皇族的关系，如李仲言《唐故太原府祁县丞李公(士华)墓铭并序》：

---

① 吴钢主编《全唐文补遗》第六辑，三秦出版社 1999 年版，第 30 页。

② 陈尚君辑校《全唐文补编》，中华书局 2005 年版，第 1872 页。

③ 《全唐文补遗》第八辑，第 46 页。

④ 吴钢主编《全唐文补遗》第九辑，三秦出版社 2007 年版，第 365 页。

公之先陇西人。族出始封,与我唐实本枝,煌煌乎如日昭然。惟我祖武昭王土于梁,建盛德,嗣休烈,至于我祖姑臧公,咸彰闻于天下。当时第百氏,俾居实品。故以我族及山东他族凡五为天下甲氏。其后相婚姻,率俭德为常,故世世有令闻。大凡人物中,各世其家实。关中诸族以声华富贵为实,山东五姓以俭德婚姻为实,苟能修其实,则无坠祖先之业也。①

郑士林《唐故扶风郡司法参军李公(澄)墓志铭并序》:

公讳澄,陇西狄道人。虞臣以元凯称,秦将以功勋著。代为右姓,雄于西州。武昭王继天开业,姑臧侯让封建社。元伯遗爱,戍人陪冢。今之国族,首冠诸华。高祖玄成,皇潭州长史,同仲任之利割。曾祖义珙,皇洛州司法参军,有文惠之宪典。父泰,皇河南府福昌县主簿。②

李宪《唐故宣义郎行钜鹿郡参军李公(祐)墓志铭并序》:

公讳祐,字镜微,陇西狄道人,兴圣皇帝之十二代孙也。曾祖义珙,皇洛州司法参军;祖泰,皇洛州福昌县主簿;父澄,皇岐州司法参军。三英袭庆,累叶增华。懋德光于中外,雅望传于台阁。公即岐州府君之长子也。③

裴璆《唐故乡贡学究李公(颛)墓志铭并序》:

公讳颛,字□□,陇西成纪人也。其先帝高阳之苗裔,虞夏之时,咎繇为大理,因官命氏。裔孙曰征,事纣得罪,其妻携子利贞逃难,食木子得存,因改理为李。凉武昭王暠之孙承,后魏龙骧将军、雍州刺史,封姑臧公,公即姑臧公之房也。④

李茂升《唐故寿州团练判官试太常寺协律郎陇西李府君(茂昌)墓志铭并序》:

公讳结,字明中,举进士,易名茂昌。其先陇西人,远祖凉武昭

---

① 《全唐文补遗》第八辑,第125页。

② 《全唐文补遗》第八辑,第105页。

③ 《全唐文补遗(千唐志斋新藏专辑)》,第276页。

④ 吴钢主编《全唐文补遗》第四辑,三秦出版社1997年版,第260页。

王以雄才启国，中代姑臧公以盛德受封，茂绪芳徽，冠映图史。姑臧公后分三房，官婚之盛甲于世。不有贵仕，即彰伟名。公居大房，实膺斯祉。①

由上可见，天宝初，玄宗对宗室的扩容，提升凉武昭王李暠地位，对陇西李氏身份认同影响甚大。从时间上看，李白天宝初的活动与此事也颇有关系。

天宝前，李白向人介绍自己身世，仅言“陇西李氏”，不提是武昭王九世孙的事情，如其开元十八年(730)左右自叙，《与韩荆州书》：“白陇西布衣，流落楚汉。”《上安州裴长史书》：“白本家金陵，世为右姓。遭沮渠蒙逊之难，奔流咸秦，因官寓家。”此处所叙似与西凉王室有关系，但所述仍不明确。估计天宝后，唐玄宗同意李彦允申请入宗正属籍，在京的李白也会受到影响。这可由二事见出：

一是关于同姓的称谓有所变化，天宝前，李白称同姓者或直言“兄”“弟”，或言“从兄”“从弟”，如：

开元十八年，《鰲歌行上新平长史兄粲》

开元二十二年，《赠从兄襄阳少府皓》《夏日诸从弟登汝州龙兴阁序》

开元二十四年，《冬日于龙门送从弟京兆参军令问之淮南觐省序》

开元二十五年，《答从弟幼成过西园见赠》《春夜宴从弟桃花园序》

开元二十七年，《送侄良携二妓赴会稽戏有此赠》

开元二十九年，《赠从弟冽》《秋日炼药院镊白发赠元六兄林宗》

天宝后，李白称同姓者多言“族兄”“族弟”，如：

天宝二载，《送族弟绾从军安西》《同族弟金城尉叔卿烛照山水壁画歌》

天宝三载，《同王昌龄送族弟襄归桂阳二首》

① 《全唐文补遗》第八辑，第227页。

天宝四载,《陪从祖济南太守泛鹊山湖三首》《单父东楼秋夜送族弟沈之秦》《送族弟凝至晏堌单父三十里》

天宝五载,《送族弟单父主簿于郭南月桥却回栖霞山留饮赠之》

天宝六载,《题瓜洲新河饯族叔舍人贲》《登梅岗望金陵赠族侄高座寺僧中孚》《答族侄僧中孚赠玉泉仙人掌茶》《同族侄评事黯游昌禅师山池二首》

天宝九载,《登黄山凌歊台送族弟溧阳尉济充泛舟赴华阴》

天宝十载后,除了少数几首,基本上又恢复到开元年间的状态,直称“兄”“弟”,或“从兄”“从弟”:

天宝十一载,《赠清漳明府侄聿》《赠临洺县令皓弟》《寄从弟宣州长史昭》《赠从弟宣州长史昭》《宣州长史弟昭赠余琴溪中双舞鹤诗以见志》

天宝十二载,《宣州谢朓楼饯别校书叔云》《秋于敬亭送从侄耑游庐山序》

天宝十四载,《泾川送族弟錞》《陪族叔当涂宰游化城寺升公清风亭》

至德元载,《感时留别从兄徐王延年从弟延陵》

乾元元年,《流夜郎至江夏陪长史叔及薛明府宴兴德寺南阁》

乾元二年,《赠从弟南平太守之遥二首》《游衡岳过汉阳双松亭留别族弟浮屠谈皓》《陪侍郎叔游洞庭醉后三首》

上元元年,《江夏使君叔席上赠史郎中》

宝应元年,《醉后赠从甥高镇》《赠别从甥高五》《献从叔当涂宰阳冰》

称谓上这一变化,正体现了唐玄宗正属籍扩容政策在他身上的反应。凡加“族”者,多出现于天宝二载到天宝九载这段时间,表明在这一政策影响下,凉武昭王后人的属籍意识上升,主动向人表明同宗族的关系,拉近距离,希望以此法得到对方的认可并确认自身与王室同宗族的身份。天宝九载后,求属籍的努力失败,又回到之前称谓,不再着意强调一“族”字。其《早夏于将军叔宅与诸昆季送傅八之江南序》一文反映了这一变化:

将军叔英略盖古，英明洞神，天王贵宗，诞育贤子。八龙增秀以列次，五色相辉而有文。会言高乐，晓饯金门，洗德弦觞，怡颜朱明。草木已盛，且江嶂若画。赏盈前途，自然屏间坐游。镜里行到，霞月千里，足供文章之用哉！征帆空悬，落日相迫，二季挥翰，诗其赠焉。①

文言“晓饯金门”，当写在京事，文中李将军为“天王贵宗”，属唐宗室之人，李白与之交往，当在受玄宗礼遇后，文中言“怡颜朱明”“草木已盛”，应是夏季，李白这次在长安唯度过天宝二载一个夏天，傅八可能是李将军佐僚兼家庭教师，其直称“将军叔”，“诸昆季”未加“族”字，而由前引墓志看，实施扩容属籍之事，是在天宝二载七月，李白一文作于此前，故仍用之前说法。仅有此例表明他对天宝二载七月玄宗对宗正属籍扩容的诏令是很关注的。虽然，他所说的同族概念比较随意，并无严格清晰的房系依据，如他称李阳冰为族叔，而李阳冰是赵郡李氏，并不属陇西李氏。他在玄宗扩容宗室时，变换同族称谓，应是对这一政策的响应，他需要向人表明与皇室同宗同源的身份。

二是李阳冰《草堂集序》言：“天子知其不可留，乃赐金归之。遂就从祖陈留采访大使彦允，请北海高天师授道箓于齐州紫极宫，将东归蓬莱，仍羽人驾丹丘耳。阳冰试弦歌于当涂，心非所好，公遐不弃我，乘扁舟而相顾。”②李白离开长安后直接去找李彦允，李彦允当时任陈留采访使。此人曾申请属籍宗正寺，于天宝二载七月得到玄宗批准。唐玄宗恩准诏令中只说他是凉武昭王之后，并未说明他的房支。

关于李彦允的生平，有二则墓志可参考，独孤及《唐故给事中赠吏部侍郎萧公墓志铭》：“（萧直[711—757]）十岁能属文工书，十三游上庠，十七举明经上第，名冠太学，二十余以书记参朔方军事。中丞府君之遇谗谪居也，公亦播迁汉东，移尉谷熟。至德二年，乃由廷尉评授监察御史，历河南府户曹、京兆府司录参军。……所从之主，则朔方元帅张怀钦、汴州刺史李彦允、扬州刺史李成式、户部尚书李公峘、故相国今

① 《全唐文》卷三四九，第3537页。

② 王琦注《李太白全集》卷三一，中华书局1977年版，第1446页。

户部侍郎第五公琦、今相国黄门侍郎王公缙、中书侍郎元公载其人也。"[①]墓主所从之长官中有汴州刺史李彦允，与之对应职位应是谷熟县尉，谷熟县即虞城县，唐时属河南道宋州。墓主二十余岁入仕，三任之后为谷熟县尉，应在三十多岁，即在天宝初期时，彦允应是宋州刺史。又，刘复（署河阳主簿）《唐故太子赞善大夫赐绯鱼袋琅邪王公（伷）墓志铭并序》：王伷（713—779）"天宝初（742），进士登科，署宋州襄邑县尉，天朝以此官为士之初秩。采访使李公彦允，奏充支使，以优选授左领军卫胄曹参军，后使郭纳表请如前职，其奉事以广平称"[②]。王伷天宝初为宋州襄邑县尉，河南采访使李彦允奏报他为支使，并得到后任郭纳支持，时间应在天宝十四载。天宝元年或二年唐玄宗准许李彦允入宗正籍诏书中称李彦允的职位是殿中侍御史（七品），或许就是申请入籍事，得到玄宗的欣赏，由七品低职一路高升。采访使一般由一道治州刺史兼任，三品或从三品，任期不定[③]。《唐会要》卷四一有"天宝五载七月二十三日，河南道采访使张倚奏"[④]的记载，这表明至少到天宝五载，李彦允还未任职。

在李集中未见有与李彦允直接交往的诗作，可据李彦允女婿崔圆（705—768）推出彦允的大概年龄，设想他比崔圆大十五岁，在天宝三载（744）已在六十岁上下，应是一个位高权重的老臣，在李白看来，应是一个合适的求助对象。虽然李彦允并没有直接介绍他入籍，但是他为李白介绍了道教大师，其《陪从祖济南太守泛鹊山湖三首》[⑤]留下信息，从

① 《全唐文》卷三九二，第3989页。

② 赵文成、赵君平编《秦晋豫新出墓志搜佚续编》，国家图书馆出版社2015年版，第904—905页。

③ 《资治通鉴》卷二一三："（开元二十一年）是岁，分天下……凡十五道，各置采访使，以六条检察非法；两畿以中丞领之，余皆择贤刺史领之。非官有迁免，则使无废更。惟变革旧章，乃须报可；自余听便宜从事，先行后闻。"

④ 《唐会要》，第732页。

⑤ 诗曰："初谓鹊山近，宁知湖水遥？此行殊访戴，自可缓归桡。"（其一）"湖阔数千里，湖光摇碧山。湖西正有月，独送李膺还。"（其二）"水入北湖去，舟从南浦回。遥看鹊山转，却似送人来。"（其三）

祖济南太守李某，不清楚是何人①。

由其为此事所作三诗看，他是满怀热情而为之的。如其《访道安陵遇盖寰为余造真箓，临别留赠》言：

> 清水见白石，仙人识青童。安陵盖夫子，十岁与天通。悬河与微言，谈论安可穷。能令二千石，抚背惊神聪。挥毫赠新诗，高价掩山东。至今平原客，感激慕清风。学道北海仙，传书蕊珠宫。丹田了玉阙，白日思云空。为我草真箓，天人惭妙工。七元洞豁落，八角辉星虹。三灾荡璇玑，蛟龙翼微躬。举手谢天地，虚无齐始终。黄金满高堂，答荷难克充。下笑世上士，沉魂北罗酆。昔日万乘坟，今成一科蓬。赠言若可重，实此轻华嵩。②

盖寰是平原郡人，在北海郡习道，诗言"北海仙"，应指李邕治下的小道士。盖寰为其画好真箓后还需经尊师手传方有效，此其《奉饯高尊师如贵道士传道箓毕归北海》所言③，高如贵是北海尊师，或许受到李邕之

---

① 陶敏《全唐诗人名汇考》："1826B《陪从祖济南太守泛鹊山湖三首》太守，疑为李邕。李邕为北海太守，曾游济南历下亭，亭对鹊山湖，见杜甫《陪李北海宴历下亭》(2253C)、《同李太守登历下古城员外新亭亭对鹊湖》(2253D)诗。李邕未历济南太守，疑'济南'二字当在题首，或当在'泛'字下。"杜甫《同李太守登历下古城员外新亭亭对鹊湖》："新亭结构罢，隐见清湖阴。迹籍台观旧，气溟海岳深。圆荷想自昔，遗堞感至今。芳宴此时具，哀丝千古心。主称寿尊客，筵秩宴北林。不阻蓬荜兴，得兼梁甫吟。"《陪李北海宴历下亭》："东藩驻皂盖，北渚凌青荷。海内此亭古，济南名士多。云山已发兴，玉佩仍当歌。修竹不受暑，交流空涌波。蕴真惬所遇，落日将如何？贵贱俱物役，从公难重过！"据李、杜诗意推断，陶说可成立。因为济南太守这一说需到天宝五载十月才有，《旧唐书·玄宗纪》："（天宝五载）冬十月丁酉，幸温泉宫，改临淄郡为济南郡。"李诗与杜诗时间相近，应在夏秋之时，即在十月之前。而次年正月李邕即被杀，杜诗之李北海、李太守一定是指天宝五载事（或天宝四载），二事相校，可证现存李诗《陪从祖济南太守泛鹊山湖三首》文本有误，应为"济南陪从祖太守泛鹊山湖三首"，此与李诗《流夜郎至江夏陪长史叔及薛明府宴兴德寺南阁》相近，或"陪从祖太守泛济南鹊山湖三首"，又与《同族侄评事黯游昌禅师山池二首》相近。正因为他与李北海交往就在其被杀之前不久，所以震撼感尤其强烈，至七八年后仍感叹"君不见李北海，英风豪气今何在"。然而，李邕自称江夏李氏，《新唐书·宰相世系表》记江夏李为赵州李，与陇西李氏非一族别，或许"从祖"只是一种尊称，不一定有实在性的世系关系。不过，他后来称李阳冰为族叔，而李阳冰也属赵州李氏，可见李白对同姓间族系并不严格区分。

② 彭定求等编《全唐诗》卷一六九，中华书局1960年版，第1742页。

③ 《奉饯高尊师如贵道士传道箓毕归北海》：道隐不可见，灵书藏洞天。吾师四万劫，历世递相传。别杖留青竹，行歌蹑紫烟。离心无远近，长在玉京悬。

命,才来济南为李白传道箓。在完成整个程序后,李白又作《草创大还赠柳官迪》[①],经过这事之后,他自认是在方士格中的道士了,可以跳脱三界,一举上天。

李白离开朝廷,急于获得道士的正式身份,可能与入籍宗正寺仍有关系。因为长期以来,道士是由宗正寺管理的,其名籍隶入宗正寺。

《唐六典》卷十六《宗正卿·崇玄署》:

> 开元二十五年,敕以为"道本玄元皇帝之教,不宜属鸿胪。自今已后道士、女道士并宜属宗正,以光我本根",故署亦随而隶焉。[②]

《唐会要》卷四十九"僧尼所隶"条载:

> 开元二十四年七月二十八日,中书门下奏:"臣等商量,缘老子至流沙,化胡成佛法,本西方兴教,使同客礼,割属鸿胪。自尔已久,因循积久。圣心以玄元本系,移就宗正。诚如天旨,非愚虑所及。伏望过元日后,承春令便宣。其道、僧等既缘改革,亦望此时同处分。"从之。[③]

玄宗于宗正寺内置崇玄署,专职掌管道教事务,强调道士为宗亲,宗正寺掌"天子族亲属籍",将道教机构"崇玄署"隶属于宗正寺,就是强调道士为李耳传人,道教是皇族宗教。能做成道士,就可入籍宗正寺,或取得与有宗正籍者一样的身份。朝廷对度人入道的规定非常严格,不仅有名额的限制,而且要求甚严。如,玄宗开元二十六年下令:"其天下观寺,大小各度十七人。简择灼然有经业戒行,为乡间所推,仍先取年高者。""为乡间所推"是一项重要条件,李白求李彦允、李太守即想借助族

---

① 《草创大还赠柳官迪》:天地为橐籥,周流行太易。造化合元符,交媾腾精魄。自然成妙用,孰知其指的。罗络四季间,绵微无一隙。日月更出没,双光岂云只?姹女乘河车,黄金充辕轭。执枢相管辖,摧伏伤羽翮。朱鸟张炎威,白虎守本宅。相煎成苦老,消铄凝津液。仿佛明窗尘,死灰同至寂。捣冶入赤色,十二周律历。赫然称大还,与道本无隔。白日可抚弄,清都在咫尺。北酆落死名,南斗上生籍。抑予是何者,身在方士格。才术信纵横,世途自轻掷。吾求仙弃俗,君晓损胜益。不向金阙游,思为玉皇客。鸾车速风电,龙骑无鞭策。一举上九天,相携同所适。

② 《唐六典》,第467页。

③ 《唐会要》,第859页。

亲关系，得到道士身份，并凭此获到属籍宗正寺的资格。

自建国以来，唐王朝就规定了宗室子弟享有特权，《唐会要》卷六十五“宗正寺”条：

> （武德）二年二月十六日诏曰：宗绪之情，义超常品，宜有旌异，以明等级，天下诸宗姓任官者，宜在同列之上；无职任者，不在徭役之限。每州置宗师一人，以相统摄。①

玄宗也不断为宗室子弟提供入仕的机会。《唐会要》卷六十五“宗正寺”条：

> （开元）二十年七月七日诏：宗正寺官员悉以宗子为之。
>
> 二十五年七月敕：其宗正卿丞及主簿，择宗室中才行者补授。②

玄宗也不断提升道士官方化地位，道士的选拔也趋于考试化，《唐会要》卷六十四“崇玄馆”条：

> （天宝）二年正月十五日，改崇玄学为崇玄馆，博士为学士，助教为直学士，置大学士二员。天下诸郡崇玄学改为通道学，博士为学士。二月四日，以门下侍郎陈希烈兼崇玄馆学士。其年二月十二日，敕两京玄元宫及道院等，并委崇玄馆学士都检校。③

天宝二年玄宗又将道士改由吏部司封郎中管理，《唐会要》卷四十九“僧尼所隶”条：

> 至天宝二载三月十三日制，僧尼隶祠部，道士宜令司封检校。④

《通典》卷二三《职官五》：“（尚书吏部司封）掌封爵、皇之枝族及诸亲，内外命妇告身及道士、女冠等。”这次变更，不仅没有改变道教为皇族宗教的性质，而且把道士纳入朝廷正式官员的管理秩列，《唐会要》卷五十“尊崇道教”条：“两京玄元宫及道院等，宜委崇玄馆大学士都检校，务在

---

① 《唐会要》，第1141页。
② 《唐会要》，第1142页。
③ 《唐会要》，第1122页。
④ 《唐会要》，第860页。

精修,勿令喧杂,仍不更隶宗正。其道士等名籍任依常式。”①道士也进入到正式官员选拔程序,不仅有专员兼任,而且要求要有“精修”之德,“勿令喧杂”。李白本身就有很高的道教修养,而在完成符箓授受程序后,已获得道士身份,可在道教系统里确认自己的宗室属籍。《唐会要》卷六十四“崇玄馆”条又言:

天宝元年五月,中书门下奏:“……元教方阐,学者宜精。其《洞灵真经》等三经,望付所司,各写十本,校定讫,付诸道采访使颁行。……”从之。②

对道举教材作更具体的规定,并要求由各地采访使颁行实施,可见,采访使是各地道士教育、举荐的主要人物,因此,我们有理由推断李白离京就找采访使李彦允,既有攀附同宗之心,又想得到李彦允的举荐,任宫观主官。李彦允确实把他推荐给济南紫极宫,只是天真的李白并没有耐性接受道家复杂的仪式与“还丹”程序,他约六月开始此事,到了九月就返回兖州,炼丹仅到“草创”就草草结束了,并没有得到宫观之职。这事可由杜甫当时写给他的诗中见出。杜甫先在洛阳初识离开京城的李白,写下《赠李白》:“二年客东都,所历厌机巧。野人对膻腥,蔬食常不饱。岂无青精饭,使我颜色好。苦乏大药资,山林迹如扫。李侯金闺彦,脱身事幽讨。亦有梁宋游,方期拾瑶草。”③估计受到李白道教狂热的感染,杜也诉说自己对道教的追求,再说到自己求而未得之时,遇到了高贵而虔诚的李白,故将之视为仙人一样。此处“金闺”之说,应是接受了李白“凉武昭王之后”的自述,“梁宋游”就是指李白找李彦允之事,“方期拾瑶草”一句表明李白已向他指出寻李彦允的原由,即借从祖之荐求道职。杜甫又有《赠李白》言:“秋来相顾尚飘蓬,未就丹砂愧葛洪。痛饮狂歌空度日,飞扬跋扈谁为雄。”④应是在本年李白由济南返回后写的,他们夏天在洛阳分手,到了深秋才在汴宋相见,虽然经历了好几

① 《唐会要》,第867页。

② 《唐会要》,第1122页。

③ 《全唐诗》卷二百十六,第2252页。

④ 《全唐诗》卷二百二十四,第2392页。

个月，李白入道家宫观求职的愿望仍然没有实现，故言其“尚飘蓬”，“未就丹砂”。这些都显示出他在离京后对属籍、道职确有追求。

三　李白属籍追求失败的原因

然而，李白的这个理想并没有实现。找从祖李彦允证明宗室属籍身份，没有成功；接受符箓，成为道士，也没能改变自己的身份，没能进入仕途。由当时申请属籍成功者的情况看，其失败原因可能在以下几点：

其一，漏于属籍，无征可信。

由墓志看，上引申请属籍成功者，多是家世清楚，五世传承可信，如《李湛墓志》：“其先陇西人也。周柱下史伯阳之后，国史家谍，尽备而详。德音克宣，代业昭著。七代祖韶，大魏兵吏尚书、兼侍中、姑臧公、赠司空。公政和阴阳，功镂钟鼎。既明且哲，前辉后光。曾祖讳玄成，随潭府长史、济北郡太守。祖义瑛，皇朝散大夫、卫州共城豫州上蔡二县令。实邦之彦，为代作楷。教兴三善，人谣二天。考讳颎，兵部郎中、宣州刺史、左领军卫将军、东都留守、上柱国、姑臧县开国侯。”又如《李庭芝墓志》：“陇西狄道人也。其先出自帝高阳颛顼之后。昔咎繇为理，因官得姓。洎玄祖降灵，以树命氏，迈德流于万叶，遗芳盛于今世。官婚推天下之最，人物冠名家之首。十一代祖暠，晋凉武昭王。天宝中，主上感肇霸之初，载兴王之业，有制册为兴圣皇帝。俾四公之后，咸属籍于宗正焉。曾祖，随济北郡守讳玄成。祖义琛，皇工部侍郎、雍州长史，有文学焉，有政事焉。开其阁者，是谓龙门；连其姻者，无非甲族。列考皇扬州江阳县令讳坚……公即江阳府君之二子也……常调者十余载矣。”他们不仅能上溯远祖，而且能列五代世仕身份。

而李白家世不明，既不能说出五代出身，也不能表明与凉武昭王的世系关系，即使是对他家世系最关心的李阳冰、范传正也对此感伤不已。李阳冰《草堂集序》言：

> 李白，字太白，陇西成纪人，凉武昭王暠九世孙。蝉联珪组，世为显著。中叶非罪，谪居条支，易姓与名。然自穷蝉至舜，五世为

> 庶,累世不大曜,亦可叹焉。神龙之始,逃归于蜀,复指李树而生伯阳。惊姜之夕,长庚入梦,故生而名白,以太白字之。①

范传正《唐左拾遗翰林学士李公新墓碑并序》言:

> 公名白,字太白,其先陇西成纪人。绝嗣之家,难求谱牒。公之孙女搜于箱箧中,得公之亡子伯禽手疏十数行,纸坏字缺,不能详备,约而计之,凉武昭王九代孙也。隋末多难,一房被窜于碎叶,流离散落,隐易姓名,故自国朝已来,漏于属籍。神龙初,潜还广汉,因侨为郡人。父客,以逋其邑,遂以客为名,高卧云林,不求禄仕。公之生也,先府君指天枝以复姓,先夫人梦长庚而告祥,名之与字,咸所取象。②

李、范所叙,一是据李白口述,一是依李白儿子所记之事,既强调他是凉武昭王九代孙的身份,又具体说明他"漏于属籍"的原因,是由于先辈流放至西域,已改换姓名,数代为贱,直至李白出生后,才指李树复为姓。这显然是延续李家远祖的传说,强化自身的神奇性,但也拉大了他身世的不可信度。很难想象,宗正寺会接受他的解释。

其二,地位过低,无缘申请。

向宗正寺申请属籍者,多是有一定身份与地位的人,或得到有力者的帮助,如《李庭芝墓志》:"解褐补怀州参军事。再辟汾州司户参军,转荆府兵曹。本道使给事中韩朝宗,以清白荐用,改少府监丞,加朝散大夫,除栎阳县令,迁绛州司马,加朝请大夫,换陈留郡长史、朝议大夫,移襄阳别驾,加中散大夫,进勋上柱国。凡八徙官而屡进阶,二京畿而六外郡。"李庭芝就因得到了韩朝宗的举荐才由地方官升任京职,结束了十年低职磨勘。而李白也曾求助过韩朝宗,写下了"生不用封万户侯,但愿一识韩荆州"的恭维名句,也没效果,这应缘于他家族社会地位过低。

又,唐太宗《谕李袭志书》言:"卿昔久在桂州,仍属隋室运终,四方圮绝,率众保境,未知所统。朕抚临天下,志在绥育,眷彼幽遐,思沾声

---

① 《李太白全集》卷三一,第1443页。

② 《李太白全集》卷三一,第1462页。

教。况卿朕之宗姓，情异于常，一家弟侄，并立诚效。公又分遣首领，申谕诸州，情深奉国，甚副所望。卿之子弟，并据州县，俱展诚绩，每所嘉叹，不能已已。令并入属籍，著于宗正。”①李袭志是在隋末久处远地，太宗时，投诚唐朝，唐太宗因其保境有功，诏令并入属籍。显然，对于这些来历不明的同姓，如李袭志、李彦允等，需由皇帝亲自下诏，才可得名入宗正寺。李白称自家“隋末多难，一房被窜于碎叶”，或许受到此事的启发，但因李白身份低微，无法得到玄宗诏令属籍宗正寺的待遇。

其三，所托非人，求援失败。

李白为入籍之事求助李彦允，而李彦允自身是一个人品不可靠者，为人势利克薄。如《南部新书》乙载：

> 韦皋见辱于张延赏，崔圆受薄于李彦允，皆丈人子聓。后韦为张西川交代，崔杀李殊死。②

《太平广记》卷一四八载：

> 崔相国圆，少贫贱落拓，家于江淮间。表丈人李彦允为刑部尚书。崔公自南方至京，候谒，将求小职。李公处于学院，与子弟肄业，然待之蔑如也。一夜，李公梦身被桎梏，其辈三二百人，为兵杖所拥，入大府署。至厅所，皆以姓名唱入，见一紫衣人据案，彦允视之，乃崔公也，遂于阶下哀叫请命。紫衣笑曰：“且收禁。”惊觉甚骇异，语于夫人。夫人曰：“宜厚待之，安知无应乎！”自此优礼日加，置于别院，会食中堂。数月，崔公请出，将求职于江南。李公及夫人因具盛馔，儿女悉坐。食罢，崔公拜谢曰：“恩慈如此，不知何以报效？某每度过分，未测其故，愿丈人示之。”李公笑而不为答。夫人曰：“亲表侄与子无异，但虑不足，亦何有恩慈之事。”李公起，夫人因谓曰：“贤丈人昨有异梦，郎君必贵。他日丈人迍难，事在郎君，能特达免之乎？”崔公曰：“安有是也？”李公至，复重言之。崔公踧踖而已，不复致词。李公云：“江淮路远，非求进之所。某素熟杨司空，以奉托。”时国忠以宰相领西川节度，崔既谒见，甚为杨所礼，

① 《全唐文》卷三，第45页。

② 钱易撰，黄寿成点校《南部新书》，中华书局2002年版，第19—20页。

> 乃奏崔公为节度巡官,知留后事。发日,李公厚以金帛赠送。至西川,未一岁,遇安禄山反乱。玄宗播迁,遂为节度使,旬日拜相。时京城初克复,协从伪官陈希烈等并为诛夷。彦允在数中,既议罪。崔公为中书令,详决之,果尽以兵仗围入,具姓名唱过,判云准法。至李公,乃呼曰:"相公记昔年之梦否?"崔公颔之,遂判收禁。既罢,具表其事,因请以官赎彦允之罪。肃宗许之,特诏免死,流岭外。[①]

据上述材料看,李彦允可能投降了安禄山,唐军收复东京后,被收治,又被其女婿崔圆救下。其时,河南府、洛阳长官多人受难,与张巡诸人比,李彦允人格显然有亏。乱前,看不起穷酸之女婿;乱时,贪生怕死,投靠叛军;乱后,又求女婿枉法救己。这样一个自私的人,自然不肯为一无地位二无实权的李白属籍之事去申请或担保。或许,在他看来,无职无位的李白竟想与他一样申请入籍宗正寺,几乎是对自己的讽刺。指望这样的人帮助自己,即使是尊对方为"祖"也不会有结果的。

综上所叙,天宝初,宗正寺虽有一场扩容活动,李白也曾为此兴奋过,努力过,但最后仍陷入失望之中。热闹、光荣是人家的,与他无关。不清不楚的身世,低贱的家庭成分,仍是他挥之不去的阴影,豪华高贵的血统,辉煌传奇的家族历史,只是他(或他父亲)编织出来的精神理想,即使他能一飞冲天,一鸣惊人,凭着自己的才华一下来到玄宗的身边,也无法得到当权者的认可。据此,我们可对李白丰富复杂的内心世界有更深入的解析。

(作者单位:复旦大学)

---

① 李昉等编《太平广记》,中华书局 1961 年版,第 1069 页。

游走在府县之间的李白*

王树森

李白一生，心存魏阙，志佐王侯。当天子征召的消息传来，他能瞬间唱起“仰天大笑出门去，我辈岂是蓬蒿人”（《南陵别儿童入京》）的高歌，然而世路坎坷，天意并不能久遂人愿。李白在长安，作为天子近臣，前后总计不过三年，他六十二年人生的大部分岁月，还是在帝都之外的广袤天地间行旅。这其中，又尤以在作为王朝地方治理中枢的各地府县官邸的居留时间最长。与形形色色的各级地方官吏的交往牵系，也相应成为李白社会关系的重要内容。诗人冀图高飞，离不开地方官员的提携推奖；诗人身心疲困，受助于地方官员的安顿帮扶。推而广之，李白精神世界的升华与诗歌天地的恢拓，也与其长期近距离浸淫唐地方行政环境关联至深。在李白走向诗国顶峰的道途上，在诗仙盛名经典造就的过程中，唐地方行政体系及其主持者、参与者所发挥的作用，值得重看。

唐代是我国地方行政体系发育臻于成熟的阶段，唐代文人因为担任主官、受聘幕僚乃至充当清客等而来到地方府县者众多，但李白的介入地方，却与以上类型皆有不同。他从一开始与地方府县接触，便只是希望以之为跳板而实现一飞冲天的政治理想，其内心并无与府县环境有任何实质牵缠的打算。此后，虽然李白久在地方府县环境中游走，甚至其身后仍然需要府县官员予以关照，但是无论是李白本人还是府县官员，都将其视为不能以寻常人物相待的文化巨星，彼此间亦不存在相

* 本文系国家社会科学基金青年项目“唐代地方行政与文学关系研究”（15CZW021）之阶段性成果。

互制约或束缚的因素。李白与地方府县发生关联的形态,不仅前所未有,而且后亦难见。这种关联,本质上是盛唐这样一个一切尚未完全定型的特殊时代与李白这样一个具有特殊背景、特殊才能与特殊性格的诗人之间的特殊相遇。考察地方府县经历对于李白的影响,首先必须对于这个特殊性作出明确交代。同时也需指出,尽管李白与地方府县的关系具有特殊性,但是其中仍然包含着具有普遍性的文学与文化经验。揭示出这个经验,对于深化文学与政治之间关系的正确认识,应有积极意义。

一　地方经历与李白的政治参与

李白与王朝政治牵连至深。他很早即立下“申管晏之谈,谋帝王之术。奋其智能,愿为辅弼,使寰区大定,海县清一”(《代寿山答孟少府移文书》)的用世之志,其后走向朝廷,入永王幕,一直不曾远离王朝政治。即便是面对流贬老病的绝境,依然眷眷不忘国政,临终之际,还在“冀申一割之用”[①],希望能为形势的安定尽一份心力。表面上看,李白对王朝政治的深度介入,只是中国传统文人的一种本能自觉,但如果充分考虑到李白的背景、个性与经历,则会发现能够将此志向维系得如此之久、如此之坚定,实属不易。而唐王朝地方行政体系的引导、推荐与营造条件,是支撑这个维系的关键力量。

关于李白少时,曾有一则“铁杵磨针”的著名掌故,原载《方舆胜览》卷五十三“眉州”:

> 磨针溪,在象耳山下。世传李太白读书山中,未成弃去,过是溪,逢老媪方磨铁杵,问之,曰:“欲作针。”太白感其意,还卒业。媪自言武姓,今溪傍有武氏岩。[②]

① 李白暮年有诗题为《闻李太尉大举秦兵百万出征东南,懦夫请缨,冀申一割之用,半道病还,留别金陵崔侍御》。

② 祝穆撰,祝洙增订《方舆胜览》,中华书局 2003 年版,第 948 页。

掌故自为小说家言，但言李白起初不好读书，已动“弃去”之心，这与李白的家庭和个性背景是匹配的。李白家世背景模糊，其前代所以要远遁中亚，即便逃归，也要隐于西蜀小城，而非选择通都大邑，很可能有远离政治中心也即避祸的隐衷。蜀地巫道任侠之气昌盛[①]，李白为之所熏染，虽然各自理念中也有一定用世之旨，但在一个统一王朝的政治语境下，这些风习的消极色彩，极易造成对正统秩序的抵触与冲击，因而只能被严格约束甚至弃置不用。此外，李白个性浪漫，举止不免轻狂，甚至敢做出“托身白刃里，杀人红尘中”（《赠从兄襄阳少府皓》）这样为任何正常社会所不容的极端行为。如此主客观条件累积叠加，则李白起初并不宜选择一般仕途。然而李白终于发愤“卒业”，并且一生皆以追求在政治上有所建树为职志，这其中高人的指点起了很大作用。不过现实中指点引导李白的，并非磨针的老妪，而是苏颋、赵蕤等蜀地官员与显达。

李白在蜀中，曾从赵蕤学，又蒙益州长史苏颋推奖。《唐诗纪事》卷十八“李白”引《彰明逸事》云：“（李白）隐居戴天大匡山，往来旁郡，依潼江赵征君蕤。蕤亦节士，任侠有气，善为纵横学，著书号《长短经》。太白从学岁余，去游成都。”[②]既然赵蕤本有“征君”之号，说明受过朝廷征辟，而征辟之举，又需经由地方行政机构察访推荐。李白从赵蕤学，等于间接了解王朝政治，发现使用人才的一条路径[③]。后来李白又前往成都，直接拜谒由朝廷委任的益州长史苏颋，既获崇遇，又得到了兼含肯定与厚望的考察结论，“此子天才英丽，下笔不休，虽风力未成，且见专车之骨，若广之以学，可以相如比肩也”（《上安州裴长史书》）正是苏颋的指示，才使李白终“知大丈夫必有四方之志”，继而扁舟出峡，走向了蜀中之外的广阔天地。

唐玄宗天宝元年（742），李白终于结束长期漫游，“谒帝称觞登御

---

① 参余恕诚《“诗家三李”论集》，中华书局 2014 年版，第 13 页。

② 计有功《唐诗纪事》，上海古籍出版社 2013 年版，上册，第 271 页。

③ 可以作为地方官员负责具体察访隐士并劝导出山入仕工作的另一条证据，是李白的《送韩准裴政孔巢父还山》，中云：“出山揖牧伯，长啸轻衣簪。”说明韩氏等三人先由牧伯礼请出山，然而因为“轻衣簪”亦即轻仕宦功名而选择婉拒不出。

筵”(《玉壶吟》),开始了一段失之难再的巅峰政治体验。李白的得偿所愿,其背后的推手究竟是谁?前人有过各种推论,惜皆无确证。其实李白最终所以能成功入朝,其最可能的情形,应是多种力量共同作用的结果[①]。而据李白本人诗文,各级地方官员的宣传推介或许才是多种推力之中最为基础的一端。

早在李白路谒苏颋后不久,苏颋即向朝廷上《荐西蜀人才疏》,直言蜀地有“赵蕤术数,李白文章”,这应是李白之名首次为长安所知。后来李白来到楚地,又蒙都督马公重视,“一见礼,许为奇才”(《上安州裴长史书》)。两位地方大员的品题,本身就为李白的声名大噪作了重要铺垫。李白还曾拜见当时在士林声望很高的荆州长史韩朝宗,希望“收名定价于君侯”(《与韩荆州书》)[②],意味着当时李白对地方官员在推荐自己入朝问题上所能发挥的作用已有清醒认知。开元二十年(732)、二十三年、二十六年、二十八年以及天宝元年,唐玄宗多次下诏,指示地方拔举人才[③]。李白以受天子邀请的方式再入长安,显然与此关联甚密。李白《答杜秀才五松山见赠》诗中云:“闻君往年游锦城,章仇尚书倒屣迎。飞笺络绎奏明主,天书降问回恩荣。”说明这位杜秀才,先是游历成都,被当时西川长官章仇兼琼看上,继而由章仇兼琼向朝廷上书举荐,最终促成“天书降问”的巨大政治荣耀。李白二入长安获得天子亲自召见,其路径与杜秀才应当并无大异。从开元十八年起,特别是一入长安无功而返之后,李白不断结交各地地方官员,屡屡于诗中明确表达希望

① 郭沫若在《李白与杜甫》中虽然将李白的入朝归功于道士吴筠的推荐,但又说“同时得到贺知章和玉真公主等人的支持”(郭沫若《郭沫若全集》,人民出版社1982年版,第4卷,第313页),说明他已经意识到,对于李白这样一个特殊人物,仅靠哪一个人的力荐,是很难打动唐玄宗,促使其下旨征召的。

② 《与韩荆州书》中还有这样一段话:“昔王子师为豫章,未下车即辟荀慈明,既下车又辟孔文举。山涛作冀州,甄拔三十余人,或为侍中、尚书,先代所美。”荀爽、孔融均为汉末影响力很大的名士,侍中、尚书亦显是中央职官。李白以此为例,显然是希望自己通过韩朝宗的“甄拔”而进入中央。

③ 参安旗、薛天纬《李白年谱》,齐鲁书社1982年版,第37、43、48、52、54页。

地方官员提携之意[1]。居家东鲁期间，李白频繁写诗寄赠当地及附近官员，请求荐引："我有结绿珍，久藏浊水泥。……拂拭欲赠之，申眉路无梯。"(《赠范金乡二首》其一)既表达自己有材无用的苦闷，更希望对方能够认识到自己的价值，为自己的升迁发迹铺路设梯。天子的命令，本使地方官员们负有不容辞却的荐才之责[2]，而地方官员们既然愿意与李白来往，已反映出李白的才华得到了承认。只要他们也如苏颋、章仇兼琼那样，向最高君主举荐李白，只要这类笔墨言辞源源不断传入长安，在唐玄宗及其核心成员的耳边形成回响，那么天子的下旨征召，李白的入朝，就是指日可待的大概率事件。

李白长期在地方府县中游走，获得了认知社会的契机。这种认知，使李白对王朝政治愈见亲近与熟悉，特别是当其被"赐金还山"乃至长流夜郎之后，由于他主要生活在地方官员所营建的环境中，对王朝政治给国计民生带来的具体而微的影响，体验更深更真切，也就更自觉地加强了一份责任与担当。注意到这一点，则李白后期所表现的种种不愿与政治疏离的思想行为，也就不显得过分突兀了。

长安首尾三年，已经切身感受朝堂冷暖的李白，内心早有归意。玄宗诏令还山，对诗人而言，未尝不是一种解脱。天宝三载离开长安不久，李白即往北海请高天师等人授道箓，后又启程远游吴越，"不向金阙游，思为玉皇客"(《草创大还赠柳官迪》)，看来已是决心与朝廷作久别，而要彻底遁入方外。然而即便如此，李白还是对政治念念不忘，这一方面固然是如学者所言的"在入朝的实际生活体验基础上，感情上建立了一种与朝廷、朝政难以割断的联系"[3]，另一方面也因接触实际之后所带来的认识深化与思想触动。南行求道途中，李白曾有《丁督护歌》《题瓜州新河饯族叔舍人贲》二诗，写的都是地方行政情状。前者按王琦

① 据《李白年谱》，李白一入长安以后，接触过的地方官员有：邠州长史李粲、坊州王司马、方城令王某、汉中太守某、荆州长史韩朝宗、襄阳县尉李皓、太原尹元某、阳曲县丞王某、阳曲县尉贾某、石艾县尉尹某、安宜令徐某、东阳县量移官韦参军、瑕丘县尉王某、金乡县令范某等，除此之外，在这些地方的各种应酬场合中，他还结识了大量其他人士。

② 李白《为宋中丞自荐表》中云："臣闻古之诸侯，进贤受上赏，蔽贤受明戮。"即此意。

③ 《"诗家三李"论集》，第50页。

说,乃朝廷取石北运,“期令峻急,役者劳苦,太白悯之而作此诗”[①]。后者则追怀了开元名臣齐澣开通伊娄河,“丰功利生人”的历史功绩,一正一反,寓含昔是而今非的政治评判。面对在地方上所感知到的已经征象昭著,且远非个人一己之穷通所能涵盖的关乎国运的朝政危局,诗人显然会思效力,而非选择作壁上观。

安史之乱既是唐王朝盛衰的分水岭,也是检验中央与地方凝聚力、执行力的试金石。乱起之初,黄河两岸各地府县官员固有奔亡附逆者,但还有一些地方组织的勤王义军,在很大程度上迟滞了叛军脚步,也提振了社会信心。后来虽然长安沦陷,但有关重要据点的坚守,既保存了唐王朝的实力,也让唐玄宗看到借助地方力量平叛的可能性。奔蜀道上,玄宗下“制置”之诏,给地方上下达命令,特别是命永王李璘主管江南军务的同时,也赋予其人、财、事等资源的分配与处置权力,显然包含着冀图地方救护中央的政治考量。李白在叛乱之初即表明“张良未逐赤松去,桥边黄石知我心”(《扶风豪士歌》)的鲜明态度,希望如张良一样,在乱世里做出一番事业,并非如郭沫若在《李白与杜甫》中所判定的要当一个“逃亡分子”[②]。作于唐肃宗至德元年(756)的《赠溧阳宋少府陟》诗中,诗人急切地向地方官朋友表达自己不忘君臣恩义,愿意丹心救国的志意,并与这位宋少府相约:“何日清中原,相期廓天步。”应永王征召后,他又有诗云:“诸侯不救河南地,更喜贤王远道来。”(《永王东巡歌》其五)将“诸侯不救”与贤王远来对举,以永王水师东下来呼吁各地实权人物应立刻集结力量,共同平叛。这些表态与举动,绝非一时冲动,而是建立在诗人对地方府县负有救护中央之责有清醒认知的前提下。

唐肃宗乾元二年(759),李白长流夜郎中途遇赦,但他不顾自己已被肃宗朝廷打入另册,正该彻底避开以求全身的现实处境,仍然不断请求荐引,“圣朝思贾谊,应降紫泥书”“登朝若有言,为访南迁贾”等诗句

① 王琦注《李太白全集》,中华书局1977年版,第332页。

② 《郭沫若全集》,第4卷,第267页。

频频出现[①]，其中固有其个人功名心“作祟”，但是，形势的无所改观，恐也是促使李白希望为国纾难，贡献残力的重要因素。而这种对于形势的观察与判断，同样是由于诗人在这之后长期与各地主官密切联系，得以及时且真切地了解时局变化。直到李白辞世，安史之乱都未彻底平定，北方仍处动荡，李白《豫章行》即为悲悯北方“征戍之将士而言”[②]。南方的局面又开始不安，李白东返逗留江夏期间，荆襄一带发生康楚元之乱，诗人连作数诗，既指斥作乱者为“鲸鲵”（《九日登巴陵置酒望洞庭水军》），又将动乱带来的伤害道出：“岁晏天峥嵘，时危人枯槁。”（《荆州贼乱临洞庭言怀作》）到了上元二年（761）寓家当涂，一方面李光弼与史朝义在河南鏖战犹酣；另一方面，润州的刘展之乱、浙东的袁晁起义更近在咫尺，连年战祸，受虐最深的还是地方社会和普通民众。国家乱离在地方上的微观表现既为李白近距离感知，那么由此受到的巨大思想情感激荡，必然促使诗人升腾起一种强烈的参与王朝政治重建的志气，“应须救赵策，未肯弃侯嬴”（《赠升州王使君忠臣》），甚至在生命将尽之际，依然壮心不已。

二　地方经历与李白的身心安顿

李白周旋地方府县，希望由此登陟要津，然而现实中有能力助其圆梦的地方政治人物并不易求。尽管如此，地方府县的存在，仍为李白营构了一个可供安顿的后方。有这样的后方存在并提供支撑，则无论求官失意之后，或是乱后无归之时[③]，无论从“逆”遭贬之际，还是垂老流转之余，李白的生活都能得以安定，精神也能得到舒展。

郭沫若曾据“兄九江兮弟三峡”（《万愤词投魏郎中》）之句，推测李

① 以上诗句，分别出自《送别得书字》《赠常侍御》。

② 《李太白全集》，第 344 页。

③ 李白诗云：“思归阻丧乱，去国伤怀抱。”（《荆州贼乱临洞庭言怀作》）

白应该有两位“坐庄”经商的兄弟充当其“富厚的后台”[①]。李白生性轻财好施,加上长期漫游,确实需要一个稳固的经济来源作支撑,但现实中真正有能力对诗人持续资助的,或者说李白寄望最深的,还是地方行政体系。李白早年寓居安陆,曾将自己东游维扬黄金散尽而致“丐贷”营葬其友的仓皇情状向安州的裴长史陈诉,到了暮年流落皖南,他更因酒债难偿而写诗给宣城的刘都使借贷,中云:“所求竟无绪,裘马欲摧藏。主人若不顾,明发钓沧浪。”(《赠刘都使》)虽不免悲苦,但也说明他愿意向地方官员坦陈自己的生存困境,希望能得到接济。而从李白诗中频繁出现的“馆”字可知,他确实长期生活在由地方府县所安排的居所之中,这也是李白受到地方官员照拂的重要例证[②]。

除了使李白的基本生计得以保障外,地方官员与李白进行各种交往,更为诗人带来了特殊而有益的精神体验。一入长安前后,李白曾在京郊府县以及南阳、洛阳、太原等地游历,不少地方官员都曾为之安排过周到的游赏宴乐。李白在《忆旧游寄谯郡元参军》中即追忆他和友人元演所受多地官员热情招待的场景。在汉东,当地太守为李白一行举办宴会,不仅亲自起舞助兴,而且还以锦袍之赠,来表彰诗人的文才[③];又由于元演之父当时正在太原任武职,诗人开元二十三年北游太原时,获得了更为惬意的游赏兴致:

> 琼杯绮食青玉案,使我醉饱无归心。时时出向城西曲,晋祠流水如碧玉。浮舟弄水箫鼓鸣,微波龙鳞莎草绿。兴来携妓恣经过,其若杨花似雪何。红妆欲醉宜斜日,百尺清潭写翠娥。翠娥婵娟

---

① 《郭沫若全集》第 4 卷,第 221—222 页。

② 如“横江馆前津吏迎”“征乐昌乐馆”“宾馆罗轩盖”“伏枕寄宾馆”“华馆陪休息”等句,李白又有《题宛溪馆》诗。据李德辉研究,唐宋时期的各种馆驿,是由官方统一领导建设与运行维护,何人能够入住其中,也有严格规定。李白并非公职人员,而能长期逗留于各处馆驿之中,显然是由地方官员出面安排。参李德辉《唐宋时期馆驿制度及其与文学之关系研究》(人民文学出版社 2008 年版)第一章、第五章第一节之相关论述。

③ 诗中云:“手持锦袍覆我身,我醉横眠枕其股。”据《唐诗纪事》卷一一“宋之问”条所载之“龙门夺袍”掌故,对诗才富赡之人予以锦袍之赠,是时代的风尚。这位汉东太守的举动,显然效此。

初月辉，美人更唱舞罗衣。清风吹歌入空去，歌曲自绕行云飞。[①]
孤立地看，诗中所写的琼宴醉饱、晋祠泛舟、美人歌舞等场面，或许难免奢靡放纵之嫌，但是一则太原在唐前期一直承担着防御突厥进攻的军事重任[②]，李白此游所以能乐享胜景，侧面折射出的却是开元后期北疆已少严警的可喜局面；再则李白此前求仕无门，屡遭冷眼，因此当时这种热闹华贵的声闻感受，对诗人也是一种极其珍贵的精神慰藉，而这种慰藉，本质上是源自像元演之父这样的地方实权人物的照顾。

"君王赐颜色，声价凌烟虹"(《东武吟》)，如果说天宝元年应诏入京之前，李白所对应的社会身份尚只是一位才华横溢的青年文士，那么去朝堂上走一遭，蒙最高君主顾盼之后，其作为文化名流的角色骤变，自然使其身价陡增，纵然离开中央，在地方也能产生巨大的轰动与追捧效应。天宝三载李白离京东返经停商洛，即受到了裴姓使君的优遇，"我来属芳节，解榻时相悦"(《春陪商州裴使君游石娥溪》)，在裴氏的陪伴与安排下，李白游石娥溪，吊四皓墓，这是诗人刚刚脱离长安三年屡贻讥诮、独坐孤吟的精神压抑后所获得的全新的社交体验，反映了地方政治人物对李白的看重，截然不同于此前的朝堂群小。"明发首东路，此欢焉可忘?"诗人的夫子自道，显示出他对于裴使君的感激。后来李白回到山东，南游金陵、宣城，一直保持着与各地官员的密切互动。在山东，他应邀为雍丘崔明府的丹灶题诗，观览博平王少府的山水粉图，赴砀山刘少府之约"泛宴喜亭池"，又与从祖济南太守共游鹊山湖……，这些来自地方官友朋的邀请，对已经离开长安朝堂的诗人而言，毋宁说是一种雪中送炭般的心理安抚。

不过对于李白而言，他最珍视的，或者说对其精神安抚最起效果的，还是他在政治上遭遇巨大困顿与挫折之时，地方政治人物所给予的理解与护佑。这方面表现最突出的，一是他天宝十载北上探访安禄山反迹之时，在沿途所受各地长官的接待；二是因永王璘案获罪之后，各

---

① 《李太白全集》，第664—665页。

② 李白《秋日于太原南栅饯阳曲王赞公贾少公石艾尹少公应举赴上都序》中形容北都太原战略地位云："襟四塞之要冲，控五原之都邑，雄藩巨镇，非贤莫居。"可证。

级官员及时伸出的援手。

天宝中期以后,安禄山必反已渐成唐朝野上下共识。李白天宝十载至十一载间进入安禄山幽燕巢穴,在实际察访中预知到危机的迫在眉睫①。多年以后,诗人在《经乱离后天恩流夜郎,忆旧游书怀赠江夏韦太守良宰》诗中,还以"弯弧惧天狼,挟矢不敢张"的诗句追叙当时忧惧。而当诗人带着这份忧惧南归之时,身为地方主官的韦良宰为其举办盛大宴会:

> 逢君听弦歌,肃穆坐华堂。百里独太古,陶然卧羲皇。征乐昌乐馆,开筵列壶觞。贤豪间青娥,对烛俨成行。醉舞纷绮席,清歌绕飞梁。欢娱未终朝,秩满归咸阳。②

显然,能在脱身虎穴、惊惶未定之际,受到韦良宰这样的地方官员的迎候,一定程度上松弛了李白的神经,也有助于诗人思考下一步行程。

为了及时将自己的幽州见闻上呈天听,李白决计三入长安③,然而"我纵言之将何补,皇穹窃恐不察余之忠诚"(《远别离》),进谏无门,有恨难诉。此时,还是地方官员的出手,让李白在极度苦闷忧惧中,有了可供入海从龙的新的栖身之地。《江上答崔宣城》诗云:

> 太华三芙蓉,明星玉女峰。寻仙下西岳,陶令忽相逢。问我将何事,湍波历几重?貂裘非季子,鹤氅似王恭。谬忝燕台召,而陪郭隗踪。水流知入海,云去或从龙。树绕芦洲月,山鸣鹊镇钟。还期如可访,台岭荫长松。④

---

① 安旗对此段行程及有关诗歌的深意做了深入探究,见其《幽州之行发覆》,载安旗《李白诗秘要》,三秦出版社 2001 年版,第 360—372 页。

② 《李太白全集》,第 569 页。

③ 二十世纪八十年代,李从军等人提出李白三入长安说,还有一些学者则认为李白确曾有过西行救国之举。如余恕诚即曾指出:"安史之乱爆发,李白起初北上太行,西奔函谷,欲效申包胥痛哭秦庭,请救国难。终因找不到效力的途径而隐于庐山。"(《"诗家三李"论集》,第 53 页)笔者认为,李白在叛乱已起之时的各种努力固是实情,但是结合李白的个性与诗文,他完全有可能在既见乱机之初,即入朝进谏,安旗《三入长安始末》《长乐坡前逢杜甫》等文,对此有详细考察,可参。

④ 《李太白全集》,第 896 页。

首四句言诗人与时任宣城令崔钦[1]在华岳相遇，中间八句以问答形式表明自己终无可恋、去意已决的心志，最后四句则言崔钦向诗人发出来访邀请。天宝十二载秋，李白南下宣城，自此至安史乱起避地剡中之前的三年里，李白一直在宣城。他和宣州辖境府县两级的几任官员相处，谈诗论文、游赏风景。当时，朝堂上的腐败、边疆上的祸患已入膏肓，杜甫切近观察，即已既感慨个人颠踬，又悲怜国运漂荡。其实与彼时尚无缘接触核心政情的杜甫相比，早有高层政治体验，且早作实际挽救努力的李白，内心所受震荡可能更大。不过李白毕竟还拥有一大批有能力且愿意助其解脱的地方官友人，这使得李白有可能将无计消除的深重政治忧虑与巨大精神苦闷稍稍放下，去亲近迥异于北方朝堂之上的，由地方府县经营的旖旎风景。

因参谋永王军幕而遭惩处，这是李白遭遇的最生死攸关的政治失败。李白下狱之初作过自辩，其妻室曾多方奔走营救，崔涣、张镐、宋若思等大员也确曾试图宽缓处置，但是在涉及封建王权之争这一根本问题上，无人不晓其中利害。因此，讨论李白获罪之后地方政治人物对其提供的救助，重点绝非寻绎后者使用何种手段来帮李白脱罪，而是考索当李白领刑首途，且就此背负政治“污点”之后，地方官员们对其持何种态度，又究竟给李白此后的人生带来何种影响。

“适遭云罗解，翻谪夜郎悲”（《窜夜郎于乌江留别宗十六璟》），虽几经反复，李白终于不免肃宗忌惮而长流夜郎。需知，在那样一个肃宗竭力清算整肃玄宗、永王势力的大背景下，李白能否生还尚未可知，因而内心悲苦不难想象。宗璟作为亲属，彼时的陪伴相送固然为李白所需要，但是他更关注的是，地方官员们会否因其重罪之身而躲避不及。所幸李白整个往返，一直备受沿途地方官员的款留。“朝别凌烟楼，贤豪满行舟。暝投永华寺，宾散予独醉”（《流夜郎永华寺寄浔阳群官》），这是李白出发之时，浔阳当地官员的送行场面。行至江夏，李白不仅获得一位长史叔与薛明府设宴留欢，在汉阳王县令的厅堂之上大醉酩酊，而且还收到了四百余里之外的故人——时任荆州长史的张镐托人送来的

① 崔宣城指崔钦，参陶敏《全唐诗人名汇考》，辽海出版社2006年版，第271、280页。

罗衣与诗什。地方官员如此厚待李白,正说明他们并没有把他当成是附逆的罪犯,这显然给了几至绝境的李白以极大的精神慰藉。待及诗人遇赦东返,再经江夏,地方官员又为李白组织了各种更为盛大的宴豫游赏,使得李白的精神更加释放与畅快,类似"愿扫鹦鹉洲,与君醉百场""寄谢弦歌宰,西来定未迟""他日观军容,投壶接高宴""预拂青山一片石,与君连日醉壶觞"等相约相期的诗句①,于此间集中出现,折射出诗人劫后余生,喜不自胜的高亢心情。所以能及此,固然是由于终得王权宽宥的庆幸,但更为重要的还是地方官员群体一直以来的未曾离弃,"良牧称神明,深仁恤交道"(《经乱离后天恩流夜郎,忆旧游书怀赠江夏韦太守良宰》),一场大的动荡,足以鉴照出一切人间冷暖。李白的诗歌,说明他深深感动于这些地方官员的深情厚谊。在当时那个动辄得咎的险恶情势下,如果没有这些重视朋友情谊的地方官员的仁义与体恤,那么李白只能在萧索孤寂中长途远征。如果真是那样,诗人还能否等到"轻舟已过万重山"(《早发白帝城》)的千里回还,或许终难预料。

三　地方经历与李白的诗境升华

地方府县给予李白大量的、长期的支援,为李白减轻了严峻的生存之困,为李白守护住微弱的理想之光。从保全一位大诗人的性命角度予以考量,仅凭这点贡献,也完全可在中国文学史、文化史上为那些府县官员们记上一大功,但是他们的贡献远不止于此。他们更重要、更深层的贡献在于,为李白登上中国诗歌的顶峰营造了一片广袤而又厚沃的社会政治与文化土壤,提供了从现实养料到精神层面等多种质素的具体滋润。李白诗歌之所以能包含深广的社会内容,之所以能浸润丰沛的思想情感,之所以能呈现巨大的艺术独创,不仅是由于李白的天

① 以上诗句,分见《自汉阳病酒归寄王明府》《望汉阳柳色寄王宰》《江夏寄汉阳辅录事》《早春寄王汉阳》。

才，不仅是由于他生逢盛唐这个“时代的顶峰”[1]，也得益于地方行政体系的存在所发挥的作用。

与地方官员长期深入交往，为李白深入考察地方行政详情，继而成为唐诗史上第一位较为全面描写地方官员群体工作生活状态的诗人创造了客观条件。唐代是中国古代地方社会治理架构发育日渐成熟完备的重要时期，不过文学中对于这一架构以及由此带来的地方社会生态丰富性的介入与书写，并非同步。尽管从初唐起，就不断有诗人行走地方，与地方官员开展交往并产生诗作的事例（如“初唐四杰”），不过那更多是一般性的唱酬，客套成分较重；初盛唐时期也有一些中央显宦因为政争失势被贬地方而形诸诗咏（如张说），但其内容所及，多集中于个体情感的抒发。从诗史演进的角度考量，并未超出前代谢朓、沈约等人地方诗文所开辟的疆域。在李白之前，高适、岑参、王维等人虽已基于实际赴边经历而对边镇军幕与市井情状有过描绘，但将地方政治与社会生活作为一类独立素材，真正纳入诗歌书写范围的，李白是第一人。

李白在地方，接触到当时地方行政的方方面面，以实际观察与亲身体验作诗，特别是对各级地方主官施行善政与文采风流的书写，构成其诗歌中一道独特风景。如《赠徐安宜》诗，李白借一位“楚老”之口，表彰徐姓县令在安宜任职期间，通过积极主动的“制锦”“操刀”，吸引流民，劝励农桑，以至治境之下呈现出一片安定景象的治理佳绩。《献从叔当涂宰阳冰》《赠从孙义兴宰铭》二诗，则从多个角度细致刻画了安史之乱以后有关地方官员在一片衰残破败的乱象中，对于治境秩序重建所作的贡献。李白诗云：“偶来拂衣去，谁测主人情。”（《赠闾丘宿松》）想要真正了解一个地方官员的作为，对其作出客观评价，确乎不能浅尝辄止，而是要真正沉潜下来。假如李白不是对地方社会有入里把握，不是对地方府县官员的职责使命与工作内容有切近体察与深刻理解，那么他必然无从对像义兴令李铭、当涂令李阳冰、安宜令徐某等地方官员的政绩与情怀作出逼真贴切之点评。评价政情之外，李白还对地方官员的日常生活状态进行细致描绘。由于李白在地方上久被视作贵客，地

---

① 林庚《诗人李白》，上海古籍出版社2000年版，第3页。

方官员组织的各类宴豫游赏、吟咏品题,李白多能参与并将其写入诗中。《当涂赵炎少府粉图山水歌》《春日陪杨江宁及诸官宴北湖感古作》《宣州九日闻崔四侍御与宇文太守游敬亭,余时登响山,不同此赏,醉后寄崔侍御》《玩月金陵城西孙楚酒楼达曙,歌吹日晚,乘醉著紫绮裘、乌纱巾,与酒客数人棹歌秦淮,往石头访崔四侍御》等诗,涉及赏画、酒饮、出游等多项内容,风致潇洒、用笔戏谑、情韵悠长。这类作品,不仅有助于全面认识地方官员群体的品位格调,也证明地方经历对李白诗歌表现天地的拓展具有关键支撑。

长期游走地方府县,使李白得以深入察访王朝政治在底层社会的微观表现,并据此反察王朝政治运行的得失利弊,进而在诗中深入表达政治见解,增强了其诗的思想深度。以当时社会最为关注的西北边患为例,李白创作过大量涉及这一问题的诗歌,但是前后的关注重心与态度向背却有明显不同。《赠郭将军》《白马篇》《出自蓟北门行》《塞下曲》《塞上曲》以及《送外甥郑灌从军三首》《送族弟绾从军安西》等送别诗,多以赞美将士神采威风与表彰义勇精神为旨,《子夜吴歌》虽已触及战争消耗,但"何日平胡虏,良人罢远征"既然将对手置于和平的破坏者位置,远征也就具有了合理性。而那则著名的李白醉草《答蕃书》的掌故,就更能反映出一种大国自尊的心理。但是到了《关山月》《战城南》以及《古风》其六、其十四等作,情况则有了重大转变,诗人开始以沉重笔墨揭示战争的持久惨烈及其所带来的流血牺牲,并且直接发出"乃知兵者是凶器,圣人不得已而用之"的忧愤之语,表达了鲜明的反战倾向。《答王十二寒夜独酌有怀》公然将当时社会吹嘘热捧的"石堡城之役"定性为非正义的"屠"①,并且明确指出"君不能学哥舒",对穷兵黩武予以否定。诗人何以能及此?只能是受亲身见闻之触动。自天宝元年起,唐玄宗开始强力推行军事冒险,在河陇、云南等地多线出击。大规模的军事扩张需要兵员,从河南河北,直到江南等地青壮,皆在征用范围。这

① 按,"屠"字多含杀戮、毁坏等贬义。如《荀子·议兵》:"不屠城,不潜军,不留众,师不越时。"《史记·高祖本纪》:"天下苦秦久矣。今父老虽为沛令守,诸侯并起,今屠沛。"司马贞《索隐》:"按:范晔云'克城多所诛杀,故云屠也'。"

个征兵及其对内地农桑和社会稳定的破坏，李白由于放还后久在齐鲁与皖南之间往来，特别是与当地府县官员交往交流，而得以切近感知。《书怀赠南陵常赞府》中云："将无七擒略，鲁女惜园葵。咸阳天下枢，累岁人不足。"《古风》三十四中云："羽檄如流星，虎符合专城。喧呼救边急，群鸟皆夜鸣。""群鸟"句用《庄子·在宥》"乱天之经，逆物之情"典，刘学锴云："'群鸟'句用典，正示此次征兵赴边的军事行动是'乱天之经，逆物之情'的不义之战。"[①]两相对读，可知李白对于战争态度的前后逆转，根本上是因为他通过那些地方官员接触到了实际情况。边事之外，中年以后的李白不断在像《古风》五十九首这样的诗歌中[②]深刻而广泛地揭露当时长安的政治黑暗、风气浇薄、人才受压，在很多问题上比同时代的诗人们见机更早、反省更深，很大程度上就在于他拥有府县官员群体这样一个重要的信息源与参照系。

杜甫曾感叹自己"百年歌自苦，未见有知音"（《南征》），满含无奈。杜甫后期"漂泊西南天地间"（《咏怀古迹五首》其一），虽然也备受各地长官接济，但是具体到其所接触的人物，严武"前后在蜀累年，肆志逞欲，恣行猛政"（《旧唐书》本传），郭英乂"既至成都，肆行不轨，无所忌惮"（《旧唐书》本传），高适虽为诗人故交，然其为人"言过其术，为大臣所轻"（《旧唐书》本传），且因反对房琯而与杜甫"政治上并不投合"[③]，都难以真正被杜甫看作知音。李白则不同，他是有知音的，他的地方官友人，与其或志同道合，或诗酒相亲，特别是那些和李白同样遭遇风浪而在心理上相通相惜、相互激励的贬官群体，由于同为当代历史的亲历者，他们对于李白的理解包容、爱重护佑乃至在重大政治立场上的接近，使得彼此在很多事情上的看法存在共鸣，这显然为李白后期写出一系列主要以这些"知音"为倾吐对象，包含更为厚重宏大社会历史与思想情感内容的五七言"叙情长篇"提供了重要的创作原动力。

---

① 刘学锴《唐诗选注评鉴》，中州古籍出版社 2013 年版，第 544 页。

② 按，《古风》五十九首向无明确系年，林庚认为属于中年以后的作品（《诗人李白》，第 22 页），可从。因为诗中所触及的社会内容极其深广，对问题的辨识也极其尖锐深刻，若无相当的政治阅历与实际体验，很难写出。

③ 余恕诚《杜甫在肃代之际的政治心理变化》，《文学遗产》1992 年第 4 期。

李杜集中，均有一类具有掣鲸碧海气势的五七言长诗，前人谓之“叙情长篇”[①]，但是细究起来又有不同。杜甫的这类作品，前期如《自京赴奉先县咏怀五百字》《北征》，后期如《昔游》《遣怀》等作，均为独吟，其中成就最高的《咏怀》《北征》，正如余恕诚所云：“不涉交游。”李白的叙情长篇，则多具交游性质，明人许学夷《诗源辩体》高度评价李白五古长诗的艺术成就，云其“兴趣所到，瞬息千里，沛然有余”[②]，其所引之十二例用以论证的诗句，有七例明确为寄赠地方官员之作，分别是《留别广陵诸公》《经乱后避地剡中，留赠崔宣城》《春日陪杨江宁及诸官宴北湖感古作》《登黄山凌歊台，送族弟溧阳尉济充泛舟赴华阴》《留别曹南群官之江南》《赠从弟宣州长史昭》《陪族叔当涂宰游化城寺升公清风亭》，占比 58%。这类长诗，除许氏所引外，较有代表性的还有《读诸葛武侯传，书怀赠长安崔少府叔封昆季》《书怀赠南陵常赞府》《叙旧赠江阳宰陆调》，特别是最能体现李白五七言歌行特点的《忆旧游寄谯郡元参军》《经乱离后天恩流夜郎，忆旧游书怀赠江夏韦太守良宰》《江夏赠韦南陵冰》等诗，几乎全是写给地方官友人的，其共同特点是内容的浩博与情感的激荡，忆往昔交道，歌今朝欢会，状社会百态，评国政得失，发人生感慨。《经乱离后天恩流夜郎，忆旧游书怀赠江夏韦太守良宰》共一百六十六句，涉及长安求仕、离京初别、北上探险、贵乡再饮、安史祸乱、参谋永王、今日三聚、赏舞论诗、冀求荐举、情牵国运十个方面内容，其中还穿插各种具有深度的社会历史议论与人生感慨，如“一别隔千里，荣枯异炎凉”“白骨成丘山，苍生竟何罪”“日月无偏照，何由诉苍昊”“片辞贵白璧，一诺轻黄金”“中夜四五叹，常为大国忧”，都是阅世至深之后方能体悟提炼出的思想精华。李白交友广泛，遍及三教九流，李白也有大量诗歌写给道友、平民、江湖朋友乃至长安朝堂的权贵，但是只有在面对地方官友人时，李白的心臆才会被充分廓张，古今上下，叙议纵横。李白是一个思想深邃、情感丰沛的大诗人，他的思考与感触，尤其涉及政治层面的，上层未必愿意听，普通人未必听得懂，只有那些

① 参余恕诚《李白与唐代的叙情长篇》，载《“诗家三李”论集》，第 63—75 页。

② 许学夷《诗源辩体》卷一八，人民文学出版社 1987 年版，第 198 页。

彼此信任的地方官员群体，才是最为合适的谈话对象。也只有面对他们，诗人才能少有拘束地痛快表达，相关诗歌才能大开大合，展示出动人心魄的情感力量与历史厚度。

以上诗歌，多有明确问题指向或人事背景，创作上受李白地方府县经历影响的痕迹较为易显易察。而那些最能作为李白文学标识的经典作品，长诗如《蜀道难》《梁甫吟》《梁园吟》《将进酒》《梦游天姥吟留别》《庐山谣寄卢侍御虚舟》，短章如《送孟浩然之广陵》《望天门山》《春夜洛城闻笛》《赠汪伦》《望庐山瀑布》《劳劳亭》《秋浦歌》等，或雄奇壮美，或明秀飘逸，但充其量都只能大致推定创作时间范围，有的则很难系年[①]，这些作品，是否也与诗人的地方经历存在联系？

《彰明逸事》中还有这样一段记载，颇可寻味：

> 时太白齿方少，英气溢，发诸为诗文甚多，微类《宫中行乐词》体。今邑人所藏百篇，大抵皆格律也。虽颇体弱，然短羽褷褷，已有凤雏态。[②]

指出李白蜀中作品"大抵皆格律"，并言其"微类《宫中行乐词》体"，皆显"体弱"之态。这实际上就是认为李白帝都和蜀中时期的作品，虽已初显英气，但无论是体裁，还是格调气骨，均尚不足以代表其诗歌成就，核诸李白的全部创作，这个判断是符合实际的。李白现存的绝大部分作品，特别是那些代表其文学高度与主体风格的诗歌经典，大多还是创制于帝都和蜀中之外的广阔天地间，尤其与其长期生活在地方府县环境的特殊经历联系甚密，只是这种联系更为深层，更为潜在。这种潜在的、深层的联系，是指长期在地方府县游走，受府县官员推重，使诗人能始终保持一份高度的自信，从而造成其诗歌始终充盈着一种永不衰竭的浩荡英气。具体来说，则表现为对自身文学才能的自信，对时代光明进步的自信以及在此基础上进一步培养起的一份自在自足、从容健朗的心态。

---

① 李白曾五次来到皖南，他在皖南一共创作了 150 余首诗歌，具体到每首诗歌，究属哪一次，并不易确考，参《"诗家三李"论集》，第 29—30 页。

② 《唐诗纪事》，第 271—272 页。

“剑非万人敌,文窃四海声”(《经乱离后天恩流夜郎,忆旧游书怀赠江夏韦太守良宰》),无论李白对自己的事功期待如何落空,他的文学天才一直为时所称。以在成都初谒苏颋为起点,其后,从荆楚到吴越,从河南到太原,从东鲁到皖南,从九天宫阙到万里贬途,社会上,主要是各级官员对于其文才的承认,从来未曾发生改变,这对保护李白的文学自信,增强其创作的主动性,具有重要支撑作用。李白曾自言:“兴酣落笔摇五岳,诗成笑傲凌沧洲。”(《庐山谣》)话说得很狂傲。尽管在盛唐诗人中,狂傲者并不鲜见,王昌龄、王翰以及杜甫、高适等人,为人处世都有使性尚气的一面,这一面往往也能造成诗人某一特定时段与领域创作的奇思壮彩,但若论将自信保持得始终如一,且长久地、元气淋漓地贯注于诗歌之中的,他们都不如李白。这里就存在着一个“兴酣”缘何而起,“笑傲”向谁而发的问题。“阳春召我以烟景,大块假我以文章”(《春夜宴从弟桃花园序》),人们往往会更关注一处处让李白激动的阳春烟景、伟丽山川,但是那春夜宴游的环境、官员友朋的相邀,才更可能是让诗人产生“不有佳咏,何伸雅怀”的创作冲动的触媒。李白在地方上,经常参加类似的由地方官员所组织的宴游活动,不能简单认为这有涉庸俗,要充分估量其对调动作家创作积极性的正面作用。“名公绎思挥彩笔,驱山走海置眼前”(《当涂赵炎少府粉图山水歌》),这样写于府县宴豫环境的诗句,虽是评他人之画,也体现着对自身诗歌艺术境界的更高追求。在另一首诗中,李白写道:“高堂粉壁图蓬瀛,烛前一见沧洲清。洪波汹涌山峥嵘……与君对此欢未歇,放歌行吟达明发。却顾海客扬云帆,便欲因之向溟渤。”(《同族弟金城尉叔卿烛照山水壁画歌》)这与《梦游天姥吟留别》中所写之景象、所用之词语、所显之气势,相似度极高。不仅如此,李白那些描写蜀道、黄河、长江、五岳的诗句,许多都能在其与府县官员的唱酬之作中找到影子,说明这种李白式的对于名山大川的文学建构,往往需要特定创作环境的刺激才更有可能一气呵成。可将李白与杜甫作一比较:杜甫的山水诗,更着意于对山水作客观的工笔描摹,完全不像李白所擅长的那种带有强烈的主观色彩,有时甚至发生巨大变形的泼洒。艺术个性的差异之外,人文环境的影响因素不可小视。杜甫虽然早年也有过裘马轻狂、放荡齐赵的快意游览,但是那些代表其山水诗特点的陇蜀纪行诗与长江风景诗，却大多作于其辛勤跋涉、漂泊愁苦之时，“彩笔昔曾干气象，白头吟望苦低垂”（杜甫《秋兴八首》其八），杜甫后期，长时间独自吟望，这是使其诗歌呈现厚重苍郁色彩的重要心理原因。而李白身处热闹氛围中的机会很多，且往往会使人很快得以心胸开张、精神快慰，因而给李白诗歌的气势雄放创造了重要前提。流贬折回途中，李白曾写下这样的诗句：“去岁左迁夜郎道，琉璃砚水长枯槁。今年敕放巫山阳，蛟龙笔翰生辉光。”（《自汉阳病酒归寄王明府》）说明苦闷压抑的生存处境，会严重限制李白的诗思飞跃，只有环境轻松，他才更有可能达到“俱怀逸兴壮思飞，欲上青天览明月”（《宣州谢朓楼饯别校书叔云》）的理想创作境界。显然，地方官员对李白的文才长期看重，并为其文才的展露积极提供条件，这才使得李白始终能保持一份高昂的自信，进而保持其诗歌的主体艺术风格。

“金樽清酒斗十千，玉盘珍羞直万钱。停杯投箸不能食，拔剑四顾心茫然。”（《行路难三首》其一），这是在赐金放还之际，李白对长安生活所写下的回顾性诗句。李白在长安，虽然待遇优渥，但心情郁结，对有的不平并不真的能明言无拘，而当他进入地方以后，却敢于对长安朝堂作出各种尖锐乃至辛辣的抨击与讽刺，写出像《玉壶吟》《梁甫吟》《将进酒》这样充满志气的歌行，以及“孔圣犹闻伤凤麟，董龙更是何鸡狗”（《答王十二寒夜独酌有怀》）、“安能摧眉折腰事权贵，使我不得开心颜”（《梦游天姥吟留别》）等语气很重的诗句。原因何在？欲回答这个问题，需要对当时中央朝堂与地方府县之间的对抗性特别是其中所蕴含的推动社会进步的积极因素有所注意。

直到开元、天宝时期，尽管已有初唐百年宫廷斗争，但是门荫大族还是中央朝局的主导力量。门荫大族秉政，从具体行政效率与对局面的控制力看，有其积极意义[1]，不过由于其自身的封闭性，长远看会对社会活力的增加造成阻碍，也不利于统治基础的巩固和扩大。面对这

① 譬如李林甫掌权二十年，恰使唐王朝国力达到鼎盛，东北部族也不敢轻举妄动。李林甫的韬略才干，也确有远超张九龄等人之处。过去的研究，只要一说到李林甫，就视若寇仇，一味强调其罪过，包括对文坛上的所谓负面影响，是有失公允的。

种政治格局,一般文人要么选择以放弃尊严而依附,要么选择为保全性命而远离。李白进入长安,亲身体验了这个集团的僵化与腐朽,他的背景和个性,与长安的环境显然格格不入。李白不是没有想过逃避,但"身在现世,怎么离去"(鲁迅《文艺与革命》),既然逃避不了,又不甘依附,只能选择斗争。关键问题在于,能否寻找到可以支持抗争的基地。幸运的是,当时的地方府县环境为李白提供了特殊的支撑。当李白进入地方,他发现,即便是在统治集团内部,依然有像李邕、裴敦复这样的正义力量在和黑暗势力作斗争;当他来到地方,他发现,即便长安群小庸碌无能,那些夙夜在公的府县官员依然在竭力进行有效的地方治理;当他进入地方,他发现,即便那些君王公侯因安史之乱而仓皇四窜,地方上维护国家统一的努力依然强劲自觉;当他进入地方,他发现,即便自己早已被最高君主视作"穷酸"乃至判为罪囚,地方上的有识之士仍然能对其热情肯定、倾心维护……正是这些对抗性因素的存在,才使李白对于王朝的未来还抱有信心,才使李白不愿轻言放弃自己的政治责任,因此也就敢于在诗歌中嬉笑怒骂、壮怀激烈,与贪墨者斗,与鄙吝者斗,与分裂者斗……并且正如林庚所云,是"表现为更解放,更无顾忌,更尖锐,甚至于说更放肆的语言"[①]。地方府县环境的存在,使李白的热爱国家与追求光明得到广泛认同,即便是长安浮云蔽日,他仍能于地方上发现亮色,从而也就为自己的坚定信念找到理由。试想,假如当时的地方上也是一片死寂,让李白感觉毫无希望,让他心灰意冷,他又何以能有动力去创作出那些有筋骨、有格局、有怀抱的豪情之作来?

地方上的光明与生命力,不仅让李白斗志饱满,也让他有机会充分去发现、去体会生活的暖意,进而以开朗舒展的眼界与心境去观阅世事、体认人心,这使他的诗歌,特别是后期所作不少短章,在语言、气蕴上都进入一种旁人难以企及的明净悠远之境。李白在皖南,写下诸如"相看两不厌,只有敬亭山""清溪清我心,水色异诸水""两水夹明镜,双桥落彩虹""长风万里送秋雁,对此可以酣高楼""桃花潭水深千尺,不及

① 《诗人李白》,第24页。

汪伦送我情”“桃花流水窅然去，别有天地非人间”[1]等许多深刻精警、逗人情思的千古佳句。这其中，固然有皖南明丽山水的“江山之助”，固然有南朝乐府民歌的文学滋养，同时也要注意到长期与各级地方官员相过从，对李白创作境界的影响。李白在地方上，生活大体安定，心情能保持愉悦，他所接触的地方官员群体，才干、品格、胸襟、辞藻、神采，也都各有优长。由这些因素共同构成的相对自足完整的地方小环境，使李白有可能在天下汹汹的大时代中暂得“偷安”并相信生活仍有向着美的方向进步的希望，从而可以在潜移默化中改变李白的阅世观念，提高其思想境界，进而推动其诗歌境界的升华。李白《赠秋浦柳少府》诗云：

> 秋浦旧萧索，公庭人吏稀。因君树桃李，此地忽芳菲。摇笔望白云，开帘当翠微。时来引山月，纵酒酣清晖。而我爱夫子，淹留未忍归。[2]

地方官员通过积极作为，使辖境焕发生机，也使寄身此间的诗人感到欣慰，愿意展示诗情，因此诗人也就积极主动地走出馆驿，寻访美丽景致，营造创作氛围。好诗作成，反过来又进一步让诗人增添了对当地的流连忘返之情，产生了长久居止的心意。这就是从地方善政到佳作形成的逻辑轨迹，也是政治与文学相互推动、互为表里、良性循环的典型例证。

四　地方经历与李白的价值呈现

李白从蜀地走来，在长达三十年的时间里[3]，一直身处由他所持续掀起的文学与文化风暴的中心。此后的漫长岁月，尽管李白也曾遭遇

① 以上诗句，分别见《独坐敬亭山》《清溪行》《秋登宣城谢朓北楼》《宣城谢朓楼饯别校书叔云》《赠汪伦》《山中答俗人》。

② 《李太白全集》，第548页。

③ 如果把李白开元十八年首次进入长安作为他为社会所瞩目的起点，那么到他宝应元年去世，刚过三十年。

过如清人王琦所深以为非的“评李则多深文而索垢”①的不公,但其经典地位却一直未受撼动。李白之所以能获得既煊赫当世,又超越时空的声名,归根结底是因为他身上所蕴含的独特价值。李白价值的发现,过去的研究或从一时一地着眼寻找成因。其实,如果充分注意到李白长期深入的地方经历,注意到相关地方官员在李白生前身后所做的大量工作,可知地方官员群体对李白价值的完整呈现,具有至关重要的作用,甚至在根本上为二十世纪以后李白接受新局面的开创,提供了遥远却有凭借的根基。

地方官员们首先发现了李白的文学天才。李白足堪与司马相如并肩的文学天才,早在其于成都路谒苏颋之时便受到肯定,一句“四海明识,具知此谈”(《上安州裴长史书》),显示出这个肯定在社会上的认同度。其后,无论是“谓我是方朔,人间落岁星”(《留别西河刘少府》),还是“梦得池塘生春草,令我长价登楼诗”(《赠从弟南平太守之遥》其一),都显示出不同时期、不同地域的各级行政官员对李白的文学天才不仅有统一认识,而且能非常精准地把握住李白创作的艺术特征。值得注意的是,在那篇最早自叙行状的《上安州裴长史书》中,李白还引了一段从元丹丘那里听来的前安州都督马正会与长史李京之的谈话:

> 前此郡督马公,朝野豪彦,一见尽礼,许为奇才。因谓长史李京之曰:“诸人之文,犹山无烟霞,春无草树。李白之文,清雄奔放,名章俊语,络绎间起,光明洞彻,句句动人。”此则故交元丹,亲接斯议。②

以上所引各种对于李白诗歌的评论,多是通过将李白与前代优秀文人并举同提的方式来肯定其成就与地位,而这段文字则指出“李白之文”与“诸人之文”的不同,这个不同,就是李白在文学上的特殊性。将这段文字与李白《古风》其一对读,即可发现,李白所感叹的“大雅久不作,吾衰竟谁陈”的局面,就是对马正会指出的“诸人之文”缺点的进一步概括凝练,而李白所展望的“群才属休明,乘运共跃鳞。文质相炳焕,

① 王琦《李太白集辑注序》,《李太白全集》,第 1685 页。

② 《李太白全集》,第 1247—1248 页。

众星罗秋旻”的富有活力与气势的文坛景观，在李京之眼里，恰是具体地呈现于李白本人的艺术创造中。地方官员对于李白作为文学天才的独特价值揭示能够如此精确且具有高度，还能在长期的接触交往过程中精心呵护这一文学天才，不断推动其价值的厚植与丰富，这既是相关地方官员的贡献所在，也是他们的智慧与见识所聚。

李白个性豪放、不受拘束，这无论是在当时还是后世，都容易引起讥评。人们所熟知的唐玄宗斥李白为“此人固穷相”“非廊庙器”[①]的掌故，以及理学家所指责的李白诗多言妇人与酒自不待言，就是选李白诗十三首入《河岳英灵集》的殷璠，在肯定其《蜀道难》等篇“奇之又奇”之前，首先还要指出“白性嗜酒，志不拘检”[②]，亦含有明显的批评之意。但是当李白来到地方，其“好酒”的个性，却得到了官员们的包容，“与君数杯酒，可以穷欢宴”“崔子贤主人，欢娱每相召”[③]，说明即使针对李白“好酒”这一重大“缺点”，官员们不仅没有任何抑止，相反却时时以酒相招、以情相待。更为重要的是，官员们还将李白的“好酒”看作是其反抗黑暗与自我保护的武器，如李阳冰云：“丑正同列，害能成谤，格言不入，帝用疏之。公乃浪迹纵酒，以自昏秽。”（《草堂集序》）刘全白云：“（李白）遂浪迹天下，以诗酒自适。”（《唐故翰林学士李君碣记》）范传正云：“（公）因肆情性，大放宇宙间。饮酒非嗜其酣乐，取其昏以自富。”（《唐左拾遗翰林学士李公新墓碑并序》）二十世纪八十年代，程千帆在《唐诗的历程》一文中，曾这样评价李白：

> 他热爱现实生活中一切美好的事物，而对其中不合理的现象毫无顾忌地投之以轻蔑，以平衡内心的矛盾。这种已被现实牢笼，却不愿接受，反过来却想征服现实的态度，乃是后代人民反抗黑暗势力与庸俗风习的一股强大的精神力量。[④]

在另一篇《一个醒的和八个醉的——读杜甫〈饮中八仙歌〉札记》

---

① 分见《酉阳杂俎》前集一二与《本事诗·高逸》，载周勋初主编《唐人轶事汇编》，上海古籍出版社 2016 年版，第 696 页。

② 傅璇琮主编《唐人选唐诗新编》，陕西人民教育出版社 1996 年版，第 120 页。

③ 以上诗句，分见《赠王汉阳》《经乱后将避地剡中留赠崔宣城》。

④ 莫砺锋编《程千帆选集》，辽宁古籍出版社 1996 年版，第 906 页。

中,程氏谈及杜甫所写的李白好酒,又重新引述了这段文字,并特意在“一切美好的事物”后加了一个括号注:“当然也包括物质享受在内。”[①]如此,则李白的好酒,不仅应看作是热爱美好事物的特殊方式,也是反抗黑暗与庸俗的一种精神力量。程氏的看法,显然带有在新的社会制度背景下观照古代作家的崭新视角,但若论远源,李阳冰等人的认识,则可以视为异代知音。

由对李白好酒特质的肯定,府县官员们进一步标举出李白的傲岸不屈的人格形象。李白性格豪放,特别是在长安三年,结怨甚多,其本人诗文中也多有折射。殷璠所给出的“志不拘检”的评语,显然与此相关。然而地方官员们的文字中,写李白戏弄高力士,惹怒杨贵妃,都没有任何斥责之意,而是满含同情。李阳冰云李白“王公趋风,列岳结轨,群贤翕习,如鸟归凤”(《草堂集序》),李华云李白“上为王师,下为伯友”(《故翰林学士李君墓志并序》),魏颢《李翰林集序》则云“世号为李东山,骏马美妾,所适二千石郊迎”,都刻画出李白在面对权力时不卑不亢、风流自若的神采。这些刻画,或源于李白的夫子自道,如李白曾说过自己“揄扬九重万乘主,谑浪赤墀青琐贤”(《玉壶吟》),但由李阳冰等人以第三者陈述的方式固定下来,就带有明确的盖棺论定的意味,说明他们对于李白这种与权贵取平视的态度,是支持的。后来北宋苏轼在《李太白碑阴记》中引用夏侯湛评价东方生的一大段评语“陵轹卿相,嘲哂豪杰……戏万乘若僚友,视俦列如草芥”,并言“吾于李白亦云”。如果将这段评语特别是苏轼的断辞与以上文字对读,可知李华等人的文字明显启发了苏轼的同类联想[②]。

李白一生最难自辩的就是参加永王集团。对此,他本人曾写下过“好我者恤我,不好我者何忍临危而相挤”(《万愤词投魏郎中》),表达了他的忧惧,不过对于这段经历,相关地方官员却选择尽可能淡化。李白本人借宋若思之口自辩的《为宋中丞自荐表》,曾强调自己入永王水军

---

① 《程千帆选集》,第1439页。

② 苏轼的这段评论及意义,参詹福瑞《唐宋时期李白诗歌的经典化》,《文学遗产》2017年第5期。

是被其“胁行”，就是要指出自己不是主动从“逆”。其实不管实际情形究竟如何，这封表文既由宋若思具名，也就显然代表了宋的意见。在那个永王李璘各种“谋主”几乎被赶杀殆尽的大背景下[①]，宋若思竟然敢于为李白尽力脱罪，其维护李白正面形象的用心，不言自明。此后，在魏颢、李阳冰、李华、刘全白、范传正、裴敬等唐人为李白撰述的碑志序文中，这段经历，魏颢与裴敬皆用寥寥数语带过，而李阳冰等人则干脆完全略去。李阳冰等人当时多为东南地方官吏，在这个关涉李白人生重大关节的问题上，均要如此处理，显然有其考虑。其本意，一方面可能是想避免李白被视为乱臣贼子，使其大节得以保全；另一方面，或许也包含有不易明言的对肃宗朝廷有关定性的微词。当代有学者曾通过细密的考索，尽力还原李白从璘案的细节，证实了李白的被诬[②]。其实诗人的冤屈，当时人已有深知，杜甫即有“文章憎命达，魑魅喜人过。应共冤魂语，投诗赠汨罗”（《天末怀李白》）的名句，但杜甫作为诗人，言说上毕竟尚能存有一丝自由度，而李阳冰等人身当职任却能有所闪烁，其勇气无疑更加令人感佩。

地方官员对于李白形象的维护，不仅体现在大的政治品节上为其声辩，即便是对其家风传承，也进行了有益的展示。范传正《唐左拾遗翰林学士李公新墓碑并序》一文，曾述及他任职宣歙时保护并重修李白墓园、寻访并照拂李白后代之事，其中描写他和李白两位孙女见面谈话的一段文字如下：

> 访公之子孙，欲申慰荐。凡三四年，乃获孙女二人，一为陈云之室，一为刘劝之妻，皆编户甿也。因召至郡庭，相见与语。衣服村落，形容朴野，而进退闲雅，应对详谛，且祖德如在，儒风宛然。问其所以，则曰：“父伯禽，以贞元八年不禄而卒。有兄一人，出游一十二年，不知所在。父存无官，父殁为民，有兄不相保，为天下之穷人。……久不敢闻于县官，惧辱祖考，乡间逼迫，忍耻来告。”言

---

① 参郭沫若《李白与杜甫》相关论析，《郭沫若全集》第4卷，第280页。

② 参邓小军《永王璘案真相——并释李白〈永王东巡歌十一首〉》（《文学遗产》2010年第5期）、《李白从璘之前前后后》（《北京大学学报（哲学社会科学版）》2015年第5期）等文。

讫泪下。余亦对之泫然。……因告二女,将改适于士族。皆曰:“夫妻之道,命也,亦分也。在孤穷既失身于下俚,仗威力乃求援于他门,生纵偷安,死何面目见大父于地下?欲败其类,所不忍闻。”余亦嘉之,不夺其志。①

人们对于李白的认识,更多是其豪情浪漫的一面,但上引这段文字,却以作为地方长官的范传正的视角,通过描写李白后人“进退闲雅,应对详谛,且祖德如在,儒风宛然”的形容气度以及两位孙女以“生纵偷安,死何面目见大父于地下”的决绝理由来断然否定范传正的改适他族的提议,反映出李白本人自有博大守正之伟岸人格,且对后人影响至深,并不因岁月迁延、弱女无援而有丝毫减弱。唐代以后千余年,尽管李白因为“诗仙”的名号而久受推崇,但是其人性光辉,却有意无意地被遮蔽,有时还不免受到曲解。只有到了二十世纪,特别是中华人民共和国成立以后,在时代新风的引领下,在科学理论的指导下,在人民立场的影响下,评价李白更加客观全面,李白的优秀精神品格也才得到更加充分深入的正面揭示。抚今而追昔,应该庆幸在一千三百年前的唐代,还有这样一批地方官员群体,还有他们能以非凡的眼光、包容的情怀、长期的辛劳,让李白精神风貌的本来面目得以被保存。正是由于他们的付出,李白这颗明星才终于升腾在中国文化的浩瀚天宇;也正是得益于他们的付出,今天的李白才能更加可亲可感,这颗诗国的明星,也才终于光芒不减,耀眼如初。

余　论

历来论中国文学与政治,特别是文人与政治人物之间的关系,更多是片面强调其矛盾对立的一面。然而古代的政治人物,并非都是质木无文的,很多时候,他们是能够对文化发展起到正面保护与推动作用的。不能简单认为只要与官员走动密切,文人品节必然有亏,或者文人

① 《李太白全集》,第1466—1467页。

与官员发生冲突，过错方一定是官员。优秀的文人与官员，是古代社会的两类文化精英。他们在一起，有时也完全可能实现平等相待、相互爱重的理想交往状态。在盛唐诗人中，李白是与地方官员接触最广、交往最深的一位[①]，与地方官员的交往，不仅深刻影响了他的人生和创作，而且在根本上决定着他给历史留存下怎样的印象。李白在诗中，曾多次以陶潜、桓温、山简、谢朓等或有吏干，或具人格的前代贤吏来比拟他所敬慕的当代地方官员，不仅寄寓诗人自己对于优秀地方治理人才的期待，更包含对如何构建健康的文人与政治人物交往范式的思考。其实李白自己，以及与其有过深交的各级官员，均对此作出了积极探索和重要贡献。

（作者单位：安徽省社会科学院）

① 李白所结交的地方官员，涵盖了当时除岭南地区的几乎所有大的唐代行政区域，这在盛唐诗人中十分罕见。

西域酒俗文化与李白饮酒诗共通性论略

海　滨

引　言

我们在阅读与葡萄(酒)相关的唐诗时,有一些作品总是给我们留下异样的感觉:

石榴酒,葡萄浆。兰桂芳,茱萸香。①

蒲萄美酒夜光杯,欲饮琵琶马上催。②

蒲萄酒,金叵罗,吴姬十五细马驮。③

很明显,这几首诗充满了新奇的味道、浪漫的气息和别样的风致,因为葡萄酒不是孤立地存在于诗歌中,而是与石榴、琵琶、夜光杯、金叵罗等组成了一个完形的情境。如果我们把诗歌的视野再放宽一些,把更多的作品加入这个序列,那么这个完形的情境就会更加饱满而清晰:

白虹走香倾翠壶,劝饮花前金叵罗。④

兰陵美酒郁金香,玉椀盛来琥珀光。⑤

琉璃钟,琥珀浓,小槽酒滴真珠红。⑥

---

① 乔知之《倡女行》,《全唐诗(增订本)》卷八一,中华书局 1999 年版,第 874 页。

② 王翰《凉州词》,《全唐诗(增订本)》卷一五六,第 1609 页。

③ 李白撰,安旗等笺注《李白全集编年笺注》卷一《对酒》,中华书局 2020 年版,第 53 页。

④ 唐彦谦《送许户曹》,《全唐诗(增订本)》卷六七一,第 7742 页。

⑤ 《李白全集编年笺注》卷四《客中作》,第 306 页。

⑥ 李贺《将进酒》,《全唐诗(增订本)》卷三九三,第 4446 页。

春酒杯浓琥珀薄，冰浆碗碧玛瑙寒。[①]

故人薄暮公事闲，玉壶美酒琥珀殷。[②]

五陵年少金市东，银鞍白马度春风。落花踏尽游何处？笑入胡姬酒肆中。[③]

这个序列的诗歌同样充满了新奇的味道、浪漫的气息和别样的风致，似乎引领着读者超越了当下的时空环境，进入了遥远的异域，我们的感觉、知觉不断被新鲜、陌生或者充满神秘色彩的语汇所刺激，想象、联想、幻想等意识活动空前活跃，我们被一种特殊的氛围浸渍、包裹，体味到从未有过的审美感受。形成这种阅读感受的重要原因就在于这个完形的情境。这个情境实际上是一个召唤结构，葡萄酒、石榴、琵琶、琥珀、郁金香、琉璃、玛瑙、胡姬、夜光杯、金叵罗等是这个结构中的主要元素，这些元素，不同于清风、明月这样的汉语固有的元素，往往是徘徊或被排斥在汉语文化的主流体系之外的，当它们出现时，尤其当它们频繁或集中出现时，总是会召唤读者沉寂的思绪，激活读者对远方、异域的想象和联想。缩结这些元素的关系线索有三条：一是西域，无论帝国的版图如何变化，无论丝绸之路的交通如何变迁，在大多数唐代文人、士大夫乃至民众的观念中，西域始终是遥远的异质的他者，而诸元素正是来自遥远的异质的西域；二是饮酒，这些元素都与饮酒有关，或者是酿酒之佳品，或者是盛酒之名器，或者是拟酒之色香，或者是侑酒之美人，它们共同融合成为浪漫的酒境，给人带来生理感觉的陶醉和心理思维的兴奋，而诸元素的意义则在这种陶醉和兴奋的情境中被充分挖掘和释放；三是读者的身份和参与程度，如果同样的元素在诗歌中被呈现给西域诸国的民众或读者，带来的刺激和兴奋可能远远不如丝绸、瓷器那样强烈，正因为唐诗的作者与读者的中原汉文化身份，才使得西域诸元素和读者之间拉开了距离，让有效的审美成为可能。另外，饮酒在汉文

① 杜甫著，仇兆鳌注《杜诗详注》卷一《郑驸马宅宴洞中》，中华书局 1979 年版，第 47 页。

② 岑参撰，廖立笺注《岑嘉州诗笺注》卷二《醉题匡城周少府厅壁》，中华书局 2004 年版，第 419 页。

③ 《李白全集编年笺注》卷一《少年行二首》其二，第 124 页。

化尤其是汉语诗歌文化传统中是一个历史悠久、内涵丰富的古老主题,这就决定了浸润在这个文化传统中的读者对饮酒有着充分的理解和不同层面的渴望,这样的读者才有可能参与到饮酒情境的建构过程中。

因此,唐诗中的饮酒诗和西域酒俗文化就进入我们的研究视野。西域酒俗文化是西域民俗文化的一个重要文化景观,我们将尽可能利用各种文献和资料凸显西域酒俗文化的主要内容和重要特征。然而,唐人的饮酒诗数量之大,非本文的研究篇幅可以容纳,故笔者以李白为代表入手,讨论过程中兼及一部分相关的诗人诗作。

一　李白饮酒诗中西域元素的考察

何以选择李白?从诗歌创作来看,李白的饮酒诗不仅特别丰富、特别成功,而且包含的上述饮酒情境主要元素也是最多最全面的。有的元素在李白诗歌中出现频率远远超越了其他诗人,如"胡姬"在现存唐诗中凡十七首二十出,李白诗就五首五出。从出身和经历来看,李白在唐代诗人中与西域的关系极其密切而特殊,这是缩结上述因素最重要的条件。这两点决定了李白诗歌作为一个自足的系统,可以充分地建构起充满西域风情的完形的饮酒情境。下面详述之。

李白对于西域有着难以割舍的眷恋情结,因为西域是李白祖先移民之地,也是李白出生并生活了五年的故乡。

李阳冰《草堂集序》称李白祖先"中叶非罪,谪居条支"[1]。范传正《唐左拾遗翰林学士李公新墓碑并序》称李白家族"隋末多难,一房被窜于碎叶"[2]。《新唐书·李白传》亦称"其先隋末以罪徙西域"[3]。

不仅权威的李序、范碑和正史如是说,李白在作品中也一再表达自

① 李阳冰《草堂集序》,《李白全集编年笺注》附录,第1695页。

② 范传正《唐左拾遗翰林学士李公新墓碑并序》,《李白全集编年笺注》附录,第1699页。

③ 欧阳修、宋祁《新唐书》卷二〇二《文艺列传中》,中华书局1975年版,第5762页。

己对西域乡关的怀念。“明月出天山，苍茫云海间”[①]从生活体验的角度展示了李白的早期记忆，这种图景，在一般情况下非常人凭空想象可得，只有在天山以北、以西生活过的人才可能目睹并积淀在记忆深处。“寄书白鹦鹉，西海慰离居”[②]、“乡关眇安西，流浪将何之”[③]则表达了李白思念中渺远的故乡在西域。诗句中的“西海”“安西”值得注意。

“西海”一词在《全唐诗》诗题及正文中凡三十出，系于李白名下者共六处，其他二十余处皆各系于一诗人，可见李白对“西海”之频顾。“西海”在唐诗中所指并不确定，大体分三类：有指青海者，如柳宗元追忆李靖灭吐谷浑西海上而作《吐谷浑》；有指近碎叶之热海（即伊塞克湖）甚至遥远的里海、咸海、地中海者，如“二庭近西海，六月秋风来”[④]、“地出北庭尽，城临西海寒”[⑤]；更多的则是泛指西域，李白涉及“西海”的六篇作品中，《上云乐》中的“西海栽若木，东溟植扶桑”[⑥]，《闻李太尉大举秦兵百万出征东南懦夫请缨冀申一割之用半道病还留别金陵崔侍御十九韵》中的“孤凤向西海，飞鸿辞北溟”[⑦]，《古风》其十一中的“黄河走东溟，白日落西海”[⑧]、其四十三中的“西海宴王母，北宫邀上元”[⑨]、其五十四中的“凤鸟鸣西海，欲集无珍木”[⑩]等诗句中的西海均泛指西域之地，《寄远》其十“寄书白鹦鹉，西海慰离居”[⑪]疑指热海（伊塞克湖），至少可以理解为泛指西域。

“安西”一词在《全唐诗》诗题及正文中凡五十余出，绝大多数明确

① 《李白全集编年笺注》卷五《关山月》，第424页。

②⑪ 《李白全集编年笺注》卷二《寄远十二首》其十，第186页。

③ 《李白全集编年笺注》卷一四《江西送友人之罗浮》，第1316页。

④ 《岑嘉州诗笺注》卷一《登北庭北楼呈幕中诸公》，第172页。

⑤ 高适著，孙钦善校注《高适集校注》诗《东平留赠狄司马》，上海古籍出版社1984年版，第149—151页。

⑥ 《李白全集编年笺注》卷五《上云乐》，第385页。

⑦ 《李白全集编年笺注》卷一五《闻李太尉大举秦兵百万出征东南懦夫请缨冀申一割之用半道病还留别金陵崔侍御十九韵》，第1356页。

⑧ 《李白全集编年笺注》卷四《古风》其十一，第325页。

⑨ 《李白全集编年笺注》卷六《古风》其四十三，第523页。

⑩ 《李白全集编年笺注》卷一〇《古风》其五十四，第840页。

专指“安西都护府”或其辖地,如岑参《武威送刘单判官赴安西行营便呈高开府》;少数或泛指西域,如“安西虽有路,难更出阳关”[①];其他的意义指向很少。李白集中涉及“安西”的另外两首作品《送程、刘二侍郎兼独孤判官赴安西幕府》《送族弟绾从军安西》皆指“安西都护府”,《江西送友人之罗浮》中的“安西”也应作同样的理解,至少也应理解为泛指西域。

不仅如此,李白还往往以自喻的意象寄托对西域故乡的难舍情结。李白好以凤鹏自喻,在失意时,李白往往或自比孤凤,或自比天马。他以孤凤自况时,梦寐以求的归所则是西海,“凤鸟鸣西海,欲集无珍木”[②]、“孤凤向西海,飞鸿辞北溟”[③]。人穷则返本,李白在人生困顿中的这种选择暗含着内心深处对远方的遥不可及的故乡的思念,似乎只有在精神上重返故里才能得到心灵的抚慰。孤凤渴望飞返西海,天马渴望千里驰驱。上元元年(760),李白完成了人生的一个甲子而依旧身世飘零,他在感慨世情悲凉的同时仍然抱有铅刀一割之用的理想。李白在回忆了自己“昔骑天子大宛马”[④]的生活后,接连创作了两首以天马自喻的作品,在《天马歌》中他强调“天马来出月支窟”[⑤],在《赠崔谘议》中他也强调“骕骦本天马”[⑥],源自“西北至”。天马无疑是李白政治理想的化身,而西域就是天马的故乡。李白难以割舍的天马情结背后仍有意无意地隐含着他的西域情结。

另,李白“草答蕃书”[⑦]、“为和蕃书”[⑧]、“题月支书”[⑨]与其族属生平的关系,剔骨葬友吴指南与突厥习俗的关系,李白家人名字之谜与西域

① 许棠《塞下二首》其一,《全唐诗(增订本)》卷六〇三,第 7025 页。

② 《李白全集编年笺注》卷一〇《古风》其五十四,第 840 页。

③ 《李白全集编年笺注》卷一五《闻李太尉大举秦兵百万出征东南懦夫请缨冀申一割之用半道病还留别金陵崔侍御十九韵》,第 1355 页。

④ 《李白全集编年笺注》卷一四《江夏赠韦南陵冰》,第 1274 页。

⑤ 《李白全集编年笺注》卷一四《天马歌》,第 1294 页。

⑥ 《李白全集编年笺注》卷一四《赠崔谘议》,第 1299 页。

⑦ 范传正《唐左拾遗翰林学士李公新墓碑并序》,《李白全集编年笺注》附录,第 1700 页。

⑧ 刘全白《唐故翰林学士李君碣记》,《李白全集编年笺注》附录,第 1698 页。

⑨ 《李白全集编年笺注》卷二《寄远十二首》其十,第 186 页。

的关系等论题，以及李白氏族所属、血统出身等疑案，胡怀琛《李太白的国籍问题》[①]、俞平伯《李白的姓氏籍贯种族的问题》[②]、陈寅恪《李太白氏族之疑问》[③]、郭沫若《李白与杜甫》[④]、周勋初《诗仙李白之谜》等有论证[⑤]，兹不赘述。

从上述材料来看，无论历史的客观记载，还是李白作品的反复陈说，都证明了这样一个结论：西域既是李白生命的起点，又是影响李白一生的深层文化背景，李白当然对西域怀有特殊的眷恋情结。

李白的作品常常洋溢着舒张的人性和浪漫的风情。他干谒未果时高傲与义愤交织："永辞君侯，黄鹄举矣。何王公大人之门，不可以弹长剑乎。"[⑥]他受朝廷征召时春风得意甚至得意忘形："仰天大笑出门去，我辈岂是蓬蒿人。"[⑦]"彤庭左右呼万岁，拜贺明主收沉沦。"[⑧]关乎政治仕途的作品如此，叙写日常生活尤其是诗酒风流的作品更有过之而无不及。他酒兴正浓时会催促主人："主人何为言少钱，径须沽取对君酌。五花马，千金裘，呼儿将出换美酒，与尔同销万古愁。"[⑨]他酒兴阑珊时也会坦诚地告诉客人："我醉欲眠卿且去，明朝有意抱琴来。"[⑩]他借花鸟明月为饮酒助兴："看花饮美酒，听鸟临晴山。"[⑪]"唯愿当歌对酒时，

① 胡怀琛《李太白的国籍问题》，周勋初编《李白研究》，湖北教育出版社 2003 年版，第 57—65 页。

② 俞平伯《李白的姓氏籍贯种族的问题》，《论诗词曲杂著》，上海古籍出版社 1983 年版，第 365—378 页。

③ 陈寅恪《陈寅恪文集》之二《金明馆丛稿初编》，上海古籍出版社 1980 年版，第 277—280 页。

④ 郭沫若《李白与杜甫》，人民文学出版社 1971 年版。

⑤ 周勋初《诗仙李白之谜》，江苏古籍出版社 2000 年版。

⑥ 《李白全集编年笺注》卷一七《上安州裴长史书》，第 1534 页。

⑦ 《李白全集编年笺注》卷四《南陵别儿童入京》，第 348 页。

⑧ 《李白全集编年笺注》卷一四《赠从弟南平太守之遥二首》其一，第 1213 页。

⑨ 《李白全集编年笺注》卷三《将进酒》，第 237 页。

⑩ 《李白全集编年笺注》卷三《山中与幽人对酌》，第 208 页。

⑪ 《李白全集编年笺注》卷一〇《饯校书叔云》，第 913 页。

月光长照金樽里。”[①]他不仅自己“愁来饮酒二千石”[②],而且劝人、劝月、劝仙乃至劝天上驾曳太阳车的飞龙饮酒:“北斗酌美酒,劝龙各一觞。”[③]可以看出,为了张扬其诗酒风流,举凡天地造化、日月山川、花鸟草树、神仙冥灵、王公大人、才子诗客、市井少年、野老村人,乃至史籍文翰、典故逸事、神话传说等都成为供李白自由驱遣、随心驾驭的诗料。充满了异域情调和神秘色彩的西域当然成为李白绝好的选择对象。

李白以激赏与迷狂的态度接受西域风物,并在饮酒诗中洋溢着自然舒张的人性之美和浪漫放达的风情之美,畅快地表达着其强烈的西域情结。李白把饮酒作为一种特殊的人生享受,要细细讲究酒之色香、容酒之器、佐酒之乐、侑酒之妓等,西域文化的元素自然就体现在这些细节上。为便于更充分地讨论,我们不惮其烦地将包含西域文化元素的李白诗篇诗句胪列于下:

> 落日欲没岘山西,倒着接䍦花下迷。襄阳小儿齐拍手,拦街争唱《白铜鞮》。傍人借问笑何事,笑杀山公醉似泥。鸬鹚杓,鹦鹉杯。百年三万六千日,一日须倾三百杯。遥看汉水鸭头绿,恰似葡萄初酦醅。此江若变作春酒,垒曲便筑糟丘台……[④]

> 蒲萄酒,金叵罗,吴姬十五细马驮。青黛画眉红锦靴,道字不正娇唱歌。玳瑁筵中怀里醉,芙蓉帐里奈君何。[⑤]

> 兰陵美酒郁金香,玉椀盛来琥珀光。但使主人能醉客,不知何处是他乡。[⑥]

> 鲁酒若琥珀,汶鱼紫锦鳞。山东豪吏有俊气,手携此物赠远

① 《李白全集编年笺注》卷六《把酒问月》,第519页。
② 《李白全集编年笺注》卷一四《江夏赠韦南陵冰》,第1274页。
③ 《李白全集编年笺注》卷三《短歌行》,第248页。
④ 《李白全集编年笺注》卷三《襄阳歌》,第216页。
⑤ 《李白全集编年笺注》卷一《对酒》,第53页。
⑥ 《李白全集编年笺注》卷四《客中作》,第306页。

人。意气相倾两相顾，斗酒双鱼表情素。双鳃呀呷鳍鬣张，跋刺银盘欲飞去。呼儿拂机霜刃挥，红肥花落白雪霏。为君下箸一餐饱，醉著金鞍上马归。①

琴奏龙门之绿桐，玉壶美酒清若空。催弦拂柱与君饮，看朱成碧颜始红。胡姬貌如花，当垆笑春风。笑春风，舞罗衣，君今不醉将安归？②

五陵年少金市东，银鞍白马度春风。落花踏尽游何处？笑入胡姬酒肆中。③

银鞍白鼻騧，绿地障泥锦。细雨春风花落时，挥鞭直就胡姬饮。④

书秃千兔毫，诗裁两牛腰。笔踪起龙虎，舞袖拂云霄。双歌二胡姬，更奏远清朝。举酒挑朔雪，从君不相饶。⑤

何处可为别？长安青绮门。胡姬招素手，延客醉金樽。临当上马时，我独与君言。风吹芳兰折，日没鸟雀喧。举手指飞鸿，此情难俱论。同归无早晚，颍水有清源。⑥

溧阳酒楼三月春，杨花茫茫愁杀人。胡雏绿眼吹玉笛，吴歌《白纻》飞梁尘。⑦

---

① 《李白全集编年笺注》卷四《酬中都小吏携斗酒双鱼于逆旅见赠》，第 305 页。
② 《李白全集编年笺注》卷三《前有樽酒行二首》其二，第 192 页。
③ 《李白全集编年笺注》卷二《少年行二首》其二，第 124 页。
④ 《李白全集编年笺注》卷二《白鼻騧》，第 127 页。
⑤ 《李白全集编年笺注》卷一五《醉后赠王历阳》，第 1338 页。
⑥ 《李白全集编年笺注》卷六《送裴十八图南归嵩山二首》其一，第 506 页。
⑦ 《李白全集编年笺注》卷一二《猛虎行》，第 1050 页。

吾多张公子,别酌酣高堂。听歌舞银烛,把酒轻罗霜。横笛弄秋月,琵琶弹《陌桑》。龙泉解锦带,为尔倾千觞。[1]

在这些作品中,李白所饮之酒有葡萄酒——当然也有其他的美酒,酒之色如琥珀,酒之香如郁金,盛酒之器有叵罗,侑酒之妓有胡姬,佐酒助兴的还有横笛、琵琶,而这些大多出自西域。关于这个问题,笔者曾撰专文《郁金、琥珀、叵罗、胡姬——李白饮酒诗中西域元素考释》,发表于《西域研究》2011年第2期,兹不赘述。

葡萄、琥珀、胡姬、郁金香、夜光杯、金叵罗这些具体可感的西域酒文化元素被李白的豪饮精神和西域情结绾结在一个醉意与诗情水乳交融的情境中,给我们带来了无边的审美愉悦。但是我们又发现,这些作品只占了李白饮酒诗极少的一部分,在李白更多的饮酒诗中,我们看不到更多的具体的西域酒文化元素,但我们却可以感受到一种与西域酒文化相通的精神气质。而西域的酒文化也不仅限于这些名物,西域诸族对酒的态度、饮酒的方式等酒俗文化也往往透露着西域文化的内在精神和气质。

二　西域酒俗文化的考察

为便于展开讨论,我们先简述汉唐之际西域的酒俗文化。

关于西域种植葡萄、酿造葡萄酒以及嗜饮葡萄酒的历史状况,笔者曾有两篇专文讨论,即发表于《西域文史》第三辑(科学出版社,2008年版)的《唐诗所见葡萄和葡萄酒文化景观》与发表于《陕西师范大学学报(哲学社会科学版)》2011年第5期的《进贡与却贡——唐诗中葡萄的象征意义》。这些内容是我们了解和研究西域酒俗文化的重要基础。

在西域早期历史上出现的塞人善饮酒。《中亚古国史》详细叙述了塞人使用兽角杯饮用马乳酒和葡萄酒的生活状况:

我们更知道,塞西安人及萨尔马希安人,和后世的中亚居民一

① 《李白全集编年笺注》卷二《夜别张五》,第107页。

样,比较少饮新鲜的乳,鲜乳主要地无疑是供给幼童和病人的。远较鲜乳为重要的,是一种发酵了的马乳,吃的人很多,成为最重要的日常食品。这种发酵了的马乳,希腊作家称之为“Oxygala”,无疑地就和现时中亚各地普遍食用的马乳酒(Kumis,这是一个突厥名称)完全一样。此外古代塞西安人还有一种极通常的食物,至今仍普遍于中央亚细亚的,就是以这种发酵了的马乳制成的酸乳饼。

我们又知道,塞西安人和萨尔马希安人除了马乳酒外,也很喜欢葡萄酒。葡萄并不种植于土耳其斯坦或南俄罗斯的草原,但是希腊人和南土耳其斯坦的居民,都知种葡萄和酿酒术,因此塞西安萨尔马希安人不难以物物交换的方法来获得他们所需的酒。

制造和保藏马乳酒,用木筒。关于烹饪,有时也用革器;但通常则用圆形单足的黄铜釜。这种古代的釜,近年曾有发掘出来。塞西安萨尔马希安人并非完全不知道陶器,但因为他们过的是游牧生活,所以很少注意陶器的制造,却欢喜应用比较坚固的器皿。例如饮酒的杯,便是用兽角制成的,不过在举行盛大仪礼时,则以杀死了的敌人的头壳来做饮器。古典作家对于革器未有提及,但塞西安人可能也和现代中亚游牧人一样,常常应用革器。①

秦汉之际驰骋西域的匈奴人善饮酒,他们在与汉朝的政治、军事、经济交往中获得大量的酒饮。贾谊《新书·匈奴篇》就指出匈奴多饮酒:

大关市者,固匈奴所犯滑而深求也,愿上遣使厚与之和,以不得已许之大市。使者反,因于要险之所,多为凿开,众而延之,关吏卒使足以自守。大每一关,屠沽者、卖饭食者、羹臛膹炙者,每物各一二百人,则胡人著于长城下矣。是王将强北之,必攻其王矣。以匈奴之饥,饭羹啖膹炙,嗶滫多饭酒,此则亡竭可立待也。赐大而愈饥,财尽而愈困,汉者所希心而慕也。②

《史记·匈奴列传》记载,匈奴军法规定,“其攻战,斩首虏赐一卮

① [美]麦高文著,章巽译《中亚古国史》,中华书局2004年版,第48—49页。

② 贾谊撰,阎振益、钟夏校《新书校注》,中华书局2000年版,第138页。

酒";高祖患匈奴,"岁奉匈奴絮缯酒米食物各有数,约为昆弟以和亲,冒顿乃少止";老上单于时,中行说降单于,屡为汉患,"汉使欲辩论者,中行说辄曰'汉使无多言,顾汉所输匈奴缯絮米糵,令其量中,必善美而已矣,何以为言乎'";汉文帝致匈奴的国书中曰:"汉与匈奴国敌之邻,匈奴处北地,寒,杀气早降,故诏吏遗单于秫糵金帛丝絮它物岁有数。"①

《史记·卫将军列传》记载:"元朔之五年春,汉令车骑将军青将三万骑,出高阙;……咸击匈奴。匈奴右贤王当卫青等兵,以为汉兵不能至此,饮醉。"②

《汉书·西域传》记载略同《史记》上述记载。《汉书·匈奴传》则记载征和三年(公元前90年)贰师将军降匈奴,征和四年,单于致汉国书中要求"取汉女为妻,岁给遗我糵酒万石,稷米五千斛,杂缯万匹"③。

《史记·大宛列传》和《汉书·西域传》还记载大月氏、乌孙、大宛、大夏、康居、奄蔡等西域诸族诸国之嗜酒,情同匈奴。

魏晋之际西域嗜酒之风,可从精绝国佉卢文木牍文献见其一斑。民丰县尼雅遗址出土的公元三至四世纪的精绝国佉卢文木牍残卷中有很多账单文书。其中一份账单详细记载这样的事实:鄯善王夷都伽·摩夷利陛下在位之十一年六月,鄯善皇后去于阗旅行,路经凯度多(精绝)等地,途中饮食有葡萄酒、谷物、面粉。根据卫斯的计算,鄯善皇后此次旅行共用去谷物、面粉约一千二百三十七点五公斤,用去葡萄酒九百三十七点五公斤。可见葡萄酒是鄯善、精绝皇廷贵族的一种日常生活必需品,与粮食具有同等重要的作用。粮食是每日必吃,葡萄酒是每日必喝④。

隋唐之际的突厥依然嗜酒。根据蔡鸿生考证,突厥民族是牧马民族,突厥酒也是马奶酒,突厥人也嗜酒。早期突厥的十等官号中有两种

---

① 司马迁撰裴骃集解,司马贞索隐,张守节正义《史记》卷一一〇《匈奴列传》,中华书局1959年版,第2892—2907页。

② 《史记》卷一一一《卫将军列传》,第2925页。

③ 班固著,颜师古注《汉书》卷九四上《匈奴传》,中华书局1962年版,第3780页。

④ 卫斯《从佉卢文简牍看精绝国的葡萄种植业——兼论精绝国葡萄园土地所有制与酒业管理之形式》,《新疆大学学报》2006年第6期。

就是用酒及酒器命名的[①]。

《隋书》载突厥习俗云:“五月中,多杀羊马以祭天。男子好樗蒲,女子踏鞠,饮马酪取醉,歌呼相对。敬鬼神,信巫觋,重兵死而耻病终,大抵与匈奴同俗。”[②]《隋书》载流求习俗:“凡有宴会,执酒者必待呼名而后饮,上王酒者,亦呼王名,衔杯共饮,颇同突厥。”[③]既然流求宴会颇同突厥,那么突厥饮酒之“歌呼相对”也大致可以想象。

《大慈恩寺三藏法师传》记载了突厥迎客纵酒的场面。唐初玄奘赴西天取经,途次碎叶城,拜会了统叶护可汗,受到了上宾待遇:“法师去帐三十余步,可汗出帐拜迎,传语慰问讫,入座。突厥事火不施床,以木含火,故敬而不居,但地敷重茵而已。仍为法师设一铁交床,敷褥请坐。须臾,更引汉使及高昌使人入,通国书及信物,可汗自目之甚悦,令使者坐。命陈酒设乐,可汗共诸臣使人饮,别索蒲萄浆奉法师。于是恣相酬劝,窣浑钟椀之器交错递倾,僸佅兜离之音铿锵互举,虽蕃俗之曲,亦甚娱耳目、乐心意也。”[④]

新疆维吾尔自治区伊犁波马古墓出土的镶嵌红玛瑙虎柄金杯,其主人当为公元六世纪突厥的一位高级贵族。虎形柄焊接在口沿下至中腹部。在希腊神话中,酒神狄奥尼索斯的坐骑就是虎或者豹,有关酒神的希腊和罗马艺术中,虎豹成了不可缺少的角色,并且常被塑造成趴在酒坛旁边啜饮的样子,这个金杯有可能受到了这种影响[⑤]。

粟特人亦酷爱饮酒。这个生活在中亚阿姆河和锡尔河之间的粟特地区,操东部伊朗方言的中亚古代民族,在南北朝到唐朝时期,沿丝绸之路及周边的于阗、楼兰、高昌、敦煌、武威、长安、洛阳等大小城市形成一个个移民聚落。吐鲁番的崇化乡、沙州的康艳典葡萄城不仅是粟特移民的重要聚落,而且是他们种植葡萄和酿酒的乐园,那个精致的叵罗

① 蔡鸿生著《唐代九姓胡与突厥文化》,中华书局 1998 年版,第 190 页。

② 魏徵、令狐德棻《隋书》卷八四《北狄列传》,中华书局 1973 年版,第 1864 页。

③ 《隋书》卷八一《东夷列传》,第 1824 页。

④ 慧立、彦悰著,孙毓棠、谢方点校《大慈恩寺三藏法师传》卷二,中华书局 2000 年版,第 28 页。

⑤ 安英新《新疆伊犁昭苏县古墓葬出土金银器等珍贵文物》,《文物》1999 年第 9 期。

正是他们带到中原的。西安市北郊井上村北周凉州萨宝史君墓,西安市北郊大明宫乡北周安伽墓,太原市晋源区王郭村隋朝虞弘墓等粟特墓的墓门、墓室以及石棺床,天水市石马坪文山顶石棺床,安阳市出土北齐浮雕石棺床,日本 Miho 美术馆所藏的石棺床等的雕绘图中差不多都出现了葡萄纹样、葡萄园实景图、人物对饮图和大量的盛酒器物。唐诗中的粟特胡儿形象也总是和葡萄、酒盏相联系:“胡腾身是凉州儿,肌肤如玉鼻如锥。桐布轻衫前后卷,葡萄长带一边垂。”①“石国胡儿人见少,蹲舞尊前急如鸟。织成蕃帽虚顶尖,细氎胡衫双袖小。手中抛下蒲萄盏,西顾忽思乡路远。”②这些都证明粟特人也酷爱饮酒。

西域诸国诸族嗜酒善饮给中原人留下了深刻印象,于是唐代出现了以“酒胡”命名的劝人饮酒之具。这是用木头刻一胡人相貌,下端为锥形,置于盘中旋转,木人倒下时所指向者当饮酒。后世对此物也有不少记载,如张邦基《墨庄漫录》载:“饮席刻木为人,而锐其下,置之盘中,左右欹侧,僛僛然如舞状,久之力尽乃倒。视其传筹所至,酬之以杯,谓之劝酒胡。”③赵翼《陔余丛考》卷三三载:“儿童嬉戏有不倒翁,糊纸作醉汉状,虚其中而实其底,虽按捺旋转不倒也。考之《摭言》,则唐人已有此物,名酒胡子,乃劝酒具也。”④

唐代的酒胡子情状可以从诗歌中得其仿佛:

遣闷多凭酒,公心只仰胡。挺身唯直指,无意独欺愚。⑤

红筵丝竹合,用尔作欢娱。直指宁偏党,无私绝觊觎。当歌谁擐袖,应节渐轻躯。恰与真相似,毡裘满颔须。⑥

同心相遇思同欢,擎出酒胡当玉盘。盘中觥觥不自定,四座清

---

① 李端《胡腾儿》,《全唐诗(增订本)》卷二八四,第3235—3236页。

② 刘言史《王中丞宅夜观舞胡腾》,《全唐诗(增订本)》卷四六八,第5354页。

③ 张邦基撰《墨庄漫录》卷八《劝酒胡》,中华书局2002年版,第220页。

④ 赵翼撰《陔余丛考》卷三三《不倒翁》,中华书局1963年版,第713页。

⑤ 元稹撰,冀勤点校《元稹集》卷一五《指巡胡》,中华书局1982年版,第170页。

⑥ 徐夤《酒胡子》,《全唐诗(增订本)》卷七〇八,第8220页。

宾注意看。可亦不在心，否亦不在面，徇客随时自圆转。酒胡五藏属他人，十分亦是无情劝。尔不耕，亦不饥。尔不蚕，亦有衣。有眼不能分黼黻，有口不能明是非。鼻何尖，眼何碧，仪形本非天地力。雕镌匠意苦多端，翠帽朱衫巧妆饰。长安斗酒十千酤，刘伶平生为酒徒。刘伶虚向酒中死，不得酒池中拍浮。酒胡一滴不入眼，空令酒胡名酒胡。[①]

元稹诗虽简括，但明确指出指巡胡(酒胡子)在喝酒遣闷时使用。徐夤诗则描绘了一个酒宴上“毡裘满颔须”的酒胡子。描写最详细的是卢注《酒胡子》。原诗前有序，可见于《唐摭言》：“二三子逆旅相遇，贳酒于旁舍，且无丝竹，以用娱宾友，兰陵掾淮南生探囊中得酒胡，置于座上，拱而立令，曰巡觞之胡人，心俯仰旋转，所向者举杯。胡貌类人，亦有意趣，然而倾侧不定，缓急由人，不在酒胡也。”[②]序文与诗歌可相互印证。从这几首酒胡子诗可以看出，“酒胡子”都是碧瞳、多须、深目、高鼻，这种描写与李白《上云乐》中康老胡雏“碧玉炅炅双目瞳，黄金拳拳两鬓红。华盖垂下睫，嵩岳临上唇”[③]的相貌有着共同的特色，是比较典型的西域胡人貌相。

这个小小的酒胡子道具也从一个侧面证明了西域胡人与酒的密切关系。

根据上述材料，我们可以总结出西域酒俗的以下三个特点。

一、迷恋性。西域的酿酒史、饮酒史很长，至少从塞人就开始了。饮酒习俗既有漫长而稳定的传统，又流行在广阔的西域各地，无论哪个民族或者政权主宰这里，饮酒习俗都被保留和强化，逐渐成为西域诸族共同的物质生活习俗和情感表达方式。西域酒俗对酒的态度由喜好到迷恋，有时甚至成为嗜欲。

二、狂欢性。西域的酒俗并不强调酒令，至于酒胡子则是最简单

---

① 卢注《酒胡子》，《全唐诗(增订本)》卷七六八，第8809—8810页。

② 王定保撰，阳羡生校点《唐摭言》卷一〇《海叙不遇》，上海古籍出版社2012年版，第70页。

③ 《李白全集编年笺注》卷五《上云乐》，第384页。

有效而快速的劝酒形式。但陈酒往往设乐,以音乐表演为佐,以男女歌舞相酬,肆意恣纵,快意当前,狂欢尽兴,期在必醉。这与西方的酒神精神很相似。

三、自由性。西域诸族自有其礼法,但与中原差异甚远,自中原文化角度而观之,则显得违背礼法常伦。其饮酒目的主要为娱耳目、乐心意,并不像中原地区那样强调长幼尊卑之礼,因此酒宴之上可以上下平等,直呼其名,任性自由,衔杯共饮。

三　李白饮酒诗与西域酒俗文化共通性考察

检视李白的饮酒诗,有宁静自然、清新闲淡者,如“对酒不觉暝,落花盈我衣。醉起步溪月,鸟还人亦稀”①,也有低回沉郁、凄惨幽愤者,如“金瑟玉壶,尽为愁媒。举酒太息,泣血盈杯”②。但更多的则是下列这样一些作品,这些作品中的内容倾向值得注意。

在诗作中,无论是自写还是写人,李白总是在反复表达对酒的纯粹渴望,如“君爱身后名,我爱眼前酒”③、“愿扫鹦鹉洲,与君醉百场”④、“预拂青山一片石,与君连日醉壶觞”⑤、“此江若变作春酒,垒曲便筑糟丘台”⑥、“巴陵无限酒,醉杀洞庭秋”⑦等,《月下独酌》其二所谓的“天地既爱酒,饮酒不愧天”⑧则是其嗜酒宣言。后人在追忆李白人生时也往往强调其嗜酒态度。范传正《唐左拾遗翰林学士李公新墓碑并序》曰:“卧必酒瓮,行惟酒船。吟风咏月,席地幕天。”⑨裴敬《翰林学士李公墓

① 《李白全集编年笺注》卷三《自遣》,第 208 页。
② 《李白全集编年笺注》卷一三《上崔相百忧章》,第 1124 页。
③ 《李白全集编年笺注》卷一五《笑歌行》,第 1372—1373 页。
④ 《李白全集编年笺注》卷一四《自汉阳病酒归寄王明府》,第 1207 页。
⑤ 《李白全集编年笺注》卷一四《早春寄王汉阳》,第 1269 页。
⑥ 《李白全集编年笺注》卷三《襄阳歌》,第 216 页。
⑦ 《李白全集编年笺注》卷一四《陪侍郎叔游洞庭醉后三首》其三,第 1142 页。
⑧ 《李白全集编年笺注》卷六《月下独酌四首》其二,第 516 页。
⑨ 范传正《唐左拾遗翰林学士李公新墓碑并序》,《李白全集编年笺注》附录,第 1702 页。

碑》曰:“敬尝游江表,过其墓下,爱其才,壮其气,味其嗜酒,知其取适,作碑于墓。”[①]

在诗作中,李白纵酒畅饮总是离不开音乐歌舞,如“蹙入青绮门,当歌共衔杯。衔杯映歌扇,似月云中见”[②]、“击筑饮美酒,剑歌易水湄”[③]、“溧阳酒楼三月春,杨花茫茫愁杀人。胡雏绿眼吹玉笛,吴歌《白纻》飞梁尘。丈夫相见且为乐,槌牛挝鼓会众宾”[④]、“木兰之枻沙棠舟,玉箫金管坐两头。美酒樽中置千斛,载妓随波任去留”[⑤]、“征乐昌乐馆,开筵列壶觞。贤豪间青娥,对烛俨成行。醉舞纷绮席,清歌绕飞梁”[⑥]、“听歌舞银烛,把酒轻罗霜。横笛弄秋月,琵琶弹《陌桑》”[⑦]、“送行奠桂酒,拜舞清心魂。日色促归人,连歌倒芳樽”[⑧]、“斗酒满四筵,歌笑宛溪湄。君携东山妓,我咏《北门》诗”[⑨]、“歌鼓燕赵儿,魏姝弄鸣丝。粉色艳日彩,舞袖拂花枝。把酒领美人,请歌邯郸词。清筝何缭绕,度曲绿云垂”[⑩]、“豪士无所用,弹弦醉金罍。……置酒勿复道,歌钟但相催”[⑪]、“诗因鼓吹发,酒为剑歌雄。对舞青楼妓,双鬟白玉童”[⑫]、“胡人叫玉笛,越女弹霜丝。……扬袂挥四座,酩酊安所知?齐歌送清觞,起舞乱参差”[⑬]等,觥筹交错的豪饮和曼舞飞歌的欢娱互相生发,饮者的身心得到充分的享受,酒酣耳热之际,李白把自己曾经独酌时的顾影独欢释放成了与众乐乐的狂歌醉舞:“永夜达五更,吴歈送琼杯。酒酣欲起舞,

① 裴敬《翰林学士李公墓碑》,《李白全集编年笺注》附录,第1702页。

② 《李白全集编年笺注》卷五《相逢行》,第434页。

③ 《李白全集编年笺注》卷二《少年行二首》其一,第124页。

④ 《李白全集编年笺注》卷一二《猛虎行》,第1050页。

⑤ 《李白全集编年笺注》卷一四《江上吟》,第1281页。

⑥ 《李白全集编年笺注》卷一四《经乱离后天恩流夜郎忆旧游书怀赠江夏韦太守良宰》,第1218页。

⑦ 《李白全集编年笺注》卷二《夜别张五》,第107页。

⑧ 《李白全集编年笺注》卷七《鲁郡尧祠送吴五之琅琊》,第617页。

⑨ 《李白全集编年笺注》卷一五《宣城送刘副使入秦》,第1331页。

⑩ 《李白全集编年笺注》卷九《邯郸南亭观妓》,第806页。

⑪ 《李白全集编年笺注》卷八《金陵凤凰台置酒》,第695页。

⑫ 《李白全集编年笺注》卷一三《在水军宴韦司马楼船观妓》,第1106页。

⑬ 《李白全集编年笺注》卷一〇《九日登山》,第892页。

四座歌相催。”[①]“风落吴江雪,纷纷入酒杯。山翁今已醉,舞袖为君开。”[②]“与君歌一曲,请君为我倾耳听。”[③]

狂热的歌舞场面点燃了李白的诗酒豪情,他放言:“烹羊宰牛且为乐,会须一饮三百杯。”[④]“百年三万六千日,一日须倾三百杯。”[⑤]“中宵出饮三百杯,明朝归揖二千石。”[⑥]“愁来饮酒二千石,寒灰重暖生阳春。”[⑦]“龙泉解锦带,为尔倾千觞。”[⑧]“同欢万斛酒,未足解相思。”[⑨]“穷愁千万端,美酒三百杯。”[⑩]“高谈满四座,一日倾千觞。”[⑪]“涤荡千古愁,留连百壶饮。”[⑫]这些琳琅满目的极富夸张的诗句和毫无节制的滚滚涌动的诗情,不仅将李白对美酒的纯粹渴望表达到了极致,也将李白推向了狂欢的巅峰。

在这种巅峰状态中,李白的真性情得到了极大的发摅张扬,他逸兴遄飞,豪气凌人:“日暮醉酒归,白马骄且驰。意气人所仰,冶游方及时。”[⑬]“三杯吐然诺,五岳倒为轻。眼花耳热后,意气素霓生。”[⑭]“酒后竞风采,三杯弄宝刀。”[⑮]“长剑一杯酒,男儿方寸心。”[⑯]他将主观的意兴投射到自然世界时,万物任由他驱遣:“我且为君捶碎黄鹤楼,君亦为吾

① 《李白全集编年笺注》卷一二《过汪氏别业》其二,第 996 页。

② 《李白全集编年笺注》卷一四《对酒醉题屈突明府厅》,第 1317 页。

③ 《李白全集编年笺注》卷三《将进酒》,第 237 页。

④ 《李白全集编年笺注》卷三《将进酒》,第 236 页。

⑤ 《李白全集编年笺注》卷三《襄阳歌》,第 216 页。

⑥ 《李白全集编年笺注》卷二《豳歌行上新平长史兄粲》,第 111 页。

⑦ 《李白全集编年笺注》卷一四《江夏赠韦南陵冰》,第 1274 页。

⑧ 《李白全集编年笺注》卷二《夜别张五》,第 107 页。

⑨ 《李白全集编年笺注》卷一五《宣城送刘副使入秦》,第 1332 页。

⑩ 《李白全集编年笺注》卷六《月下独酌四首》其四,第 518 页。

⑪ 《李白全集编年笺注》卷一五《赠刘都使》,第 1335 页。

⑫ 《李白全集编年笺注》卷三《友人会宿》,第 250 页。

⑬ 《李白全集编年笺注》卷一〇《古风》其八,第 838 页。

⑭ 《李白全集编年笺注》卷二《侠客行》,第 120 页。

⑮ 《李白全集编年笺注》卷二《白马篇》,第 127 页。

⑯ 《李白全集编年笺注》卷七《赠崔侍御》,第 595 页。

倒却鹦鹉洲。”[①]“刬却君山好，平铺湘水流。”[②]他将主观的意兴投射到社会现实时，则是真率对友人，平交待王侯：“两人对酌山花开，一杯一杯复一杯。我醉欲眠卿且去，明朝有意抱琴来。”[③]“昔在长安醉花柳，五侯七贵同杯酒。气岸遥凌豪士前，风流肯落他人后。”[④]“黄金白璧买歌笑，一醉累月轻王侯。……袖长管催欲轻举，汉东太守醉起舞。手持锦袍覆我身，我醉横眠枕其股。”[⑤]

综合研究上述饮酒诗，我们大体可以形成这样三个认识：

一、李白嗜酒为任性。李白饮酒，固然有相当的消愁遣兴的原因在，但不可否认，不少诗篇和诗句表达的是李白天性中对于美酒本身纯粹的迷恋。《晋书·桓温传附孟嘉传》记载孟嘉“好酣饮，愈多不乱。温问嘉：‘酒有何好，而卿嗜之？’嘉曰：‘公未得酒中趣耳。’”[⑥]刘禹锡《偶作》其一也说“终朝对尊酒，嗜兴非嗜甘”[⑦]，此处的“趣”“兴”都是美酒带给饮者的物质享受之外的心理感受，李白《月下独酌》其二中的“但得酒中趣，勿为醒者传”[⑧]表达的就是这种感受。李白饮酒诗中常常出现的饮者有曹植、竹林七贤、山简、陶渊明，李白受到了他们的影响，也和他们有很多共同点：与曹子建比，李白同其过高自许与不得志；与阮籍、嵇康比，李白同其内心痛苦与压抑；与山简比，李白同其嗜酒之性与豪饮之量；与陶渊明比，李白同其内心孤寂与形容放达。但李白不同于并超越他们的是能够在一个健康而昌明的盛世无拘无束地传达和歌颂美酒给人的精神世界带来的充分舒张与享受，激赏那欢乐、迷狂、自由自在的酒兴酒趣。这一点，李白是得力于时代之助的，当然也与西域的酒俗暗合。

---

① 《李白全集编年笺注》卷一四《江夏赠韦南陵冰》，第1274—1275页。

② 《李白全集编年笺注》卷一四《陪侍郎叔游洞庭醉后三首》其三，第1241页。

③ 《李白全集编年笺注》卷三《山中与幽人对酌》，第208页。

④ 《李白全集编年笺注》卷一三《流夜郎赠辛判官》，第1181页。

⑤ 《李白全集编年笺注》卷八《忆旧游寄谯郡元参军》，第776页。

⑥ 房玄龄等撰《晋书》卷九八《桓温传附孟嘉传》，中华书局1974年版，第2581页。

⑦ 刘禹锡撰，刘禹锡集整理组点校，卞孝萱校订《刘禹锡集》卷二一《偶作》其一，中华书局1990年版，第259页。

⑧ 《李白全集编年笺注》卷六《月下独酌四首》其二，第516页。

二、李白醉酒多狂欢。李白也有独酌而醉的时候,但在上述作品中,李白是陷入了一种很复杂的狂欢状态而迷醉的。酒精当然是最根本的物质触媒,但横笛、清筝、玉箫、鼙鼓奏响的欢乐乐章,艳姬丽妓绕梁纷飞的清讴妙曲,歌儿舞女花枝招展的挥袂舞袖,主客不辨剑歌相呼的举手投足交织在一起,再加上金樽佳酿诗酒相酬,感官的刺激、耳目的娱悦、感情的激荡、心灵的享受一同迸发出来,互相生发起来,这该是怎样令人迷狂且欢乐无比的场面!李白怎能不歌咏之,不手之舞之足之蹈之呢?这种狂欢的情形与前述《隋书·突厥传》中“饮马酪取醉,歌呼相对”的记载,《大慈恩寺三藏法师传》中“窣浑钟碗之器交错递倾,僸佅兜离之音铿锵互举”的描述,以及《酒胡子》诗的描写又何其相似!

三、李白借酒逞自由。然而李白饮酒的“兴”“趣”并未在狂欢中得到满足和弥散,这个“主观”的诗人在这种狂欢的巅峰状态下,破除了一切屏蔽与束缚,如同古希腊酒神附体,让自己的真性情排山倒海般爆发、飞流直下般倾泻。魏颢《李翰林集序》记载李白“又长揖韩荆州,荆州延饮,白误拜,韩让之,白曰:酒以成礼。荆州大悦”[①]。李白其实很清楚《左传·庄公二十二年》中“酒以成礼”的含义的,但这并不妨碍李白以酒为欢。当李白达到癫狂状态时,就远远突破“礼”的节制,以平等自由的态度面对周围的一切。无论是青山绿水,还是黄鹤楼、鹦鹉洲;无论是山中幽人,还是公子王侯,在李白的醉眼中既有可能成为真率坦荡的诗朋啸侣,又有可能被李白自由自在、无拘无束地任意驱遣。杜甫《饮中八仙歌》中“李白斗酒诗百篇,长安市上酒家眠。天子呼来不上船,自称臣是酒中仙”[②]的描绘,恐怕就是对这个状态最形象的注脚了。可以说,这时李白饮酒才达到了最高的境界。然而,回味一下《隋书·流求国传》中“执酒者必待呼名而后饮,上王酒者,亦呼王名,衔杯共饮”的记载,二者也有相通之处。

讨论诗歌的精神气质,离不开骨相形貌,但又不可能按图索骥。我们比较西域酒俗和李白饮酒诗中的上述内容和倾向,不难发现,在迷恋

① 魏颢《李翰林集序》,《李白全集编年笺注》附录,第 1697 页。

② 《杜诗详注》卷二《饮中八仙歌》,第 81—85 页。

性、狂欢性和自由性方面，二者的确存在很大的相似性。这种相似性是模糊的，因为其中缺乏语词的、意象的、逻辑的知性联系；这种相似性又不是空无依凭的，它是建立在我们对二者整体的、感性的理解基础上的，我们毕竟不能抛开具体真实的阅读感受去研究诗歌。因此，李白饮酒的这种迷恋性、狂欢性和自由性的形成，固然也受到其他因素的影响，但并不能排除西域文化的因素。如果结合李白与西域的渊源关系来考察，可以肯定地讲，这些作品曲折地流露出李白久藏于内心深处的西域情结，也许这种流露连李白自己也未曾意识到。

本节部分内容，亦见本文作者《漫说唐诗“酒中趣”——以李白诗为例》(载《中国李白研究(2015 年集)》，黄山书社 2016 年版)一文，可互参。

余　论

不惟李白的诗歌如此，其他唐代诗人的作品中流露的情绪和倾向也往往与西域酒俗文化景观的这些特征有暗合之处。就嗜迷美酒而言，其他诗人的宣言并不亚于李白：“但令千日醉，何惜两三春。”①“还持千日醉，共作百年人。”②“十千兑得余杭酒，二月春城长命杯。”③“能向花前几回醉，十千沽酒莫辞贫。”④“不用积金著青天，不用服药求神仙。但愿园里花长好，一生饮酒花前老。”⑤“一饮解百结，再饮破百忧。……我愿东海水，尽向杯中流。”⑥“何如饮酒连千醉，席地幕天无

① 王绩著，韩理洲校点《王无功文集五卷本会校》卷二《尝春酒》，上海古籍出版社 1987 年版，第 61 页。

② 王勃《春园》，《全唐诗(增订本)》卷五六，第 682 页。

③ 丁仙芝《余杭醉歌赠吴山人》，《全唐诗(增订本)》卷一一四，第 1158 页。

④ 崔敏童《宴城东庄》，《全唐诗(增订本)》卷二五八，第 2871 页。

⑤ 张籍《春日行》，《全唐诗(增订本)》卷三八二，第 4297 页。

⑥ 聂夷中《饮酒乐》，《全唐诗(增订本)》卷六三六，第 7348 页。

所知。”[①]而元结《石鱼湖上醉歌并序》则是最有特色的,他在序中描述了石鱼湖上醉酒,状如洞庭君山的情景:

石鱼湖,似洞庭,夏水欲满君山青。山为樽,水为沼,酒徒历历坐洲岛。长风连日作大浪,不能废人运酒舫。我持长瓢坐巴丘,酌饮四坐以散愁。[②]

就歌舞狂欢伴美酒而言,除了岑参、高适边塞诗和前章西域乐舞诗的大量描写外,唐代诗人的类似表达还有很多,而且这些醉歌的篇幅还往往比较长:

梅发柳依依,黄鹂历乱飞。当歌怜景色,对酒惜芳菲。曲水浮花气,流风散舞衣。通宵留暮雨,上客莫言归。

春来酒味浓,举酒对春丛。一酌千忧散,三杯万事空。放歌乘美景,醉舞向东风。寄语尊前客,生涯任转蓬。[③]

鸣环动珮暗珊珊,骏马花骢白玉鞍。十千斗酒不知贵,半醉留宾邀尽欢。银烛煌煌夜将久,侍婢金罍泻春酒。春酒盛来琥珀光,暗闻兰麝几般香。乍看皓腕映罗袖,微听清歌发杏梁。双鬟美人君不见,一一皆胜赵飞燕。迎杯乍举石榴裙,匀粉时交合欢扇。[④]

罢胡琴,掩秦瑟,玲珑再拜歌初毕。谁道使君不解歌,听唱黄鸡与白日。黄鸡催晓丑时鸣,白日催年酉前没。腰间红绶系未稳,镜里朱颜看已失。玲珑玲珑奈老何,使君歌了汝更歌。[⑤]

贾至、权德舆、白居易这三首诗的共同点就是将沉醉美酒与歌舞笙箫结合而写,美酒因歌舞而愈加醇厚,歌舞在醉者眼中越发动人,当酒宴从轻歌曼舞一路飙扬到了狂歌醉舞时,诗人的酒兴诗情也达到了顶峰,流

---

① 韩偓《惆怅》,《全唐诗(增订本)》卷六八三,第7905页。

② 元结《石鱼湖上醉歌并序》,《全唐诗(增订本)》卷二四一,第2706页。

③ 贾至《对酒曲二首》,《全唐诗(增订本)》卷二三五,第2591页。

④ 权德舆《放歌行》,《全唐诗(增订本)》卷三二八,第3676页。

⑤ 白居易著,谢思炜校注《白居易诗集校注》卷一二《醉歌(示伎人商玲珑)》,中华书局2006年版,第974—975页。

露出无限的人生感慨。

就酒后醉中所释放的生命本真的自由而言，唐代其他诗人的表达也很充分，王绩大隐取醉，认为美酒才能超越礼乐诗书的束缚："礼乐囚姬旦，诗书缚孔丘。不如高枕枕(一作上)，时取醉消愁。"[①]权德舆感叹人世处处樊篱，只有杯中物才能令人解脱："区区此人世，所向皆樊笼。唯应杯中物，醒醉为穷通。"[②]当这些束缚与樊篱解除了，人性的勇气、胆识和豪情就自然喷薄而出。年轻的韩愈醉倒在王司马家的芍药花下，还在肆无忌惮地放言："一尊春酒甘若饴，丈人此乐无人知。花前醉倒歌者谁，楚狂小子韩退之。"[③]杜甫与郑虔，虽皆寒苦，但得钱即开怀对饮，忘形你我："得钱即相觅，沽酒不复疑。忘形到尔汝，痛饮真吾师。"[④]而卢纶与张翁对酒时，则以卢叟自称，二人歌呼相对，颇有些前文突厥酒俗的意味："张翁对卢叟，一榼山村酒。倾酒请予歌，忽蒙张翁呵。……卢叟醉言粗，一杯凡数呼。回头顾张老，敢欲戏为儒。"[⑤]

唐诗中堪为西域酒俗文化景观的迷恋性、狂欢性和自由性作注脚的不仅是李白，也不仅是上述这些作品，如果我们把元稹《先醉》《独醉》《宿醉》《惧醉》《羡醉》《忆醉》《病醉》《拟醉》《劝醉》《任醉》《同醉》《狂醉》与《有酒十章》等酒歌，白居易《何处难忘酒七首》《不如来饮酒七首》等酒歌，皮日休《酒中十咏》《奉和添酒中六咏》等作品综合起来考察，会发现这些特征同样鲜明而突出。

如果让我们选择一篇长歌来概括本节的唐人饮酒诗与西域酒俗文化景观的内在相似性，那就是杜甫的《饮中八仙歌》：

> 知章骑马似乘船，眼花落井水底眠。汝阳三斗始朝天，道逢曲车口流涎，恨不移封向酒泉。左相日兴费万钱，饮如长鲸吸百川，

① 《王无功文集五卷本会校》卷二《赠程处士》，第 61 页。

② 权德舆《早发杭州泛富春江寄陆三十一公佐》，《全唐诗(增订本)》卷三二二，第 3630 页。

③ 韩愈《芍药歌》(一本作《王司马红芍药歌》)，《全唐诗(增订本)》卷三四五，第 3878 页。

④ 《杜诗详注》卷三《醉时歌(赠广文馆博士郑虔)》，第 174 页。

⑤ 卢纶《与张擢对酌》，《全唐诗(增订本)》卷二七八，第 3158 页。

> 衔杯乐圣称世贤。宗之潇洒美少年,举觞白眼望青天,皎如玉树临风前。苏晋长斋绣佛前,醉中往往爱逃禅。李白一斗诗百篇,长安市上酒家眠。天子呼来不上船,自称臣是酒中仙。张旭三杯草圣传,脱帽露顶王公前,挥毫落纸如云烟。焦遂五斗方卓然,高谈雄辩惊四筵。①

杜甫歌咏的这醉中八仙各有独特之处,但细细读来,以苏晋为关捩点,可以分为两个相承续的部分。前一部分极写酒仙们对美酒的迷狂,后一部分张扬酒仙们醉后自由的本真人性和不羁的天赋才华。四明狂客贺知章,醉中骑马似乘船,以至于眼花落井,还沉浸在美酒的陶然醉意中舍不得醒来;宗室皇族汝阳王李琎,富贵已极,但却口不择酒,以至于道逢曲车口流涎,恨不得移封酒泉来满足那畅饮的渴望;左丞相李适之,酒量巨大善豪饮,饮如长鲸吸百川,日费万钱也在所不惜;少年公子崔宗之,袭得一身魏晋名士的风流态度,举觞白眼望青天,皎如玉树临风前。此四者,身份地位不同,年龄大小有别,酒趣酒态不一,但他们对美酒的渴望、迷恋、畅想却都是相似的,都到了狂热的境界。苏晋长斋尚醉酒,和前四者相似,而他在醉中逃禅,却是本真人性难以掩饰、难以抑制的表现。而这种表现,在李白、张旭、焦遂身上得到了放大。李白自不待言,焦遂始则默然饮酒,五斗之后方卓然而起,高谈雄辩,语惊四筵;草圣张旭则狂饮三杯后脱帽露顶,放肆于王公前,在醉意的驱驰下挥毫落纸如云烟。李白、张旭、焦遂、苏晋的特立独行、放浪不羁乃至惊世骇俗的行为背后是毫无羁绊的天纵之心、自然而至的本真至性,但这种行为的表现、至性的释放是在酒后醉中实现的。杜甫的这首长歌抓住了盛唐的灵魂,抓住了酒仙的灵魂,以瞬间的定格将一个伟大而昌明的时代背景中众多个性鲜明的酒仙自由而真实的情态展露无遗。同时他也抓住了酒的灵魂与诗的灵魂。迷恋、狂欢与自由是西域酒俗文化景观的特点,中原的酒俗文化也有类似的特征,但更多的是酒礼的节制性、借酒消愁的压抑性。西域酒俗更注重欢乐的表达和热情的释放,这一趋向更接近酒的本质和灵魂。儒家的诗歌要兴观群怨,要温柔敦厚,

① 《杜诗详注》卷二《饮中八仙歌》,第81—85页。

要哀而不伤，要乐而不淫，也的确产生了很多很优秀的作品，但屈原《九歌》中那种悱恻缠绵的无边哀怨、凄幽而瑰丽的浪漫情怀，《离骚》中那千折百回的愁肠寸断的深沉痛苦，则更真实、深刻地把诗歌更重要的使命和灵魂凸显了出来：诗歌要书写心灵深处绵邈不尽的深度空间，诗歌要开掘纤细敏感的丝丝缕缕的多维度情感世界，就要去除束缚，摒弃伪装，在生命的狂欢中探寻到艺术的本真。从这个意义上看，那遥远的西域的神秘而浪漫的酒俗背后所潜藏的酒神气质般的种种格调和风貌与这个强大的中原王朝自由的诗人们内心深处执着追求的诗歌艺术的绝美境界是相通的——至少在情绪的表达和张扬方面是这样的。

西域酒俗文化与以李白为代表的唐人饮酒诗的高度契合与相映成辉，是酒以成礼的中原文化与酒以怡情抒情乃至放情的西域文化深层交融的表现。这种文化交融的前提，当然是唐诗创作的繁荣与西域文化的流行；这种文化交融的结果，却已超越了西域文化，而曼衍渗透在普遍意义上的唐诗创作中。为了讨论方便，本文从多方面辨析李白诗歌与西域酒俗精神的关系，这是必要的。但整体观照李白的诗酒风流，我们很难把各种文化和精神因素一一剥离开来，这种说不清道不明的朦胧感，是美酒的特点，也是唐诗的魅力。

（作者单位：海南大学）

论李白乐府对诗歌叙事传统的发展*

刘青海

中国古代诗歌的叙事传统源于《诗经》①。《楚辞》虽为抒情的经典，但也有它特有的叙事艺术。汉乐府以"感于哀乐，缘事而发"（班固《汉书·艺文志》）②为基本的特点，可以说是中国古代诗歌成熟的叙事艺术。魏晋文人学习汉乐府的一个重要方面，就是继承汉乐府的叙事艺术，由此形成文人诗歌的叙事传统。到了齐梁，以写物和说理的发展为代价，诗歌中的叙事整体上说是弱化了，其叙事因素主要保留在歌曲类的诗中。初盛唐时期，诗歌中的叙事有所恢复，尤以李杜最为突出。李杜诗歌的叙事艺术突出体现于乐府和五古，尤其是其乐府。李杜乐府对叙事传统的继承是不一样的。杜甫主要取法汉魏，"不效四言，不仿离骚，不用乐府旧题"③。李白乐府"与汉魏乐府争衡"（黄庭坚《答黎晦叔书》）④，此外还兼取《楚辞》，以叙事为抒情，情事杂出，往往寄托深远、归趣难求；同时也取法齐梁文人诗歌的叙事传统并加以革新。从这个意义上说，李白乐府对诗歌叙事传统的取法较杜甫要更为广博，相对而言体制和风格也较为复杂，不像杜甫乐府那么受后人重视。

* 本文系北京语言大学校级科研项目（中央高校基本科研业务专项资金）（21PT03）成果。

① 郑振铎《中国俗文学史》就说"《卫风》里的'氓之蚩蚩'是一首叙事诗，写着一大段恋爱的经过：从初恋到别离，到结合，到婚后的生活，到三年后的'士贰其行'，到女子的自怨自艾，和《白头吟》很相类"（《郑振铎全集》，花山文艺出版社 1998 年版，第 20 页）；钱锺书谓《卫风·氓》"层次分明，工于叙事"（《管锥编》，中华书局 1986 年版，第 1 册，第 93 页）。

② 班固著，颜师古注《汉书》卷三〇，中华书局 1962 年版，第 6 册，第 1756 页。

③ 许学夷《诗源辩体》卷一九引胡应麟语，人民文学出版社 1998 年版，第 209 页。

④ 郑永晓整理《黄庭坚全集辑校编年》，江西人民出版社 2011 年版，中册，第 761 页。

一

《楚辞》虽以抒情为主，但也有较多的叙事因素。所谓以叙事来抒情，可以说就是《楚辞》的特点。《离骚》《九歌》《九章》诸篇，都是在叙述人物的行动以及一定的事件的基础上来抒情的。从这个意义上来说，叙事和抒情其实是密不可分的。李白乐府对《楚辞》上述传统的继承是很突出的，这一点与李白同时代的人就已经认识到了。如殷璠就赞其乐府"如《蜀道难》等篇，可谓奇之又奇。然自骚人以还，鲜有此体调也"(《河岳英灵集》卷上)[①]。清人屈大均更强调其乐府的骚怨特色，谓其"乐府篇篇是《楚辞》，湘累之后汝为师"(《采石题太白祠》)[②]。今人亦盛称"取骚体入乐府，是李白的专长"[③]。李白乐府一直以强烈的抒情性见称，而其抒情效果主要是通过对人物的行动以及行为的交代来产生的，其中人物的行动其实就是我们所说的事的因素。这一点，从他模拟《楚辞》作如《远别离》看得最清楚：

> 远别离，古有皇、英之二女，乃在洞庭之南，潇湘之浦。海水直下万里深，谁人不言此离苦。日惨惨兮云冥冥，猩猩啼烟兮鬼啸雨，我纵言之将何补。皇穹窃恐不照余之忠诚，雷凭凭兮欲吼怒，尧、舜当之亦禅禹。君失臣兮龙为鱼，权归臣兮鼠变虎。或云尧幽囚，舜野死，九疑联绵皆相似，重瞳孤坟竟何是。帝子泣兮绿云间，随风波兮去无还。恸哭兮远望，见苍梧之深山。苍梧山崩湘水绝，竹上之泪乃可灭。[④]

《远别离》收录于殷璠《河岳英灵集》中，当作于天宝十二载之前。其主旨，乃"借舜二妃追舜不及、泪染湘竹之事，言远别离之苦。并借《竹书》

---

① 傅璇琮、陈尚君、徐俊编《唐人选唐诗新编(增订本)》，中华书局 2014 年版，第 171 页。

② 刘斯奋、周锡䪖选注《岭南三家诗选》，广东人民出版社 1980 年版，第 92 页。

③ 钱志熙《论李白诗歌的豪放与法理的关系》，中国李白研究会、马鞍山李白研究会编《中国李白研究(2019 年集)》，黄山书社 2020 年版，第 11 页。

④ 王琦注《李太白全集》卷三，中华书局 1977 年版，上册，第 157—158 页。

杂记见逼舜、禹南巡野死之说点缀其间,以著人君失权之戒”[①],表达诗人对“皇穹窃恐不照余之忠诚”的怨意。诗以唱叹出之,多景语、情语、议论语,而事在其中。如发端言“远别离,古有皇、英之二女,乃在洞庭之南,潇湘之浦”,舜帝南巡、二女寻夫故事已在其中,并为下文“舜野死”埋下伏笔。“雷凭凭兮欲吼怒,尧、舜当之亦禅禹”,是疑舜帝之禅让乃出于不得已。“君失臣兮龙为鱼,权归臣兮鼠变虎”两句,直揭本旨。“或云尧幽囚,舜野死,九疑联绵皆相似,重瞳孤坟竟何是”数句,正失权之患。观其叙事,看似历乱无端,实有意脉可寻,而意在言外,确如许学夷所言,“含蓄深永,且其词断而复续,乱而实整,尤合骚体”[②]。“日惨惨兮云冥冥”六句,以日惨云昏比拟政治之黑暗,以啼烟啸雨形容处境之可怖,以雷霆震怒比权臣之气焰,最得骚之神韵。而“苍梧山崩湘水绝,竹上之泪乃可灭”则从汉乐府铙歌十八曲之《上邪》“山无陵,江水为竭,冬雷震震夏雨雪,天地合,乃敢与君绝”[③]变化而出。故胡震亨论本篇之源流云:“盖体干于楚骚,而韵调于汉铙歌诸曲,以成为一家语。”[④]可谓灼见。

和杜甫新乐府直陈时事不同,李白乐府中的事,往往经过剪裁和改写,情事杂出,故其本旨往往隐在事中,具有“厥旨渊放,归趣难求”(钟嵘《诗品・晋步兵阮籍》)[⑤]的特点。如《公无渡河》本汉乐府旧题,古辞仅四句:“公无渡河,公竟渡河! 堕河而死,将奈公何!”[⑥]李白则衍为歌行长篇。许学夷云:“七言歌行本乎离骚,其体尚奇。”[⑦]李白之作,从黄河泛滥引出大禹治水之事,再叙披发之叟渡河溺死之事,将原本无关的两个故事,嫁接到一起,写出一段极悲怆之情来:

> 黄河西来决昆仑,咆哮万里触龙门。波滔天,尧咨嗟。大禹理

---

①④ 胡震亨辑《唐音统签》,海南出版社 2000 年影印本(故宫珍本丛刊第 596 册),第 2 册,第 367 页。

② 《诗源辩体》卷一八,第 200 页。

③ 郭茂倩编《宋本乐府诗集》卷一六,国家图书馆出版社 2018 年版,第 3 册,第 146 页。

⑤ 吕德申《钟嵘〈诗品〉校释》,北京大学出版社 1986 年版,第 76 页。

⑥ 《宋本乐府诗集》卷二六,第 4 册,第 171 页。

⑦ 《诗源辩体》卷一八,第 190 页。

百川，儿啼不窥家。杀湍堙洪水，九州始蚕麻。其害乃去，茫然风沙。披发之叟狂而痴，清晨径流欲奚为？旁人不惜妻止之，公无渡河苦渡之。虎可搏，河难冯，公果溺死流海湄。有长鲸白齿若雪山，公乎公乎挂罥于其间，箜篌所悲竟不还。[①]

诗中充满了对披发之叟不顾劝阻，一意孤行，横渡黄河，而终溺死的狂痴之举的惋惜，言辞痛切，显然是有所寄托的。其寄托的具体情事，历来众说纷纭，如萧士赟谓"讽止当时不靖之人自投宪网者，借此为喻云耳"[②]；陈沆《诗比兴笺》以为披发之叟喻永王璘，"有长鲸白齿若雪山"数句，犹《豫章篇》之"楼船若鲸飞，波荡落星湾"，喻永王璘之兵败；[③]郭沫若则以为披发之叟乃李白自喻，"挂罥于其间"是比喻他"系浔阳狱中及长流夜郎"[④]；等等。所以李白乐府，不仅包含旧题之本事，还往往旁及它事（如大禹治水之事），借此寄托诗人本旨（寓托之事），由此构成复杂的叙事网络。即便是在风雨争飞、鱼龙百变中厘清了其表层的叙事脉络，也不一定就能探明诗人之本旨（寓托之事）。这和杜甫乐府叙事是很不一样的。杜甫乐府"即事名篇"（元稹《乐府古题序》）[⑤]，像《兵车行》《丽人行》、"三吏""三别"之篇，篇名即所叙之"事"，此外别无"本事"，诗歌的主旨是极为显豁的。故胡应麟说："乐府则太白擅奇古今，少陵嗣迹风雅。《蜀道难》《远别离》等篇，出鬼入神，惝恍莫测。《兵车行》《新婚别》等作，述情陈事，恳恻如见。"[⑥]王夫之论云："工部讥时语开口便见，供奉不然。习其读而问其传，则未知己之有罪也。工部缓，供奉深。"[⑦]这样的特点，当然和李白对《楚辞》的借鉴是分不开的，如《离骚》通过屈原就重华而陈词、浮游以求女、周游天地而终不舍故国这

① 《李太白全集》卷三，上册，第 160 页。

② 萧士赟《分类补注李太白诗》卷三，四部丛刊景印本。

③ 陈沆《诗比兴笺》，上海古籍出版社 1981 年版，第 152 页。

④ 郭沫若《李白与杜甫·李白的家室索引》，人民文学出版社 1972 年版，第 48 页。

⑤ 元稹撰，冀勤点校《元稹集》卷二三，中华书局 2010 年版，第 292 页。

⑥ 胡应麟《诗薮·内编卷二》，上海古籍出版社 1979 年版，第 39 页。

⑦ 王夫之《唐诗评选》卷一《乐府歌行》，《船山全书》，岳麓书社 2011 年版，第 14 册，第 905 页。

一系列的行动,来表现诗人在现实中的困顿以及系心楚王而不忍舍去之情,也同样具有词旨隐匿的特点。李白以之驱驾乐府,故在叙事艺术上体现为“变幻恍惚,尽脱蹊径”①的特点。

李白乐府以抒情性强烈而著称,情由事发,事为情用,一篇之中,层见错出,初读往往有目迷五色之感。就叙事的方法而言,则有实用、虚用之别。所谓虚用,就是引古以讽,引古之事以抒今之情。如《梁甫吟》(节录):

> 长啸《梁甫吟》,何时见阳春。君不见朝歌屠叟辞棘津,八十西来钓渭滨。宁羞白发照清水,逢时壮气思经纶。广张三千六百钩,风期暗与文王亲。大贤虎变愚不测,当年颇似寻常人。君不见高阳酒徒起草中,长揖山东隆准公。入门不拜骋雄辩,两女辍洗来趋风。东下齐城七十二,指挥楚汉如旋蓬。狂客落魄尚如此,何况壮士当群雄。②

首二句直入主题,揭出志士思佐明主以成功业的主题。接下以“君不见”提起两大段,以大开大合之笔,分叙以姜太公之老八十尚遇文王、以郦食其之狂微时尚遇高祖,得以际会风云,成就大业之事。李白言下之意,虽不敢窃比大贤,然远胜狂生,此际虽落魄,他日自当有一番风云际会。所以这两段看似叙古人之事,实则抒写的是李白“天生我材必有用”的自信与豪情。两段叙事,皆以气势驱遣,令人读之,觉天风海雨逼人而来,古之事与今之情皆化成一片,莫可分辨。此种以古事抒今情的抒情笔法,可以说是对屈原《离骚》“就重华而陈词”③一段历引古圣贤王之事以托讽的发展。而无论古事、今情,皆“奇之又奇”,绝出笔墨畦径之外。胡应麟谓李白“乐府奇伟高出六朝”④,此种“奇伟”的特质,正源于骚。

概言之,李白乐府鲜明的骚怨特色在叙事上主要表现为两个方面:一是于现实有所愤懑,直言之不可则曲言之,庄语之不可则漫语之,往

---

① 《诗源辩体》卷一八,第199页。

② 《李太白全集》卷三,上册,第169—170页。

③ 洪兴祖撰,白化文等点校《楚辞补注·离骚经章句第一》,中华书局1983年版,第20页。

④ 《诗薮·内编卷二》,第38页。

往采用比兴托喻的手法。如《梁甫吟》“我欲攀龙见明主,雷公砰訇震天鼓。帝旁投壶多玉女,三时大笑开电光,倏烁晦冥起风雨。阊阖九门不可通,以额扣关阍者怒”①一段,实从《离骚》“就重华而敶词”“吾令帝阍开关兮,倚阊阖而望予”②变化而出。看似叙仙界之事,光怪陆离,乍读有目迷五色之感,细绎可知明主指玄宗,而以雷公、玉女比权臣、女宠。所以此段实叙其欲自明于君,而遭权臣之怒,且有女宠兴风作浪,不能通言。二是在艺术表现上不循常径,叙事抒情“断如复断,乱如复乱,而词意反覆屈折行乎其间者,实未尝断而乱也;使人一倡三叹,而有遗音”③,《蜀道难》《远别离》《梦游天姥吟留别》等篇,皆“无首无尾,变换错综,窈冥昏默”④,故其叙事,给人以纵横捭阖、兴会淋漓而寄兴无端之感。胡应麟云:“纡回断续,骚之体也;讽谕哀伤,骚之用也;深远优柔,骚之格也;宏肆典丽,骚之词也。”⑤太白乐府能兼之。晚唐李贺、温庭筠诸人乐府,专学此种。

二

汉乐府“感于哀乐,缘事而发”,积累了丰富的叙事艺术,例如叙事的生动性、情节的戏剧性、人物的个性化,以及强烈的爱憎表现和语言的朴素逼真等⑥。《孔雀东南飞》《战城南》《陌上桑》《羽林郎》等作在这方面尤其突出,甚至被称为“故事诗”⑦。建安文人学习汉乐府,最重此

① 《李太白全集》卷三,上册,第 171 页。

② 《楚辞补注·离骚经章句第一》,第 29 页。

③ 《诗源辩体》卷一八引范氏语,第 200 页。

④ 《诗薮·内编卷三》,第 49 页。

⑤ 《诗薮·内编卷一》,第 4 页。

⑥ 参看刘青海《论唐人对汉魏乐府叙事传统的继承与发展》,《文学评论》2020 年第 1 期。

⑦ 胡适《白话文学史》第六章《故事诗的起来》(东方出版社 1996 年版,第 67—82 页)所举故事诗,包括左延年和傅玄所作《秦女休行》和《孔雀东南飞》等乐府诗。后来唐弢《谈故事诗〈孔雀东南飞〉》(《解放日报》1954 年 3 月 28 日)、邱燮友《中国历代故事诗》(三民书局 1969 年版)等,都受到胡适观念的影响。

种,如王粲《七哀诗》、陈琳《饮马长城窟行》等,重在叙事情之原委,而截取典型之场景来表现主旨。杜甫及中唐元、白新乐府主要取法此种,"多首尾叙事"①,形成"辞不虚设,必因事而设"②的篇体特色。

"李白歌诗度越六代,与汉魏乐府争衡"(黄庭坚《答黎晦叔书》),其在乐府诗上所取得的成就,与他对汉魏乐府艺术的继承与发展是分不开的。元人萧士赟云:"太白乐府,每篇必檃栝一事而作,非泛然而言者。"③善于"檃栝一事"而出之以己意,是李白乐府的重要特色,也是他深汲汉魏乐府叙事艺术之源泉的成果。

李白乐府所檃栝之事,有古事(包括本事),有今事。其《秦女休行》《白头吟》《陌上桑》诸篇,皆模拟旧题,直写本事,以叙事为尚。本事之外,李白还善于杂取史传之故事,衍为乐府长篇,如《山人劝酒》叙商山四皓辅佐太子故事,《白头吟》(锦水东西流)叙司马相如为陈皇后作赋邀宠,自己却因富贵而聘私室,卓文君因此赋《白头吟》,叙事饶有趣味,有点类似后世的说唱。今事即李白所闻见之事,或关风俗,如《东海有勇妇》④叙北海太守李邕治下女子为夫报仇,以剑杀人,朝廷免其罪之事;或关时事,如《丁都护歌》叙天热水旱时拖船之事,《北上行》寓托安史之乱,《豫章行》叙永王璘兵败之事,《上留田》寓意肃宗李亨、永王李璘两兄弟相争之事,都属于以古题写新事,以"寓意古题,刺美见事"(元稹《古题乐府序》)⑤为基本的写作方法。如《北上行》,即通过模拟曹操《苦寒行》来寄托安史之乱中行役之事:

北上何所苦,北上缘太行。磴道盘且峻,巉岩凌穹苍。马足蹶侧石,车轮摧高岗。沙尘接幽州,烽火连朔方。杀气毒剑戟,严风裂衣裳。奔鲸夹黄河,凿齿屯洛阳。前行无归日,返顾思旧乡。惨

① 《诗薮·外编卷一》,第141页。

② 黄生撰,徐定祥点校《杜诗说》,黄山书社1994年版,第21—22页。

③ 杨齐贤集注,萧士赟补注《分类补注李太白诗》卷六,四部丛刊景印本,第5页。

④ 《李太白全集》卷五《东海有勇妇》题下原注:"代《关中有贞女》。"王琦注:"按《晋书》:《关东有贤女》乃《鞞舞》旧曲五篇之一,其辞已亡。'关中有贞女'当是'关东有贤女'之讹。"(上册,第275页)

⑤ 《元稹集》卷二三,上册,第292页。

戚冰雪里，悲号绝中肠。尺布不掩体，皮肤剧枯桑。汲水涧谷阻，采薪陇坂长。猛虎又掉尾，磨牙皓秋霜。草木不可餐，饥饮零露浆。叹此北上苦，停骖为之伤。何日王道平，开颜睹天光。[1]

曹操《苦寒行》曰：

北上太行山，艰哉何巍巍！羊肠坂诘屈，车轮为之摧。树木何萧瑟，北风声正悲。熊罴对我蹲，虎豹夹路啼。谿谷少人民，雪落何霏霏。延颈长叹息，远行多所怀。我心何怫郁，思欲一东归。水深桥梁绝，中路正徘徊。迷惑失故路，薄暮无宿栖。行行日已远，人马同时饥。担囊行取薪，斧冰持作糜。悲彼《东山诗》，悠悠令我哀。[2]

李白此篇，不仅题中"北上"二字取自《苦寒行》首句"北上太行山"，而且通篇言行役之艰辛，亦与《苦寒行》（又称《北上篇》[3]）一篇主旨相合，其所采用的，也是我们熟悉的晋宋文人拟乐府最常用的拟篇的方法[4]。开头六句，由《苦寒行》"北上太行山，艰哉何巍巍！羊肠坂诘屈，车轮为之摧"变化而出，"严风裂衣裳"与《苦寒行》"北风声正悲"，"汲水涧谷阻，采薪陇坂长""草木不可餐，饥饮零露浆"与《苦寒行》"担囊行取薪，斧冰持作糜"，"猛虎又掉尾，磨牙皓秋霜"与《苦寒行》"熊罴对我蹲，虎豹夹路啼"之间，有明显的对应关系。但李白此篇，并非单纯的拟古，而是借以咏安史之乱。开头写行役之苦，侧重于表现太行山自然之险阻所造成的行路艰难。"沙尘接幽州"六句，则点出安史之乱，战火从安禄山起兵的范阳（属幽州）蔓延到朔方，河北州县望风瓦解，造成更大的危机。"奔鲸夹黄河，凿齿屯洛阳"以凿齿喻安禄山，言其僭位东都；奔鲸

---

① 《李太白全集》卷五，上册，第 317 页。

② 《宋本乐府诗集》卷三三，第 5 册，第 144 页。

③ 李延寿《南史》卷三四《颜延之传》："文帝尝各敕拟乐府《北上篇》，延之受诏便成，灵运久之乃就。"（中华书局 1975 年版，第 3 册，第 881 页）又《宋本乐府诗集》卷三十三引《乐府解题》："晋乐奏魏武帝《北上篇》，备言冰雪谿谷之苦。其后或谓之《北上行》，盖因武帝辞而拟之也。"（第 5 册，第 142 页）

④ 钱志熙《齐梁拟乐府诗赋题法初探——兼论乐府诗写作方法之流变》，《北京大学学报》1995 年第 4 期。

喻史思明、崔乾祐之徒,言其纵横于黄河两岸的州郡。“前行无归日,返顾思旧乡”极言太行道阻,行路艰难,兼叛军盘踞,此行恐无生理,故回望故乡,恋恋难舍。“返顾思旧乡”,句法本《古诗十九首》“还顾望旧乡”①,意思则有别于《苦寒行》“思欲一东归”,盖曹操身为主帅,主一军之进退,在行军途中因道途艰难,确实可以“思欲一东归”,作退军的考虑,而李白此篇中的征人离乡北上,则有进无退。故下“惨戚冰雪里”十句,仍极力形容行路之困顿,饥寒交迫。末四句以感叹作结,希望天下早日结束战乱,天下人重见光明。

《豫章行》《上留田》两篇所感之事,为李白所亲历,既关乎国政,又关系到李白在政治上的去就取与,实具有“以一国之事,系一人之本”(《诗大序》)②的特点。《豫章行》以叙事为主体,多用赋体,这在李白以旧题寓时事的乐府中是少见的:

> 胡风吹代马,北拥鲁阳关。吴兵照海雪,西讨何时还。半渡上辽津,黄云惨无颜。老母与子别,呼天野草间。白马绕旌旗,悲鸣相追攀。白杨秋月苦,早落豫章山。本为休明人,斩虏素不闲。岂惜战斗死,为君扫凶顽。精感石没羽,岂云惮险艰。楼船若鲸飞,波荡落星湾。此曲不可奏,三军发成斑。③

此诗之主旨,胡震亨《唐音癸签》云:“古豫章行,咏白杨生豫章山,秋至为人所伐。太白亦有此辞,中间止着‘白杨秋月苦,早落豫章山’两句。首尾俱作军旅丧败语,并不及白杨片字,读者多为之茫然。今详味之,如所云‘吴兵照海雪’及‘老母与子别,呼天野草间’,‘楼船若鲸飞,波荡落星湾’,皆永王璘兵败事也。盖白在庐山受璘辟,及璘舟师鄱阳溃散,白坐系浔阳狱,并豫章地。④ 故以白杨之生落于豫章者自况,用志璘之伤败,及己身名隳坏之痛耳。其借题略点白杨,正用笔之妙,巧于拟古,

① 萧统编,李善注《文选》卷二九,中华书局1977年版,中册,第410页。

② 孔颖达《毛诗正义》卷一,阮元校刻《十三经注疏》,中华书局1980年版,上册,第272页。

③ 《李太白全集》卷六,上册,第343页。

④ 据杜佑《通典》卷一八二《州郡十二·古扬州下·章郡建昌县》:“见在有杨柳津、上辽津。”(文渊阁四库全书本,第605册,第9页)

得乐府深意者。”[1]最为得之。诗共二十二句，前后段各十句，中间以“白杨秋月苦，早落豫章山”二句点题面，“苦”字实为一篇之眼。开头四句，“胡风”“代马”“鲁阳关”，点出叛军逼迫，乃永王璘出兵西讨之由。“半渡上辽津”六句，写征夫与亲人生离死别之苦，犹杜甫《兵车行》“耶娘妻子走相送，尘埃不见咸阳桥。牵衣顿足拦道哭，哭声直上干云霄”[2]，句法措语则有古、近之别。后半段，言从军之将士不惮艰险，勤王报国，精诚动天，伤其覆灭，且被恶名，故末云“此曲不可奏，三军发成斑”。

《上留田》则比兴杂出。就章法而言，开头六韵十三句，是叙其本事（着重号为笔者所加）：

> 行至上留田，孤坟何峥嵘。积此万古恨，春草不复生。悲风四边来，肠断白杨声。借问谁家地，埋没蒿里茔。古老向予言，言是上留田。蓬科马鬣今已平，昔之弟死兄不葬，他人于此举铭旌。[3]

崔豹《古今注》：“上留田，地名也。其地人有父母死，兄不字其孤弟者，邻人为其弟作悲歌以风其兄，故曰《上留田曲》。”[4]李白“昔之弟死兄不葬，他人于此举铭旌”，与崔豹《古今注》所说不同，或是流传之讹，也可能是李白有意的改动。此段叙事之章构、句法，则本于汉乐府《梁甫吟》古辞：

> 步出齐城门，遥望荡阴里。里中有三墓，累累正相似。问是谁家墓，田彊、古冶子。力能排南山，文能绝地纪。一朝被谗言，二桃杀三士。谁能为此谋，国相齐晏子。[5]

后半段寄托时事。“天兵”乃朝廷之师，“让国”非王子不能，尺布之谣咏的是汉文帝和淮南王兄弟不相容之事，可见诗人所伤非寻常兄弟不和，而是帝王之家的兄弟相争。让李白如此痛切的，只能是肃宗与永王璘兵戈相向之事。此人伦惨痛之事，故不忍明言之，而是多用比兴，又引

---

① 胡震亨《唐音癸签》卷二一，上海古籍出版社 1981 年版，第 230 页。

② 杜甫著，仇兆鳌注《杜诗详注》卷二，中华书局 1979 年版，第 1 册，第 113 页。

③ 《李太白全集》卷三，第 194—195 页。题一作《上留田》，此从宋本。

④ 崔豹撰，牟华林校笺《古今注校笺·音乐第三》，线装书局 2014 年版，第 90 页。

⑤ 《宋本乐府诗集》卷四一，第 6 册，第 72—73 页。

古事以讽,颇得汉乐府遗意:

一鸟死,百鸟鸣;一兽走,百兽惊。桓山之禽别离苦,欲去回翔不能征。田氏仓卒骨肉分,青天白日摧紫荆。交让之木本同形,东枝憔悴西枝荣。无心之物尚如此,参商胡乃寻天兵?孤竹、延陵,让国扬名,高风缅邈,颓波激清。尺布之谣,塞耳不能听。①

据《汉书》,淮南王长是汉文帝的幼弟,多为不法之事,文帝不忍置法于王,"处蜀严道邛邮,遣其子、子母从居",王不食而死。百姓作歌:"一尺布,尚可缝;一斗粟,尚可舂。兄弟二人,不相容!"②李白此篇作:"一鸟死,百鸟鸣。一兽走,百兽惊。……无心之物尚如此,参商胡乃寻天兵?"可谓善学。故读之,颇觉有古谣谚之风,无怪乎王夫之盛称"入时事不减古致,唯供奉能之"③。而太白此篇,亦可谓唐代的"尺布之谣"矣。胡震亨说太白"乐府诗,连类引义,尤多讽兴,为近古所未有"④。本篇先以鸟兽、草木之同类相感起兴,又举孤竹、延陵之让国,田氏之分骨肉、尺布谣之伤淮南王,正反设喻,可谓善于"连类引义"以"讽兴"。

汉乐府叙事艺术的一个重要成就,是善于塑造鲜明的人物形象。李白乐府以善于塑造人物见长,诗中成功地塑造了一系列女性、侠客和谋士的形象。女性的形象有宫女(《王昭君二首》《玉阶怨》)、宫妃(《妾薄命》《怨歌行》)、征人妇(《北风行》《独不见》《黄葛篇》)、商人妇(《长干行》《江夏行》)、侠女(《秦女休行》)、勇妇(《东海有勇妇》)等,"大大丰富了古典叙事诗的人物画廊,也是李白对叙事诗的一个贡献"⑤。侠客的形象也风采各异而又栩栩如生,如《侠客行》为"事了拂衣去,深藏身与名"⑥的春秋战国时侠客画像,《结客少年场行》为"笑尽一杯酒,杀人都

① 《李太白全集》卷三,第 195 页。

② 《汉书》卷四四,第 7 册,第 2142、2144 页。

③ 王夫之《明诗评选》卷二歌行贝琼《己酉清明》评语,《船山全书》,第 14 册,第 1195 页。

④ 《唐音统签》卷一五一,第 2 册,第 346 页。

⑤ 张明非《从五言乐府诗看李白革新诗歌的实迹》,《中国李白研究集萃(上)》,黄山书社 2017 年版,第 250 页。

⑥ 《李太白全集》卷三,上册,第 216 页。

市中”[①]的洛阳侠客写照,《结袜子》以“感君恩重许君命,太山一掷轻鸿毛”[②]为刺秦的高渐离、刺吴王之专诸传神,《行行且游猎篇》为“猛气英风振沙碛”[③]的边城游侠儿剪影,《白马篇》塑造出一个从早年“杀人如剪草,剧孟同游遨”到“叱咤经百战,匈奴尽奔逃。归来使酒气,未肯拜萧、曹”[④]的五陵游侠儿的形象。上述人物形象中,大多寄托了李白自己的人生理想。诗人将自己的人生热情和审美理想灌注其中,故每下笔,皆能栩栩如生,某种意义上,这些形象也是诗人的自画像。而其对人物形象的塑造,主要是通过对人物事迹的剪裁和叙述来实现的。以《山人劝酒》为例:

苍苍云松,落落绮皓。春风尔来为阿谁?胡蝶忽然满芳草。秀眉霜雪颜桃花,骨青髓绿长美好。称是秦时避世人,劝酒相欢不知老。各守麋鹿志,耻随龙虎争。欻起佐太子,汉皇乃复惊。顾谓戚夫人,彼翁羽翼成。归来商山下,泛若云无情。举觞酹巢、由,洗耳何独清。浩歌望嵩岳,意气还相倾。[⑤]

商山四皓佐太子之事,见于《汉书·张良传》。四皓隐居,《汉书》明确地说是因为刘邦“轻士善骂”[⑥],但在李白诗中,四皓却“称是秦时避世人”,这是将四皓塑造成避秦的隐士,这样就将四皓出山,由扶太子安刘氏,提升到了乱世隐而治世出的高度,更符合诗中所塑造的亦仙亦隐的形象。根据《汉书》的记载,四皓在见刘邦前,是“各建成侯所”,见刘邦之后“趋去”,并未明言其归山。李白则说“归来商山下,泛若云无情。举觞酹巢、由,洗耳何独清”,在安刘氏之后,不居功,不恋禄,重新归隐,与巢、由为友,何等高洁。此种对出处进退的理解,正是李白“申管、晏之谈,谋帝王之术。奋其智能,愿为辅弼。使寰区大定,海县清一,事君之道成,荣亲之义毕,然后与陶朱、留侯,浮五湖,戏沧州”(《代寿山答孟

① 《李太白全集》卷四,上册,第254页。
② 《李太白全集》卷四,上册,第253页。
③ 《李太白全集》卷三,上册,第181页。
④ 《李太白全集》卷五,上册,第280页。
⑤ 《李太白全集》卷四,上册,第227页。
⑥ 《汉书》卷四〇,第7册,第2036页。

少府移文书》)[①]这一理想人生道路的实现。叙事学中,特别强调叙事者的立场和声音,它会极大地影响到叙事本身。李白对此应该是有着相当的自觉的,故他一方面尊重历史,另一方面也不惮于改作,所以往往出入史传,加以裁剪、增删、捏合,形成个人独特的叙事。这一点,似乎尚未得到充分的注意。就像本篇中,对四皓"秀眉霜雪颜桃花,骨青髓绿长美好"的描述,亦仙亦隐,而且在古人的心目中,隐居往往兼有求仙的目的。下文又"称是秦时避世人",显然受到《桃花源记》叙事的影响。从前我们叙《桃花源记》中桃源人的仙化,多援引王维《桃源行》,其实李白此首也是这方面的例子。

三

刘宋以来,诗歌创作趋尚新变,汉魏乐府叙事、言志的传统开始衰落。齐梁时期,文人乐府的创作又受到民间新声——吴声、西曲的影响。吴声、西曲篇体短小,多是对儿女之情的自然抒发。文人模拟之作,也多为抒情短章,风格轻艳,叙事的因素进一步减弱了。李白乐府是以拟古为基本的创作方法的,他模拟的对象,不仅有汉魏乐府,也有六朝乐府。王世贞说:"青莲拟古乐府,以己意己才发之,尚沿六朝旧习。"[②]已经注意到他与六朝乐府的渊源关系。但李白不是单纯地模拟六朝旧题,而是在拟古的同时革新乐府的传统,故虽出于六朝,而高出六朝。李白革新六朝乐府的一个重要方法,就是在模拟旧题时,恢复汉魏乐府叙事和比兴的传统,所谓"宪章汉魏,而取材于六朝"[③]。

晋宋乐府诸家中,李白对鲍照乐府取法最深。鲍照和李白乐府的共同点,主要在于其抒情之骏快跌宕,故杜甫以"俊逸鲍参军"(《春日忆

---

① 《李太白全集》卷二六,下册,第 1225 页。

② 王世贞著,罗仲鼎校注《艺苑卮言校注》卷四,人民文学出版社 2021 年版,上册,第 228 页。

③ 《诗源辩体》卷一八,第 201 页。

李白》)[①]称之。李白在模拟鲍照乐府时,往往增加叙事的因素,情、事相生,抒情效果反而更加强烈。以《北风行》为例,它本于鲍照《北风行》,都是“伤北风雨雪,而行人不归”[②]:

烛龙栖寒门,光耀犹旦开。日月照之何不及此,惟有北风号怒天上来。燕山雪花大如席,片片吹落轩辕台。幽州思妇十二月,停歌罢笑双蛾摧。倚门望行人,念君长城苦寒良可哀。别时提剑救边去,遗此虎文金鞞靫。中有一双白羽箭,蜘蛛结网生尘埃。箭空在,人今战死不复回。不忍见此物,焚之已成灰。黄河捧土尚可塞,北风雨雪恨难裁。[③]

鲍照诗曰:

北风凉,雨雪雱。京洛女儿多严妆。遥艳帷中自悲伤,沉吟不语若为忘。问君何行何当归,苦使妾坐自伤悲。虑年至,虑颜衰。情易复,恨难追。[④]

鲍照之作一以抒情为主,以音节摇曳取胜;李白则加以改造,使之成为一首叙事性突出的抒情之作。例如开头六句形容风雪严寒,鲍照仅“北风凉,雨雪雱”六字,李白则衍为六句,以议论驱遣神话,谓极寒之地,晨旦尚有光明,此地则北风怒号,令日月无光,唯有如席之燕山雪花吹落于轩辕台上。此言北风之威虐,远胜传说中的烛龙之神,神睁眼之时,尚有光明[⑤],而北风于人,则全无怜悯。“幽州思妇十二月”至“焚之已成灰”,写思妇“停歌罢笑”,蹙眉倚门,以望行人,并以“念君”二字领起,叙出一段丈夫提剑救边,死于长城,永不再归的恨事,又在此生离死别的叙述中,聚焦丈夫别时所赠之“一双白羽箭”,别后竟任其蛛网生尘,

① 《杜诗详注》卷一,第1册,第52页。

②④ 《宋本乐府诗集》卷六五,第9册,第21页。

③ 《李太白全集》卷三,上册,第215页。

⑤ 《山海经》卷八《海外北经》:“钟山之神名曰烛阴,视为昼,瞑为夜,吹为冬,呼为夏,不饮,不食,不息,息为风,身长千里。”烛阴,郭璞注:“烛龙也。是烛九阴,故名云。”(袁珂《山海经校注(增补修订本)》,巴蜀书社1993年版,第276页)洪兴祖《楚辞补注·大招第十》:“魂乎无北!北有寒山,逴龙赩只。”洪兴祖注:“疑此逴龙即烛龙也。”(中华书局1983年版,第218页)李白“烛龙栖寒门”,似脱胎于此。

盖因触目伤情,故焚之成灰,由此写出物在人亡之恨。李白此篇,北风吹雪不仅是幽州思妇伤远人的触媒,也是丈夫苦寒戍边的背景,更是思妇丧夫之后寒苦之内心世界的外化。从情、景、事的关系来说,本篇正是借北风苦寒之景来展开抒情和叙事的,而叙事的内容有二:一是思妇自身的行动,如停歌罢笑、倚门望归这样情不自禁的举动,以及为了排遣愁恨而作出的焚却旧物之举,都是由情感支配的行动;二是丈夫提剑救国最终捐躯之事,则是通过妻子的回忆来展开,也带有强烈的情绪。所以虽然事的因素突出,却仍不失强烈的抒情性,可以说是以事来写情的典范之作。尤其像开头四句,连用"犹""何不""惟有"等虚字,已将读者带入一种浓烈的情绪中去。中间一大段以事见情,而以"不忍见此物,焚之已成灰"收梢,让我们联想到铙歌《有所思》"摧烧之,当风扬其灰"①,既"焚"而仍"念",正见相思之深。末二句"黄河捧土尚可塞,北风雨雪恨难裁",以黄河可塞为喻,犹《上邪》以"江水为竭"为喻,凿空乱道,正见此恨难消。也可见李白此篇,虽本鲍照,实兼取汉魏乐府"感于哀乐,缘事而发"的传统,而自铸伟词。

李白于齐梁乐府旧题,亦多所模拟,而能兼取汉魏,故学而能变。胡应麟说太白"《乌夜啼》《杨叛儿》《长相思》诸篇,出自齐梁"②。这里即以《杨叛儿》为例加以说明。《杨叛儿》本是齐童谣,其本事,《通典》谓:"齐隆昌时,女巫之子曰杨旻,少随母入内,及长,为太后所宠爱。童谣云:'杨婆儿共戏来所欢。'语讹,遂成杨叛儿。"③《乐府诗集》卷四九收《杨叛儿》属清商曲辞西曲歌,共八章,其二云:"暂出白门前,杨柳可藏乌。欢作沉水香,侬作博山炉。"④李白《杨叛儿》显然是据西曲歌《杨叛儿》改写的:

> 君歌《杨叛儿》,妾劝新丰酒。何许最关人?乌啼白门柳。乌啼隐杨花,君醉留妾家。博山炉中沉香火,双烟一气凌紫霞。⑤

---

① 《宋本乐府诗集》卷一六,第 3 册,第 145 页。

② 《诗薮·内编卷三》,第 54 页。

③ 杜佑《通典》卷一四五《乐五》,第 1457 页。

④ 《宋本乐府诗集》卷四九,第 7 册,第 58 页。

⑤ 《李太白全集》卷四,上册,第 225 页。

“乌啼白门柳”一句，自“暂出白门前，杨柳可藏乌”檃栝而来。西曲歌多隐语，杨柳寓杨旻之姓氏。“杨柳可藏乌”暗示男女幽期秘会，李白以“乌啼隐杨花”拟之，又接以“君醉留妾家”，将此一层意思揭示出来，也照应了开头两句。而以“博山炉中沉香火，双烟一气凌紫霞”作结，写两情之欢洽，艳而能雅，亦夺胎于“欢作沉水香，侬作博山炉”，变朴质为高华，实为千古未有之妙笔。就章法而言，西曲歌是典型的抒情短章，事在象内，含而不吐。而李白在改写时，情、景、事杂出，叙事的因素明显增加了。开头两句，“君歌”“妾劝”，虽是叙事，而郎情妾意，已摇荡其中矣。《杨叛儿》唱的，原本就是男女幽期秘会之情事，所以“君歌《杨叛儿》”，不啻于情挑，而“妾劝新丰酒”，则相当于女子的回应和邀约。三、四两句说，关情之处，在乌啼之白门柳，这两句是眼前之景，也暗示曲中所写之事[①]。再由“乌啼隐杨花”引出“君醉留妾家”之事，这是两情相悦的发展，也意味着曲中所唱之事在现实中发生了。末二句是留宿妾家时室内之景，暗示两情如一，如同香烟一气，景中见情，也暗示男女之事。概括而言，李白这首诗，每四句一个单元，先叙事再写景，所写之景是事(幽会)的环境，也是事的延续，而情在其中矣。这种境界，正是王夫之所推许的“情、景、事合成一片，无不奇丽绝世”[②]。换句话说，李白在有限的篇幅中，恢复了汉魏乐府叙事的传统，而又无损于《杨叛儿》曲的抒情效果。李阳冰《草堂集序》称赞李白让“梁、陈宫掖之风”“扫地并尽”[③]，李白以汉魏叙事充实齐梁乐府，也是其中一个重要的方面。

另一个类似的例子是琴曲《双燕离》，其古辞早亡[④]。《乐府诗集》录梁简文帝之词，多铺叙其双飞情好，不脱齐梁习气。沈君攸则将其双飞与孤飞对照着写，而于其相“离”之事，仅用“幕上危，双燕离”一笔带

① 此论钱志熙已先发之，参看钱志熙、刘青海《李白诗选》，商务印书馆 2016 年版，第 53 页。

② 王夫之《唐诗评选》卷一岑参《青门歌送东台张判官》评语，《船山全书》第 14 册，第 902 页。

③ 《李太白全集》卷三一，下册，第 1445 页。

④ 《宋本乐府诗集》卷五八引《琴集》曰：“《独处吟》《流凘咽》《双燕离》《处女吟》四曲，其词俱亡。”(第 8 册，第 73 页)

过。李白之词,实是对沈君攸之词的改造。沈君攸词曰:

双燕双飞,双情想思。容色已改,故心不衰。双入幕,双出帷。秋风去,春风归。幕上危,双燕离。衔羽一别涕泗垂,夜夜孤飞谁相知。左回右顾还相慕,翩翩桂水不忍渡,悬目挂心思越路。萦郁摧折意不泄,愿作镜鸾相对绝。①

李白词曰:

双燕复双燕,双飞令人羡。玉楼珠阁不独栖,金窗绣户长相见。柏梁失火去,因入吴王宫。吴宫又焚荡,雏尽巢亦空。憔悴一身在,孀雌忆故雄。双飞难再得,伤我寸心中。②

很显然,李白用宫中燕的形象取代了巢幕之燕的形象,并在四句的篇幅中,展开了一个生离死别的故事:因京城的柏梁台失火流徙至吴王宫,吴宫又被焚毁,巢空雏尽,仅余一身。"柏梁"四句,颇为痛切,隐然以失巢之燕自比,巢空雏尽,犹李白《万愤词投魏郎中》所自陈"一门骨肉散百草,遇难不复相提携"③,则柏梁台寓玄宗之朝廷,吴王寓永王璘,故《李白诗文系年》疑此"是太白流夜郎别妻宗氏有感而作"④。"吴宫又焚荡,雏尽巢亦空"二句,似本鲍照《空城雀》"犹胜吴宫燕,无罪得焚窠"⑤,言己无罪也。相比沈作,李作不仅事的因素增加了,而且兼用比兴,抒情更为深挚。

乐府七绝本出于梁陈七言四句体。李白乐府七绝,虽出于齐梁,"而高畅俊逸,观者知其为太白"⑥。如《横江词六首》其五脱化于萧纲《乌栖曲四首》其一,即以叙事为抒情之体,一洗绮艳,风骨飘然:

横江馆前津吏迎,向余东指海云生。郎今欲渡缘何事,如此风波不可行。⑦

---

① 《宋本乐府诗集》卷五八,第8册,第73页。

② 《李太白全集》卷四,上册,第226页。

③ 《李太白全集》卷二四,中册,第1118页。

④ 詹锳《李白诗文系年》,人民文学出版社1984年版,第126页。

⑤ 《宋本乐府诗集》卷六八,第9册,第83页。

⑥ 《诗源辩体》卷一八,第200页。

⑦ 《李太白全集》卷七,上册,第402页。

萧纲诗曰：

芙蓉作船丝作絆，北斗横天月将落。采莲渡头碍黄河，郎今欲渡畏风波。[①]

李白之作，用行动和对话，构造出一个生动的场景，如同故事中截出的一个片段，给予读者真切的在场感。王夫之说诗之"叙事叙语"，不能只用史家"檃栝生色"之法，而当以"即事生情，即语绘状"[②]为要。李白此种，可以当之。从叙事的技巧而言，萧作前两句全为景语，后两句平铺直叙，事隐而情显。李作开头两句，点出人物（津吏、余）、地点（横江馆前）和情节（东指海云生），后两句劝阻之语中，又揭示出郎"今欲渡"和"如此风波不可行"之间的矛盾，并在高潮到来之前戛然而止，余味无穷，可谓深谙叙事之法，兼得抒情之三昧。其《小放歌行》也是以一戏剧性的小事来表现男女冶艳之情：

骏马骄行踏落花，垂鞭直拂五云车。美人一笑褰珠箔，遥指红楼是妾家。[③]

虽脱胎于梁陈宫体，但觉豪迈风流，令人忘俗。此种剪影式的手法也可用以塑造人物，如《少年行二首》其二：

五陵年少金市东，银鞍白马度春风。落花踏尽游何处，笑入胡姬酒肆中。[④]

就像是电影中的一个长镜头：洛阳城金市东，少年在春风中纵马疾驰，马蹄踏过落花，终于停下，少年笑入胡姬酒肆中。七绝体制短小，本不利于叙事，故李白往往采取上述剪截的方式，遂成为乐府七绝叙事之一种。晚唐杜牧专学此种。

胡震亨说："读太白乐府者有三难：不先明古题辞义源委，不知夺换

① 《宋本乐府诗集》卷四八，第7册，第25页。

② 王夫之《古诗评选》卷四《上山采蘼芜》评语，《船山全书》，第14册，第651页。

③ 《李太白全集》卷二五，下册，第1177页。詹锳《李白全集校注汇释集评》卷二四校记："《全唐诗》本题下注云：'一作《小放歌行》。'按本集卷五《少年行二首》注云：'后一首亦作《小放歌行》。'即'五陵年少金市东'七言四句，辞气与本诗亦极相类。"（百花文艺出版社2010年版，第7册，第3680页）极是。此从《全唐诗》，题作《小放歌行》。

④ 《李太白全集》卷六，上册，第341—342页。

所自;不参按白身世遭遇之概,不知其因事傅题、借题抒情之本指;不读尽古人书,精熟《离骚》、《选》赋及历代诸家诗集,无繇得其所伐之材与巧铸灵运之作略。"[①]从叙事的角度来看,"夺换"意味着在叙旧题之本事的同时,与诗人所寄托之事相生发,故在叙述时不能如杜甫新题乐府一般首尾叙事,而是往往利用嫁接、裁剪、捏合等方法来令旧题之本事与寄托之今事相射。这种旁射映带之法,在中国古典文学中有着深厚的传统,诸子尤其是《庄子》,即以善于寓言而著称。正如龚自珍所言:"庄、屈实二,不可以并,并之以为心,自白始。"(《最录李白集》)[②]李白乐府的叙事艺术,夺换之外,尤擅取譬,史传之外,实亦有得于诸子。本篇专论其对诗歌叙事传统的发展,未能旁及,当另撰专文论之。

(作者单位:北京语言大学中华文化研究院)

本文曾刊于《湖南师范大学社会科学学报》2024年第3期,文字略有改动。

① 《唐音癸签》卷九,第87页。

② 龚自珍著,夏田蓝编《龚定庵全集类编》卷一一,中国书店1991年版,第291页。

论巴蜀文化对李白的影响

沈曙东

探讨巴蜀文化对李白的影响，首先要从李白的生卒年与出生地谈起。关于李白的生卒年，其《为宋中丞自荐表》云："臣伏见前翰林供奉李白，年五十有七。"[①]是表作于至德二载(757)[②]。又，李华《故翰林学士李君墓志》云："年六十有二，不偶，赋《临终歌》而卒。"[③]李白出生于哪里、是哪里人的问题，原始文献也说得很清楚：李阳冰《草堂集序》言李白父母"逃归于蜀，复指李树而生伯阳。惊姜之夕，长庚入梦，故生而名白，以太白字之。世称太白之精，得之矣"[④]，魏颢《李翰林集序》谓"蜀之人无闻则已，闻则杰出，是生相如、君平、王褒、扬雄，降有陈子昂、李白，皆五百年矣"[⑤]。李阳冰是李白的从叔，魏颢是李白的好友，二序分别据李白"枕上授简"[⑥]"尽出其文"[⑦]而成，除去可能存在的个别文字因传抄或刊刻出现错讹之外，所记真实可信[⑧]。因此，最为合理的说法是，李白武后长安元年(701)生于蜀中，宝应元年(762)卒于当涂[⑨]。李

---

① 王琦注《李太白全集》，中华书局 1977 年版，第 1217 页。

② 杨栩生、沈曙东《李白生平研究匡补(增订)》，四川大学出版社 2019 年版，第 148—154 页。

③ 《李太白全集》，第 1459 页。

④ 《李太白全集》，第 1443 页。

⑤ 《李太白全集》，第 1448 页。

⑥ 《李太白全集》，第 1446 页。

⑦ 《李太白全集》，第 1452 页。

⑧ 《李白生平研究匡补(增订)》，第 162—166 页。

⑨ 《李白生平研究匡补(增订)》，第 54—58、173—183 页。

白"五岁诵六甲"[①],"十岁通诗书"[②],"十岁观百家"[③],"十五观奇书"[④],"十五好剑术"[⑤],二十岁游成都,谒益州长史苏颋、渝州刺史李邕,后登峨眉山,并于冬日归旧山,巢居数年,三拟《文选》,为后来的"一鸣惊人、一飞冲天"铺平了道路。开元十三年(725)春三月,李白登巫山,出三峡,于江陵遇道士司马承祯,《大鹏赋》序云:"余昔于江陵见天台司马子微,谓余有仙风道骨,可与神游八极之表。"[⑥]李白出生于蜀中,成长于蜀中,深受巴蜀士风、道风、文风的浸润和影响。

一 积极进取

在巴蜀士风的形成过程中,司马相如可谓导夫先路。《史记·司马相如列传》曰:"司马相如者,蜀郡成都人也,字长卿。少时好读书,学击剑,故其亲名之曰犬子。相如既学,慕蔺相如之为人,更名相如。以赀为郎,事孝景帝,为武骑常侍,非其好也。会景帝不好辞赋,是时梁孝王来朝,从游说之士齐人邹阳、淮阴枚乘、吴庄忌夫子之徒,相如见而说之,因病免,客游梁。梁孝王令与诸生同舍,相如得与诸生游士居数岁,乃著《子虚之赋》。"[⑦]游说之士盛于战国,他们积极入世,思想自由,同时拥有独立的人格。《论语·泰伯》云:"士不可以不弘毅,任重而道远。仁以为己任,不亦重乎?死而后已,不亦远乎?"[⑧]《孟子·梁惠王》云:"无恒产而有恒心者,惟士为能。"[⑨]《荀子·大略》云:"诸侯之骄我者,

---

①③ 《李太白全集》,第 1243 页。

② 《李太白全集》,第 1475 页。

④ 《李太白全集》,第 599 页。

⑤ 《李太白全集》,第 1240 页。

⑥ 《李太白全集》,第 2 页。

⑦ 司马迁撰,裴骃集解,司马贞索隐,张守节正义《史记》,中华书局 1982 年版,第 2999 页。

⑧ 刘宝楠撰,高流水点校《论语正义》,中华书局 1990 年版,第 296—297 页。

⑨ 焦循撰,沈文倬点校《孟子正义》,中华书局 1987 年版,第 93 页。

吾不为臣；大夫之骄我者，吾不复见。”①齐人邹阳、淮阴枚乘、会稽庄忌等是很有名气的游士，既有游说之辩才，又有独立之精神。在他们的影响下，司马相如为蜀士树立了一个榜样。

后之扬雄，亦以赋获荐，奏赋以风，同时保持着独立的人格。《汉书·扬雄传》云：“孝成帝时，客有荐雄文似相如者，上方郊祠甘泉泰畤、汾阴后土，以求继嗣，召雄待诏承明之庭。正月，从上甘泉，还奏《甘泉赋》以风。”②又云：“哀帝时丁、傅、董贤用事，诸附离之者或起家至二千石。时雄方草《太玄》，有以自守，泊如也。”③

汉末三国之时，深谙纵横王霸之术的诸葛亮入蜀。诸葛亮的伟大之处，不仅在于他指点江山、挥斥方遒之良才，更在于他知难而进、临危不惧、舍生求义以及虽死不悔的用世热情。时天下虽已鼎足三分，然蜀、魏、吴力量悬殊，益州疲弊尤甚。为完成先帝遗志，诸葛亮仍审时度势，决意北伐：“先帝知臣谨慎，故临崩寄臣以大事也。受命以来，夙夜忧叹，恐托付不效，以伤先帝之明。故五月渡泸，深入不毛。今南方已定，甲兵已足，当奖率三军，北定中原，庶竭驽钝，攘除奸凶，兴复汉室，还于旧都。此臣所以报先帝而忠陛下之职分也。”④鞠躬尽瘁，死而后已，这是对理想的执着追求、对信念的至死不渝。自此之后，蜀地自扬马以来形成的纵横游辩、超世独立的士文化传统又增添了经世致用、永不言弃的新内涵⑤，并对身处开元、天宝盛世的李白产生了重大的影响。

在巴蜀士文化传统的滋养下，李白少时便有远大的理想，认为“士生则桑弧蓬矢，射乎四方，故知大丈夫必有四方之志”⑥。开元十二年(724)，李白离开家乡时作《别匡山》以明志：“晓峰如画参差碧，藤影摇风拂槛垂。野径来多将犬伴，人间归晚带樵随。看云客倚啼猿树，洗钵

① 王先谦撰，沈啸寰、王星贤点校《荀子集解》，中华书局1988年版，第513页。

② 班固著，颜师古注《汉书》，中华书局1962年版，第3522页。

③ 《汉书》，第3565—3584页。

④ 张栻著，杨世文点校《汉丞相诸葛忠武侯传》，中华书局2015年版，第1522页。

⑤ 贾晋华《蜀文化与陈子昂、李白》，《唐代文学研究》，2002年。

⑥ 《李太白全集》，第1243—1251页。

僧临失鹤池。莫怪无心恋清境,已将书剑许明时。”[①]

出蜀漫游后,李白主动作为,积极进取,多次干谒地方长官,上书自叙高洁人品和过人才华,以求赏识推荐和知遇鉴拔。其中,如《与韩荆州书》述其意愿云:“白闻天下谈士相聚而言曰:‘生不用万户侯,但愿一识韩荆州。’何令人之景慕,一至于此耶!岂不以有周公之风,躬吐握之事,使海内豪俊,奔走而归之,一登龙门,则声誉十倍。所以龙盘凤逸之士,皆欲收名定价于君侯。愿君侯不以富贵而骄之,寒贱而忽之,则三千宾中有毛遂,使白得颖脱而出,即其人焉。”[②]通过持续不断的努力,终于“与丹丘因持盈法师达,白亦因之入翰林,名动京师”[③]。《南陵别儿童入京》记录了李白当时兴奋的心情:“白酒新熟山中归,黄鸡啄黍秋正肥。呼童烹鸡酌白酒,儿女嬉笑牵人衣。高歌取醉欲自慰,起舞落日争光辉。游说万乘苦不早,着鞭跨马涉远道。会稽愚妇轻买臣,余亦辞家西入秦。仰天大笑出门去,我辈岂是蓬蒿人。”[④]《赠从弟南平太守之遥二首》其一回忆了其时承恩的情形:“汉家天子驰驷马,赤车蜀道迎相如。天门九重谒圣人,龙颜一解四海春。彤庭左右呼万岁,拜贺明主收沉沦。翰林秉笔回英盼,麟阁峥嵘谁可见?承恩初入银台门,著书独在金銮殿。龙驹雕镫白玉鞍,象床绮席黄金盘。当时笑我微贱者,却来请谒为交欢。”[⑤]待诏翰林前期,李白处境很好,颇为得意,常以扬雄献赋自比。《温泉侍从归逢故人》云:“汉帝长杨苑,夸胡羽猎归。子云叨侍从,献赋有光辉。激赏摇天笔,承恩赐御衣。逢君奏明主,他日共翻飞。”[⑥]朱谏释云:“李白侍从明皇游温泉,归逢故人,而作此诗,以子云从成帝于长杨之事言之。”[⑦]《东武吟》云:“好古笑流俗,素闻贤达风。方希佐明主,长揖辞成功。白日在高天,回光烛微躬。恭承凤凰诏,欻

① 李白撰,安旗等笺注《李白全集编年笺注》,中华书局 2015 年版,第 21 页。

② 《李太白全集》,第 1239 页。

③ 《李太白全集》,第 1449 页。

④ 《李太白全集》,第 744 页。

⑤ 《李太白全集》,第 586—588 页。

⑥ 《李太白全集》,第 486 页。

⑦ 詹锳主编《李白全集校注汇释集评》,百花文艺出版社 1996 年版,第 1354 页。

起云萝中。清切紫霄迥，优游丹禁通。君王赐颜色，声价凌烟虹。乘舆拥翠盖，扈从金城东。宝马丽绝景，锦衣入新丰。依岩望松雪，对酒鸣丝桐。因学扬子云，献赋甘泉宫。天书美片善，清芬播无穷。归来入咸阳，谈笑皆王公。”①《答杜秀才五松山见赠》云：“昔献《长杨赋》，天开云雨欢。当时待诏承明里，皆道扬雄才可观。敕赐飞龙二天马，黄金络头白玉鞍。浮云蔽日去不返，总为秋风摧紫兰。”②然“君王虽爱蛾眉好，无奈宫中妒杀人”③，李白最终还是被赐金放还，这实际上宣告了他文治建功理想的破灭。在《送蔡山人》一诗中，诗人愤怒地说：“我本不弃世，世人自弃我。”④理想的破灭令李白十分伤心，极为苦闷。《灞陵行送别》云：“送君灞陵亭，灞水流浩浩。上有无花之古树，下有伤心之春草。我向秦人问路岐，云是王粲南登之古道。古道连绵走西京，紫阙落日浮云生。正当今夕断肠处，黄鹂愁绝不忍听。”⑤

但是，李白从不消沉，从不绝望，总是能够从低沉的情绪中挣脱出来并乐观地踏上新的征程。天宝十载(751)，李白收到好友何昌浩的来信。信中，何昌浩向李白转达了范阳节度使安禄山的邀请。经过苦苦思考，李白认为这未尝不是一次建功报国的好机会。《赠何七判官昌浩》云：“有时忽惆怅，匡坐至夜分。平明空啸咤，思欲解世纷。心随长风去，吹散万里云。羞作济南生，九十诵古文。不然拂剑起，沙漠收奇勋。老死阡陌间，何因扬清芬。夫子今管、乐，英才冠三军。终与同出处，岂将沮、溺群。”⑥在《登邯郸洪波台置酒观发兵》一诗中，李白表达了自己此次果敢前行的坚定决心：“我把两赤羽，来游燕、赵间。天狼正可射，感激无时闲。观兵洪波台，倚剑望玉关。请缨不系越，且向燕然山。风引龙虎旗，歌钟昔追攀。击筑落高月，投壶破愁颜。遥知百战

① 《李太白全集》，第 311—314 页。
② 《李太白全集》，第 904—907 页。
③ 《李太白全集》，第 378 页。
④ 《李太白全集》，第 827 页。
⑤ 《李太白全集》，第 796—797 页。
⑥ 《李太白全集》，第 482 页。

胜,定扫鬼方还。"[①]来到幽州之后,李白也逐渐看清了开边战争的真相,厉兵秣马其实就是为安禄山谋逆作准备。于是,李白的努力又失败了。安史之乱后,为了早日扫除胡虏,收复两京,李白加入了永王李璘的幕府,意气风发。《永王东巡歌十一首》其一云:"永王正月东出师,天子遥分龙虎旗。楼船一举风波静,江汉翻为雁鹜池。"[②]不料又被无情地卷入王室争斗,并获死罪。后经宣慰大使崔涣及中丞宋若思援救,改长流夜郎,虽中途遇赦,但也历尽坎坷、饱受痛苦。然而,李白的用世之志始终不渝。上元二年(761),闻太尉李光弼领兵百万出征东南抵抗史朝义,他以六十一岁高龄抱病慷慨请缨,冀申一割之用,至老不衰,愈挫愈勇[③]。日本学者笕久美子对此进行了高度赞赏:"他写的全部诗歌,都让我们不要厌弃明天。李白确实是伟大的诗人。"[④]

二　求仙访道

道家思想源于楚地,并非蜀地特产。巴蜀文化与楚文化都属于南方文化体系,二者关系十分密切。先秦时,巴蜀文化与楚文化不断交融渗透,蜀地可能已经有道家之学。到了西汉,学者则精通老庄之学,如严君平"耽于老庄""专精大易"、扬雄仿《易》而成《太玄》等。

东汉时期,张陵在蜀地创建正一盟威道,又称正一道、天师道。因张陵早年招收信徒时有让每位入道者出五斗米的要求,其教派当时又被称为"五斗米道",甚至被蔑称为"米贼"。《三国志·魏书·张鲁传》云:"张鲁字公祺,沛国丰人也。祖父陵,客蜀,学道鹄鸣山中,造作道书以惑百姓,从受道者出五斗米,故世号米贼。陵死,子衡行其道。衡死,鲁复行之。"[⑤]张陵(一说张鲁)曾注老子《道德经》,名曰《老子想尔注》,

① 《李太白全集》,第974—975页。
② 《李太白全集》,第427页。
③ 《李白全集编年笺注》,第1561—1562页。
④ [日]笕文生、笕久美子著《唐宋诗文的艺术世界》,中华书局2007年版,第125页。
⑤ 陈寿撰,裴松之注,陈乃乾校点《三国志》,中华书局1982年版,第263页。

将哲学著作《道德经》改造为宗教经典，使抽象的“道”转变为具体的人格神，把哲学家老子变成了天师道所信奉的神。

到了盛唐，神仙的神秘色彩不断被淡化、被人间化。《天隐子·神仙》云：“人生时禀得虚气，精明通悟，学无滞塞，则谓之神宅。神于内遗照，于外自然，异于俗人，则谓之神仙。故神仙亦人也。在于修我虚气，勿为世俗所论折，遂我自然，勿为邪见所凝滞，则成功矣。”司马承祯自注曰：“喜怒哀乐爱恶欲七者，情之邪也。风寒暑湿饥饱劳逸八者，气之邪也。去此邪，成仙功也。”[①]同时，学神仙与建功业不矛盾，二者可并行不悖。吴筠《元纲论·专精至道章》云：“曰：‘然则理世者绝望于神仙乎？’曰：‘不然。若特禀真气、大庇群生者，则无妨于理世，又何损焉！’”[②]于是，巴蜀文人士大夫乐意接受神仙道教信仰者也越来越多，李白就是其中的代表。

在《题嵩山逸人元丹丘山居》诗中，李白回忆说：“家本紫云山，道风未沦落。”[③]李白“十五游神仙，仙游未曾歇”[④]，或上峨眉，或登庐山。《登峨眉山》云：“蜀国多仙山，峨眉邈难匹。周流试登览，绝怪安可悉。青冥倚天开，彩错疑画出。泠然紫霞赏，果得锦囊术。云间吟琼箫，石上弄宝瑟。平生有微尚，欢笑自此毕。烟容如在颜，尘累忽相失。傥逢骑羊子，携手凌白日。”[⑤]《庐山谣寄卢侍御虚舟》云：“我本楚狂人，凤歌笑孔丘。手持绿玉杖，朝别黄鹤楼。五岳寻仙不辞远，一生好入名山游。……早服还丹无世情，琴心三叠道初成。遥见仙人彩云里，手把芙蓉朝玉京。先期汗漫九垓上，愿接卢敖游太清。”[⑥]

李白和众多道教人物交往，早在蜀中时期就作有《访戴天山道士不遇》《赠江油尉》《寻雍尊师隐居》等诗，后与元丹丘、元演过从甚密，并一

① 薛幽栖等撰，万里等校点《南岳佛道著作选·道教编》，岳麓书社 2012 年版，第 126—127 页。

② 董诰等编《全唐文》，中华书局 1983 年版，第 9658 页。

③ 《李太白全集》，第 1152 页。

④ 《李太白全集》，第 1104 页。

⑤ 《李太白全集》，第 968 页。

⑥ 《李太白全集》，第 677—678 页。

起到随州拜胡紫阳学道。关于其学道情形,《冬夜于随州紫阳先生飡霞楼送烟子元演隐仙城山序》记云:“吾与霞子元丹,烟子元演,气激道合,结神仙交,殊身同心,誓老云海,不可夺也。历行天下,周求名山,入神农之故乡,得胡公之精术。胡公身揭日月,心飞蓬莱。起飡霞之孤楼,炼吸景之精气。延我数子,高谈混元。金书玉诀,尽在此矣。”①

李白热衷于炼丹服药,且深谙炼丹之道。《避地司空原言怀》云:“倾家事金鼎,年貌可长新。所愿得此道,终然保清真。”②《流夜郎半道承恩放还,兼欣克复之美,书怀示息秀才》云:“弃剑学丹砂,临炉双玉童。寄言息夫子,岁晚陟方、蓬。”③《草创大还赠柳官迪》是一首完整的炼丹诗,其描写炼大还丹的过程云:“姹女乘河车,黄金充辕轭。执枢相管辖,摧伏伤羽翮。朱鸟张炎威,白虎守本宅。相煎成苦老,消烁凝津液。仿佛周窗尘,死灰同至寂。捣冶入赤色,十二周律历。赫然称大还,与道本无隔。”④

李白入过道,曾“就从祖陈留采访大使彦允,请北海高天师授道箓于齐州紫极宫”⑤,自称“身在方士格”⑥,有着坚定执着的神仙道教信仰。同时,李白又能够将这种信仰和自己强烈的建功立业之心统一起来,融合儒道思想,一生追求功成身退,矢志不渝。《代寿山答孟少府移文书》云:“近者逸人李白自峨眉而来,尔其天为容,道为貌,不屈己,不干人,巢、由以来,一人而已。乃虬蟠龟息,遁乎此山。仆尝弄之以绿绮,卧之以碧云,嗽之以琼液,饵之以金砂。既而童颜益春,真气愈茂,将欲倚剑天外,挂弓扶桑。浮四海,横八荒,出宇宙之寥廓,登云天之渺茫。俄而李公仰天长吁,谓其友人曰:吾未可去也。吾与尔,达则兼济天下,穷则独善一身。安能飡君紫霞,荫君青松,乘君鸾鹤,驾君虬龙,一朝飞腾,为方丈、蓬莱之人耳,此则未可也。乃相与卷其丹书,匣其瑶瑟,申管、晏之谈,谋帝王之术。奋其智能,愿为辅弼,使寰区大定,海县

---

① 《李太白全集》,第 1293 页。
② 《李太白全集》,第 1117 页。
③ 《李太白全集》,第 591 页。
④⑥ 《李太白全集》,第 536 页。
⑤ 《李太白全集》,第 1446 页。

清一。事君之道成，荣亲之义毕，然后与陶朱、留侯，浮五湖，戏沧洲，不足为难矣。”[①]事功与修道虽为一体，但功成与身退却有先后，事君之道未成，荣亲之义未毕，方丈、蓬莱则未可去。

怀才不遇导致功成身退的理想追求无法实现，从而也就成为李白一生痛苦的根源。《梦游天姥吟留别》叙说了这种痛苦，诗云：“青冥浩荡不见底，日月照耀金银台。霓为衣兮风为马，云之君兮纷纷而来下。虎鼓瑟兮鸾回车，仙之人兮列如麻。忽魂悸以魄动，恍惊起而长嗟。惟觉时之枕席，失向来之烟霞。”[②]仙境虽然美好，但现实终究还是要面对。然诗人并没有退却，更没有颓废，而是将长安待诏不遇之痛苦、功成身退不舍之念想、对朝中奸佞小人的蔑视与憎恶以及对独立自由精神的追求与向往以腰间不屈之傲骨一吐为快：“安能摧眉折腰事权贵，使我不得开心颜！”[③]不舍和不屈，实际上缘于诗人对现实的热切关注和对理想的执着追求，这也是值得被格外关注的地方。

三　清雄奔放

《上安州裴长史书》云：“前此郡督马公，朝野豪彦，一见尽礼，许为奇才。因谓长史李京之曰：‘诸人之文，犹山无烟霞，春无草树。李白之文，清雄奔放，名章俊语，络绎间起，光明洞彻，句句动人。’此则故交元丹，亲接斯议。”[④]李白的诗文风格，谓之“清雄奔放”，应该是最为贴切的。

其“放”，是受到了扬马大赋的艺术影响。李白从扬马的作品中吸取了充分的养料，而这又具体表现于语言运用、文章结构以及精神气魄等方面。

① 《李太白全集》，第 1225 页。
② 《李太白全集》，第 707 页。
③ 《李太白全集》，第 708 页。
④ 《李太白全集》，第 1247—1248 页。

语言运用方面的例子非常多。扬雄《甘泉赋》:“登椽栾而狃天门兮,驰闾阖而入凌兢。”[①]李白《大鹏赋》:“历汗漫以夭矫,狃闾阖之峥嵘。”[②]是用《甘泉赋》语。扬雄《羽猎赋》:“辟历列缺,吐火施鞭。”[③]李白《大鹏赋》:“烛龙衔光以照物,列缺施鞭而启途。”[④]非惟此处,《梦游天姥吟留别》亦用到“霹雳”“列缺”语典[⑤]。扬雄《甘泉赋》:“忽軮轧而亡垠。”[⑥]李白《大鹏赋》“尔其雄姿壮观,坱轧河汉”[⑦]、《任城县厅壁记》“雄丽坱轧”[⑧]等皆为效仿之语。李白用司马相如词句者,仅《明堂赋》一篇就用到数例:“崇万祀之丕业”[⑨],用司马相如《封禅文》“天下之壮观,王者之丕业”[⑩]语;“岔入西楼,是为昆仑”[⑪],用《哀秦二世赋》“坌入曾宫之嵯峨”[⑫]语;“恩鸿溶兮泽汪濊”[⑬],用《难蜀父老文》“威武纷纭,湛恩汪濊”[⑭]语。在文章结构上,李白对扬马之作品多有借鉴。《子虚赋》《上林赋》中的“双擞齐、楚,提出上林”“次序上林之地”“中言校猎之事”“末言天子之悔过以示讽谏”四大段的结构形式,被李白《大猎赋》采用;《哀秦二世赋》先言秦宫之巍峨、末吊二世操行之不得的格式也见之于《明堂赋》,如先写明堂之恢弘壮阔,后以秦、赵、吴、楚之失相谏等。李白《剑阁赋》,“其前有‘上则’‘旁则’等语,是揪敛《上林》《两都》铺叙体格,而裁入小赋”[⑮]。

---

① 《汉书》,第 3524 页。
② 《李太白全集》,第 4 页。
③ 《汉书》,第 3546 页。
④ 《李太白全集》,第 5 页。
⑤ 《李太白全集》,第 707 页。
⑥ 《汉书》,第 3526 页。
⑦ 《李太白全集》,第 7 页。
⑧ 《李太白全集》,第 1297 页。
⑨ 《李太白全集》,第 27 页。
⑩ 《史记》,第 3068 页。
⑪ 《李太白全集》,第 41 页。
⑫ 《史记》,第 3055 页。
⑬ 《李太白全集》,第 51 页。
⑭ 《史记》,第 3049 页。
⑮ 《李太白全集》,第 26 页。

李白的大赋，气势雄伟，格局宏大。《大猎赋》有言："赋者，古诗之流。辞欲壮丽，义归博远。"[①]这种"辞欲壮丽，义归博远"的辞赋创作思想明显受扬马的影响。葛洪的《西京杂记》卷二载："司马相如为《上林》《子虚》赋，意思萧散，不复与外事相关，控引天地，错综古今，忽然如睡，焕然而兴，几百日而后成。其友人盛览，字长通，牂牁名士，尝问以作赋，相如曰：'合綦组以成文，列锦绣以为质。一经一纬，一宫一商，此赋之迹也。赋家之心，苞括宇宙，总览人物。'"[②]李白和扬马辞赋在气魄上都归于宏大，都有意展现其所在时代的特有的宏伟气魄：扬马为赋有气号凌云的声势，李白为赋有事与辞称的逸迈。在《大鹏赋》中，李白以出自庄子《逍遥游》中的大鹏意象自比，汲取了庄周精神的飘逸气质，又发之以自身的豪迈气魄，展现出一种"五岳为之震荡，百川为之崩奔"[③]的气势。此后，大鹏意象也成为其诗文中的常见意象。自《上李邕》"大鹏一日同风起，扶摇直上九万里"[④]至《临路歌》"大鹏飞兮振八裔，中天摧兮力不济"[⑤]，这种浩大的气势，洒脱的形象，可作为李白在气魄上对扬马的模仿与超越，正所谓"太白《明堂赋》从司马、扬、班诸赋来，气豪辞艳，疑若过之"[⑥]。

其"清"，则与陈子昂的复古文风息息相关。陈子昂的复古思想，就理论主张而言，主要体现于《与东方左史虬修竹篇序》，其文云："文章道弊，五百年矣。汉魏风骨，晋宋莫传，然而文献有可征者。仆尝暇时观齐梁间诗，彩丽竞繁，而兴寄都绝，每以永叹，思古人，常恐逶迤颓靡，风雅不作，以耿耿也。一昨于解三处见明公《咏孤桐篇》，骨气端翔，音情顿挫，光英朗练，有金石声。遂用洗心饰视，发挥幽郁。不图正始之音，复睹于兹；可使建安作者，相视而笑。"[⑦]陈子昂是初唐时期诗歌革新的

① 《李太白全集》，第 57 页。

② 葛洪撰，周天游校注《西京杂记》，三秦出版社 2006 年版，第 93 页。

③ 《李太白全集》，第 3 页。

④ 《李太白全集》，第 511—512 页。

⑤ 《李太白全集》，第 452 页。

⑥ 《李太白全集》，第 56 页。

⑦ 彭定求等编《全唐诗》，中华书局 1960 年版，第 895—896 页。

伟大先驱，对于纠正梁陈以来之绮靡文风厥功甚伟，唐时文风也因之一变。序中反对“彩丽竞繁”“兴寄都绝”，重“风雅”“兴寄”，倡“汉魏风骨”，体现了他的复古思想。就创作实践而言，陈子昂的复古思想又集中体现于《感遇》组诗。陈子昂与李白，先后出生于初盛唐，前后相继，复古的理论主张和创作实践也一脉相承。

在《古风》其一中，李白明确地提出了自己复古的文学主张，诗云：“大雅久不作，吾衰竟谁陈。王风委蔓草，战国多荆榛。龙虎相啖食，兵戈逮狂秦。正声何微茫，哀怨起骚人。扬马激颓波，开流荡无垠。废兴虽万变，宪章亦已沦。自从建安来，绮丽不足珍。圣代复元古，垂衣贵清真。群才属休明，乘运共跃鳞。文质相炳焕，众星罗秋旻。我志在删述，垂辉映千春。希圣如有立，绝笔于获麟。”[①]又据《本事诗》：“白才逸气高，与陈拾遗齐名，先后合德，其论诗云：‘梁、陈以来，艳薄斯极，沈休文又尚以声律，将复古道，非我而谁与！’故陈、李二集，律诗殊少。尝言兴寄深微，五言不如四言，七言又其靡也，况使束于声调俳优哉！故戏杜曰：‘饭颗山头逢杜甫，头戴笠子日卓午。借问别来太瘦生，总为从前作诗苦。’盖讥其拘束也。”[②]由是，李白复古的文学主张的核心是“讲风骨”“重兴寄”“贵清真”，显然受到了陈子昂重“风雅”“兴寄”、倡“汉魏风骨”的理论主张的影响。

而在创作实践上，无论是体裁形式、思想内容，还是艺术手法，李白《古风》组诗都十分明显地受到了陈子昂《感遇》组诗的影响。体裁形式上，二者都属于五言古诗，不事对偶，不讲声律；思想内容上，兴寄深微，有着强烈的讽刺意义和现实意义；艺术手法上，注重比兴，善于想象。《感遇》其二十九云：“丁亥岁云暮，西山事甲兵。赢粮匝邛道，荷戟争羌城。严冬阴风劲，穷岫泄云生。昏曀无昼夜，羽檄复相惊。拳跼竞万仞，崩危走九冥。籍籍峰壑里，哀哀冰雪行。圣人御宇宙，闻道泰阶平。肉食谋何失，藜藿缅纵横！”[③]垂拱三年(687)，武则天准备开凿山路由

① 《李太白全集》，第 87—89 页。

② 孟棨撰，董希平等评注《本事诗》，中华书局 2014 年版，第 103—104 页。

③ 《全唐诗》，第 893 页。

雅州进攻羌人并进而袭击吐蕃,子昂时官麟台正字,上《谏雅州讨生羌书》,云:“臣闻乱生必由怨起,雅之边羌,自国初已来,未尝一日为盗,今一旦无罪受戮,其怨必甚。怨甚惧诛,必蜂骇西山。西山盗起,则蜀之边邑,不得不连兵备守。兵久不解,则蜀之祸构矣。”[①]诗为同时所作。作者在诗中极力反对穷兵黩武之事,对战争所造成士兵的痛苦和人民的灾难深表同情。李白《古风》其三十四云:“羽檄如流星,虎符合专城。喧呼救边急,群鸟皆夜鸣。白日曜紫微,三公运权衡。天地皆得一,澹然四海清。借问此何为,答言楚征兵。渡泸及五月,将赴云南征。怯卒非战士,炎方难远行。长号别严亲,日月惨光晶。泣尽继以血,心摧两无声。困兽当猛虎,穷鱼饵奔鲸。千去不一回,投躯岂全生。如何舞干戚,一使有苗平?”[②]萧士赟曰:“此诗盖讨云南时作也。首即征兵时景象而言,当此君明臣良、天清地宁、海内澹然、四郊无警之时,而忽有此举。问之于人,始知征兵者,讨云南也。乃所调之兵,不堪受甲,所谓驱市人而战之,如以困兽当虎,穷鱼饵鲸,吾见师之出而不见师之入矣。末则深叹当国之臣,不能敷文德以来远人,致有覆军杀将之耻也。”[③]李白反对非正义的战争,深知战争给普通百姓带来的巨大痛苦。因此,他站在广大人民的立场上,主张和平解决争端,不轻易使用武力:“士卒涂草莽,将军空尔为,乃知兵者是凶器,圣人不得已而用之。”[④]又《感遇》其二十六云:“荒哉穆天子!好与白云期。宫女多怨旷,层城闭蛾眉。日耽瑶台乐,岂伤桃李时!青苔空萎绝,白发生罗帷。”[⑤]《古风》其二十七云:“燕赵有秀色,绮楼青云端。眉目艳皎月,一笑倾城欢。常恐碧草晚,坐泣秋风寒。纤手怨玉琴,清晨起长叹。焉得偶君子,共乘双飞鸾。”[⑥]皆注重比兴手法的应用,抒发了怀才抱艺之士惟恐未能见用而老之将至之叹。

---

① 《全唐文》,第 2149 页。
② 《李太白全集》,第 130 页。
③ 《李太白全集》,第 132 页。
④ 《李太白全集》,第 178 页。
⑤ 《全唐诗》,第 893 页。
⑥ 《李太白全集》,第 123 页。

结　论

蜀人对于传统的眷恋和传承是令人吃惊的。事实上,就连仅仅比李白早四十余年的陈子昂,在太白眼里也成了传统的一部分,成为热切追访的对象。《朱子语类》卷第一百四十云:“李太白诗非无法度,乃从容于法度之中,盖圣于诗者也。古风两卷多效陈子昂,亦有全用其句处。太白去子昂不远,其尊慕之如此。”①刘克庄指出,太白《古风》,“与陈拾遗《感遇》之作笔力相上下,唐诸人皆在下风”②。受前辈乡贤的积极影响,李白“献赋甘泉宫”,“闭关草太玄”,一生追求功成身退,同时创作了大量意境优美、寓意深远的作品,完成了唐朝的诗歌革新,为词的兴起和发展奠定了基础,成为中国诗歌史上光辉灿烂的传奇,成为千年一遇而又无可仿效的天才诗人。

(作者单位:绵阳师范学院文学与历史学院)

① 黎靖德编,王星贤点校《朱子语类》,中华书局 1986 年版,第 3326 页。

② 刘克庄著,辛更儒笺校《刘克庄集笺校》,中华书局 2011 年版,第 6694 页。

早期“篇”的体制特征及李白之“篇”

李德辉

最古老的歌行都产生于汉魏，但汉魏时并无歌行概念，与之大体相当的只有“歌篇”一词，产生于晋宋间，用于指汉魏间以歌、篇为标题的长诗。而李白歌行在唐宋也常被目为歌篇，唐宋人所言歌篇，与歌行是否一事？李白歌行与汉魏歌篇是否有关？这些问题都未解决。称歌篇的诗都产生于汉魏晋，构思和体制曾受过简帛的制约，从而在结构、意脉、篇体上不同于后世基于纸书创作的那些“篇”，本文作意在于探讨汉魏“篇”的体制特征及其与李白诗的关联。由于早期篇诗后来都是乐府诗，部分还被写成歌行，故而讨论范围多在乐府，适当考虑歌行因素。

一　汉魏简牍文献之“篇”

乐府歌辞在汉晋多称歌篇，而篇籍也是汉晋间对古书的通称，歌篇之篇是否源于篇籍之篇？这是我们的关注点。

汉魏是以简牍、缯帛为载体的时代，诗文写作跟晋唐纸书时代不同。简牍都是长条形或长方形，一枚简札通常只能容字一行，一方木牍也仅能容字数行。多条简牍如果先编联成册再书写上简，那对创作又提出了很高要求，一般人达不到直接定稿而不修改的程度。再说编成的简册也不便于润色文字，每增补或删削多行，都要抽换简札，而这又会导致编册形制的变化，十分麻烦。然而普通人又没有提笔作诗即可直接定稿的本领，一般都要修改增删，即使是五言十句的短篇作品，也不可能每句都想好再书写上简，长诗或辞赋更难打腹稿，只能积累材料,分别构思。但如果总是先在单简上构思单句,最后再连成书册,由于是一句句分开想的,又会影响到结构的整体性、语意的连贯性,文气、意脉也会受到影响。简牍的形制特征及制作上的种种困难,对人们的诗文创作构成难以逾越的限制。

限于条件,汉晋古人从事写作,常常只能预先准备好材料,书于简牍札牒,再整合成文。基于单简而展开的构思写作,先分后总,成为普遍的创作方式,非常费事,不易做好。为了减少麻烦,追求效率,人们会将更多的精力放在控制诗文篇幅上,能用短篇讲清楚的就尽量用短篇,非用长篇不可的才用长篇,"篇"成了连接汉唐的古书基本单位,也是我们考察汉代歌篇与唐代乐府、歌行关系的主要着眼点。汉魏歌行就是基于编简册页写成的,由汉看唐,由唐溯汉,不可以不注意简牍形制功用对诗文的影响。

汉魏晋长诗,多称歌、行,这或许与音乐有关,涉及乐曲对文辞的制约。乐曲较长时,配套的歌辞也随之加长;音乐具有反复演奏的特点,文辞也具有反复性。汉代乐府的歌诗、行诗,即是基于这一机制形成的。称篇的却不见得只是受了音乐的影响,而有可能另有原因;题为篇的也不一定是歌辞,也有可能是徒诗。《南齐书·乐志》:"又寻汉世歌篇,多少无定,皆称事立文,并多八句,然后转韵。"[①]所引为南齐武帝永明二年尚书殿中曹奏疏,以歌篇指《乐志》前文提及的汉代太庙乐歌辞。其中"称事立文"一词,把这类作品称篇的理由和根据揭示出来:《南齐书》作者萧子显之所以称汉晋太庙乐歌辞为歌篇,乃是基于"称事立名"的命名机制——根据称引对象的事物特征、性质来确立诗歌体式的名称。歌篇者,书于"篇"上之长歌,以其每首都多达四五十句甚至更长,需用简数十枚,容量、体制恰好构成简牍文献之一编,故称篇,这里篇即编,指书写长篇作品的一个编简。

这样,歌篇之称篇,主要原因就不在音乐,而在文献载体形式——作为乐府歌辞的作品,当时是书于经编联的简册之上,因称歌篇。萧子显是齐梁人,时代偏晚,他这么称举,当有更早的根源,这个根源,即在

① 萧子显《南齐书》卷一一,中华书局1972年版,第179页。

汉魏。歌篇似乎原是汉魏晋古人对于当时长诗的统称，没有具体的文体指向。歌指诗题中带歌字的作品，篇则除了指诗题为合乐歌唱之歌辞外，还指书写工具为简牍编册，相当于古人所谓的编简，含有文献载体的意义指向，并不止于指文体。

但同样是简册，容量也有大小，汉魏晋宋人之所以将部分诗称篇，是因为篇幅达到了汉代简册文献一篇的规模，有汉魏晋宋人常见的简牍文献“一篇”之体制。《南齐书・萧长懋传》：“时襄阳有盗发古冢者，相传云是楚王冢，大获宝物玉屐、玉屏风、竹简书青丝编。简广数分，长二尺，皮节如新。盗以把火自照，后人有得十余简，以示抚军王僧虔。僧虔云是科斗书《考工记》，《周官》所阙文也。”[①]文中就有青丝编简一词，指周边编织有青丝栏的精制竹简，用于书写珍贵古籍，用途有别于做草稿用的简札牍片。西汉后期刘向、刘歆、扬雄校书天禄、石渠阁，就常用这样的青丝栏编简，书写所校各书之叙录。《太平广记》卷三八九《楚王冢》：“南齐襄阳盗发楚王冢，获玉屐、玉屏风、青丝编简。”[②]文末更指明南齐襄阳出土的楚王冢竹简为“青丝编简”，南齐人所用的歌篇一词，倒是能显示汉代歌篇的特征——文献类型为竹简书之编简，可以用来书写各种定稿的作品，包括经过校订的专书。

此后直到北宋初，都颇有以歌篇指歌行的，但已失古义，仅被用作歌行的泛称或古称，并无体制之分野。《册府元龟》卷六四二：“其进士，请今后省卷，限纳五卷已上，于中须有诗、赋、论各一卷，余外杂文、歌篇，并许同纳。”[③]《西塘集耆旧续闻》卷八：“后唐明宗公卿大僚，皆唐室旧儒，其时进士贽见前辈，各以所业，止投一卷至两卷，但于诗赋、歌篇古调之中，取其最精者投之，行两卷，号曰双行，谓之多矣。”[④]《太平广记》卷二六五引《剧谈录》：“元和中，进士李贺善为歌篇，韩愈深所知重，于缙绅间每为延誉，由此声华藉甚。”[⑤]文中歌篇就是唐宋文人对歌行

① 《南齐书》卷二一，第398页。

② 李昉等编《太平广记》卷三八九，中华书局1960年版，第3106页。

③ 王钦若等编《册府元龟》卷六四二，中华书局1960年版，第7703页。

④ 陈鹄《西塘集耆旧续闻》卷八，中华书局2002年版，第373—374页。

⑤ 《太平广记》卷二六五，第2076页。

的通称,今人则视为歌行之别名。尽管是与其他文体一并提及的,但也有文体指向,指传自汉代的能展示文人才情的、有古调的长篇歌行。唐宋人所言歌篇,倒是保持了汉魏晋古歌行作为歌篇的体制特征。

从字义看,歌篇之篇,其义即编,指书籍形态为编简之一册。有时又通编,一篇即一编。篇、籍、策,本义都是竹简之书册。篇,《说文解字注》释为"书,箸也",以为乃文字之"箸于简牍者"①。《说文通训定声》亦释篇为"书",具体说,是指"书于简册,可编者也"②。下引《汉书·公孙弘传》释篇为简,《论衡·书说》"著文为篇",认为篇跟策一样,指书籍之"篇简",表明篇是汉代书籍的基本形态。与篇并行、连用的籍,本义是以短小简牍编联而成的簿书,《说文解字系传》卷九:"籍,簿书也,从竹,耤声。臣锴曰:《史记》云:尺籍伍符。然则籍简长尺也。"③知籍乃汉魏间的文书簿籍,用长尺余之竹木简牍书写,因称其编册为籍。

汉晋时,籍常与篇连用,组成"篇籍",指竹木简牍之书籍案牍,不拘文献种类、形制。《艺文类聚》卷一〇杨雄《剧秦美新》:"遂流唐漂虞,涤殷荡周,然除仲尼之篇籍。"④以篇籍指经孔子删削之经书,时代和书籍种类都明显。赵岐《孟子题辞》:"逮至亡秦……孟子徒党尽矣,其书号为诸子,故篇籍得不泯绝。"⑤以篇籍指春秋战国诸子之书,也有时代和种类的概念在内。《汉书·艺文志序》:"汉兴,改秦之败,大收篇籍……今删其要,以备篇籍。"⑥以篇籍指西汉宫殿所藏简书、缯帛书,文中篇籍当解为先秦西汉古籍。姚小鸥先生就将班固所言篇籍判断为"汉代初年图书文献",将"收篇籍"释为"收集整理图书文献"⑦,是正确的。

① 段玉裁《说文解字注》五篇上,中华书局 1988 年版,第 190 页。
② 朱骏声《说文通训定声》卷一六,中华书局 1984 年版,第 849 页。
③ 徐锴《说文解字系传》卷九,中华书局 1987 年版,第 86 页。
④ 欧阳询《艺文类聚》卷一〇,上海古籍出版社 1999 年版,第 191 页。
⑤ 焦循《孟子正义》卷一赵岐《孟子题辞》,中华书局 1987 年版,第 16 页。
⑥ 班固著,颜师古注《汉书》卷三〇,中华书局 1962 年版,第 1701 页。
⑦ 姚小鸥《"汉兴""大收篇籍"考》,《历史研究》2007 年第 2 期。

《后汉书·和帝纪》，永元“十三年春正月丁丑，帝幸东观，览书林，阅篇籍”①。以篇籍指东汉东观藏书。《三国志·魏书·陈思王植传》：“陈思王……自少至终，篇籍不离于手，诚难能也。”②以篇籍指曹植阅读的秦汉经籍。《宋书·乐志四》魏缪袭《魏鼓吹曲十二篇·应帝期曲》：“考图定篇籍。”③《文选》魏文帝《典论·论文》：“古之作者，寄身于翰墨，见意于篇籍。”④以篇籍指曹魏皇家藏书。当时定篇籍的单位是秘书监和兰台，所以篇籍指汉魏秘书监和兰台藏书。《晋书·左贵嫔传》：“仰观列图，俯览篇籍，顾问女史，咨询竹帛。”⑤《文选》左思《咏史》：“四贤岂不伟，遗烈光篇籍。”⑥以篇籍指西晋秘书省所藏图书。《论衡·齐世》：“有人于此立义建节……为文书者肯载于篇籍，表以为行事乎？”⑦以篇籍指东汉前期王充撰写《论衡》之时所见的秦汉古籍。《艺文类聚》卷四五后汉傅毅《北海王诔》：“有国有家，篇籍攸载。”⑧卷九八魏刘劭《嘉瑞赋》：“或卓尔而弗经，犹著美于篇籍。”⑨以篇籍指二人所见之东汉图书。上文中的篇籍都指秦汉魏的简帛图书之编册，这是歌篇之篇指篇籍、编简的事实基础。

篇籍之篇，亦指简册类古籍的分编。先秦汉魏著述如文辞较多，则离析章节，分为多篇，这是人们处理长篇作品的常用方法。宋林之奇《尚书全解》卷六：“伏生之书……而孔氏必厘而为二者，盖古者简册以竹为之编次而成书，所编之简不可以多也。故文之多者，一篇之所不能容，则厘而为二。虽厘而为二，苟文势相接，亦不害其为一也。既已厘之，则必为之篇名以别之，于是有《尧典》《舜典》《大禹谟》《皋陶谟》《益

① 范晔《后汉书》卷四，中华书局 1965 年版，第 188 页。

② 陈寿《三国志》卷一九，中华书局 1982 年版，第 576 页。

③ 沈约《宋书》卷二二，中华书局 1974 年版，第 647 页。

④ 萧统编，李善注《文选》卷五二，上海古籍出版社 1986 年版，第 2271 页。

⑤ 房玄龄等《晋书》卷三一，中华书局 1974 年版，第 959 页。

⑥ 《文选》卷二一，第 991 页。

⑦ 王充《论衡》卷一八，中华书局 1990 年版，第 811 页。

⑧ 《艺文类聚》卷四五，第 807—808 页。

⑨ 《艺文类聚》卷九八，第 1695 页。

稷》之目,此但为简册之便耳,非有义于其间也。"[①]卷一六:"其所以析之为二为三者,本于简册之繁多,其势不可合而为一,故出于不得已而然也。至于后世,既以纸易简册,则其一篇所载,足以容古者百余简之所书。"[②]所说即指出了古书分篇的原理和机制:简册都以竹木为之,如果编简过多,就很繁重,不便阅读,必须离析句段。如果文意和文势前后相接,则不必另立章节名;如果本来就是内容不同的部分,而又被截分为多个篇章,则另立章节名。篇章之篇,即由此而出。

反过来,如果文辞较少,则将多章合为一篇。《尚书注疏·尚书序》就谈到,西汉时,发现济南伏生所传《尚书》二十五篇之外的《尚书》古文编简。但单篇都文字寡少,因此经师将《舜典》合于《尧典》,《益稷》合于《皋陶谟》,看似整一,其实内容各异。《五经》中,凡文字较繁多之篇章,皆经后儒整合而来,其基本单位都是不同文意的段落,一个段落由简册一篇组成。《汉书·艺文志》六艺略小学类就记载,西汉初,学者闾里书师合《苍颉》《爰历》《博学》三篇,断六十字为一章,凡五十五章,并为《苍颉篇》。此处所载为汉代字书篇制,但也说明部分"篇"是因单章篇幅过小,必须整合,有篇幅长短之异,但长短无一定之规,这是古书称篇的另一来由。

二　汉魏乐府"篇"与"行"之关系

李白的歌行有相当多是乐府诗,其乐府的渊源是汉魏乐府,其中既有题为篇的,也有不名篇而体制似篇的,这样,我们论李白歌篇,就不能不回溯汉晋歌篇的体制特征。据《宋书·乐志》《晋书·乐志》,汉魏晋雅乐歌辞,多称篇,作者有曹植、傅玄、缪袭、张华等。这种篇,"含义就

① 林之奇《尚书全解》卷六,影印文渊阁四库全书本,上海古籍出版社1987年版,第55册,第106页。

② 《尚书全解》卷一六,影印文渊阁四库全书本第55册,第294页。

是依曲所填的词，称之为‘新歌’亦可”[1]。出自朝廷的宗庙乐舞，含有礼乐与文学之关系，名称上自汉至宋，前后相沿，均称“篇”。只是汉魏晋时七言诗还未流行，不及五言诗成熟和普及，所以汉魏晋的歌篇也多为五言长诗，到隋唐才渐改旧观，变成七言为主，而夹有三五九言。《晋书·乐志上》：“三祖纷纶，咸工篇什。声歌虽有损益，爱玩在乎雕章。”[2]明确指出魏氏三祖都是“声歌”的主要作者，且其声歌创作还是以“爱玩雕章”为基础的；制作多了以后，又反过来影响到他的雕章创作。曹植的几首非雅乐歌辞的长诗，就明显是对其雅乐歌辞的模仿和续作。

不仅曹植，整个汉末魏初，很多乐曲歌辞，都称篇，而不限于雅乐。篇的使用，不看乐曲类型，而在篇章体制，只要是书写于简牍文献的作品，篇幅又达到了一个编册的容量，即称篇，这乃是乐曲歌辞命名为篇的基本原理。这在魏初，已形成一种写作机制。晋初又沿袭魏制，文臣制作的雅乐、非雅乐歌辞，均称篇，代代相沿，成为传统。此后到刘宋、南齐、陈、隋，随着纸书的普及，文士基于纸张构思写作，雅乐歌辞才不称篇，而另拟标题。进入唐代，乐府诗题中的篇已变成歌行的泛称，早已失去汉魏晋古篇的原义。

汉晋歌辞称篇与乐曲歌辞依托简牍传写的方式有关。《晋书·乐志上》：“杜夔传旧雅乐四曲：一曰《鹿鸣》，二曰《驺虞》，三曰《伐檀》，四曰《文王》，皆古声辞。及太和中，左延年改夔《驺虞》《伐檀》《文王》三曲，更自作声节，其名虽存，而声实异。唯因夔《鹿鸣》，全不改易。每正旦大会，太尉奉璧，群后行礼，东厢雅乐常作者是也。后又改二篇之行礼诗，第一曰《于赫篇》，咏武帝，声节与古《鹿鸣》同。第二曰《巍巍篇》，咏文帝，用延年所改《驺虞》声。第三曰《洋洋篇》，咏明帝，用延年所改《文王》声。第四曰复用《鹿鸣》。……至泰始五年，尚书奏，使太仆傅玄、中书监荀勖、黄门侍郎张华，各造正旦行礼及王公上寿酒、食举乐歌诗。……时诏又使中书侍郎成公绥，亦作焉今并采列之云。”[3]《乐志

① 薛天纬《唐代歌行论》，人民文学出版社 2006 年版，第 58 页。
② 《晋书》卷二二，第 676 页。
③ 《晋书》卷二二，第 684—685 页。

下》:"鼙舞歌诗五篇。《洪业篇》,当魏曲《明明魏皇帝》、古曲《关东有贤女》。""《天命篇》,当魏曲《太和有圣帝》、古曲《章和二年中》。""《景皇篇》,当魏曲《魏历长》、古曲《乐久长》。""《大晋篇》,当魏曲《天生蒸民》、古曲《四方皇》。""《明君篇》,当魏曲《为君既不易》、古曲《殿前生桂树》。"[1]文中提到的杜夔传雅乐,左延年改雅乐,傅玄、荀勖、张华造乐歌,就是一种源于西汉的雅乐传统。因为魏国雅乐的传习者杜夔是汉灵帝时雅乐郎中,汉末避难荆州,依刘表。曹操平荆州,获夔,以为军谋祭酒,参太乐事,因令创制雅乐。黄初中仍在洛阳,为太乐令、协律都尉,带领一班乐师、歌师、舞师,修习雅乐。汉代雅乐,通过他而传承到曹魏。晋初又传给左延年,故而晋初的郊祀明堂礼乐,用的仍是"魏仪",乐歌也保存古制。《晋书·乐志》记的虽是晋事,却也保存有汉制度,所举各篇歌辞均为长诗,短者三十余句,长者六十多句,四言、五言为主,夹有三言句。其下为《白鸠篇》《济济篇》《独禄篇》《碣石篇》《淮南王篇》拂舞歌诗五篇。凡此诸篇,都是雅乐的派生物,书于编简之册,因称篇。

不仅如此,部分汉魏晋古乐府,看似和音乐无关,其实不然。《玉台新咏》卷二收魏明帝乐府诗二首,其一无标题,首句曰"昭昭素明月",《文选》卷二七、《乐府诗集》卷六二收作《伤歌行》。其二亦无题,首句曰"种瓜东井上",《乐府诗集》卷七七作《春游曲》,《古乐苑》题作《种瓜篇》,皆十余句之五古,表明原也是"行"诗的一类,也曾配唱。

行与篇的关系,是音乐与文辞的关系,乐曲名与诗篇名的关系。《玉台新咏》卷二收傅玄《青青河边草篇》《苦相篇豫章行》《有女篇艳歌行》《朝时篇怨歌行》《明月篇》《秋兰篇》《西长安行》乐府七首,有三首标题含有篇、行二字。《宋书·乐志三》记汉相和歌十三曲,在排版上,每一曲都是诗题、曲名、作者,三者的关系十分清晰。如:

《驾六龙》《气出倡》 武帝词

《厥初生》《精列》 武帝词

《登山有远望》《十五》 文帝词

---

① 《晋书》卷二三,第710—712页。

《惟汉二十二世》《薤露》 武帝词
《鸡鸣高树颠》《鸡鸣》 古词
《弃故乡》(亦在瑟调《东西门行》) 《陌上桑》 文帝词
《周西》《短歌行》 武帝词(六解)
《别日》《燕歌行》 文帝词(六解)
《上谒》《董桃行》 古词(五解)①

左边第一行为诗题名,中间第二行为曲调名,右边第三行为作者名。从中可见,篇和行的关系不是并列的,而是总分的。行指乐曲类别,篇指所配文辞,其情形相当于宋词中的词调与词题。题为某某行的均为乐曲,某某篇的均为歌辞。"苦相篇豫章行"表示是题为《苦相篇》的《豫章行》歌辞;"朝时篇怨歌行"表示题为《朝时篇》的《怨歌行》歌辞。由于是基于诗乐相配的原理创作的,当时实况是"由乐以定词",而非"选辞以配乐",所以同一个《豫章行》,歌辞可以有《苦相篇》等多首;同一个《艳歌行》,歌辞可以有《有女篇》等多篇。而《朝时篇》也是配合《怨歌行》乐曲的歌辞之一种,当时所制除此之外,还有其他,其关系是总分关系。

可见汉魏时,一个"行"曲可以派生出多首"篇"章。这个由一生多、从音乐衍生出文学的创作原理,也曾影响到李白。在他的诗歌创作中,就存在对汉魏歌篇的借鉴发挥现象。李白创作"篇"诗,部分可视为对汉魏晋古篇体制措辞的模仿,但不再是汉魏那样的"歌辞性诗题",甚至也不全是拟乐府标题,而是拟乐府和非乐府两类作品的集合。不仅种类上越出了歌行、乐府范围,写法上也有突破。

三　李白对汉魏晋古"篇"的因与革

李白对汉魏晋古篇,存在因与革的两个侧面。

因的一面是篇体、题目、题材。李白受汉魏晋古篇影响较明显的,

① 《宋书》卷二一,第603—612页。

主要是乐府诗及歌行体两大类别。由于汉魏晋题为篇的诗多为乐府，故而李白受影响更多的是乐府，其次才是歌行。

篇体方面，其乐府诗句式以五七言为主而参以其他句式，篇幅普遍在十多句到五六十句之间，句数变化无定，这反映的正是汉魏晋古篇的体制特征。《乐府诗集》保存的数十首题为篇的汉魏乐府，篇幅就在十多句到五六十句之间，而以不长不短的二三十句最多，李白乐府诗正是如此，这绝不是偶然的巧合，而是有背后的考量。他的古题乐府诗，七言的多达五十三题、六十首；另有八十九首为五言，五言多于七言，诗意上也多保留古题之原意，只是加以扩充，并未加入很多新意。他这么做，其实就是有意在篇体和句式上保存旧制，让人能够看出其新作和旧作的前后关联。叶梦得《石林诗话》云："晋、魏以前诗，无过十韵者。"①此亦不尽然，魏晋雅乐题为篇的歌辞，多数就过了十韵，而很少超过二十韵，李白乐府亦复如是，原因就是他所效法的汉魏晋古篇，篇幅多数在二十韵，写作有所节制，并非写到意尽而止。盖欲使人以意逆志，而不以叙事倾尽为工，适当留有余地，以供读者想象。

标题方面，诗题"篇"也是一个重要的考察点，而且十分关键。汉魏乐府正是基于简牍编册创制的，故而部分标题亦作篇，其义为书于编简之乐曲歌辞，使用范围多在雅乐，作者有曹植、张华、傅玄、荀勖、成公绥等多人，《乐府诗集》多编入鼓吹曲、清调曲、杂曲歌辞或舞曲类。汉魏晋时，主要用作正旦大会及郊庙、明堂礼乐，主旨为歌颂魏晋帝王开国创业守成之艰难。多数为五言，少数为三、四言诗，短者十余句，长者六十余句。当时为雅乐歌辞，后代则均视为乐府诗题，代有拟作，体式因时而变。唐代由于七言诗的发展，变为七言，并朝歌行的方向发展，走上了另一条道路，篇体和辞藻都有变化，与汉魏晋古篇之浑朴简古面貌迥异。部分题为篇的诗，因为本是乐府歌辞，所以在唐代亦被用作乐府诗。由于前后相承，历代相传，所以李白的部分乐府诗，仍存有汉魏晋古篇的某些体制和内容特征。比如重视叙述民间情事，反映世态人情，每首只讲一件古事，主题集中；通篇转韵，数句一层，而不一韵到底，以

① 叶梦得撰，逯铭昕校注《石林诗话校注》卷下，人民文学出版社2011年版，第47页。

适合歌唱之需要;句式或为四言,或为五言,长短参差;每篇分为数解,每一解即原诗之一节;句数保持在二十多至三十多句,而较少极长极短之篇,用的正是一般汉魏晋古篇的文辞和体制。

如《独漉篇》,王琦《李太白全集》卷四所列二十四句,每四句为一解,全诗共有六解,每解可视为乐章之一段,诗意之一层。具体内容亦不全脱古意。晋代古辞言为父报仇,太白则改为为国雪耻。白诗前五解词义多与古同,第六章改猛虎为神鹰,有所寄托。《独禄篇》据《晋书·乐志下》,原为晋拂舞歌诗五篇之一,二十四句,六层。太白诗亦写成二十四句,六层,每层自为一解。"其间命意造辞,亦模仿规拟。"①这种给乐歌分解的做法,始于汉魏,当时主要用于雅乐歌辞,题为篇的诗,分解的尤多。故而有理由认为李白也是受了这种传统做法的影响,而对所作之诗分别句意,四句一层。尽管已不可歌,但仍暗藏有汉魏晋古雅乐歌诗之体制。从《晋书·乐志》《宋书·乐志》及《乐府诗集》所载看,汉魏晋雅乐歌诗,多数都是分为数解的,五言诗一般四、八句为一解;七言诗因句子加长,改为两句为一解。李白的乐府的句段分解,也是基于这一原理。

李白乐府题目制作的另一显著特点是因旧生新,旧中有新。原因在于李白乐府多沿袭古事,略加丰富。其《东海有勇妇》系对汉魏鼙舞歌《关东有贤女》的模仿。此曲原为东汉章帝时宴飨歌辞五篇之 ,《宋书·乐志四》所载陈思王曹植所制歌辞,则题作《精微篇,代关东有贤女》。原诗为汉章帝时所造鼙鼓歌之歌辞,由六十四句五言诗组成,篇幅较长,叙关东贤女为父报仇的故事,曹魏时仍用为舞曲歌辞。李白诗则歌颂东海郡一位勇妇自学剑术,为夫报仇的故事,重在突出勇妇为夫报仇的坚定决心、崇高品格及行为的正义性,篇幅则缩短为三十六句五言诗,实际上相当于李白创制的新题乐府。只是为了和所叙之惨烈故事风格匹配,同时也是为了和汉代古辞保持风格上的接近,而故意改用古拙文辞,而不用丽辞偶语②。其《黄葛篇》则是对曹植写作的乐府歌

① 王琦注《李太白全集》卷四,中华书局 1977 年版,第 221 页。

② 郁贤皓校注《李太白全集校注》卷三,凤凰出版社 2015 年版,第 507 页。

辞《种葛篇》的效仿,而又融合了清商吴曲《前溪歌》的意思,郁贤皓先生定为“李白自创的乐府新题”①。尽管如此,仍属因旧生新之作。曹植原诗写女子与男子结发初婚,恩深意欢。后女子行年将晚,男子对其怀有异心,恩断爱绝。李白诗则改为写女子织葛寄远,欲其无轻掷,表面看另出一意,其实与古辞仍有相合处。所不同者,原诗较长,二十四句;李诗较短,仅十二句。原诗叙事抒情委曲详尽,李诗则改用比兴手法寄托情志,并无叙事成分,诗意也要含蓄很多。类似这样的作品在李白文集中还有不少。可以断定,李白乐府诗,多首都有汉魏晋古篇之遗意,不拘标题为何。

所以说论李白乐府、歌行与汉晋古篇的关联,并不能单看诗歌标题,标题仅是一个比较明显的表征,还有标题之外的不明显的其他方面,亦当加以考量。北宋宋敏求编《李太白文集》中,题为篇的诗并不多,仅卷二《乐府一》之《行行且游猎篇》,卷三《乐府二》之《独漉篇》《黄葛篇》,卷四《乐府三》之《白马篇》《凤笙篇》,卷五《乐府四》之《捣衣篇》。这些篇,命题上是对汉魏晋古篇的借用,表示为一个保存有乐府诗体制的篇章;体制为篇幅稍长的五言长诗,但又不像《蜀道难》《天姥吟》等,为歌行体巨制。

李白另一类型的五七言古诗(特别是“古风诗”),有意模仿阮籍、嵇康,但嵇、阮和傅玄、荀勖、张华、左延年同时,甚至和魏明帝、曹植也前后相接,创作上也有相近之处,所以李白五七言古诗的篇体,也就不全是学了嵇、阮,亦有借鉴曹植、傅玄的痕迹。所以论汉晋古篇对李诗的影响,也就不能把他非乐府歌行的五古七古排除在外。

早期诗文诸体的体裁特征及写作规范,多数是由文献载体的形制特征决定的。唐人作诗都基于纸质文献,载体对创作的限制减少,但作者的关注点又不同。多数人关注的是用典、措辞、对偶等语言形式和写作技巧的一面,而李白则更关注篇体和立意,更微妙和难以把握,难度更大。其做法跟先秦汉魏古人写作子书一样,是拟乐府而“以立意为宗”,在这方面用力甚深,而于用典、对偶、声律不甚留意,从而出现了有

① 《李太白全集校注》卷三,第501页。

篇无句的特殊现象。《沧浪诗话·诗评》谓:"汉魏古诗,气象混沌,难以句摘,晋以还方有佳句。""建安之作,全在气象,不可寻枝摘叶。"①当是并汉魏晋古诗全体而言之,而不仅仅是指《古诗十九首》、苏李诗、三曹七子诗及西晋张华、陆机等人之诗,应当也包括汉魏晋三代雅乐歌辞在内。李白的五七言乐府也有这一特点,也是无佳句可摘,而以立意取胜,气象浑沦。

革的一面是用途、主题、句式。

用途方面,汉魏晋古篇诞生于此三朝建国之初对礼乐的迫切需要,是政治运作的产物,是根据朝廷政治制度安排而刻意制作的,主要用场是宗庙歌舞,背后含有统治者的政治观念,诗中多有对王业的歌颂,此外并无其他用途。从这一需求出发,所用文体也是传统的雅颂体四言诗,部分作品是三言或杂言诗。另外,因为汉末魏晋五言诗发展较快,故而曹植等人的一些诗改为五言,文辞风格则仍不脱雅颂之体。李白之篇则纯属文士主观创造,个人抒情,不关礼乐,不关王道,自由发挥的空间更大,与雅颂文风相去甚远,而具有乐府民歌的叙事风味和质朴特征。

主题、句式方面之革,体现在因旧生新,别出一意,而不蹈袭前人。其拟乐府《白马篇》,只是假借了汉魏间这个杂曲歌辞的标题,而跳出了曹植、鲍照以来言边塞征战之事的传统主题,改为写京城长安五陵少年豪贵骄横跋扈,寓贬于褒,有《国风》之旨趣,有明显的现实针对性。另一拟乐府《凤笙篇》也是假借旧题,别写新意。该曲原为清商曲辞。元萧士赟注云,为《乐府遗声》歌舞二十一曲之一,古辞写游仙,李白诗则写送别一道流应诏入京,完全为另一事。句式也由汉代原作的五言改为七言歌行之体。其《怨歌行》作于长安,自注云:长安见内人出嫁,友人令其代为《怨歌行》。内容与《文选》班婕妤《怨歌行》全异。班诗为比兴体制,李诗则为叙事直陈。班诗十句,李诗衍为十八句,叙述要委曲详尽很多,表明创造多于继承。《登高丘而望远海》系据魏文帝《十五歌》"登山而望远"篇衍生,但此外还综合了魏武帝《碣石篇》首章之意。《登高丘而望远海》原诗,《宋书·乐志三》载为相和十三曲之一,写登山

① 严羽著,郭绍虞校释《沧浪诗话校释》,人民文学出版社1961年版,第151、158页。

远望,溪谷多有,高树茂草,耀人眼目,鸡鸣虎啸,谷风暴起,熊罴当道,其实虚拟意境,并无深意。李白诗见古辞全无意兴,无所假借,乃另出新意,改为写秦皇汉武登高山望远海,只为求仙,纯属虚妄,认为神仙之事虚无缥缈,海上求仙徒劳无益,实为托古讽今之作,意在讽刺唐明皇好神仙。由于李白擅长杂言诗创作,杂言诗的语气、文情也要比齐言诗好,故而句式方面也略变旧体,改为杂用三五七言①。

李白乐府诗题的篇,由于是基于纸张写作的,故而不再受书写载体的限制,可以将主要精力投注到作品的构思命意上,故同为乐府,而太白之诗意思更新颖。如《行行且游猎篇》,本汉征戍十五曲之《校猎曲》,自汉至梁,或写天子游猎,或写少年射猎,或写报仇解怨,太白则改为写边庭胡族少年不读书而尚武,边地射猎,武艺过人,威震沙漠,别写一意。主题思想上又有新的增加。郁贤皓先生认为,此诗或是李白天宝十二载北上幽燕时有所见而作。末段感叹书生不及游侠人,含有对朝廷重武轻文的一种不满②。体制上,为十三句之七言短古,夹有三言。且有一句不押韵,这一点更为原作所无。《日知录》卷二一《诗有无韵之句》:"李太白《天马歌》中,有'白云在青天,丘陵远崔嵬'二句无韵;《野田黄雀行》首二句'游莫逐炎洲翠,栖莫近吴宫燕'无韵;《行行且游猎篇》首二句'边城儿,生年不读一字书'无韵。"③太白乐府中,类似这种偶尔一二句不入韵的现象,乃是故意为之,可以视为对汉魏晋古篇的革新。汉魏晋古篇因是入乐歌唱的歌辞,所以不能出现不入韵的现象;李白所作为不可歌之徒诗,不受音乐的限制,个别诗句不入韵无妨,反而可以增添作品的古拙情味,所以才会有这方面的尝试。

汉魏晋古篇影响李白诗的另一领域是歌行。但李白部分歌行,还以乐府题目出现,与乐府是一而二、二而一的关系,二者不是互不相容的排他性概念,而是内涵部分交叉重叠的,这样,事情的性质就等同于改从歌行角度论李白乐府了。这一方面是因部分汉晋乐府在唐代已走上歌

① 《李太白全集校注》卷三,第 367 页。

② 《李太白全集校注》卷二,第 257 页。

③ 顾炎武著,黄汝成辑释《日知录辑释》卷二一,岳麓书社 1994 年版,第 731 页。

行化的轨道，衍为七言歌行，不仅体制更宏伟，辞藻也更富丽，故而论汉晋古篇对李诗的影响，不能脱离歌行。另一方面，更是由于他怀有强烈的文学复古意识，作诗格外推崇汉魏，因此在诗体选择上，也有意“复元古”，选择那些更有古调的歌行学习，歌行成为其文学复古的另一凭借。

但由于李白题为篇的歌行体诗，部分属于乐府，其与汉魏古篇的关系已经在前面乐府部分作了论述，所以剩下部分应予讨论的，就是李白的九十余首七言的“非乐府歌行”[①]，尽管是自拟的标题，在所咏之事情、诗篇之题材、诗意、主题上无所凭借，但仍保留有汉魏歌行“篇”称事立文的命名规律和通体浑漫、文意相接、难分段落的体制特征。虽多题为歌、行、吟、引、谣，但论体制，应称为篇。长短变化很大，看不出意蕴脉络，不讲结构设计，而强调气势的流走，句虽断而意未断。不少诗篇笔意连绵，不可句摘，而意思甚新。如《鞠歌行》，《乐府诗集》卷三三列为《相和歌辞·平调曲》七曲之一，汉代古辞写灵芝鞠室，王侯鞠城，李诗则写卞和献璞反被刖足，比喻贤士被谗废业，羡慕昔贤遇合有时，除了题目古旧外，其余都是新的，类似现象李诗中多有。

自古诗文跟著述一样，各自有体，这种体裁规范，成为创作的约束和辨体的标志。想要跨界，必须逾越规矩，是很困难的，学者亦每病于不能相通。但李白的乐府、歌行，却分明存在跨界互渗现象。不仅如此，还存在跨越文献载体的时代性，新载体中存有旧体制的一面，这更值得注意。简牍、缯帛，明明是周秦汉魏的文献载体。但其消失以后，形成于其上的文章体制并未随之消失，而是相当长时期内仍然继续存在于取代它的纸书之上。所以，晋宋诗文的多种体裁，都存有汉魏的简牍体制。李白生活的唐代，虽然去汉魏已远，这种痕迹不太明显，但并未消失，加之李白作诗还有意复古，因而为李白所留意，所效法，在体制上恢复古制，风格上存传古风，也是情理中事。

（作者单位：湖南科技大学）

---

① 因李白的部分歌行是以乐府诗为题的，所以此处的歌行不包括乐府题的，仅指非乐府歌行。若加上五言乐府和七言乐府题多为歌行，则李白乐府多达百余首。参见薛天纬《唐代歌行论》（人民文学出版社 2006 年版，第 169、180 页）统计。

李白社交话语的演变与个体语境的建构

吴增辉

一　自我人格与社会语境模型的冲突

李白人格类型的构建是由他个人的家庭出身、知识积累、蜀地文化等因素共同作用的结果。蜀地自然环境及历史发展的独特性造成了蜀地文化的多元性，这种多元性自然消解了儒家文化的主宰地位。与此同时，李白对战国游士文化的欣赏与接受造成了他的语境模型的地域特性，进而造成李白以自我为中心的文化人格。

经过三国两晋南北朝四百年的分裂，僻处西南一隅的巴蜀之地与中央政府貌合神离，在臣服与叛乱中摇摆不定。这种形势一方面为各类游士提供了用武之地，另一方面则造成了巴蜀士人以割据心态观照天下大势的文化眼光，纵横家的基本观念在巴蜀士人中得到了深厚的积淀，并深刻影响着他们的思想观念与行为方式。入唐之后，虽然四海一统，巴蜀也并入了强大的中央王朝，但长期分裂所造成的思维惯性仍在持续，巴蜀士人仍然习惯于以割据心态观照天下大势，并由此生发出平一天下、治国理政的系统性理论，赵蕤写出《长短经》这样的纵横学著作即是明证。该书称“大旨在乎宁固根蒂，革易时弊”①，其中大谈霸道，强调“通于时变”，“不纯用德”，“期于有成，不问所以；论于大体，不守小节。虽称仁引义，不及三王；而扶颠定倾，其归一揆”②，充满工具论的味道，与儒家道德至上的治国理念迥然有别。该书的重要目的即

①② 赵蕤《长短经》自序，中州古籍出版社 2007 年版，第 20 页。

在于区分王霸，侧重强调霸道之有效，“恐儒者溺于所闻，不知王霸殊略，故叙以长短术，以经论通变者”①。寻常迂儒往往大谈王道却一无所成，这正是赵蕤加以批判矫正的原因。该书从治国平天下的大格局出发构建内容板块，纵论用人之道、王霸之道、治国之道、用兵之道，将儒、法、道、阴阳、兵、纵横等诸家思想熔于一炉，成为先秦之后纵横学的集大成者。赵蕤在《长短经》自序中说：“当代之士，驰骛之曹，书读纵横，则思诸侯之变；艺长奇正，则念风尘之会。”②所谓“当代之士，驰骛之曹”更多应指巴蜀之士，是对蜀中士人价值追求及作风行止的观察与概括，他们读纵横之书，幻想着诸侯的攻伐兼并；磨炼奇正之术，渴望着社会的战乱动荡，这与天下一统、四海升平的现实形势显然是背道而驰的，然而这正是长期割据的历史留给巴蜀士人的精神遗产。李白在其出峡不久所作《上安州裴长史书》中，仍然像战国游士一样大言自夸曰：“申管、晏之谈，谋帝王之术，奋其智能，愿为辅弼，使寰区大定，海县清一。”这是典型的纵横家口吻，其时正当开元盛世，李白此言完全是虚幻的英雄呓语，与现实情势并不相关。由此不难看出蜀中士人以纵横心态表达人生理想的文化特征，亦可见纵横之学对巴蜀之地的深刻影响。

据此，李白初始的社交模型是基于战国时期纵横家游说模式建构起来的，其基本模式为通过游说打动圣主，获致重用，建功立业，然后功成身退。为实现目标，纵横家必须要大言自夸，以凸显自身的才能。李白出峡之始，在拜见各地方长官的时候，即是运用这一语境模型，他也正是运用这一模式构建自己的游说话语的，如奇谋异策、大言自夸、品格的高洁、语言的文采与气势等，《上韩荆州书》便是典型代表。但显而易见的是，唐代的政治环境已然不是战国时代，这种政治环境已然丧失了战国游士的语境模型产生的土壤，李白的话语模式不能适应唐代的政治现实。

李白以纵横家为支撑的游士人格与封建官场等级森严的秩序性同样形成尖锐的矛盾。纵横家生当乱世，以其纵横捭阖的杰出才能为各国君主奉为上宾，志满意得，风光无限，乃至“荧惑诸侯，倾覆万乘，使人

①② 《长短经》自序，第20页。

失其所持”[①]。这种翻云覆雨的巨大能量带给战国游士空前的文化自信,也使他们敢于在君主面前趾高气扬。他们将士人的价值和尊严推向极致,也将傲岸不羁的文化性格留存后世。巴蜀之地原本具有割据传统,士人对朝廷并没有强烈的向心力,兼以文化的多样性极大地消解了儒文化对士人忠君思想的陶冶,而战国纵横家傲视王侯、淡泊名利的风范更进一步地强化了巴蜀士人的狂放性格,这在李白身上无疑得到了充分的表现,“天子呼来不上船,自称臣是酒中仙”,“安能摧眉折腰事权贵,使我不得开心颜”等诗句,无不凸显出李白傲岸不羁、气盖天下的狂放性格。唐代巴蜀士人不仅侠肝义胆,快意恩仇,而且在求取功名方面也像先秦游士一样采用不同寻常的手段,计有功《唐诗纪事》载陈子昂曾以摔琴自献的方式暴得大名,李白则四处干谒以求仕进,而不屑于循规蹈矩地参加科举。可以说唐代巴蜀之士对先秦纵横家的接受,不仅在于精神,而且在于行止。

中国官场文化推崇谦让而反感自大,倡导低调而不喜张扬,李白却反其道而行之,在《代寿山答孟少府移文书》中,李白写道:“尔其天为容,道为貌,不屈己,不干人,巢、由以来,一人而已。”口气之大,真可吞天吐地。《上韩荆州书》则曰:“虽长不满七尺,而心雄万夫。”“幸愿开张心颜,不以长揖见拒”,展现出一种鄙视权贵、平交王侯的姿态,这自然令习惯了众星捧月的地方官心生不悦。“长揖”可谓李白的常用词,《古风》其十二便称颂严子陵“长揖万乘君,还归富春山”。《梁甫吟》则赞叹郦食其“高阳酒徒起草中,长揖山东隆准公”。《忆襄阳旧游赠济阴马少府》则回忆说:“昔为大堤客,曾上山公楼。……高冠佩雄剑,长揖韩荆州。”自得之意溢于言表。李白对“长揖”的神往与现实中岩穴之士所受到的朝廷的礼遇也有很大关系,开元六年,隐士卢鸿一应征至东都洛阳,谒见不拜。玄宗不以为忤,于内殿接见,赐之酒食。历史与现实的双重因素使得李白平交王侯的观念深入骨髓,但这种带有很强历史性与个体性的话语模式并不具有普适性,现实中的权贵仍然遵循尊卑贵贱的等级标准,李白这类傲岸自雄的举止作派不大可能受到权贵阶层

---

① 桓宽《盐铁论》卷五《论诽》,中华书局1992年版,第300页。

的赏识，其人格类型与社会交际性的语境模型存在根本的冲突，因此造成干谒的屡屡受挫。

李白《上李邕》[①]一诗中“世人见我恒殊调，见余大言皆冷笑”两句一定意义上揭示了干谒失败的原因。“恒”字说明李白一向不合流俗，世人对李白的“殊调”及“大言”已经形成了固有印象，因此招致的冷嘲热讽乃至恶意诽谤所在多有，安陆期间所作《上安州裴长史书》便说自己“谤言忽生，众口攒毁”，期待裴长史为自己辨明冤屈。李白虽然没有详细说明谤言发生的缘由，但与李白一向狂妄自负的话语方式恐怕不无关系。天宝八载(749)，李白在《答王十二寒夜独酌有怀》中更以“一生傲岸苦不谐，恩疏媒劳志多乖”总结自己与世不合、志不获伸的失意人生，揭示了人生悲剧的根源。

从开元十二年(724)出峡至天宝三载(744)赐金放还，二十年间，李白游历四方，多方干谒，终于被召入宫廷，却终无所成。无论是入宫之前还是入宫之后，李白之“殊调”“大言”与“傲岸”一直不曾改变，且总是企图将自己的语境模型强加于接受者，而高官显贵作为强势的一方自然不可能接受低语境模型，这也便决定了李白早期干谒的失败。

二　社会语境模型的约束与交际话语的调整

社交场景由掌握话语权的人的言谈举止、思想观念、生活环境等共同构成，它对进入其中的交谈者有着强大的制约，使其不得不按照既定模型所约定的话语交谈，才能达成交际目的。李白在遭遇挫折之后，不得不对自己的话语模式进行调整。事实上，李白并非完全不懂人情世故及交际策略，即便在早期的干谒活动中，李白也在尝试适应社交语

① 郁贤皓先生认为：“今人或谓此诗乃开元七年(719)拜谒李邕之作，时李白十九岁，可谓‘年少’。李邕时为渝州刺史。然缺乏李白十九岁游渝州的实证。诗中谓鹏起又落，似指供奉翰林又被弃，且‘年少’只是泛指后辈，非必青年。故系于天宝四载(745)较妥。”见《李太白全集校注》卷七，凤凰出版社2015年版，第1126页。笔者认为，如果此诗为李白早年蜀中所作，则其中的“恒”字似难以解释，必然是有了一定人生经历之后，方有这种人生感慨。

境,《上安州李长史书》《上安州裴长史书》《上韩荆州书》,都能放低姿态,把吹捧官长当作重要内容,如《上安州李长史书》称美李长史"明夺秋月,和均韶风,扫尘辞场,振发文雅。陆机作太康之杰士,未可比肩;曹植为建安之雄才,惟堪捧驾。天下豪俊,翕然趋风"[①]。《与韩荆州书》开篇便赞美韩朝宗说:"白闻天下谈士相聚而言曰:'生不用封万户侯,但愿一识韩荆州。'何令人之景慕,一至于此耶!"[②]尽管如此,李白的干谒行为并未获得预期的回报,原因在于李白并不能很好地处理理想与现实的矛盾及个体化的语境模型与现实语境的矛盾。一方面,李白不愿放弃自己的人格尊严,以摧眉折腰的方式向权贵阶层摇尾乞怜;另一方面,李白被历史上鲁仲连、严子陵等人物事迹所激励,始终对那种长揖不拜而能致身卿相的传奇抱有幻想,因此,他在自荐书中一方面作出低首下心的姿态,对各级官僚进行言不由衷的赞美,同时又掩盖不住不可一世的气概而大言自夸,这便使得其话语表达充满矛盾,难以符合谦逊内敛的社会语境模型的要求。根本上,李白是以战国游士自居的,同样也是以战国游士的口吻写作自荐书的,这种对现实认知的时代错位使其很难得到权贵阶层的认可与接纳。

在遭到一连串失败后,李白的自信很受打击。开元十九年(731),李白初入长安企图干谒玉真公主而不得,苦雨无聊而作诗自叹曰:"独酌聊自勉,谁贵经纶才?弹剑谢公子,无鱼良可哀。"[③]李白以冯瓘自比,将张垍比作孟尝君,渴望得到张氏的援引,辞气卑下,不再像以往一样心高气傲。同期李白由邠州至坊州,受到太子正字阎某与坊州司马王嵩的盛情款待而"愁颜发新欢",恳请对方引荐自己,"主人苍生望,假我青云翼。风水如见资,投竿佐皇极"[④]。求仕的挫折使李白收敛锋芒,开始主动调整自己的话语策略,不再完全站在自我视角进行单向的表述,而更注意站在他者视角进行迎合性表达。

① 《李太白全集校注》卷二五,第3656页。
② 《李太白全集校注》卷二五,第3678页。
③ 《玉真公主别馆苦雨赠卫尉张卿二首》其一,《李太白全集校注》卷七,第1077页。
④ 《酬坊州王司马与阎正字对雪见赠》,《李太白全集校注》卷一五,第2293页。

李白在多方干谒的同时，也在密切关注朝廷的用人政策，并积极按照朝廷的用人标准打造自己。开元二年(714)，朝廷特设隐沦屠钓科。开元三年(715)，诏曰："有怀才抱器、沈沦草泽、不能自达者，具以名闻。"[①]开元十五年(727)，又特设高才沈沦草泽自举科。朝廷这些奖拔人才的举措对平民身份的李白自然具有极大的吸引力，他摩拳擦掌，跃跃欲试，作诗常以"草间人"自居，"余亦草间人，颇怀拯物情"[②]，"宁知草间人，腰下有龙泉"[③]。显示出李白的渴求与朝廷取士政策之间的呼应关系。与此同时，玄宗朝又大力征聘岩穴之士，卢鸿一、王希夷、白履忠、司马承祯、吴筠等人相继被征召到朝廷。司马承祯与吴筠不仅是隐士，也是道士，更受玄宗的重视。司马承祯原本隐居天台山，"开元九年，玄宗又遣使迎入京，亲受法箓，前后赏赐甚厚。十年，驾还西都，承祯又请还天台山，玄宗赋诗以遣之。十五年，又召至都。玄宗令承祯于王屋山自选形胜，置坛室以居焉"[④]，可谓恩荣备至。司马承祯的成功为当时渴望仕进的草野士人树立了典范，李白自然钦羡不已，并以此为尺度塑造自己不慕荣利、超然物外的隐士形象。开元二十三年(735)，李白移家东鲁，与孔巢父、韩准、裴政、张叔明、陶沔隐居徂徕山，号称"竹溪六逸"。天宝元年(742)，李白又与吴筠一同隐居剡中。李白的隐居行为当然并不纯粹，而带有强烈的以隐求仕的功利性。

在玄宗大力崇道的背景下，李白又寻仙访道，以道士话语进行社会交际，寻求入仕途径。开元年间，李白干谒玉真公主，作诗赞叹曰："玉真之真人，时往太华峰。清晨鸣天鼓，飙欻腾双龙。弄电不辍手，行云本无踪。几时入少室，王母应相逢。"[⑤]此诗把玉真公主比作神仙，以腾龙、弄电、行云等词汇加以吹嘘。面对身份独特的玉真公主，李白自然懂得她的价值，渴望通过她的关系一飞冲天。为适应玄宗朝仙气氤氲的社会氛围，李白主动向道家的神仙话语靠拢，写下许多游仙诗，如《古

① 徐松撰，赵守俨点校《登科记考》卷五引《册府元龟》，中华书局1984年版，第183页。
② 《读诸葛武侯传书怀赠长安崔少府叔封昆季》，《李太白全集校注》卷七，第1102页。
③ 《在水军宴赠幕府诸侍御》，《李太白全集校注》卷八，第1311页。
④ 刘昫等《旧唐书》卷一九二，中华书局1975年版，第5128页。
⑤ 《玉真仙人词》，《李太白全集校注》卷六，第995页。

风》其五云:“太白何苍苍,星辰上森列。去天三百里,邈尔与世绝。中有绿发翁,披云卧松雪。不笑亦不语,冥栖在岩穴。我来逢真人,长跪问宝诀。粲然忽自哂,授以炼药说。铭骨传其语,竦身已电灭。仰望不可及,苍然五情热。吾将营丹砂,永与世人别。”[①]此诗描写仙人的居所、仙人的情态,表达自己对成仙的渴望,虽然求仙是其一向的追求,但把求仙行为形诸诗歌,某种意义上也是迎合玉真公主之类上流人物的喜好。不仅如此,李白又与司马承祯、吴筠之类道士相交往,又曾寻访紫阳真人,与道士元丹丘成为终生的密友。李白出身道风浓厚的巴蜀,原本受到道教的深厚濡染,而当朝廷的用人政策与道教发生关系的时候,自然更加深了李白寻仙访道的兴趣,于是隐士与道士成为李白极力塑造的自我形象,以至于司马承祯初见之下,谓其“有仙风道骨,可与神游八极之表”。入京后贺知章一见之下,称其为“谪仙人”。显然,李白的努力收到了效果。

而李白在适应社会化的交际语境之后,其话语模式便呈现出庸俗化倾向。天宝十四载(755),李白为赵悦代写一封给杨国忠的效忠信,其中对杨氏多有吹捧:“伏惟相公,开张徽猷,寅亮天地。入夔龙之室,持造化之权。安石高枕,苍生是仰。”[②]其时的杨国忠与鲜于仲通等人征讨南诏,大败而归,造成唐王朝兵力空虚,这也是安史之乱的重要诱发因素。而就在李白写此信后不到两个月,安禄山就以清君侧为名,举兵叛乱了。李白对征讨南诏的恶果并非没有认识,《古风》其三十四便记述了这一历史事件,并:“渡泸及五月,将赴云南征。怯卒非战士,炎方远难行。长号别严亲,日月惨光晶。泣尽继以血,心摧两无声。困兽当猛虎,穷鱼饵奔鲸。千去不一回,投躯岂全生。”[③]《书怀赠南陵常赞府》也有相应的描写:“云南五月中,频丧渡泸师。毒草杀汉马,张兵夺秦旗。至今西二河,流血拥僵尸。”[④]《资治通鉴·天宝十载》载:“剑南

① 《古风其五》,《李太白全集校注》卷一,第25页。

② 《为赵宣城与杨右相书》,《李太白全集校注》卷二五,第3672页。

③ 《李太白全集校注》卷一,第110页。

④ 《李太白全集校注》卷一〇,第1485页。

节度使鲜于仲通讨南诏蛮，大败于泸南。……杨国忠掩其败状，仍叙其战功。……制大募两京及河南、北兵以击南诏；人闻云南多瘴疠，未战，士卒死者什八九，莫肯应募。杨国忠遣御史分道捕人，连枷送诣军所。旧制，百姓有勋者免征役，时调兵既多，国忠奏先取高勋。于是行者愁怨，父母妻子送之，所在哭声振野。”[①]唐王朝征讨南诏给人民带来了深重的苦难，李白在以上诗中对统治者穷兵黩武不恤民力表达了强烈的谴责。鲜于仲通、杨国忠作为此事件的始作俑者，狼狈为奸，谎报战功，大恶昭彰。但李白在给杨国忠的信中却曲意赞美杨国忠，且代赵氏表达感激之意，即便不是出于真心，似也有损自己的人格，与上述两诗所表达的情感前后矛盾。李白这样做只能有一种解释，那便是出于对求仕的渴望。李白似乎企图通过赵悦的关系，打通杨氏的关节，为再度跻身朝廷作出努力，为此也便顾不得杨国忠的罪恶，借赵悦之笔对其吹捧，又表现出其晚年为求仕而慌不择路、较为庸俗的一面。

安史之乱的爆发重新燃起李白的用世热情，在答复永王使者韦子春的诗中，李白表示“苟无济代心，独善亦何益”“终与安社稷，功成去五湖”[②]。虽然此后李白的“功成”之梦随永王的失败再度破灭，但李白的心却再不曾安宁，在迟暮之年屡屡干谒，甚至在去世前一年，还以六十一岁高龄投奔李光弼军，半道病还，痛心地感叹“天夺壮士心”[③]，完全可以想见暮年的李白深广的寂寞。诗人未必是要建功立业，更是以此对抗精神的空虚，这也是他寻求精神依托、驱除孤寂的最后努力。

三　个体化语境的建构

李白为求入仕历尽波折，饱尝屈辱，这些经历无疑给他的心灵带来

① 司马光编《资治通鉴》卷二一六，中华书局1956年版，第6906—6907页。

② 《赠韦秘书子春》，《李太白全集校注》卷七，第1084页。

③ 《闻李太尉大举秦兵百万出征东南懦夫请缨冀申一割之用半道病还留别金陵崔侍御十九韵》，《李太白全集校注》卷一二，第1874页。

了大大小小的创痛。由初期怀抱远大理想,自信自负,到后来更钟情于入道求仙,寄情山水,李白的变化表现出政治理想的渐趋破灭以及入世热情的消褪。在此过程中,李白不断将以自我为核心的语境模型向社会化的语境模型靠拢,以求得到体制的接纳,这种妥协退让虽然让李白被招入宫廷,但也造成诗人的压抑与痛苦。为了对抗社会语境的压力,保持人格的独立,李白在社会性话语之外,事实上又在建立一套个体化的语境,它以自我为中心,背离官场生态,基本要素便是自我、自然、自由。如果将李白前后期的人生理想合而为一,那么这种个体化的语境模型便是功成身退。"功成身退"原本只是李白对人生理想的设计,随着李白的沉浮起落,"功成身退"的内涵也随之发生变化。概而言之,入仕前是理想化阶段,放还后则转为现实化阶段,转折点是长安供奉翰林时期。

入仕前的李白自信自负,毫不怀疑自己的才能,似乎立功封侯伸手可致。此期的"功成身退"志在进取而不在隐退,所以此期很少表达"功成身退"的意思,即使偶尔涉及,也并非意在隐退,作于开元年间的《玉真公主别馆苦雨赠卫尉张卿二首》其二云:"功成拂衣去,摇曳沧洲旁。"该诗实为干谒之作,虽有高自标持、以隐求仕的意思,但毕竟对入仕充满期待。初入宫廷后,出于对玄宗"知遇"的感激之情,表示要"待吾尽节报明主,然后相携卧白云"。而随着李白的自由人格与专制政治矛盾的加剧,李白的思想开始发生变化,他已不再像初入宫廷时那样充满自信,而是重新对隐逸生活充满向往:

何当造幽人,灭迹栖绝巘?(《望终南山寄紫阁隐者》)

我留在金门,不去卧丹壑。未果三山期,遥欣一丘乐。(《金门答苏秀才》)

却话山海事,宛然林壑存。明湖思晓月,叠嶂忆清猿。何由返初服。田野醉芳樽?(《朝下过卢中郎叙旧游》)

李白虽然怀着冲天大志西入长安,意欲建立不世之业,但其超越性的人生追求使其政治理想带有极大的空幻性。现实政治不可避免地会有琐碎的公务、机械的程式、严格的等级以及人事的磨擦,这与李白疏狂的个性及其自由人格存在极大的距离。李白所追求的与其说是实在的政治理想，不如说是一种富于超越性的人生梦想，他企图以不同凡响的方式建立一种震铄古今的奇勋伟业，他要超越常人的手段，同样也要超越常人的业绩。他企图省略或者根本无视这一过程中的许多实在的无法回避的环节而直达目标，因为他根本不屑于俗人俗事，所以他的政治理想实则是一种超越性的人生梦想，它只具有理想意义而不具有实践品格。所以李白置身于政治而心不在政治，立足于现实而心不在现实，他把政治赋予了自由精神，乃至把政治理想也当作了实现自由的手段，然而专制政治最排斥者即为自由，所以李白与现实政治的矛盾与冲突也就格外激烈。这种冲突未必表现为现实的人事冲突，更可能是一种内在的心灵冲突。李白待诏翰林期间"日与饮徒醉于酒肆"，乃至皇帝让其草制诏书、创作诗歌时仍然昏醉不醒，正是这种内在冲突的发泄方式，是其超越性的人生理想对现实政治的本能排斥。清人应时在《李诗纬・李白传》中说："唐李白亦嗜酒，人称曰狂。孔子曰：'狂者进取。'夷考其行而不掩焉者也；若白者，岂孔子所谓狂者与？"[①]应时认为李白并非孔子所称的那种进取于善道的"狂者"，虽然有高远的志向，考察其行为却不相合，这种矛盾性从深刻意义上表明李白所追求的政治理想主要是一种超越现实功利的自由精神。李白于是只能被迫在入仕与自由之间作出选择，选择了人格独立与自由，同时就选择了放弃理想，李白离京时说："世迫且离别，心在期隐沦。"与其说是"世迫"，不如说是主动选择。既然无法"功成"，那就只剩下了身退。所以李白只好被迫修改自己的理想图式，由"功成身退"直接变成了"身退"。

李白一再强调要身退，而他究竟要退到何处？由其相关表述来看，应是退守自然。自然是道家思想的基本范畴和最高境界，庄子承继了老子的自然观而将其运用于人生哲学。在庄子那里，自然即自由，自然状态即是摆脱了一切外部束缚的自由状态，只有无所待，才能逍遥游。而所谓"无所待"即是消除一切功利追求，消除人类固有欲望，本质是消除自我，即庄子所谓的"无己"。庄子之自由依靠心斋坐忘的方式实现，即忘掉自我，万物齐同，所谓"天地与我并生，而万物与我为一"。这种

① 裴斐、刘良善编《李白资料汇编》(金元明清之部)，中华书局 1994 年版，第 691 页。

自由通过消灭人的主体地位而实现,实即一种虚幻的自由。

道家思想的深刻影响使李白具有强烈的自由观念,李白“功成身退”的理想模式在很大程度上是道家自然哲学的体现,而盛唐积极进取的时代精神使李白具有了强烈的主体意识,因而李白对自由的追求并非要像庄子一样首先消除我的存在,而是恰好相反,他要极力肯定自我的存在,凸显自我的主体地位,因此,李白所追求的自由必然是突出人的主体地位这一前提下的自由,即追求实实在在的社会自由。这种社会自由既相对于专制政治,也相对于社会的世俗观念,从这种自由观出发,李白既不甘于屈从专制权力,也不屑于世俗价值,从而与现实社会发生全面碰撞。庄子强调无己,以消除自我寻求精神自由,因而不可能与社会现实形成对抗。李白是既突出自我,又追求自由,自由的性质由精神转向社会,由虚幻转向实在,背离了庄子自由的性质和实现方式,必然形成个体与社会的矛盾。

李白无法从现实中获取自由,只好转而走向山水自然。老庄所谓自然实即本体论意义上的自然,庄子所追求的自由是终极自由,所以并不拘执于具体的外物。李白尽管吸收了庄子的自由观,却并非从哲学的终极视角观照历史现实,并非追求虚幻的终极自由,而是要在现实世界体验自由,它不脱离具象,恰恰依赖具象而存在。就像在现实社会中寻求实在的自由一样,李白在山水中同样寻求实在的自由。李白所谓“吾将囊括大块,浩然与溟涬同科”并非庄子式的“心斋坐忘”,神与物游,而是追求自然山水,即庄子抽象的本体自然在李白那里已具化为山水的具体形态,而李白对自由的追求也主要表现为漫游山水的具体行动。

对李白而言,“功成身退”的理想模式具有理论意义上的超越性,然而李白始终未能建功立业,并因仕途挫折而归依自然,则其身退就不再具有超世意义,而具有了避世意义。李白一生大部分时间在漫游中度过,但他不再像庄子一样通过消除自我而与自然合一,而是通过扩张自我而使自然统一于我;不是进行抽象的哲学思辨,而是要将山水移入心中;不是神游于“无何有之乡”“旷邈之野”,而是周游于名山大川,“相看两不厌,只有敬亭山”,这既是对现实的逃避方式,也是与现实矛盾的解决方式。李白追求社会自由而不可得，便企图以游览山水的精神自由加以弥补，这在一定意义上又与庄子的自由观具有了相似性。

庄子以顺从自然而实现自由，实则消解了自由。因为任何自然状态都无法摆脱先在的规定性，对自然的肯定同时就消灭了主体性。主体对自然的归依必然只能被裹挟于自然本身的运行中任其摆布，不可能自由，从某种意义上说，自由是人对自然状态的挣脱。自由其实首先强调“自”，主体失掉了，自由也便也无从谈起。宇宙大化无所谓自由，自由是相对于人而言的，是人摆脱外在拘束的内在要求，没有人，自然本没有什么自由可言。因而，庄子将自我融于自然，回复到原始状态，不仅是对主体的否定，也是对自由的否定，所以，荀子指责庄子“蔽于天而不知人”①。李白与之相反，他极力突出自我，让自然统一于我，而不是相反。李白以豪迈的姿态吞吐宇宙，挥天斥地，穿越古今，横游八极，表现出驾驭天地万物的强大精神力量。他站立于万物之上居高临下，使一切外物臣服于我，统一于我，我成了天地之间无所不能的主宰。因而李白的精神自由是通过高扬自我的主体地位实现的，具有与庄子的自由观不同的精神指向，这在根本上是盛唐高度自信的时代精神的体现。

事实上，自然本身不可能完全按照人的意志而被任意驱遣，李白对自然山水的驾驭只是一种审美的驾驭，精神的驾驭，它只是凸显出了李白强烈的主体地位，仍然不过是一种精神自由。所以，从根本上说，自由的获得不可能脱离人在社会现实中的各种关系，只从精神上或幻想中寻求解决是无法真正实现自由的，正如恩格斯所说：“自由不在于幻想中摆脱自然规律而独立，而在于认识这些规律，从而能够有计划地使自然规律为一定的目的服务。这无论对外部自然界的规律，或对支配人本身的肉体存在和精神存在的规律来说，都是一样的。”②因而，自然山水作为自由精神的象征，尽管可以使李白得到暂时的快乐，却不可能

① 荀子《非十二子》，王先谦《荀子集解》卷三，中华书局 1988 年版，第 89 页。

② [德]恩格斯《反杜林论》，《马克思恩格斯选集》第三卷，人民出版社 1972 年版，第 153—154 页。

使李白的现实痛苦得到彻底的解脱。尽管如此,李白高扬主体的自由观仍然具有进步意义,因为人类社会的存在必然要以对人的主体性的肯定为基础,取消人的主体地位,返回纯粹的自然状态,不仅得不到自由,而且实际上消灭了人本身,人也就失去了存在的意义。

(作者单位:河北科技大学)

李白诗歌的“互文性”阐释及其文化延伸

——以李白诗文古注本为中心

徐小洁

李白的思想儒释道兼具，他的交游范围也很广，官员、隐士、僧人、道士，各种身份地位的人物，在李白诗歌中都可以见到；而寄、赠、送、别类诗歌又有特定的表达对象，故诗歌语言的表达必然受到影响，以此打上不同的思想文化烙印。正如詹福瑞先生在“经典的累积性”中所论：“经典作为优秀的文化遗产，由于年代久远，词语变迁以及文化环境的转换，往往会给后代的阅读带来困难。有的字词，时过境迁，成为难解之词；有的用典和故实带有时代性，也需要注释；有的文义也需要解释，由此而生成中国传统文化中专门的学问——注释学。这些注释不仅仅是解释词语和用典，还要对文义作出说明，所以也是重要的经典阐释形式。”①可见，对具有特定文化内涵的语词加以阐释，可以视之为对不同文化符号的解读，不仅有助于对诗意的理解，从某种程度上也是李白诗歌有意味的延伸。就读者而言，则拓展了阅读视野，由诗歌层面延伸至文化意义层面，进一步加深对李白诗歌艺术的理解。

“互文性”理论，最早由法国批评家克里斯蒂娃（Julia Kristeva，1941—）在其 1969 年出版的《符号学》中正式提出。她认为：“文本意味着文本间的置换，具有互文性（intertextualité）：在一个文本的空间里，取自其他文本的若干陈述相互交会和中和。”②中国古代传统的诗文注

① 詹福瑞《论经典》，人民文学出版社 2016 年版，第 166 页。

② [法]朱莉娅·克里斯蒂娃著，史忠义等译《符号学：符义分析探索集》，复旦大学出版社 2015 年版，第 51 页。

疏体现了典型的“互文性”特征,同一原始文本在不同时代不同语境中的笺注有其存在的合理性与价值意义。焦亚东在《中国古典诗歌的互文性研究》一书中专门论述了“诗文注疏中的互文性”,他认为,以集注、集解、集释等为主要方法的中国传统注疏体例实际上体现了一种互文性关系,以李善注《文选》为例,“唐人李善所注《文选》就较为偏重通过援引旧文、旧注、故实以梳理语词的源流,从而达到诠释语意的目的。自李善始,中国古典诗歌的注本大多使用这种注释方法,林林总总的注本实际上构成了一个宏大的互文性阐释语境”①。以西方的“互文性”理论观照中国诗文注释传统,获得了新的阐释工具与视角,可以更好地突出古注本的阐释价值与意义。

明代朱谏《李诗选注》十三卷,是继宋杨齐贤注、元萧士赟删补而成的《分类补注李太白诗》之后的第二部李白诗歌注本,也是明代第一部李白诗歌注本。关于寄、赠、送、别类二百三十五首李诗的语词阐释,是朱谏笺注非常重要又很有特色的组成部分。朱谏的阐释,往往能够体现出中国传统文化的深厚性,其阐释内容大致可分为典故类与道释类。在此选取具有比较浓厚的文化色彩的语词阐释,进行分类梳理考察,同时也着意与杨、萧本进行比较研究,以探究文本间性的阐释特点。

一　典故类语词阐释

典故作为古典诗歌语言的特殊形式,具有表达的间接性与内容的延展性。诗人对典故的熟练运用,表现了形式与内容的双重接受态度,既合乎诗歌语言表达的审美形式要求,在内容上更具有丰富的延展性。加达默尔在“语言作为世界经验”的论述中提出的观点很有启发性,他说:“语言形式和流传的内容在诠释学经验中是不可分离的。假如每一种语言都是一种世界观,那么语言从根本上说首先就不是作为一种确定的语言类型(就如语言学家对语言的看法),相反,语言是由在这种语

① 焦亚东《中国古典诗歌的互文性研究》,上海三联书店2018年版,第48页。

言中所述说的内容而流传下来的。"[①]加达默尔是从宏观角度来论述语言的特性,从语言的微观角度来看,典故这种语言形式在漫长的流传过程中承载了越来越多的人文内涵与符号意义,折射出不同时代不同文化环境下的人生或情感状态。诗人选择典故作为诗歌语言要素时,必然是有意味的表达方式。因此,阐释者要透过典故的形式,去解读其流传的内容,理解蕴藏其中的人与事,并探究诗人运用典故的深层表达与诗歌张力。

"在伟大的诗里,用典几乎和用比喻一样重要。所以,索解典故过程中的确切性是至关重要的。"[②]用典表现出明显的互文性特征,文本与文本之间具有互相参照、映射的关联性。克里斯蒂娃提出了"意素"的概念,将狭义的语言文本扩展到了广义的文本(文化)中,她说:

> 对各种不同文本系统特性的描述需要将它们置于广义的文本(文化)中,它们之间是相互隶属关系。……意素是在每个文本结构的不同层面上均可读到的"具体化"了的互文功能,它随着文本的进程而展开,赋予文本以历史、社会坐标。[③]

意素的提出,明确了文本之间"具体化"的互文功能,这是一种动态的功能,"赋予文本以历史、社会坐标",将文本置于社会和历史的广义文本的框架中进行思考与解读,很显然,文本的阐释空间获得了极大的拓展,从孤立封闭的状态转而走向开放与丰富。

《李诗选注》典故类语词卷六主要有:中圣、长啸、桃李、海鸟、时命、清盼、结绿、买名、经纶、鹔鹴、出处、落魄、玉壶冰水、无弦琴、庄舄吟、高士、刺绣文等;卷七主要有投分、韩荆州、剪拂、簪缨、经济、东道、断肠猿、气岸、时命、游豫、绕梁、凤凰池、桀犬吠尧、神器、巾帼等;卷八主要有宝符、命、时、抚背、越吟、楚冠等;卷九有坐啸、绕指柔、时、悖嫠、压酒等;卷十主要有披裘者、独坐、五两、羽林等。这些典故类语词所指涉的

---

① [德]汉斯-格奥尔格·加达默尔著,洪汉鼎译《真理与方法——哲学诠释学的基本特征》,上海译文出版社 1999 年版,第 564 页。

② [美]哈罗德·布鲁姆等著,王敖译《读诗的艺术》,南京大学出版社 2010 年版,第 12 页。

③ 《符号学:符义分析探索集》,第 51 页。

意义需要阐释者去发现、去阐明。值得注意的是,朱谏虽以杨、萧本为底本,其对于典故互文性的侧重点却多有不同,这在以下的具体分析中会加以阐述。

“长啸”一词见于数首李诗。《赠徐安宜》:“讼息但长啸,宾来或解颐。”朱注:“长啸者,舒气蹙口以作声,闲暇之态也。史云:‘弘农成瑨但坐啸’,言其无事也。”①《赠清漳明府侄聿》:“长啸无一言,陶然上皇逸。”朱谏串讲诗意:“此言其词讼简而政事暇……可以高卧,观道书,守清净,而无为矣。……长啸无言,陶然羲皇之上人也。”《邺中王大劝入高凤石门山幽居》:“投躯寄天下,长啸寻豪英。”《赠崔郎中宗之》:“长啸倚孤剑,目极心悠悠。”朱谏串讲:“言日落水流,光景易迈,倚剑长啸,远望旧丘,目力既竭,心亦悠悠而远思也。”诗人归隐之志寓于其间。《闻丹丘子于城北营石门幽居中有高凤遗迹仆离群远怀亦有栖遁之志因叙旧以寄之》:“以兹谢朝列,长啸归故园。”朱注:“夫由迷津者,必至于失路,托权势者终遭于倾覆。吾为此惧,乃辞同朝之人,退在故园之内,贵在先事而知几,毋至临危而取悔也。”《留别贾舍人至二首》:“拂拭倚天剑,西登岳阳楼。长啸万里风,扫清胸中忧。”朱注:“壮志远图,终不可已,乃拂倚天之剑,西登黄鹤之楼,临风长啸,以写我忧。夫英雄不遇……士遭多难,无以自立,此孤凤所以哀鸣,而自惭于不留也。”《赠别王山人归布山》:“傲然而独往,长啸开岩扉。”朱注:“言我之怀归,屡梦松雪,傲然而独往于故山,长啸而开乎岩扉。”《送韩准裴政孔巢父还山》:“时时或乘兴,往往云无心。出山揖牧伯,长啸轻衣簪。”朱注:“或有时而暂落于人间,亦如浮云之出岫,本无心也。虽揖牧伯,则长啸舒怀,嚣嚣然不知其可畏者,视其锦衣华簪漠然若无有也。”

以“啸”为核心要素的语词在李诗中频繁出现,直接表达诗人心境与精神状态的还有以下数处。“坐啸”一词又见于《寄上吴王其二》:“坐啸庐江静,遥闻进玉觞。”朱注:“《汉·党锢传》曰:‘南阳太守岑公孝,弘农成缙但坐啸。’唐庐江郡治合肥,时吴王封国在庐江也。”此典出自《后

① 本文所引朱谏注语皆出自李白撰,朱谏选注《李诗选注》,中国国家图书馆藏明隆庆六年(1572)朱守行刻本。为避繁琐,恕不一一出注。

汉书·党锢列传》,所引与原文无出入。朱谏在串讲中进一步明确“坐啸”典故的意义:“言王之抚振乎庐江也,坐啸无为而郡自治,引觞酌酒而无烦剧之劳也。闲静如此,其廉可知。”《赠何七判官昌浩》:“有时忽惆怅,匡坐到夜分。平明空啸咤,思欲解世纷。”朱注:“啸,《说文》云,吹声也。咤,《说文》云,喷也,皆蹙口出气以作声,舒其愤懑之气也。”《赠新平少年》:“一遭龙颜君,啸咤从此兴。”朱注:“啸咤,得志之状也。……一遇龙颜之汉祖,筑坛而拜为大将,解衣推食而委任之,统百万之师,势震华夏,啸咤之间,佐成王业,列土封侯,从此而兴起矣。”《赠张相镐二首》:“抚剑夜吟啸,雄心日千里。”朱注:“今日之事实类乎此。我之怀忠而抱愤者其能已乎?故抚剑而发悲叹之声,雄心驰于千里之外。”

“长啸”“坐啸”“啸咤”“吟啸”诸词所蕴藏的美感特性、人生态度以及文化意义,是笺注者所要深度理解与阐释的。朱谏的阐释主要体现了“啸”的三重意义:闲暇之态、归隐之志、愤懑之气。在诗人、诗歌、笺注者那里,“啸”不再仅仅是一个动作符号,更是附着了多重意涵的意义符号,形成了多重文本空间,即克里斯蒂娃所说的“互文性空间”。

如果说朱注比较侧重“啸”在诗歌内部结构的意义阐发,杨、萧注则更侧重注出诗歌本文之外的用典,突出典故在流传过程中不断叠加的人文内涵与符号意义。如《赠徐安宜》萧士赟笺注:“《魏氏春秋》:阮籍少时尝游苏门山,有隐者莫知姓名。籍从与谈太古之道,及论五帝三王之义。苏门生萧然,曾不经听。籍乃对之长啸,清韵响亮。苏门生逌尔而笑。籍既降,苏门生亦啸,若鸾凤之音焉。”①与朱注不同的是,萧注以《魏氏春秋》“苏门啸”为典故出处,阮籍与苏门山隐士的“长啸”蕴藏着古代隐士文化的丰富意蕴,并形成经典性的文化典故,不断为后世诗人所咏叹。如孟浩然《题终南翠微寺空上人房》:“风泉有清音,何必苏门啸。”杜甫《上后园山脚》:“敢为苏门啸,庶作梁父吟。”诗人们借此典故表达隐逸闲旷的高雅情怀,具有时空的超越感与文化的延展性,巧妙

① 李白撰,杨齐贤集注,萧士赟补注《元本分类补注李太白诗》,国家图书馆出版社2017年版,第四册,第4—5页。

地联结了古今诗人不同的情境与相近的情思,透出了文化的深厚底蕴。

杨氏与萧氏在注中引用古诗文后,一般并不结合李白诗句作意义上的阐释,主要是指涉“啸”的语词在其他文学文本中的存在状态,展现文本之间的相互参照,共同构成一个互文性的阐释语境。这种阐释语境的客观性往往大于主观性,也就是所谓的知识性更突出。相比之下,朱氏的笺注更侧重诗歌文本之内的阐发,形成书写者与阅读者的“对话”状态,主观性更强。

“庄舄吟”是古诗词中常用来表现眷恋故乡之情的典故,又名“越吟”“舄吟”。李白有三首诗用此典故,先后是《赠崔侍郎》“愁为庄舄吟”,《淮南卧病书怀寄蜀中赵征君蕤》“越吟比庄舄”,《送纪秀才游越》“令予庄舄吟”。《赠崔侍郎》朱注:“越人庄舄仕楚,有顷而病。楚使人候之,犹作越吟。陈轸曰:‘是人之思故也’。……犹可以游说而取富贵也。然亦未免乎怀土之思,故愁为庄舄之吟,念彼旧乡,月下闻砧声而肠断矣。”《淮南卧病书怀寄蜀中赵征君蕤》朱注:“越吟者,越人庄舄仕楚执珪,有顷而病。王使人听之,犹尚越吟。……庄舄楚国而为越吟。遥望国门,有如天外;欲返故乡,而乡路远隔。”《送纪秀才游越》朱注:“庄舄,越人,仕楚为执珪,病而思越为越吟。……今因送汝,未免起怀旧之思,犹庄舄之仕楚,终不忘越,犹作越人之吟也。”与“长啸”有所不同的是,“庄舄吟”的典故出处非常确定,涵义也很稳定,用在不同的诗句文本中其表达效果也没有发生变化。朱谏在注典故出处时比较简略,简单交代了事情的经过,没有突出阐释原典文本表现怀旧之情的符号意义,而是将典故意义融合在诗歌串讲中加以阐明。

相比之下,杨、萧本对典故出处引用更为完整,见于《赠崔侍郎》杨齐贤注:

> 《史·陈轸传》:陈轸适至秦,惠王曰:“子去寡人之楚,亦思寡人不?”陈轸对曰:“王闻夫越人庄舄乎?”王曰:“不闻。”曰:“越人庄舄仕楚执珪,有顷而病。楚王曰:‘舄故越之鄙细人也,今仕楚执珪,贵富矣,亦思越不?’中谢对曰:‘凡人之思故,在其病也。彼思越则越声,不思越则楚声。’使人往听,犹尚越声也。今臣虽弃逐之

楚，岂能无秦声哉！”[①]

杨齐贤引文出自《史记·张仪列传》中有关陈轸的内容，基本一致。此处引文完整，另两首则简略得多，《淮南卧病书怀寄蜀中赵征君蕤》杨注：“《陈轸传》：越人庄舄仕楚执珪，有顷而病。王使人听之，犹尚越声。”朱注与此处相同。《送纪秀才游越》萧注：“巨鳌戴山及庄舄越吟，并见前。”更为简略。

从互文性理论角度来看，典故引文的详略与否已经不是单纯意义上的内容多与少的问题，而是关系到符号意义表达的完整性以及阐释语境的明确性。克里斯蒂娃在《词语、对话和小说》一文中阐述了俄罗斯文艺理论家米哈伊尔·巴赫金的观点：“文学结构不是不变的存在，而是相对于另一结构而建构的。结构主义的这种动态化只有从下述观念出发才是可能的，按照这种观念，‘文学语词’不是一个‘点’（一种固定的意义），而是多重文本的‘平面交叉’，是多重写作的对话。书写者包括作者、读者（或角色）以及当下或过去的文化背景。”[②]以此观照“庄舄吟”典故的文本构成，其原始文本具有故事性或叙事性的文学特征，同时又关联着更广义的社会和历史文本，体现了多重文本的交叉状态和文本意素的互文功能。

首先是“庄舄吟”的故事语境。越人庄舄仕楚执珪，在越时为“鄙细人”，在楚则执珪贵富。“执珪”是战国时楚国最高官爵，也称“上执珪”，作为出身低微的士人，庄舄可谓实现了士人普遍追求的人生理想。楚王与中谢的对话形式巧妙地展开了庄舄贵→病→思的故事语境，构建了“庄舄吟”典故的多重意义空间。

其次是蕴藏于故事的文化语境。故乡对于中国人来说是一种具有强烈感情色彩的意义符号，传达出落叶归根的最终归属感，承载着深厚的价值认同意义。“庄舄吟”所表达出的思乡情怀，其独特性在于庄舄富贵而不忘故乡，意蕴更加丰富，尤其赢得了文人的普遍认同与共鸣。如王粲的《登楼赋》：“钟仪幽而楚奏兮，庄舄显而越吟。人情同于怀土

① 《元本分类补注李太白诗》第四册，第 43 页。

② 《符号学：符义分析探索集》，第 85 页。

兮，岂穷达而异心！”李善注：“穷，谓钟仪。达，谓庄舄。《论语》，子曰：小人怀土。孔安国曰：怀，思也。《吕氏春秋》曰：道德于此，穷达一也。”[①]“庄舄吟”典故的文本多重性还表现在历史语境。杨齐贤对典故出处的完整引用，更能够呈现出符号意义的完整性以及阐释语境的明确性，读者在进行诗句与笺注的双重阅读时，可以获得更具有延展性的文本意义。

典故包含的故事性或人物形象往往是笺注者所着重阐释的，这关系着诗歌文本的意义表达。有的语词见于数首诗，更需要细致贴切地辨明不同语境中所表达的涵义。比如“桃李”，大约 30 首李诗出现这个语词，语义丰富多样。有的用其娇艳却易衰的物性，有的比喻女子的美貌；有正面设喻，“以喻君子”“喻贤才也”，也有反面比喻“当时之荣贵者”“显达者”，这些语义都比较显明。相比之下，《赠徐安宜》与《赠崔侍郎》两首诗中的“桃李”具有更丰富的符号意义。《赠徐安宜》：“游子滞安邑，怀恩未忍归。翳君若桃李，岁晚托深期。”朱注：“翳君者，言借其荫蔽也。桃李者，潘岳为河阳令，植桃李，人号曰‘河阳一县花’。”“言我游于四方，滞此安邑，以乐土可以久居也。怀馆谷之恩而未忍去，承桃李之阴有所庇倚。”《赠崔侍郎》：“扶摇应借力，桃李愿成阴。”朱注：“刘向《说苑》曰：‘夫树桃李者，夏得休息。’……且士之所以贵于知己者，以其能相荐引也。君为良相，我乃摧残，愿借吹嘘之力，更借荫蔽之休，庶乎有所振拔，否则吾将终于弃捐而已矣。虽抱男儿之志，亦何所施哉！”从典故的符号意义角度来看，这两首诗的“桃李”已超出了直接设喻的喻义层面，包含了故事性以及人物形象的人格美，朱谏在诗句串讲中阐明了诗人对徐安宜与崔侍郎两位赠诗对象的称美之情。

此外，阅读者还可以参照萧士赟注去理解“桃李”的历史文化意义，萧注增添了赵简子的典故：“《晋书》：潘岳为河阳令，植桃李，人号曰：河阳一县花。简子曰：唯贤者为能报恩。树桃李者，夏得休息，秋得实焉。”[②]赵简子很形象地说明了“唯贤者为能报恩”的道理，赋予“桃李”

---

① 萧统编，李善注《文选》，上海古籍出版社 1986 年版，第 490—491 页。

② 《元本分类补注李太白诗》第四册，第 5 页。

更丰富的文化意蕴。

诸如“桃李”此类具有鲜明物象特征及审美属性的语词，在诗歌语境中往往也被人格化了，是诗人借以表达情志的重要意义符号。李诗中的“玉壶”“冰壶”也很有典型性，物象美与人格美交融在一起，承载了丰富的文化意义。表现“玉壶”物象审美特征的主要有：《前有樽酒行》(其二)：“琴奏龙门之绿桐，玉壶美酒清若空。”《玉壶吟》：“烈士击玉壶，壮心惜暮年。”《秋日鲁郡尧祠亭上宴别杜补缺范侍御》：“鲁酒白玉壶，送行驻金羁。”《送梁四归东平》：“玉壶挈美酒，送别强为欢。”《秋浦清溪雪夜对酒客有歌鹧鸪者》：“披君貂襜褕，对君白玉壶。雪花酒上灭，顿觉夜寒无。”《待酒不至》：“玉壶系青丝，沽酒来何迟？”朱注：“玉壶，壶之色白如玉者也。”正如朱谏所笺注，“玉壶”的物象审美特征非常突出，诗人注重的是“玉壶”的物性美所蕴涵的诗性表达，是最显性的审美意义层面。用以表现人格美的主要是“玉壶冰水”，见于《赠清漳明府侄聿》：“白玉壶冰水，壶中见底清。清光洞毫发，皎洁照群情。”朱注：“玉壶冰水者，以玉壶而盛冰水，清之极也。姚崇《冰壶赋》曰：‘冰壶者，清洁之至也。君子对之，不忘乎清。’”以此赞美明府之清德有如玉壶冰水，突出了明府的人格美。

典故类语词的意义阐释是诗歌文本意义空间的重要组成部分，具有不可或缺的参照价值。如克里斯蒂娃所论，“巴赫金为文学理论首次作出的一个深度阐释：任何文本的建构都是引言的镶嵌组合；任何文本都是对其他文本的吸收与转化。从而，互文性(intertextualité)概念取代主体间性概念而确立，诗性语言至少能够被双重(double)解读”[①]。从互文性理论来看，典故的笺注建构了文本阐释的多重意义空间，意义高度浓缩的诗歌语言文本得以分解与阐释，阅读者或研究者能够从显性文本深入隐性文本，去探索文本之间的关联与吸收，更充分地理解诗人附托于典故的真正用意。

① 《符号学：符义分析探索集》，第87页。

二　道释类语词阐释

李白诗歌思想的儒释道杂糅特点,使得他的诗歌内容也带有文化的多向性,特别是仙道类与释梵类,其特定术语在诗句中的运用,必须予以解释,否则可能会带来阅读障碍。王锡臣《博采众长 重点提高——谈〈李白全集校释〉的注释》一文提到了这个问题:"但在注释中难度最大、问题最集中的,是李白关于道教佛教的诗文。……有的重要诗篇存在着解读困难,这集中体现在《草创大还赠柳官迪》一诗。1991 年李白国际研讨会上罗宗强先生宣读《李白的神仙道教信仰》一文,就指出此诗解读困难,应'重点讨论'。"①文中专门引用了朱谏注语作为参考。胡振龙在"走入误区的《李诗辨疑》"中说:"误区之四是朱谏不懂道教术语,在接触李白仙道类诗时难免会产生阅读障碍,遂谓李诗为伪。……句意晦涩是因朱谏未能读懂所致,此句涉及两个阅读障碍,一为炼丹术语,一是仙化典故。"②并引杨齐贤注及王琦注以说明"双凫"仙事与"九转丹"道术。詹锳先生论及《题雍丘崔明府丹灶》一诗时也指出:"按李诗中用道家语最多,朱氏所谓'生涩'者殆指此耳,不可信也。"③

罗宗强先生在《李白的神仙道教信仰》一文中重点讨论了李白的入道以及炼丹服药问题,并将涉及炼丹服药的诗句分为四组予以分析,第一组依次是"吾希风广成,荡漾浮世,素受宝诀,为三十六帝之外臣。……而尝采姹女于江华,收河车于清溪,与天水权昭夷服勤炉火之业久矣"(《金陵与诸贤送权十一序》)、"我有锦囊诀,可以持君身。当餐黄金药,去为紫阳宾"(《颍阳别元丹丘之淮阳》)、"闭剑琉璃匣,炼丹紫翠房。身佩豁落图,腰垂虎鞶囊"(《留别曹南群官之江南》)、"炼丹费火

① 王锡臣《博采众长 重点提高——谈〈李白全集校释〉的注释》,《河北大学学报(哲学社会科学版)》1993 年第 2 期。

② 胡振龙《李白诗古注本研究》,陕西人民出版社 2006 年版,第 134 页。

③ 詹锳《李白诗文系年》,作家出版社 1958 年版,第 60 页。

石，采药穷山川”(《留别广陵诸公》)，第二组仅一首《草创大还赠柳官迪》，第三组分别是“愿随子明去，炼火烧金丹”(《登敬亭山南望怀古赠窦主簿》)、“无以墨绶苦，来求丹砂要”(《经乱后将避地剡中留赠崔宣城》)、“终当遇安期，于此炼玉液”(《游泰山》六首之五)、“时命若不会，归应炼丹砂”(《早秋赠裴十七仲堪》)、“提携访神仙，从此炼金药”(《题嵩山逸人元丹丘山居》)、“愿游名山去，学道飞丹砂”(《落日忆山中》)，第四组依次是“攀条摘朱实，服药炼金骨”(《天台晓望》)、“我来采菖蒲，服食可延年”(《嵩山采菖蒲者》)、“尔去掇仙草，菖蒲花紫茸”(《送杨山人归嵩山》)。罗宗强先生认为“第三组可以不讨论，它所涉及的只是炼丹的愿望，并未实行。……第四组涉及的，是服食植物类的仙药。必须重点讨论的是第一、二组，即提到炼丹的这两组。李白都炼过些什么丹？炼成了没有？这些都有待于研究解决”[①]。这些问题的提出，不仅关系到炼丹术语的阐释问题，与李白的道教信仰、道教活动等方面也有着密切关系。所列篇目除《金陵与诸贤送权十一序》与《题嵩山逸人元丹丘山居》之外，朱谏对涉及炼丹服药的词句均有笺注。

胡振龙所引证的《题雍丘崔明府丹灶》与《访道安陵遇盖寰为予造真箓临别留赠》两首诗，朱谏均列入《李诗辨疑》，未加笺注。所谓“双凫”仙事与“九转丹”道术，已见于朱注。《选注》卷七《赠王汉阳》朱注：“白玉棺、飞凫舄者，汉王乔为叶县令，每月朔常诣朝。帝怪其道远而来，数令太史伺之。但见其临至时，辄有双凫从东南飞来，举网罗之，得双舄，乃四年间所赐尚书郎之履也。后天下玉棺于堂中，吏人推排不能动，乔曰：‘天帝将召我。’即沐浴寝于棺中，宿昔葬于城西。其夕，县中车牛皆流汗喘乏。”《草创大还赠柳官迪》是一首关于炼丹的诗，描述了炼丹的过程与状态，节选如下：

> 姹女乘河车，黄金充辕轭。执枢相管辖，摧伏伤羽翮。
> 朱鸟张炎威，白虎守本宅。相煎成苦老，消铄凝津液。
> 仿佛明窗尘，死灰同至寂。捣冶入赤色，十二周律历。
> 赫然称大还，与道本无隔。白日可抚弄，清都在咫尺。

---

① 罗宗强《因缘居存稿》，复旦大学出版社 2016 年版，第 159 页。

朱注:

姹女,汞也。河车,北方之水肾也。《汉真人大丹诀》曰:"姹女隐于丹砂中。"汉濮阳真君歌曰:"北方正气名河车。"《抱朴子》曰:"丹砂可为黄金,河车可作银子。"金,肺也,水之母也,河车之所由生也。

朱鸟,即朱雀,南方之火,心也。白虎,西方之金,肺也。

津液者,丹之初成,聚而为白液也。由白而黄,黄则坚矣;由黄而赤,乃成还丹也。

大还者,丹一炼为一转,九转而为大还,大还则丹成矣,故曰还丹。阳数九,故以九为度也。

对于诗中的炼丹术语,朱谏都作了笺注。在串讲中,朱谏也细致解读了炼丹与身体的关联性:"然人身之阴阳,虽具于五脏,则以心、肾、肺三者为至要。肾为太阴,居乾坤长女之位,乃北方之坎水;水之初生,是犹姹女之乘乎河车也。肺为少阴,居乾坤次女之位,乃西方之兑金,水由而生,是河车以为辕轭,所待以行者也。……火得其宜,则金清而水润;金水消铄,子母相得,自然融化以成津液,凝聚于丹田之中,秘结于宝鼎之内,所谓还丹者,于此乎胚胎矣。"如果朱谏不懂道教术语以及具备相应的道教知识背景,是很难阐释这首诗的。

将朱注与杨、萧注加以比较,可以看到,杨、萧注以引用《周易参同契》为主,如"姹女乘河车,黄金充辕轭",萧注:"《参同契》曰:'河上姹女,灵而最神。得火则飞,不见埃尘。'"[①]又如"摧伏伤羽翮。朱鸟张炎威,白虎守本宅。相煎成苦老,消铄凝津液",萧士赟笺注时大段引用:"《参同契》此一段晦翁朱文公最喜其词韵古奥,今录于此,曰:法象莫大乎天地兮,玄沟数万里;河鼓临星纪兮,人民皆惊骇。……先白而后黄兮,赤色通表里;名曰第一鼎兮,食如大黍米。……又曰:太阳流珠,常欲去人;卒得金华,转而相因;化为白液,凝而至坚。"[②]引文达五百余字,但并未结合诗意加以阐释。朱注没有注明出自《周易参同契》的引

① 《元本分类补注李太白诗》第四册,第70页。

② 《元本分类补注李太白诗》第四册,第71—72页。

文，而是在注释语词后加以诗意串讲，这需要对诗歌内容有更深入的理解，并具备道教方面的知识背景。

卷六至卷十关于仙道类语词的注释主要有三山、壶中天、河上公、壶公、三花、金鹅蕊、古苔篇、云幄、霓裳、凤吹、紫书、丹砂、大还、橐钥、方士、白玉棺、飞凫舄、卢耽、子安、琴高、待号、三天、豁落、丹砂要、安期生、骑羊真人、锦囊诀、紫阳真人、火石、长桑君、初成、劫、魏夫人、菖蒲、道士、别杖等，散见于卷六《早秋赠裴十七仲堪》《赠饶阳张司户燧》《赠卢征君昆弟》《赠嵩山焦炼师并序》诗注，卷七《草创大还赠柳官迪》《赠王汉阳》《赠卢司户》诗注，卷八《自梁园至敬亭山见会公谈陵阳山水兼期同游因有此赠》《经乱后将避地剡中留赠崔宣城》《寄弄月溪吴山人》《登敬亭山南望怀古赠窦主簿》诸注，卷九《春日归山寄孟浩然》《颍阳别元丹丘之淮阳》《留别曹南群官之江南》《留别广陵诸公》《送贺监归四明应制》，卷十《送方士赵叟之东平》《送贺监归四明应制》《奉饯高尊师如贵道士传道箓毕归北海齐州》《江上送女道士褚三清游南岳》《送杨山人归嵩山》等诗注。从引书来看，有《神仙传》《列仙传》《汉武内传》《老子》《管子》《道藏经》《内观经》《史记》《洞仙传》《抱朴子》《集仙录》《太霄经》等。

寄、赠、送、别类涉及佛家术语的诗作不算多，主要集中在卷八与卷九，有《自梁园至敬亭山见会公谈陵阳山水兼期同游因有此赠》《赠宣州灵源寺仲浚公》《赠僧朝美》《春日归山寄孟浩然》四首诗。《自梁园至敬亭山见会公谈陵阳山水兼期同游因有此赠》："会公真名僧，所在即为宝。"朱注："宝者，佛家之尊号也。故释氏有三宝之名，而曰世尊者也。""何当移白足，早晚凌苍山。"朱注："《高僧传》：释昙始游化关中，足白于面，跣步泥水，未尝沾污。时称白足和尚。"《赠宣州灵源寺仲浚公》："此中积龙象，独许浚公殊。"朱注："龙象，谓能荷负佛法之有力者。《制度论》曰：'龙行水中力大，象行陆中力大。'""观心同水月，解领得明珠。今日逢支遁，高谈出有无。"朱注：

水月、明珠，皆佛氏之所谓性也。

解领，佛家偏袒而坐也。《金刚经》云："偏袒右肩，右膝着地。"

佛氏以明心见性为教，以水月而喻性也。故《维摩诘经》云："菩萨观众生,如智者见水中月也。”又云:“譬如不下巨海,不能得无价宝珠。如是不入烦恼大海,不能得一切智宝。”

支遁,字道林,尝著论。其《妙观章》云:“色之性也,不自有色。色不自有,虽色而空。故曰色即为空,色复异空。是有无之谓也。”

朱谏对其中的佛家术语作了阐释,虽然有些可能属于基本概念,但对于不太了解佛家用语的读者来说,还是很有必要的。同时,朱谏的串讲也更加圆融畅达,力求贴近诗人之意:“观心识性,有同水月,则知性地之光明矣;解偏袒而得明珠,则知烦恼之悉除矣。浚公禅悟能至于此,其支遁之复生乎?吾乃今日再逢支遁,得闻有无之高论,发挥色空之妙指,使吾脱然有悟,若入巨海而获无价之智宝也。”朱谏的阐释融入了佛家术语的释义,以及自己对诗意的理解,诗句蕴藏的佛教妙义得到了阐明,也丰富了诗歌的意义空间。与之相比,杨齐贤与萧士赟虽然引述的文献内容更多,有《宝积经》《小涅槃经》等,知识性更强,但并未结合诗句进行阐释,阐释者自身对于诗歌的理解没有得到呈现。

《赠僧朝美》这首诗的赠诗对象是僧人,佛家术语更多,佛教色彩更加浓郁,在李白佛教类诗歌中比较具有典型性。《赠僧朝美》:“水客凌洪波,长鲸涌溟海。百川随龙舟,嘘吸竟安在?中有不死者,探得明月珠。高价倾宇宙,余辉照江湖。包卷金缕褐,萧然若空无。谁人识此宝,窃笑有狂夫。了心何言说,各勉黄金躯。”朱谏对佛教语词作了笺注:

明月,宝珠也。

金缕,金线也;褐,毛布也。金缕褐,即今之织金褐子也。在释家则为金襕褐子袈裟。

空无者,佛氏以空无为法也。

宝,谓明月珠也。佛氏所谓牟尼珠也,指心而言。

了,慧也,讫也。佛家所谓戒定慧,慧而后能悟。无言说者,谓悟道不在于言语也。文殊师利曰:“如我意者,于一切法无言无说。”

朱谏在疏通语词的基础上,首先明确了诗人之旨:“此白赠僧朝美,以其本教明心见性之义勉之。”继而从明心见性的角度阐明诗意:“言性者人之所同,而众人皆不能知。惟智慧者能知之,有若水客入海以求宝也。……是珠也,高价倾乎宇宙,虽连城而莫偿;清光溢于江湖,而余辉之傍达。裹以金缕之褐,藏于至密之中,韬光不露,如入虚无萧然而无迹者,是所谓明心而见性者也。"对于诗歌的最后四句,朱谏更是予以充分的阐发:

> 言人各有此明珠,以为一身之至宝;宝在吾身,人自不知,识此宝者复谁人哉!我自窃笑,虽为狂夫,独能识此宝也。宝果何在乎?乃吾光明之心,普照乎万物者也。然则何以能使此宝常光明而不昧乎?惟尽其智慧以了吾心,萧然空无,一切烦恼,悉皆除去,则所谓宝珠者,即此而在矣,又何有于思议而待于言语之陈乎?吾当与子各务勉力,以明吾心,则烦恼灭,智慧生。所谓宝珠者,吾得之矣。

朱谏将佛教精义融入诗意的阐发,明确指出"此宝"即是诗人的"光明之心",如何做到"此宝常光明而不昧",只有达到"空"的状态,除去一切烦恼,真正明心见性,才能得到宝珠。正如萧士赟所指明的:"按《维摩诘经》曰:当知一切烦恼为如来种智。不下巨海,不能得无价宝珠。不入烦恼大海,则不能得一切智宝。此篇主意,全是隐括此经。"①

此外,《春日归山寄孟浩然》这首诗也带有浓郁的佛教色彩,开篇即云:"朱绂遗尘境,青山谒梵筵。金绳开觉路,宝筏渡迷川。"几乎全用释家语。朱注:"梵者,西域之种类也。""梵筵者,释氏所坐之席也。金绳者,《法华经》云:黄金为绳,以界入道。筏,所以渡水者也。释家以能悟为渡,以不能悟为迷。"在语词释义的基础上朱氏的串讲更贴合诗境:

> 言我以朱绂之贵而离乎红尘之境,入于青山之内,得谒此梵氏之筵。以金绳而开觉路,化贪痴使皆入于定慧也。以宝筏而渡迷川,济众生使不沉于苦海也。归山谒梵,岂偶然哉!

"金绳""宝筏"都是具有特定意蕴的佛教意象,以譬喻的形式,借助美好的事物表达佛理妙义,化抽象为形象,喻体与本体完美地统一。"金绳"出自《妙法莲华经》,分别有《妙法莲华经·譬喻品第三》:"世界

① 《元本分类补注李太白诗》第四册,第158页。

名离垢,清净无瑕秽,以琉璃为地,金绳界其道。七宝杂色树,常有华果实。"[①]《妙法莲华经·授记品第六》:"其土平正,玻璃为地,宝树庄严,黄金为绳,以界道侧。妙华覆地,周遍清净,见者欢喜。"[②]关于"宝筏",杨齐贤注:"《金刚经》:'知我说法,如筏喻者。'"萧士赟注:"六祖得衣钵,五祖送六祖上船,云:'只合吾度汝'六祖答云:'迷时师度,悟了自度。'"[③]杨氏、萧氏只注引佛典出处,未加以阐释。朱谏则将佛教意象及其妙义融进诗意解读之中,诗歌文本与佛典文本互为表里,相互参照,既渲染了诗人春日归山如入禅境的欢喜之情,又阐明了意象所指的丰富意蕴,诗歌语言的互文性特征非常显明。

朱谏对释梵类语词的笺注,不仅对于诗歌的阐释具有文化延伸的价值,还为现代学术研究提供了一些参考,如张锦枝《统宗会源——孙奇逢理学思想研究》就引用了朱谏注语:

> 儒家的传统中的静坐功夫不同于佛教的"晏坐法"。李白诗云:"晏坐寂不动,大千如毫发","静坐观众妙,浩然媚幽独"。朱谏《注》曰,佛学所谓"晏坐",指"心不在内,亦不在外","不断烦恼,而入涅槃",接近闲坐,未必是寂然不动的状态。早在唐代,静坐法就已经成为佛、道两家养息的共同的方法。[④]

李白《庐山东林寺夜怀》是一首典型的禅诗:"我寻青莲宇,独往谢城阙。霜清东林钟,水白虎溪月。天香生虚空,天乐鸣不歇。宴坐寂不动,大千入毫发。湛然冥真心,旷劫断出没。"这首诗所用的佛教词语更丰富,几乎每句诗都有。朱谏引用《楞严经》《维摩诘经》等佛典释义,突出了这首禅诗浓郁的佛家文化底蕴,东林寺这座著名佛寺的幽深境界和庄严气象在诗歌语境中得到了充分表达。

意涵丰富的语词是诗歌本文的构成要素,同时作为独立的文化符号又具有自身特定的意义与内涵,也可以说,既在本文结构之内,又在

① 弘学《妙法莲华经》,巴蜀书社2002年版,第62页。

② 《妙法莲华经》,第116页。

③ 《元本分类补注李太白诗》第四册,第197页。

④ 张锦枝《统宗会源——孙奇逢理学思想研究》,武汉大学2011年博士学位论文。

本文结构之外,包含着双重属性。对这些语词的注释是诗歌阐释的重要组成部分,与诗歌作品的意义及其文化延伸都有着密不可分的关系。本文讨论的这些语词都是独立的意义符号,其独立性既体现在诗歌文本的表达中,又自成一个小的语义系统。语词作为文本最小的结构单位成为重要的意义载体,特别是高度凝练的诗歌语言,在被书写和被阅读的过程中不断被镶嵌与被抽离,作为“中介者”的语词体现出文本之间的吸收与转化,这是阐释者所必须面对与高度关注的。

(作者单位:安徽财经大学)

《黄鹤楼》诗的接受

——以崔、李竞诗为中心*

沈文凡　彭　伟

崔颢,不详其字,汴州(今河南省开封市)人。开元进士,官至尚书司勋员外郎。为盛唐著名诗人,与王昌龄、高适、孟浩然等齐名。诗多不传,存诗四十一首。早年诗风浮艳,后历边塞,转为雄浑劲健。崔颢的《黄鹤楼》一诗,以其风神超迈,高绝一世,成为盛唐七律不可企及的典范。南宋严羽将其视作唐人七律第一。后世历朝历代,无数作品从诗格的模仿、意象的化用、境界的营造,各个方面对此诗进行了艺术的借鉴。而自太白搁笔之说传出,崔、李竞诗就成为一桩笔墨公案,对于"黄鹤""凤凰"孰优孰劣的论争聚讼千载,无时或已,一直持续到今天。这在《黄鹤楼》诗的接受史上成为最突出的现象。

一　历代有关崔、李竞诗的批评

胡仔《苕溪渔隐丛话》卷五载:"《该闻录》云:唐崔颢《题武昌黄鹤楼》诗……李太白负大名,尚曰:'眼前有景道不得,崔颢题诗在上头。'欲拟之较胜负,乃作《金陵登凤凰台》诗。"[①]崔、李竞诗之说即源于此。

---

* 基金项目:2020 年度国家社会科学基金重点项目"唐宋韵文东亚接受文献缉考与研究"(20AZW008);2020 年度国家社会科学基金重大项目"东亚词学文献整理与研究"(20&ZD275)阶段性成果。

① 胡仔《苕溪渔隐丛话》卷五,人民文学出版社 1962 年版,第 30 页。

后来的诗评家转相援引，如宋人计有功的《唐诗纪事》、刘克庄的《后村诗话》，宋元间方回的《瀛奎律髓》，元人辛文房的《唐才子传》等都曾转述。崔颢的《黄鹤楼》诗从此声名鹊起，南宋严羽《沧浪诗话·诗评》认为："唐人七言律诗，当以崔颢《黄鹤楼》为第一。"①自崔、李竞诗之说出，宋元明清以来的论者，就对"黄鹤""凤凰"孰优孰劣多所评论，众议纷纭。这些见解，散见于各种诗话、笔记之中，对两诗的格律、气格、句法、思想境界等方面，作了广泛的探讨。崔、李竞诗的笔墨公案，遂成为《黄鹤楼》接受史上最值得关注的现象。这些评论大体有三种倾向：

主崔胜者。这种论调占了主流，兹择其大概而言之。宋代：李畋《该闻录》"眼前有景道不得，崔颢题诗在上头"（《苕溪渔隐丛话》前集卷五引）、严羽《沧浪诗话·诗评》"唐人七言律诗，当以崔颢《黄鹤楼》为第一"。明代：许学夷《诗源辩体》卷三五"崔颢《黄鹤楼》，兴趣所到，形迹俱融，为唐人七言律第一"②。清代：吴昌祺《删订唐诗解》卷十九"不古不律，亦古亦律，千秋绝唱，何独李唐"③，又批李白诗曰："起句失利，岂能比肩《黄鹤》。后村以为崔颢敌手，愚哉。一结自佳，后人毁誉，皆多事也。"④沈德潜《唐诗别裁集》："（崔诗）未因凭吊而怀乡也。意得象先，神行语外。纵笔写去，遂擅千古之奇。"⑤纪昀《瀛奎律髓刊误》卷一："崔是偶然得之，自然流出；此（李诗）是有意为之，语多衬贴，虽效之而实不及。"⑥吴景旭《历代诗话》："严沧浪取以压卷，乃所谓绝唱不可和，而'鹦鹉洲'风力犹逊，'凤凰台'全弱，何云'敌手棋耶？'"⑦金圣叹《贯华堂选批唐才子传》："然则先生当日，定宜割爱，竟让崔家独步。胡

① 严羽《沧浪诗话》，何文焕辑《历代诗话》，中华书局1981年版，第699页。

② 许学夷《诗源辩体》卷三三，人民文学出版社1987年版，第333页。

③ 施蛰存《黄鹤楼与凤凰台》，《名作欣赏》1985年第1期。

④ 张孟麟《李白〈登金陵凤凰台〉和崔颢〈黄鹤楼〉诗的优劣》，《名作欣赏》1996年第3期。

⑤ 沈德潜《唐诗别裁集》卷三，上海古籍出版社1979年版，第433页。

⑥ 纪昀《〈瀛奎律髓〉刊误》卷一，武汉出版社2008年版，第15页。

⑦ 易接道、甘久生《崔颢〈黄鹤楼〉诗与李白〈凤凰台〉诗比较谈》，《江西大学学报》1990年第1期。

为如后世细琐文人,必欲沾沾不舍,而甘出于此哉。"[①]近人:高步瀛《唐宋诗举要》"太白此诗全摹崔颢《黄鹤楼》而终不及崔诗之超妙,惟结句用意似胜"[②]等。

作持平之论者。宋刘克庄《后村诗话》:"古人服善,太白登黄鹤楼,有'眼前有景道不得,崔颢题诗在上头'之语,至金陵乃作'凤凰台'以拟之。今观二诗,真敌手棋也。"[③]宋元间方回《瀛奎律髓》:"太白此诗与崔颢《黄鹤楼》相似,格律气势,未易甲乙。"[④]清沈德潜在将《黄鹤楼》许为第一的同时,亦对李诗有评语:"从心所造,偶然相似。必谓摹仿司勋,恐属未然。"[⑤]《唐宋诗醇》:"崔诗直举胸臆,气体高浑。白诗寓目山河,别有怀抱。其言皆从心而发,即景而成,意象偶同,胜境各擅。"[⑥]王琦《李太白全集》注:"《黄鹤》《凤凰》相敌在何处?《黄鹤》第四句方成调,《凤凰》第二句即成调。不有后句,二诗首唱皆浅稚语耳。调当让崔,格则逊李。"[⑦]

也有少数抑崔者。清人持批评意见以尤侗、钱慎庵为代表。尤桐:"崔诗佳处止五六一联,犹恨以'悠悠、历历、萋萋'三叠为病,太白不长于律,故赏之;若遇子美,恐遭小儿之呵。"[⑧](《养一斋诗话》卷八引)钱慎庵:"六(句)之'鹦鹉洲',乃见成语,'汉阳树'则扭捏成对耳。且'芳草萋萋',亦属见成,而'晴川历历'则何所本?且'历历汉阳树'截以成句,而'萋萋鹦鹉洲'成何文理?""律本二对,今上四句皆不对矣,而五六又草率如此,太白阁笔,而千古更无异辞,实不解也。若云只取气格耳,既云律矣,何乃只取气格耶?"刘献廷《广阳杂记》卷二引述钱说,备加称许,谓"慎庵此言,细入毛发,吾意考功(崔颢)、青莲(李白)复起于九京,

---

① 金圣叹《金圣叹选批唐诗》,浙江古籍出版社1985年版,第96页。

② 高步瀛《唐宋诗举要》卷五,上海古籍出版社1978年版,第554页。

③ 王琦注《李太白全集》,中华书局1977年版,第986页。

④ 方回《瀛奎律髓》卷三五,上海古籍出版社1986年版,第26页。

⑤ 《唐诗别裁集》,第433页。

⑥ 杨有山《同中有异,各擅胜境——崔颢〈黄鹤楼〉与李白〈登金陵凤凰台〉诗比较》,《名作欣赏》2005年第6期。

⑦ 《李太白全集》,第988页。

⑧ 郭绍虞编选《清诗话续编》,上海古籍出版社1983年版,第2133页。

亦无以对吾慎庵矣"①。

这些评论各有其着眼所在，以接受影响的角度来看，读者的阐释具有能动作用，当然会指向不同的旨归，从而产生各种相左甚至激烈冲突的观点。《唐宋诗醇》讥评道："论者不举其高情远意，而沾沾吹索于字句之间，固已蔽矣。"是有见地的说法，然而论诗离不了具体的分析比较。综合来看，这些争论主要集中在几个问题上：是律非律？如是，则可论高下；不是，则体裁本自不同，或未可比。气势、意境的比较，孰更高浑？结句的思想境界，是否李作为佳？对于崔、李竞诗的高下，以下试就这几个关键的问题为之疏说厘清。然而未必就可，或说有必要，得出一个结论而定于一尊。只是在此过程中，对于《黄鹤楼》接受史上的现象，多有可以发明之处。

二　崔、李竞诗公案的几个前提

1. 首句的"白云""黄鹤"之辨——误读与"悟读"

崔颢的《黄鹤楼》一诗流传千古，脍炙人口。现在通行的唐诗选本，首句都作"昔人已乘黄鹤去"。但此诗的开头到底是"昔人已乘黄鹤去"，还是应为"昔人已乘白云去"，不同的版本有异义。自唐以来因为版本记录的不同，论者聚讼纷纭，莫衷一是。

唐选本《国秀集》卷中、《河岳英灵集》卷中、《又玄集》卷上、《才调集》卷八和《文苑英华》卷三一二、《唐诗纪事》卷二一、《瀛奎律髓》卷一、《唐诗鼓吹》卷四、《唐诗品汇》卷八三、明活字本唐五十家诗集《崔颢集》卷下及《全唐诗》卷一三〇均作"白云"；《全唐诗》注："一作黄鹤。"宋王安石《唐百家诗选》卷四（四库全书本）及明清多数选本并作"黄鹤"。今人选本或从"黄鹤"，如林庚、冯沅君《中国历代诗歌选》上编二册注："黄鹤，一作白云，误。"或主"白云"，如施蛰存《唐诗百话》谓"此诗原作必是'白云'"，力辟"黄鹤"之非。或认为"黄鹤""白云"皆通，如社科院文学

① 陈增杰《崔颢〈黄鹤楼〉诗述评》，《古籍整理研究学刊》1995 年第 1 期。

研究所《唐诗选》。

力主“黄鹤”一说的,如唐汝询《唐诗解》卷四〇:“黄鹤,诸本多作白云,非。”金圣叹《选批唐诗》卷三下:“有本乃作‘昔人已乘白云去’,大谬!不知此正以浩浩大笔,连写三‘黄鹤’字为奇耳。”其他如李锳《诗法易简录》卷一一、纪昀《瀛奎律髓刊误》卷一、高步瀛《唐宋诗举要》卷五亦皆主“黄鹤”。[①] 今之论者陈增杰撰专文对以上观点作了总结,认为当以“黄鹤”为是,提出了四点理由:首先,“白云”不合典实。昔人指乘鹤的神仙。关于黄鹤楼的几个传说,无论是《南齐书·州郡志下·郢州》所载仙人子安乘黄鹄过此,还是《太平寰宇记》所记费文袆乘鹤憩驾(《唐诗鼓吹》引《图经》同此),都是驾鹤仙去,而无乘白云而去的记述,金圣叹故问:“‘白云’出于何典耶”;其次,从意义讲,第三句“黄鹤一去”正承首句“黄鹤去”说下(“去”字重复得有意味),若作“白云去”,则前后意不相贯,下面“空余”“不返”都无着落。李锳曰:“(首句)若作‘白云去’,则三句黄鹤不得说‘去’,而四句白云何反云‘千载悠悠’耶?”指出语意上的不相衔接。再次,从章法讲,前三句叠用三个“黄鹤”,一气翻下,空灵飞动,造成回环的旋律,表现出奔放豪迈的气势、堪称绝调。第四句始出“白云”,又有“题外突入之妙”(李锳语),读来耳目一新。且以虚衬实(白云,实景),兴象最为超迈。若首句先已言“乘白云去”,不但与第四句“白云悠悠”重复生厌,而前半篇的绝调亦顿失奇警,不免于化神奇为朽腐之讥了。清人魏伯子批评道:“后之俗人病其不对,改首句‘黄鹤’为‘白云’,作双起双承之体,诗之板陋固不必言矣!”(《诗法易简录》卷一一引)最后,李白的《鹦鹉洲》七律系拟此篇而作,李诗前三句“鹦鹉东过吴江水,江上洲传鹦鹉名。鹦鹉西飞陇山去”,亦三叠“鹦鹉”字,正仿此诗章法。可见李白在黄鹤楼看到的崔颢题诗手迹,首句原作“黄鹤”,此最其明证。按这里陈是用反证法,至于李白是否看到崔颢题诗,而有现实的影响史,后文将作讨论。

而施蛰存先生提出了针锋相对的观点,支持“白云”之说。他在《黄鹤楼与凤凰台》一文里,对《黄鹤楼》一诗的版本流变作了梳理:“唐代三

---

① 陈增杰《崔颢〈黄鹤楼〉诗述评》,《古籍整理研究学刊》1995年第1期。

个选本《国秀集》《河岳英灵集》《又玄集》，宋代的《文苑英华》《唐诗纪事》《三体唐诗》，元代的选集《唐音》，都是'白云'，而元代另一个选集《唐诗鼓吹》却开始改为'黄鹤'。从此以后，从明代的《唐诗品汇》《唐诗解》，直到清代的《唐诗别裁》《唐诗三百首》等，都是'黄鹤'了。由此看来，似乎在金元之间，有人把'白云'改作'黄鹤'，使它和下句的关系扣紧些。但是晚唐的选本《又玄集》在诗题下加了一个注：'黄鹤乃人名也。'这个注非常奇怪，好像已知道有人改作'黄鹤'，因此注明黄鹤是人名，以证其误。这样看来，又仿佛唐代末年已经有改作'黄鹤'的写本了。我们现在所见到的《又玄集》，是从日本传回来，一九五九年由古典文学出版社据日本刻本影印，未必是原本式样。这个注可能是后人所加，而不是此书编者韦庄的原注。"[①]《又玄集》的这个注很值得注意。后来的《吴礼部诗话》说："崔颢黄鹤楼诗题下自注云：'黄鹤乃人名也'。"[②]他说"自注"，究竟是另有所本，还是即据《又玄集》，则未可知。施先生认为这个注是后人加的，以证明晚唐没有首句作"黄鹤"的版本。而有论者却据"自注"一说，认为"黄鹤既然是人名，那自然不会是'乘黄鹤去'，而只能是'乘白云去'"。他们都是主"白云"一说的，但所援引的论据，却刚好是矛盾的。施先生又针对金圣叹的批评，分析了以"白云"为首句，句意是贯通的，此处也并不一定要用典故。

关于《黄鹤楼》首句的"黄鹤""白云"之辩，以上对举了两种观点。细究之可以看出，其实施蛰存一派意见，是在考辨"原是什么"，而陈增杰一派观点，则是在讨论"应为什么"，一个侧重于事实，一个侧重于艺术。可以肯定的是早出的版本首句作"白云"，依照版本学的原则，可能崔颢原作如此。但其间亦有矛盾之处，所以不能遽下定论。我们也许永远也无法探知原诗的面目究竟为何了，但在这样的辩论中显示清楚的思路，却使我们对《黄鹤楼》的接受史有了最具启发性的认识，即以首句"白云"论之，金元以来的改写，以及以后无数的辩护诘难，都是对《黄鹤楼》一诗有意识的误读，或者说"悟读"。正是在接受过程中无数读者

---

① 施蛰存《黄鹤楼与凤凰台》，《名作欣赏》1985年第1期。

② 丁福保辑《历代诗话续编》，中华书局2006年版，第590页。

能动的参与,使文本与读者,甚或与作者,发生了双向的交流,从而完成了对这一首浩浩大诗的写成或续完。至于崔颢原文是什么,反而不重要,犹其余事了。

这里借用了西方文论的几个概念。论者并没有严格地按照其定义和在其语境中的所指来使用,只是用来发明问题。哈罗德·布鲁姆认为:“诗的历史是无法和诗的影响截然区分的。因为一部诗的历史就是诗人中的强者为了廓清自己的想象空间而相互‘误读’对方诗的历史。”[①]他所说的“误读”有有意的、策略性的一面,不包含价值判断。中国古代文学的接受传播有其独特之处:时间跨度之大,散佚缺失在所难免。保存的介质为纸笔,并不稳定。加之传抄、刊刻的错误,有不同的版本、异文留传。而古代的藏书家、批评家通常又是作家,他们往往根据自己的意见好恶,对原书作取舍批点。这给考订原著造成很大的困难。其结果:文本与接受者的交流关系不仅是思想层面的,还是现实层面的。以崔颢首句本为“白云”而论,金、元以来的诗家对《黄鹤楼》一诗的改写,以及后人对这个版本的接受,与其说是“误读”(通常意义上“误解”“错误”之意),不如说是“悟读”(创造性的接受,与布鲁姆的“误读”相近)。毋庸置疑,正是变“白云”而为“黄鹤”,才使这首诗浑灏流转,高妙难测,“遂擅千古之奇”。《互文性研究》中,有一节叫“诗应该由众人写成”。借此语,从崔颢起,一千多年间在对其接受的历史中,无数人参与进来,共同“写”成了这样一篇叫作《黄鹤楼》的“诗”。

2. 诗的古近体之争——仿格与变格

崔颢的《黄鹤楼》一诗,究竟算不算是律诗,一直以来也存在争议。源头大概是严羽《沧浪诗话》中说:“唐人七律当以此为第一。”主张《黄鹤楼》是律诗的,主要有三种意见:或说崔颢时代,七律尚未完全定型,不必苛求;或说崔诗是“拗体”,是“古风式的律诗”;或说声律美与意境美发生矛盾时,宁可前者服从后者,云云。这一问题涉及崔、李两作的比较,因为如果同为律诗,则高下或易论之。如果不是,则未可在七律这一范畴而相轩轾。反对的声音如清钱慎庵:“律本二对,今上四句皆

① 金元浦《接受反应文论》,山东教育出版社1998年版,第308页。

不对矣，而五六又草率如此，太白阁笔，而千古更无异辞，实不解也。若云只取气格耳，既云律矣，何乃只取气格耶?”喻守真在《唐诗三百首评注》中说：“律句既不能入古，古诗哪可便入律？古人兴到笔随，偶弄狡狯，竟传诵千古，究竟不可为法。”①

现在通行的看法还是将《黄鹤楼》视作七律的。论者陈植锷对这一问题，有专文为之论甚详。他首先举了陈钰人和王力的观点。前者认为《黄鹤楼》只是七律的一个“绝调”，也就是说，它不能算一般的律诗，因为写得好，作为律诗的特例处理。是从七律的三要素之一“对仗合律”的角度提出质疑的。而王力先生认为这是“古风式的格调”，而所谓“古风式的律诗”在他的《汉语诗律学》一书中是属于古风的一种。两人都是从律诗定型年代来说的。王先生说：“五言律诗的成熟，在唐初；七言律体的成熟，在开、天之际。”因此他认为“当时律诗既然还没有定型化，根本不产生应该不应该的问题”。也就是说不能用七律的要求来要求《黄鹤楼》，或者说它根本不算一首纯粹的律诗。陈钰人还引杜甫“老来渐于诗律细”一句来证明到杜甫年老以前律诗还未成熟。陈植锷接下来指出，《黄鹤楼》颔联的“复返”和“悠悠”，双声对叠韵，全联是宽对；颈联是词组成句的工对，所谓“不拘对偶”的责难是站不住脚的。至于唐人七律何时定型的问题，因为没有明确的历史记载，历来有几种不同的意见。例如清钱良择《唐音审体》说：“律诗始于初唐，至沈、宋而其格始备。”当然，这也是一家之言。陈得出结论说：“我们之所以把律诗的成立定于唐代，并以‘近体诗’的名称使它与唐以前的古体诗相区别，就是因为此时诗人们才开始自觉地依照这种约定俗成的格律去写诗(声律并不是唐人发现的，就七律而言，南北朝诗人如庾信的《乌夜啼》等已暗合七律的规格，但并非自觉追求)。从这一点出发，我们认为《黄鹤楼》应算七律。”②这是较为通达的看法，可从其说。他为此列举几点理由：第一，在崔颢以前，沈佺期、宋之问、杜审言等初唐诗人均已创作了

① 易接道、甘久生《崔颢〈黄鹤楼〉诗与李白〈凤凰台〉诗比较谈》，《江西大学学报》1990年第1期。

② 陈植锷《崔颢〈黄鹤楼〉和唐人七律》，天津师院学报1997年第2期。

许多定格的七律诗，如《古意》《守岁侍宴应制》《大酺》等。而其他人亦写出过完整的七律。第二，崔颢本人也写过一些工整的七律，如《行经华阴》。第三，《黄鹤楼》本身后四句也十分工整，无论对仗还是平仄都完全合格。从这些来看，崔颢是有能力创作严格的七律的，"由此可见崔颢写《黄鹤楼》，是在明确了七律的规格的情况下从事创作的，但当追求声律的美与锤炼意境的美发生矛盾时，他以前者服从了后者"①。葛晓音在《论开元诗坛》中论述了各种诗歌体裁发展到开元时期的线索。她举了《黄鹤楼》的例子，认为"开元七律大体上就处于这种由流畅向工稳过渡的状态中"②。这里也是视为七律而论的。可见，崔颢这首诗，无论是带有过渡的痕迹，还是有意犯调以求气格，都使这首诗因为不受束缚而兼有声情之美，显得卓尔不群。

崔颢《黄鹤楼》的诗格奇崛，不可一世，但也非空穴来风，而是其来有自。明田艺蘅《留青日札》卷五《诗谈初编》云："今日但知李太白《凤凰台》出于《黄鹤楼》，而不知崔颢又出于《龙池篇》也。"③沈佺期《龙池篇》如下："龙池跃龙龙已飞，龙德光天天不违。池开天汉分黄道，龙向天门入紫微。邸第楼台多气色，君王凫雁有光辉。为报寰中百川水，来朝此地莫东归。"前半首叠五"龙"、四"天"，二"池"字。论者评论道："谓崔诗出于沈作，这是就前四句叠字成章而言的；但两诗叠法和句调并不尽同，沈是单字叠用，崔是复词相叠。沈诗'调沉语重、神韵未扬'（许学夷《诗源辩体》卷一七），枯索乏味；崔作'运以灏气'，兴象超迈，其工拙固不啻霄壤。"④其实崔颢在《黄鹤楼》之前，已有《雁门胡人歌》一诗或即效仿沈作，前四句曰："高山代郡接东燕，雁门胡人家近边。解放胡鹰逐塞鸟，能将代马猎秋田。"这首诗仅有两个单字重复，模仿的痕迹并不明显，效果也不突出。直到崔颢作《黄鹤楼》，才一气振起，"直出云卿之上，视《龙池》直俚谈耳"⑤。论者有云："该诗显然受到初唐诗人沈佺期

① 陈植锷《崔颢〈黄鹤楼〉和唐人七律》，天津师院学报1997年第2期。

② 葛晓音《论开元诗坛》，北京大学出版社1998年版。

③④ 陈增杰《崔颢〈黄鹤楼〉诗述评》，《古籍整理研究学刊》1995年第1期。

⑤ 《李太白全集》，第987页。

《龙池篇》的影响，以辘轳相转的句式和重要字眼的重叠，形成了以歌行体开篇的体式，显得不古不律，亦古亦律。这种散调变格显然有利于后面的整饬归正，造成了一放一收的美感，有助于气魄的形成和意境的开拓，'手法抑何奇也'，这种'奇'，正在于学沈诗而如鸣蝉脱壳，于模仿中有所超越。"[①]崔颢之后，世人盛传李白《登金陵凤凰台》效法此格，欲与《黄鹤楼》竞诗。李白此作为："凤凰台上凤凰游，凤去台空江自流。吴宫花草埋幽径，晋代衣冠成古丘。三山半落青天外，二水中分白鹭洲。总为浮云能蔽日，长安不见使人愁。"太白此体在两句之中重复了三个"凤"字，流利紧凑，也为后面的写景怀古留足了余地。显是模仿崔作而又有变化，以至计有功在《唐诗纪事》对拟崔一说言"恐未然"。有意思的是，与崔颢学沈一样，李白在《登金陵凤凰台》之前，亦有《鹦鹉洲》一诗，句法用字都逼似《黄鹤楼》，显出深重的模仿痕迹。其诗为："鹦鹉来过吴江水，江上洲传鹦鹉名。鹦鹉西飞陇山去，芳洲之树何青青。烟开兰叶香风暖，岸夹桃花锦浪生。迁客此时徒极目，长洲孤月向谁明。"前三句叠用"鹦鹉"，第四句"何青青"与"空悠悠"如出一辙。清人王琦说："徐柏山谓：'李白《鹦鹉洲》诗全效崔颢《黄鹤》。《凤凰》非其正拟也。'予则以为，论字句《鹦鹉》逼真，论格调则《鹦鹉》卑弱，略非《凤凰》《黄鹤》敌手。"[②]其实客观来说，这首诗写得明艳有致，还是不错的。但因其气势意境上都不敌《黄鹤楼》，所以为人所讥。而李白自己也深知这一点，于是又作《凤凰台》一首与之相竞。可见艺术的效仿也有一个过程。

以上试为爬梳了从《龙池篇》到《黄鹤楼》，以及《凤凰台》的线索。而在李白之后，这一诗格一直为人借鉴，有了许多变格。如杜甫《夔州歌十绝句》(其一)："中巴之东巴东山，江水开辟流其间。白帝高为三峡镇，瞿塘险过百牢关。"这虽然是一首七绝，只截律诗之一半。但老杜在首句里将"巴""东"两字分合轴接，构成由舒缓转急促的节拍，既显山之回沓连绵之状，又如江水蓄势，至第二句一泻而下，端是神力惊人。"中

① 陈建华《论崔颢诗歌的艺术风格》，《松辽学刊(社会科学版)》1995年第2期。

② 《李太白全集》，第987页。

巴之东巴东山”,七字皆阴平,构成奇崛拗峭的音调,更属创格。这可以说是《黄鹤》诗格的一次小规模运用,因体制的短小而浓缩于一句之中,更显凝练。而晚唐的李商隐亦有《赠司勋杜十三员外》一首:“杜牧司勋字牧之,清秋一首杜秋诗。前身应是梁江总,名总还曾字总持。心铁已从干镆利,鬓丝休叹雪霜垂。汉江远吊西江水,羊祜韦丹尽有碑。”《李商隐诗歌集解》中引金圣叹的评语:“因其名杜牧,又字牧之,于是特地借来小作狡狯,写二‘牧’字,二‘秋’字,三‘总’字,二‘字’字,成诗一解,此亦沈《龙池》、崔《黄鹤》所滥觞,而今愈出愈奇无穷也。”[①]又引管世铭语曰:“五律解散不对,为孟(浩然)、李(太白)创格。……七言变体,始于崔司勋之《黄鹤楼》,太白深服之,故作《鹦鹉洲》诗,全仿其格。其后白乐天‘早闻元九咏君诗,恨与卢君相识迟。近日逢君开旧卷,卷中多道赠微之’,李义山‘杜牧司勋字牧之,清秋一首杜秋诗。前身应是梁江总,名总还曾字总持’,韩致尧‘往年曾在溪桥上,见倚朱栏咏柳绵。今日独来芳径里,更无人迹有苔钱’,虽气体不同,杼轴各出,要皆《黄鹤楼》作为之滥觞也。”[②]这两则引言对仿《黄鹤楼》诗格之脉络,多所厘清。李商隐的这首,正是在前四句中,把“杜”“牧”“秋”“字”“总”等多个字叠用,将杜牧的姓字嵌于其中,又将其比拟为梁代江总的姓字错镂于间,虽为戏谑语,句意却枝叶纷披,神光离合,比前更是不同。同为晚唐的郑谷,其七律《石城》:“石城昔为莫愁乡,莫愁魂散石城荒。江人依旧棹舴艋,江岸还是飞鸳鸯。”颇有意趣,能得崔诗之韵调和神采。金圣叹说其“自翻机杼,另出新裁”,誉为“采神妙手”(《选批唐诗》卷七上)[③],所言不虚。

这里试择崔颢、李白、老杜、义山四诗而为之言。崔诗是在三句之中,叠用三个“黄鹤”,如去而复返,有飞动之势。第四句始写“白云”。李白是于前二句之中,用“凤凰”两次和单字“凤”一次,既舒畅流利,又句意紧凑,为下文留了余地。老杜是在七绝的起首一句,用“东巴”二字

① 刘学锴、余恕诚《李商隐诗歌集解》,中华书局 2004 年版,第 966 页。

② 《李商隐诗歌集解》,第 969 页。

③ 《金圣叹选批唐诗》,第 430 页。

分合转接,在咫尺之间而有奔涌之势,至为难得。而义山则是在四句之中,叠用多个字而不觉工巧,愈出愈奇,才力惊人。《黄鹤楼》一诗因为创调,又最自然挥洒,所以名声最高,其他不免为掩。但这一接受的链条,不自崔始,也不自李终,而是一直为后来人所丰富发展。个人自具手眼,各出己意,既有模仿,又有变格,从而创造性地完成了接受。

3. 结句所写之"愁"境——不如或超越

在对《黄鹤楼》和《凤凰台》的比较中,很多议论针对两诗的结句,认为同样是写"愁",崔颢"烟波江上使人愁"的"愁"是乡关之思,止于一己一身;而李白的"长安不见使人愁"的"愁"则攸关国家社稷,有感时伤世之慨。所以,两相比较,李诗的思想境界更为高尚,意旨更为深远。有的在称许崔诗之后,转而说李诗"一结自佳",或言"太白此诗全摹崔颢《黄鹤楼》而终不及崔诗之超妙,惟结句用意似胜"。果然如此吗?似还可商榷。试将两诗对读。崔颢《黄鹤楼》:

昔人已乘黄鹤去,此地空余黄鹤楼。
黄鹤一去不复返,白云千载空悠悠。
晴川历历汉阳树,芳草萋萋鹦鹉洲。
日暮乡关何处是,烟波江上使人愁。

首句的"昔人",以仙人乘鹤的传说落笔,然后生发开去。崔颢当此高楼之上,望白云之悠悠不尽,追慕当年神仙驾鹤而去的踪迹,感慨万千:清虚之意,寂寞之感,沧桑之叹,于焉而起。盖昔人已去,斯楼仍在,白云无心,只有自然之物见证了时间的永恒,而世间有情,已不知几多变迁。以有限之身写无限,这一霎那,达到了瞬间的永恒。前四句一片神行,挥洒而就,真气贯注,顺势直下而绝无半分滞碍。"黄鹤"如同去而复返,一连出现三次。看似平仄虚实对仗都不合体式。实则崔颢负绝大才力,所以敢于一犯再犯,以古体笔法入律。这几句句意飞跃灵动,造成回环的旋律,表现出豪迈奔放之势,堪称绝调;而黄鹤白云,又以虚衬实,离合不定。第四句始出"白云",有"题外突入之妙"。端的是变幻莫测。清沈德潜在《唐诗别裁》里赞其"意得象先,神行语外,纵笔写去,遂擅千古之奇"。

诗的前半用散格变调,后半就回到七律的格律上来,复归于整饬谨严了。境界上由放而收,转为眼前实景:汉阳的晴川之上,远树历历在目;江心的鹦鹉洲头,芳草萋萋如诉。从开头四句写黄鹤已杳,昔人难追的邈远虚廓,到这两句写楼外景色,烘托出登楼远眺者的愁绪,而使文势有起伏。“五六虽断写景,而气亦直下喷溢,收亦然,所以可贵。”①《楚辞·招隐士》有“王孙游兮不归,春草生兮萋萋”之语,诗中可能即借“芳草萋萋”句逗出末句乡关何处,归思难禁之意。结尾“烟波江上使人愁”使诗境重回开头那种渺茫悠远之感,如豹尾绕额,合于开头。我们可以想见,落日的余晖已经褪尽了光热,只余红的色彩点染,将川上晴树、洲前芳草、江上烟波、船头桅影,一切都笼罩在它之中,有一种“时光的烂熟之美”。而诗人于此时分,凝驻怅望,已似痴了,生出浑茫万端的感触:客途之倦、思乡之情、家国之忧、兴亡之叹,等等都关合一处,而又不能指实。这种难以尽言的“愁”,指向一种永恒的归宿,使人怅惘不已。这首诗千百年来有着如此巨大的艺术魅力,大概就在于此。

《黄鹤楼》一作,“虽为律诗变体,却被誉为唐人七律的压卷之作。盖因作者以摇曳生姿的古歌行体入律。前四句豪爽俊利,显出大气磅礴的狂放气质。雄浑的气势,令李白读之罢笔。‘晴川’‘芳草’这一对仗工整的律联,不仅使流走的气势得以顿蓄,也因‘鹦鹉洲’一典的隐喻使全诗意脉贯通,潜气内转,余势鼓荡,溢为尾联的唱叹。这种亦古亦律、大巧若拙的结构体制,便于表现高唱入云的雄健气格,也使声谐句对的律句更显清拔隐秀,形成寄情高远的超妙诗境”②。

再看李白的《登金陵凤凰台》:

凤凰台上凤凰游,凤去台空江自流。
吴宫花草埋幽径,晋代衣冠成古丘。
三山半落青天外,一水中分白鹭洲。
总为浮云能蔽日,长安不见使人愁。

“凤凰台”在金陵凤凰山上,相传南朝刘宋永嘉年间有三只五彩缤纷的凤凰翔集于此山,乃筑台,山和台由此得名。首联即从此传说入

① 《唐宋诗举要》,第547页。

② 袁行霈编《中国文学史》第二卷,高等教育出版社1999年版,第249页。

手。凤凰的出现是祥瑞的象征，预示着王朝的兴盛。而如今凤去台空，六朝繁华消歇，只有长江之水依然奔流不息。使行人过此，如何不唏嘘感慨。前两句十四字中用了三个“凤”字，却不嫌重复，音节流转明快。用两句将四句的意思凝括了，为后文的内容腾出了空间。三、四句接着抒发历史兴亡的感叹。金陵乃六朝古都，繁华竞逐，悲恨相续，都如云烟过眼。当年的馆娃宫早已美人罢歌，荒草丛生，一片废墟景象。而曾经清谈高论的魏晋名士也早已衣冠成冢，风流云散。这一联有怀古的意味，如果顺势下去，就成为一首怀古诗了。颈联李白笔势一转，将目光转向了登临所见周遭的景色：三山在金陵城西南长江边上，三峰并列，南北相连。盖山间有云遮挡，显得若隐若现，不说山被遮去半截，而说半落天外，巧妙而有气势。也是为与下文“白鹭”相对。这两句对仗工巧，景象壮丽，意境开阔。最后由浮云之蔽日而发感慨，寄寓了深意。陆贾《新语·慎微篇》中说：“邪臣之蔽贤，犹浮云之障日月也。”这是把浮云比为奸邪之臣，把日月比作贤能之臣。此外太阳又是帝王的象征。李白的这句，即以“浮云蔽日”隐喻杨国忠等佞臣蒙蔽皇帝。诗人西望长安，为朝廷社稷担忧，发出了深沉的浩叹。萧士赟在评此诗时说：“此诗因怀古而动怀君之思乎？抑亦自伤谗废，望帝乡而不见，乃触景而生愁乎？太白之意，亦可哀也。”①

李白《登金陵凤凰台》的写作时间，一说是作者在天宝年间，被排挤离开长安，南游金陵所作；一说是作者流放夜郎遇赦返回后所作。无论取哪一说，都不离诗人以浩茫的心宇对国事的关注。这是他结尾所言“愁”的现实内容。而崔颢的《黄鹤楼》一诗，所言之“愁”则更为浑茫不可知。诗的开头写昔人乘鹤仙去，白云千载悠悠，本就给人空虚无常的寂寞之感。诗人仿佛凭栏四眺，倚立移时，直到夕阳的光辉将其轻笼，陷入莫名的惆怅之中。诗意至此重回空茫的境界。时光的烂熟之美，如同慰抚，有如召唤，使人顿起思乡之情。但这里的乡思，超越了具体的情境，指向一种永恒的归宿。宦游之倦，乡梓之眷，身世之慨，家国之

① 王国巍《“凤凰”自比“黄鹤”好——论李白〈登金陵凤凰台〉的超越性》，西华大学学报2005年第3期。

忧……,都容或有之。因为不能指实反而有了更广泛的内涵。鲁迅在《藤野先生》里有一段:“从东京出发,不久便到一处驿站,写道:日暮里。不知怎地,我到现在还记得这名目。”这个地名,就将日暮与乡里联系一起。或者化用崔颢的诗意也未可知。至于“不知怎地,我到现在还记得这名目”,则是因为它触动了大多数人心里渺远如同前生的记忆。这段可为崔颢之诗作一注脚。也许正是《黄鹤楼》一诗反映了人生普遍的情感体验,具有永恒的魅力,千百年来传唱不衰。所见如此,崔诗结尾的意境更具超越性。

三 “焦虑”的李白

自崔、李竞诗之说流出,历代的诗评家就发出不同声音。对于两诗的优劣,或主崔胜,或主李胜,或作持平之论,可谓聚讼纷纭。崔、李竞诗的笔墨公案,遂成为《黄鹤楼》接受史上最值得关注的现象。

崔颢的《黄鹤楼》诗作于他南游荆楚时期,大概时间在他开元十一年及第前后,又有说其南游为两次,后一次是在他的晚年。《黄鹤楼》诗收入下限为天宝三载的《国秀集》中,可以确定作诗的年限在此之前。李白的《登金陵凤凰台》一说作于天宝年间,一说作于他流放夜郎遇赦后返回时作。而李白游黄鹤楼曾有数次,传说中登楼搁笔,曰“眼前有景道不得,崔颢题诗在上头”在哪一次,是否实有其事,都不得而知。但从时间来看,是有可能的。

现代接受理论并不讲求考据式的实证研究,对生平作详尽考察,而更看重文本间的内在联系。“借鉴已有的文本可能是偶然或默许的,是来自一段模糊的记忆,是表达一种敬意,或是屈从一种模式,推翻一个经典或心甘情愿地受其启发。”① 楼头搁笔的传说,小说家言,莫须有之,然而在李白本身的作品中,却可以发现受崔诗影响的痕迹。传说“哲匠敛手”之后,先是作了一首《鹦鹉洲》,句格用字都逼似《黄鹤楼》。

① 蒂费纳·萨莫瓦约《互文性研究》,天津人民出版社 2003 年版,第 1 页。

"自分调不若也，于心终不降，又作《凤凰台》，然后可以雁行无愧矣。"[①]李白《江夏赠韦南陵冰》一首中，有一句"我且为君捶碎黄鹤楼，君亦为吾倒却鹦鹉洲"，"要是设言之辞"。后来好事之徒附会，拟为《醉后答丁十八以诗讥予捶碎黄鹤楼》一首，开头四句"黄鹤高楼已捶碎，黄鹤仙人无所依。黄鹤上天诉玉帝，却放黄鹤江南归"，全仿《黄鹤楼》诗格。把李白说得如此不堪，岂是睥睨青云，口吐半个盛唐的谪仙所为，不值一哂。然而李白不无黄鹤楼情结，对崔颢的《黄鹤楼》一诗，始终念兹在兹，却是显而易见的。这里可以借用哈罗德·布鲁姆"影响的焦虑"理论。

布鲁姆的观点集中反映在他的《影响的焦虑》一书中。其"理论的核心在于，从心理学角度来考察文学发展史中的影响与反影响的矛盾运动"[②]。布鲁姆认为："'后来诗人'处于一种甚为尴尬的境地——总是处于传统影响之阴影里。怎样才能摆脱这个阴影，使自己的诗作'显得'并未受到前人的影响，从而仍然足以跻身于强者诗人之列呢？由此形成了'影响的焦虑'，即对于传统影响的心理焦虑，或由于传统影响而引起的焦虑感"，"在后来诗人的潜意识里，前驱诗人是一种权威和'优先'——首先是历时性平面上的优先，是一个爱和竞争的复合体。由此为发轫点，后来诗人在步入诗歌王国的一刹那就开始忍受'第一压抑感'。他无可避免地——由意识抑或无意识——受到前驱诗人的同化，他的个性遭受着缓慢的消融。为了摆脱前驱诗人的影响阴影，后来诗人就必须极力挣扎，竭尽全力地争取自己的独立地位，争取自己的诗作在诗歌历史上的一席之地"[③]。因此，"一首诗的意义只能是一首诗，不过是另一首诗——一首并非其本身的诗。且这首诗也不是完全任意选出的诗，它必须是出自一位不容置疑的前驱之手的任何一首核心诗，哪怕这位新人从来没有读过这首'核心诗'。在这里，考证研究是完全派

① 《李太白全集》，第 987 页。

② 《接受反应文论》，第 308 页。

③ 哈罗德·布鲁姆《影响的焦虑》，江苏教育出版社 2006 年版，第 3 页。

不上用场的。我们的研究对象是初始词汇”[①],“诗的历史是无法和诗的影响截然区分的。因为一部诗的历史就是诗人中的强者为了廓清自己的想象空间而相互‘误读’对方的历史”。

在崔、李竞诗的个案中,崔就是所谓的“前驱诗人”,李则是“新人”。《凤凰台》一诗就是对《黄鹤楼》有意识的“误读”(布鲁姆理论中的“误读”是有策略性的,用个性去“修正”、竞争的意义)。《黄鹤楼》诗浑灏高妙,如奇峰拔地,其重可知。金圣叹在评《鹦鹉洲》《凤凰台》拟《黄鹤楼》时说:“从来文章一事,发由自己性灵,便听纵横鼓荡;一受前人欺压,终难走脱牢笼。”[②]话里面“欺压”“牢笼”两词,形象地道出了一首“亲本诗”带给新人的“影响的焦虑”。为了克服这种焦虑,李白首先作了《鹦鹉洲》一首,然而因为全仿崔诗,在气势和意境上都不及,所以不为人知。这正如布氏理论所言:“受到前驱诗人的同化,他的个性遭受着缓慢的消融。”如此李白要“争取自己的独立地位”,直到《凤凰台》出,始能一较短长。而这正是成功地对《黄鹤楼》一诗进行了误读。客观来说,李白的《登金陵凤凰台》一作,音节之浏亮,风格之清丽,意境之幽远,章法之谨严,可谓炉火纯青,是其不多的律诗之冠。崔诗和李诗,一高华空阔、豪放飘逸,一深沉阔大,潇洒清丽,各擅胜场。然而崔诗不拘格套,率性而出,前半盎然古风,飘然纸上;李白本长于歌行,而三四虽格律精稳,对仗工巧,却失其挥洒浪漫之风了。“太白生性不喜排偶,崔颢适与契合”[③],吊诡之处就在于,李白此作所以不及,是因为崔颢这首比李白自己更像李白。其实,李白有意无意与崔竞诗的,或不止《凤凰台》一首,黄鹤楼是他产生“焦虑”的初始情境,他在黄鹤楼作诗既多,有数首堪称绝调:《黄鹤楼送孟浩然之广陵》的清辞丽句,《与史郎中钦听黄鹤楼上吹笛》的清旷意境,如何肯落人下。太白何许人也!然而在《黄鹤楼》一首上,终须让崔颢一头地。不是李诗不好,只因“崔颢题诗在上

---

① 《影响的焦虑》,第71页。

② 《金圣叹选批唐诗》,第244页。

③ 胡应麟《诗薮》卷五,上海古籍出版社1979年版,第82页。

头”。创调在先,已占了地步,而“同能不如独胜”①,任你是一,他也是画前一卦了。由此可见在一个有着强大历史的诗歌传统面前,成为一名“强者诗人”是如何之难。

然而,在布鲁姆的理论中,这种影响又标示了一个向上的箭头。“后辈诗人实际上是希望他的创造能重写或改写世界诗歌史,使自己成为诗歌史的新的顶峰。这样‘谁影响谁’的正常顺序就似乎颠倒过来了。布鲁姆发现,先前那种前辈诗人影响后辈诗人的惯常的因果关系其实并不确切,倒是前驱诗人往往受惠于后辈诗人的成就与光彩。也就是说,正是后辈诗人的成就与光彩使人们关注前辈诗人的诗作,使人感到了前人的伟大与不可或缺。”②崔、李竞诗是中国诗歌接受史上“影响的焦虑”最突出的个案,布氏的这一论断在其中也得到具体的显现。李白堪称中国古代最伟大的诗人,尤其是他代表了高华无比的盛唐风范,成为后世难以企及的高峰。崔颢原本“名位不显”,而自从“太白搁笔”之说传开,诗名为之大振,《黄鹤楼》在唐人璨若群星的诗作中许为“七律第一”,岂是易与？李白以《凤凰台》与崔颢《黄鹤楼》竞诗,无损其伟大,正显示了一名“强者诗人”在面对诗歌传统时的坚强意志和突破精神,而崔颢则以其高,而愈显其高。这种同能而独胜的局面,只有在唐代诗歌极盛的背景下才显出开阔使后世想往和慨叹不已。

(作者单位:吉林大学文学院;长春师范大学文学院)

① 《历代诗话续编》,第699页。
② 《接受反应文论》,第312页。

元好问与李白诗歌的继承关系

张瑞君

从元好问对传统文学的接受看，对于诗仙李白是高山仰止，“百年梅福隐，万古谪仙游”（《洛阳高少府瀍阳后庵五首》其五）①、“翰林仙人诗酒豪，平生嵇阮参游遨”（《闻钦叔在华下》）。“每个艺术家、每个作家和每个科学家用以前人类的所有知识武装自己，从而让自己和其他所有人处于承受的限制和控制之外。”②他自感无法超越，但是并没有远离，而是在具体的创作中学习吸收李白诗歌，丰富自己的诗歌创作。“诗仙诗鬼不谩欺，时事先教梦里知。”（《俳体雪香亭杂咏十五首》其六）

元好问的诗学思想继承李白的元素更多，主张真性情的抒发，反对虚伪；推崇天真，反对雕琢。“诗道坏复坏，知言能几人。陵夷随世变，巧伪失天真”（《赠祖唐臣》）。

从元好问的阅读史看，他对李白的诗歌是十分熟悉的，常常信手拈来，或融入自己的想象，或转化为自己的诗歌语言。《临汾李氏任运堂二首并序》其一“车尘及马足，捧手仍低眉”转化《古风五十九首》之“大车扬飞尘”与《梦游天姥吟留别》“安能摧眉折腰事权贵，使我不得开心颜”之意。对李白的盖世才华无比佩服，常常感叹后来无人能与其比肩，《济南杂诗十首》其二：“匡山闻有读书堂，行过山前笑一场。可惜世间无李白，今人多少贺知章。”《梨花海棠二首》其一“恨无尘外人，为续

① 所引元好问诗均采用元好问著，狄宝心校注《元好问诗编年校注》，中华书局 2011 年版。

② 布尔迪厄《艺术的法则——文学场的生成与结构》，中央编译出版社 2011 年版，第 321 页。

雪香句”转化李白《宫中行乐词八首》“柳色黄金嫩，梨花白雪香”，写梨花再难超越李白的妙句了。“举杯谢明月，蓬毕肯相临”（《饮酒五首》其一）化用李白“举杯邀明月，对影成三人”。“一饮三百杯”（《后饮酒五首》其四）化用李白“会须一饮三百杯”（《将进酒》）。李白的诗歌深深扎根在元好问的情绪记忆之中，只要有触发的因子，就会涌现于笔端。《南冠行》“黄河之水天上流，何物可煮人间愁。撑霆裂月不称意，更与倒翻鹦鹉洲。安得酒船三万斛，与君轰醉太湖秋”吸收李白《将进酒》“黄河之水天上来”、《陪侍御叔华登楼歌》“举杯消愁愁更愁”和“人生在世不称意”、《江夏赠韦南陵冰》“我且为君捶碎黄鹤楼，君亦为吾倒却鹦鹉洲”、《陪侍御叔游洞庭醉后》“巴陵无线酒，醉杀洞庭秋”。《感事》“世间安得如川酒，力士铛头醉死休”化用李白《襄阳歌》“舒州杓，力士铛，李白与尔同死生”。《初挈家还读书山杂诗四首》其二“天门笔势到闲闲，相国文章玉笋班”化用李白《望天门山》想落天外。《追赋定襄周帅梦卿家秋日牡丹》“真妃镜里春难老”暗用李白《清平调》三首诗意。《曲阜纪行十首》其五“我亦澹荡人，涉世寡所谐”化用李白《古风五十九首》其十“吾亦澹荡人，拂衣可同调”。《黄华峪十绝句》其七“万古飞流泻不供，枉教喷薄困鱼龙。谪仙剩有银河句，不道香炉更一峰”化用李白《望庐山瀑布》“日照香炉生紫烟，遥看瀑布挂前川。飞流直下三千尺，疑是银河落九天”。《裓谷圣灯》“纷纷世议何足道，尽付马耳春风前”化用李白《答王十二寒夜独酌有怀》“世人闻此皆掉头，有如东风射马耳”。《送弋唐佐还平阳》“晋州一书君肯来，握手大笑心颜开。春风著人不觉醉，快卷更须三百杯”化用李白《将进酒》“烹牛宰羊且为乐，会须一饮三百杯”。《游承天镇悬泉》“射鹿有场鱼有浦，好筑漕台俯洲渚”化用李白《襄阳歌》“此江若变作春酒，垒曲便筑糟丘台”。《醉中送陈季渊》“衰颜明镜两寂寞，别意春江谁短长”化用李白《秋浦歌》其十五：“白发三千丈，缘愁似个长。不知明镜里，何处得秋霜”、《金陵酒肆留别》“风吹柳花满店香，吴姬压酒唤客尝。金陵子弟来相送，欲行不行各尽觞。请君试问东流水，别意与之谁短长”。《岳解元生日邦宪》“天日晴明见岳时，只君消得谪仙诗。莺花到处供杯酒，霜雪何缘点鬓丝”为岳邦宪祝寿时用贺知章称李白谪仙人的典故，称岳邦宪配得上李白水平的诗歌来道贺,又反用《秋浦歌》“白发三千丈,缘愁似个长。不知明镜里,何处得秋霜”。“一诺知君重山岳”(《答晁公宪世契二首》暗用李白《扶风豪士歌》“意气相倾山可移”。

对于实在难以超越的诗仙诗思,元好问直接引用到自己的诗篇之中。《后平湖曲》“美人一笑千黄金,连城不博百年心”引李白《白纻词》其二“月寒江清夜沉沉,美人一笑千黄金”。《宝镜》“宝镜挂秋水,青娥红粉妆。春风不相识,白地断肝肠”引李白《春思》“春风不相识,何事入罗帏”、《越女词》“相看月未堕,白地断肝肠”。《论诗三十首》其十五“笔底银河落九天,何曾憔悴饭山前。世间东抹西涂手,枉著书生待鲁连”一开始便用李白《望庐山瀑布》的诗句,极力推崇李白雄豪奔放的诗歌风貌。第二句则用唐孟棨《本事诗·高逸》:“白才逸气高……故戏杜曰:‘饭颗山头逢杜甫,头戴笠字日卓午。借问别来太瘦生,总为从前作诗苦。’”今李白集中并无此诗,而元好问多次用此典,主要是为了突出李白想落天外思如泉涌的独特创作个性。后两句则用对比日日寻章摘句的书生们怎能理解诗坛豪宕不羁的鲁仲连。其十六:“切切秋虫万古情,灯前山鬼泪纵横。鉴湖春好无人赋,夹岸桃花锦浪生。”前二句抓住李贺诗歌意象的凄冷幽暗苦寂的特点,与李白生机勃勃明快自然对照,倾向性明显。

李白元素在元好问的阅读史中出现的频率不少,对于李白人生经历或诗中的山川风物,元好问能够从李白诗中找到印证,并且常常成为自己诗歌中吟咏的对象。《济南行记》:“凡北渚亭所见西北孤峰五:曰匡山,齐河路出其下,世传李白尝读书于此,曰粟山;曰药山,以阳起石得名;曰鹊山,山之民有云:每岁七八月,乌鹊群集其上,亦有一山皆曰鹊时。此山之所以得名欤?曰华不注,太白诗云:‘昔岁游历下,登华不注峰。兹山何峻秀,青翠如芙蓉。’此真华峰写照诗也。”①

华不注山

元气遗形老更顽,孤峰直上玉孱颜。
龙头突出海波沸,鳌足断来天宇闲。

① 元好问著,狄宝心校注《元好问文编年校注》卷四,中华书局2012年版,第355页。

齐国伯图残照里，谪仙诗兴冷云间。
乾坤一剑无人识，夜夜光芒北斗寒。

华不注山如元气未开辟的囫囵木头，一峰插天高峻挺拔。又如东海波涛汹涌的龙头，好似女娲斩断的鳌足成为擎天之柱。夕阳残照下的江山曾是古时齐国的版图，谪仙李白的诗句仿佛在冷清的云间飘荡。华不注山是乾坤中的一支宝剑无人赏识，夜夜散发着光芒令北斗星倍觉凄寒。全诗受李白诗风沾溉，气魄宏伟，想象新奇。在感叹华不注山寂寞的同时，融入了自己怀才不遇、壮志难酬的身世感慨，含而不露，耐人回味。

游泰山

泰山天壤间，屹如郁萧台。厥初造化手，办此何雄哉！天门一何高，天险若可阶。积苏与累块，分明见九垓。扶摇九万里，未可诬齐谐。秦皇憯威灵，茂陵亦雄材。翠华行不归，石坛满苍苔。古今一俯仰，感极令人哀。是时夏春交，红绿无边涯。奇探忘登顿，意惬自迟回。惜无赏心人，欢然尽余杯。夜宿玉女祠，崩奔涌云雷。山灵见光怪，似喜诗人来。鸡鸣登日观，四望无氛霾。六龙出扶桑，翻动青霞堆。平生华嵩游，兹山未忘怀。十年望齐鲁，登临负吟鞋。孤云拂层崖，青壁落落云间开。眼前有句道不得，但觉胸次高崔嵬。徂徕山头唤李白，吾欲从此观蓬莱。

山东泰山一带是李白人生游历的重要地方，在此留下了不少诗篇。其中《游泰山六首》就是此诗的重要取法诗篇。全诗吸收李白诗歌的神话传说元素，整合凝练成一首杂言古体。元好问感叹“眼前有句道不得”就是指这些诗篇。李白《游泰山六首》其一“六龙过万壑，涧谷随萦回”、“水急松声哀”、“天门一长啸，万里清风来。玉女四五人，飘摇下九垓。含笑引素手，遗我流霞杯”，其二“山际逢羽人，方瞳好容颜。扪萝欲就语，却掩青云关”，其三“精神四飞扬，如出天地间”，其四“攀崖上日观，伏槛窥东溟。海色动远山，天鸡已先鸣”，其五“长松入霄汉，远望不盈尺。山花异人间，五月雪中白”，其六“举手弄清浅，误攀织女机”不一而足。

元好问对李白的传说十分迷恋，常常言于诗歌之中。《阿千始生》

“梦惊松出笋,兆应竹生花”指五代王仁裕《开元天宝遗事·梦笔头生花》:“李太白少时,梦所用之笔,头上生花,后天才赡逸,名闻天下。”以李白比友人:“长安市上见李白,为我一醉秦东亭”(《送希颜赴召西台兼简李汾长源》)此比李汾。“白也风流余酒尊”(《李屏山挽章二首》其一)此比李纯甫。《无尘亭二首》其二“亭中剩有题诗客,独欠云间李谪仙”用李白比李仁卿。

看到李白的诗意画,元好问更是按捺不住无比激动的心情,挥笔题画。

太白独酌图宣和所藏李伯时笔

谪仙去世三百年,海中鲸鱼渺翩翩。岂知龙眠天马笔,忽有玉树秋风前。金銮归来身散仙,世事悠悠白发边。会稽贺老何处在,千里名山入酒船。清景已随诗句尽,风流合向画图传。往时长安酒家眠,焦遂不狂张不颠。想得三更风露下,醉和江月弄江烟。

元好问见到宋徽宗宣和年间李公麟(字伯时)所画《太白独酌图》,激情迸发,写了这首观画之作。结合李白的人生经历和诗歌创作,采用了李白的许多传说,尽情挥洒,飘逸新奇。一开始便说谪仙李白去世三百年之后,仍然可以看到李白骑着鲸鱼翩翩飞腾。哪知号龙眠居士的李公麟有天马行空如椽巨笔,栩栩如生地画出了玉树临风、风度翩翩的天才诗人太白。被唐玄宗赐金还山从金銮殿归来的李白狂放不羁自由任真,经过人事沧桑的变换看尽了朝廷的世态炎凉,白发爬上了诗仙的双鬓。会稽山的贺知章而今何在,千里的名山都装入了酒船进入了李白的诗篇。清丽绝伦的景色已经被诗仙描绘殆尽,那一时的风流盛世应该靠绘画流传。往日里天子呼来不上船,醉眠酒家,杜甫笔下“饮中八仙”的高谈雄辩的焦遂、世称“张颠”的草书大家张旭,比起太白也难说奇伟、难称颠狂。可以看到李太白在三更天的风露之下,呼唤江月为友吟弄烟雾迷蒙的江景。语言洒脱畅快,自然流走,仿佛不是观画,而是与李白对话、对饮,心灵在交流。

而对于李白飘然风姿与傲岸不屈人格不了解的画作,元好问也直言不讳地表达了自己的不满:

李白骑驴图

八表神游下笔难，画师胸次自酸寒。
风流五凤楼前客，枉作襄阳雪里看。

第一句说李白有神游八表的风姿，那人间少有的仙风道骨使得画家们下笔为难，用李白《大鹏赋序》："予昔于江陵，见天台司马子徽，谓予有仙风道骨，可与神游八极之表。"而画家的胸襟气魄及绘画的才能显然很是寒酸不足，很难体悟到诗仙超凡脱俗的天才气韵。李白《古风五十九首》其四十六："隐隐五凤楼，峨峨横三川。王侯象星月，宾客如云烟。"本是长安五凤楼前风流绝代的谪仙太白，反倒是画成了襄阳城风雪中失意的孟浩然。

对于李白的诗歌天才，元好问除了高山仰止的学习，就是吸收转化，他常常演化李白诗歌：

和仁卿演太白诗意二首

其一

萧萧窗竹动秋声，紫极深居称野情。静坐且留观众妙，还丹无用说长生。风流五凤楼前客，寂寞千秋身后名。解道田家酒应熟，诗中只合爱渊明。

其二

萧萧窗竹动秋声，檐间白云澹以成。白云朝飞本无意，白云暮归如有情。渊明太白醉复醉，季主唐生鸣自鸣。四十九年堪一笑，昨非今是可怜生。

李白《寻阳紫极宫感秋作》

何处闻秋声，翛翛北窗竹。回薄万古心，揽之不盈掬。静坐观众妙，浩然媚幽独。白云南山来，就我檐下宿。懒从唐生决，羞访季主卜。四十九年非，一往不可复。野情转萧散，世道有翻覆。陶令归去来，田家酒应熟。

演就是扩展，用七律二首演绎李白诗意，对李白诗歌心领神会，但是语言更流畅一些，显示了元好问模仿学习的谦虚态度。

元诗还有把李白散文的语言浓缩再造成极富表现力的诗句，如"曾是万户侯，不博一掉头"源自李白《与韩荆州书》："白闻天下谈士相聚而言曰:'生不用封万户侯,但愿一识韩荆州。'何令人之景慕,一至于此耶!"

元诗全面学习李白的想象艺术、构思特色,语言技巧,读起来很有李白风味。

送郝讲师住崇福宫郝,平晋人。

大方之家几知津?郝君七十老斫轮。书文五车喙三尺,剧谈混沌今犹神。太玄博士为绝倒,君言夸矣天公嗔。长安冠盖罗青云,洛阳车马争红尘。怪君掉头不肯住,寂寞来作由东邻。崧高维岳古所秩,三十六帝有外臣。玄都石坛待飙驭,宫殿突兀松轮囷。上界仙人邓云山,洞天治所名司真。蓬莱方丈去不远,明星玉女时相亲。瑶华可撷兰可纫,烟霞永隔尘中人。黄鹄一去不复返,白鸥万里谁能驯?为我殷勤谢邓君,玉华岁晚当平分。

这首诗浪漫飘逸,有更多的李白元素,用杜甫描绘李白风神之诗来比友人。杜甫《送孔巢父谢病归游江东兼呈李白》:"巢父掉头不肯住,东将入海随烟雾。"李白《金陵与诸贤送权十一序》:"吾稀风广成,荡漾浮世,素受宝诀,为三十六帝之外臣。即四明逸老贺知章呼余为谪仙人,盖实录耳。而尝彩姹女于江华,收河车于清溪,与天水权昭夷服勤炉火之业久矣。"李白《西岳云台歌送丹丘子》:"明星玉女备洒扫,麻姑搔背指爪轻。"

九月七日梦中作诗续以末后二句

桃花红深李花白,昨日成团今日拆。歌声满耳何处来,杨柳青旗洛阳陌。拊君背,握君手。朝钟暮鼓无了期,世事于人竟何有!青青镜中发,忽忽成白首。六国印,何如负郭二顷田,千载名,不及即时一杯酒。

全诗结尾演化李白《将进酒》"君不见高堂明镜悲白发,朝如青丝暮成雪"之意而成,还有《行路难》"且乐生千一杯酒,何须生后千载名"。再看《游黄华山》:

黄华水帘天下绝,我初闻之雪溪翁。
丹霞翠壁高欢宫,银河下濯青芙蓉。
昨朝一游亦偶尔,更觉摹写难为功。

是时气节已三月，山木赤立无春容。
湍声汹汹转绝壑，雪气凛凛随阴风。
悬流千丈忽当眼，芥蒂一洗平生胸。
雷公怒激散飞雹，日脚倒射垂长虹。
骊珠百斛供一泻，海藏翻倒愁龙公。
轻明圆转不相碍，变见融结谁为雄？
归来心魄为动荡，晓梦月落春山空。
手中仙人九节杖，每恨胜景不得穷。
携壶重来岩下宿，道人已约山樱红。

无论是语言风格还是意象群的组建，学习李白的痕迹明显。可以找到李白《登庐山五老峰》《望庐山瀑布二首》《西岳云台歌送丹丘子》等诗的元素。

赠答赵仁甫仁甫名复，云梦人。江表奇士也。

我友高御史，爱君旷以真。昨朝识君面，所见胜所闻。江国辞客多，玉骨无泥尘。轩昂见野鹤，过眼无鸡群。想君夜醉浔阳时，明月对影成三人。散著紫绮裘，草裹乌纱巾。浩歌鱼龙舞，水伯不敢嗔。何意醉梦间，失脚堕燕秦？万世一旦暮，万里犹比邻。世无鲁连子，黑头万蚁徒纷纷。君居南海我北海，握手一杯情更亲。老来诗笔不复神，因君两诗发兴新。都门回首一大笑，袖中知有江南春。

可见李白《月下独酌》、《玩月金陵城西孙楚酒楼，达曙歌吹日晚乘醉著紫绮裘乌纱巾，与酒客数人棹歌秦淮，往石头访崔四侍御》、《古风五十九首》“齐有倜傥生”、《南陵别儿童入京》、《答王十二寒夜独酌有怀》等的影响。

天涯山

九州上游推大卤，独恨山形颇椎鲁。
天涯一峰今日看，快似昂头出环堵。
何年气母此融结，鬼凿神劖未奇古。
八窗玲珑透朝日，洞穴惨澹藏雷雨。
名花锦石粲可喜，乞与云烟相媚妩。

半空擲下金芙蕖，想得飞来自玄圃。
传闻绝顶更灵异，云是清都群玉府。
五云飞步吾未能，风袂泠泠已轻举。
东州死爱华不注，向在陋邦何足数。
敬亭不着谢宣城，断岸何缘比天姥。
酒船何时朝复暮，倒卷滹沱浣尘土。
唤起山灵挝石鼓，汉女湘妃出歌舞。
诗狂他日笑遗山，饭颗不妨嘲杜甫。

元好问奇特的想象不仅学习李白的七言歌行，李白戏赠杜甫的诗“饭颗山头逢杜甫，顶戴笠子日卓午。借问别来太瘦生，总为从前作诗苦”也被元好问数次使用。

元好问把李白歌行的艺术手法化用在七言律诗中，外在规范，内在自由磊落，情感激越。

送吴子英之官东桥且为解嘲

柴车历鹿送君东，万古书生蹭蹬中。
良酝暂留王绩醉，新诗无补玉川穷。
驹阴去我如决骤，蚁垤与谁争长雄。
快筑糟丘便归老，世间马耳过春风。

这首诗虽然从韵律上完全符合七律的体制，但是用典而不露痕迹，完全熔融在一泻无余的直抒胸臆感情表达中，含有李白七古的韵味。

元好问学习李白七律，自由挥洒。

寄杨飞卿

客梦悠悠信转蓬，藜床殷殷动晨钟。
西风白发三千丈，故国青山一万重。
沙水有情留过雁，乾坤多事泣秋虫。
三间老屋知何处，惭愧云间陆士龙。

巧用叠字照应，又用千万的数字对杖。自然流走，力避七律的板滞，追求流动的韵律美。暗用李白《秋浦歌》，不露痕迹。

元好问的一些成功的歌行，自由豪迈，挥洒自如。想象奇妙，语言新颖，学到了太白的神韵。

去岁君远游送仲梁出山

去岁君远游，今年客他州。青天万古一明月，只与行人生暮愁。问君游何许，情多地僻兮遍处处。金鞭断折骐骥死，万里长鸿思一举。忆初识子梁王台，清风入座无纤埃。华岳峰尖见秋隼，金眸玉爪不凡材。西园日晴花满烟，五云楼阁三山巅。玉树瑶林照春色，青钱白璧买芳年。三年一梦南阳道，汴水迢迢入秋草。拏云心事人不知，千首新诗怨枯槁。

破屋仰见星，疏衾风露清。匣中有长剑，为君鸣不平。泥涂久辱思一濯，去去举足皆清泠。邓州大帅材望雄，爱客不减奇章公。军中宴酣笳鼓竞，银烛吐焰如长虹。幕中多士君又往，谈笑已觉南夷空。东州春回十月后，梅花分香入春酒。平生得意钦与京，青眼高歌望君久。淅江南下青沄沄，石门细路苍烟屯。五松平头白日静，千山万山如乱云。菊源不逐时事改，芝岭自与商颜邻。他日相思一回首，渔舟时问武陵人。

全诗想象奇幻，妙笔生花，语言自然畅快，很有太白风韵。而新颖出奇的比喻，豪迈磊落的节奏，又自有特色。

面对宋代山水大画家范宽的《秦川图》，元好问吸收了李白《蜀道难》《南陵别儿童入京》的艺术手法以及李白诗歌剑意象的象征色彩，突破了题画诗的思维定势，纵横驰骋在画里画外，彰显了雄奇壮阔的艺术魅力。

范宽秦川图

乱山如马争欲前，细路起伏蛇蜿蜒。秦川之图范宽笔，来从米家书画船。变化开阖天机全，浓淡覆露清而妍。云兴霞蔚几千里，著我如在峨眉巅。西山盘盘天与连，九点尽得齐州烟。浮云未清白日晚，矫首四顾心茫然。全秦天地一大物，雷雨澒洞龙头轩。因山分势合水力，眼底廓廓无齐燕。我知宽也不办此，渠宁有笔如修椽。紫髯落落西溪君，长剑倚天冠切云，望之见之不可亲。元龙未除湖海气，李白岂是蓬蒿人？爱君恨不识君早，乃今得子胸中秦。作诗一笑君应闻。

如果除掉题目，仿佛就是一首生动逼真，令人神往的记游诗。

最为畅快淋漓的如《此日不足惜》:

此日不足惜,此酒不可无。颇怪昌黎公,亦复为世儒。天生至神物,与人作华胥。一酌舌本强,二酌燥吻濡。三酌动高兴,四酌色敷腴。连绵五六酌,枯肠润如酥。眼花耳热后,万物寄一壶。十酌未渠央,百觚亦奚拘。人生一世间,忽若过隙驹。有酒不解饮,问君谁与娱。君不见东家骑鲸李,胆满六尺躯。万言黄石策,八阵夔州图。酒酣起舞不称意,长吁青云指夷吾。又不见西家紫髯郎,老气雄万夫。狂歌饮燕市,击筑声呜呜。倚天长剑插少室,颇欲四海皆东湖。鹰扬虎视今焉如,河山永隔黄公垆。衔杯直待秋井塌,青苔白骨怜君愚。少年觅计生白须,扪参历井无危途。荣不满睫良区区,就令一朝便得八州督,争似高吟大醉穷朝晡。余名安得润枯骨,四十岂不知头颅。此日不足惜,此酒不可无。太虚为室月为烛,醉倒不用春风扶。

全面学习李白写酒诗的狂放、狂傲、旷达风尚,巧用排比构筑气势,为了突出李白的风尚,化用了李白诗歌中的大量诗句。李白《侠客行》:“三杯吐然诺,五岳倒为轻。眼花耳热后,意气素霓生。”又用李白醉骑鲸鱼,溺死浔阳的传说(《太平府志》卷三六载北宋诗人郭祥正诗:“骑鲸捉月去不返,空余绿草翰林坟”)。李白《陪侍郎叔游洞庭醉后》:“巴陵无限酒,醉杀洞庭秋。”李白《蜀道难》:“扪参历井仰胁息,以手抚膺坐长叹。”

南湖先生雪景乘骡图并序

南湖先生,原武人。年二十许时,曾以乡试两魁郑州。然其资倜傥,所以自望者甚高,终不乐为举子计,即弃去,学击刺。当正隆征南,颇欲驰逐戎行间。既而大定诏书下,兵各罢归,先生抱利器而无所试,乃浮湛里社,以诗酒自娱。买田南湖之上,筑亭种树,徜徉乎其间,尽置家事,日与宾客酣饮,歌管棋槊,穷日夕不少休。家故饶财,又好施予,其赴人之急,犹疾痛之在己,故人尤以此归之。所与游如临洺王逸宾、游宗之,大定刘之昂,其人皆天下名士。至论人物,必曰:“靖达卿,今日之奇男子也。”先生生于天会初,历大定、明昌、泰和,优游于太平和乐之世者五十年。大安兵兴，乃下世。平生喜作诗，乐府尤有蕴藉，观《西子弃瓢》诗可见也："髻鬟萧飒苎罗秋，千古香溪水自流。吴越兵争竟何得，风流输与五湖舟。"尝雪中骑青骡，行京水道中，作长诗，卒章有"安得西都画史吮笔出新意，写作南湖老子雪景乘骡图"之句。其子文炜，北渡后，来东平，始以先生之意，追画此图，求仆赋诗。文炜质直好义，读书作文，有声时辈中。观其子，可以想见先生之为人。故为道其事，并以致怀贤之思。

大河茫茫白连空，寒云迢迢度南鸿。汴梁高楼管弦里，成皋行人西北风。北风吹雪来，飘瞥卷孤蓬。异色变惨澹，元气开洪濛。襄阳潮阳诗境在，掇拾物色真难工。青骡谁此游？望见知是南湖翁。南湖翁，少日肮脏今龙钟，犹能吐气万丈如长虹。闭门兀坐意不惬，要看银海翻鱼龙。宝华世界琼瑶宫，江山随翁入清雄。诗成仰天一大笑，飞花落絮春濛濛。

郁郁梁宋郊，翁家出强宗。许与必豪右，收入等侯封。翁年十八九，弄笔学雕虫。叠取两解魁，隐隐何隆隆。一旦拂衣去，学剑事猿公。正隆适南征，匹马走从戎。墨丸磨楯鼻，意与江流东。紫微出东方，淮海亦来同。都将书与剑，田间就春农。仕宦不作邴曼容，醉乡自爱王无功。鹓鹍从渠致钟鼓，野鹤岂合栖樊笼？南湖烟景多，鱼鸟亦从容。亦有两小船，纶竿插船蓬。高亭出秀樾，窗户连青红。清飙随睡舆，暝色赴吟筇。门前车马来，日酿日不供。但苦佳客少，焉知清兴终。看翁弃瓢诗，调戏鸱夷老子如儿童。雄吞已觉云梦小，寒缩宁作书生穷。当年我得奉谈笑，昼夜肯放清樽空。东家西家不相从，南海北海不相逢。风流耆旧今谁似，惆怅相看是画中。

这首诗歌可以全面体现元好问学习李白诗歌的成就与不足。全诗化用了李白《古风五十九首》《结客少年场行》《北风行》《南陵别儿童入京》《答王十二寒夜独酌有怀》等元素，豪气凌云，痛快淋漓，但是语言总给人似曾相识的感觉，独创的色彩不鲜明，创新开拓的才力与勇气不够。

不可否认,李白是自然绽放的天才,是大唐帝国与李白个体独特因素的合力作用而成的,是可遇而不可求的,也是难以复制的。元好问学习李白的成就是毋庸置疑的,然而学习后的创造也有许多难以与李白比肩的缺憾,如内在气魄不够,自身的创新不足等,只有专文详论了。

(作者单位:太原师范学院)

李杜诗歌中的泪意象比较

李　菲　刘红麟

李白和杜甫是中国诗歌史上最熠熠生辉的两颗巨星，他们的诗歌分别代表了唐浪漫主义和现实主义诗歌的最高成就，后人将两人并称为“李杜”。围绕两位诗人的研究更是硕果累累，其诗歌中的意象亦是被古今学者作了多种维度的阐释，但在阅读过程中，笔者发现“泪”意象在李杜诗歌中皆出现多次。目前学术界对李白、杜甫诗歌中的“泪”意象研究相对薄弱，且关注的是单个诗人泪意象研究，而关于李杜诗歌“泪”意象的比较研究还未涉及，因此，对两人诗歌中的泪意象进行对比研究是十分有必要的。泪，是指眼里流出的水，本义是指眼泪，是人类共同的情绪表达，泪意象包含了泪、哭、涕、泣等。据笔者统计，杜甫诗歌中直接出现“泪”“哭”“涕”等词有 200 余次，李白诗歌中直接出现“泪”“哭”等词有 100 余次，还有一些隐性的包含“泪”意义的词语尚未计算在内。通过将李杜诗歌中的泪意象进行对比分析，发现两人这些洒泪之作中具有共通之处，如在情感内涵上，都抒发了怀才不遇之悲慨、忧国忧民之情结、思亲怀友之情感；在艺术上，皆较多使用比喻手法。二者也有差异之处，在情感内涵上，李白更侧重抒发一己之不遇，或写女性闺情闺怨之泪，杜甫内心之情多与国难民艰结合在一起，较多表达黎民苦难之泪、战乱之泪；在艺术上，李白较多使用夸张手法，常用“尽”“满”“盈”等表达极限的词来修饰“泪”之多，而杜甫多用白描手法，偏重刻画流泪的动作。此外，李杜两人对泪流之后的处理态度也有所不同，太白是挥泪后继续笑对人生，子美是垂泪后仍是满怀忧虑。本文通过分析对比李杜诗歌中的泪这一典型意象，主要围绕李杜诗歌中泪意象的共性、差异两个方面展开分析，挖掘其中蕴含的深刻文化内涵，探究李杜诗歌泪意象差异之成因,从而更为客观地感受李白与杜甫的内心世界,深刻认识李杜诗歌的个性特征。

一　李杜诗歌中泪意象之共性

李杜作为传统的士大夫文人,他们的政治理想及人生经历在某种程度上有着一定的相似之处,两人始终秉持着"安社稷""济苍生"的用世信念,而且两人在社会现实中皆屡屡碰壁,虽有凌云之志,但难以实现,始终怀才不遇,发言为诗。因此,他们诗歌中泪意象的情感内涵也就存在着共通之处,如面临国难民困时,他们忧国忧民;面对亲友分别时,他们相思怀人。

(一)怀才不遇

李白和杜甫一生怀才不遇,有心报国,但无路可寻,内心深处难免是失意落寞、苦闷抑郁的,因此他们难免伤心落泪,借以发泄内心悲伤的情绪。李白长期抑郁不得志,不公的现实与自己的政治抱负相差甚远,只好借酒消愁、借泪消忧。送别友人,两人皆壮志难酬,只好"空余贾生泪,相顾共凄然"(《金陵送张十一再游东吴》),也正因怀才不遇,内心更觉时不我待之苦,"对酒两不饮,停觞泪盈巾"(《门有车马客行》),表达时不我与、怀才不遇之悲伤。"霜惊壮士发,泪满逐臣衣"(《书怀赠南陵常赞府》),将自己的怀才不遇与黑暗的政治现实结合起来,更显悲慨愤懑。尽管晚年被流放及赦免,尽管始终怀才不遇,但李白仍心存报国志,"听此更肠断,凭崖泪如泉"(《秋登巴陵望洞庭》)。

杜甫和李白一样,空有一腔报国之志,却无用武之地,内心亦是充满了难以言说的苦楚,尤其是年老多病时,更容易回忆往昔岁月,感慨"赋诗独流涕,乱世想贤才"(《昔游》);到了两鬓斑白之时,仍旧是一事无成,"鬓毛元自白,泪点向来垂"(《伤春五首》),只好暗自垂泪;回首少年时有多快乐,然而现实与未来就有多艰难,今昔对比,"漫看少年乐,忍泪已沾衣”(《九日诸人集于林》),泪难自禁。尽管杜甫自己心念家国,但始终未能为力,只能是“恋阙丹心破,沾衣皓首啼”(《散愁》)。

(二) 忧国忧民

李白和杜甫虽然壮志难酬,但他们未曾“穷则独善其身”,始终是心系国家与人民。尤其是面对国事蜩螗、民生艰难的现状,两人心中忧思难忘,于是通过眼泪将心底的悲愤与忧愁发泄出来,尤其是在安史之乱期间,两人作下了大量的诗歌,此中之作可以说是泪如雨下。李白忧国忧民之心在其诗歌中留下了大量的痕迹,如《古风》其十四中的“三十六万人,哀哀泪如雨”,真切地反映了战争的惨烈与士兵的悲哀;《书怀赠南陵常赞府》中的“霜惊壮士发,泪满逐臣衣”、《万愤词投魏郎中》中的“恋高堂而掩泣,泪血地而成泥”等,表达了李白对黑暗的政治、腐败的军事及不安定的社会现状的悲愤与担忧。此外,还有“风号沙宿潇湘浦,节士悲秋泪如雨”(《临江王节士歌》)、“对酒两不饮,停觞泪盈巾”(《门有车马客行》)等,皆表达了李白对家国命运的担忧。

正如前人所言“杜陵有句皆忧国”,杜甫的泪是和家国命运紧密联系起来的,正如他自己所言“向来忧国泪,寂寞洒衣巾”(《谒先主庙》)。尤其是安史之乱爆发后,杜甫目睹了战争给国家和人民带来的巨大灾难,“以我观物,故物皆著我之色彩”,目之所及,皆为苦难,不禁为之落泪,“感时花溅泪,恨别鸟惊心”(《春望》)、“丛菊两开他日泪,孤舟一系故园心”(《秋兴八首·其一》)、“犹残数行泪,忍对百花丛”(《登牛头山亭子》),由眼前景引起的国家兴衰、身世蹉跎的感慨。战局的变动始终牵动着杜甫的心,当战争获胜时,“剑外忽传收蓟北,初闻涕泪满衣裳”(《闻官军收河南河北》),杜甫是喜极而泣。面对战争的惨绝人寰,杜甫在《蚕谷行》唤出了“不劳烈士泪滂沱,男谷女丝行复歌”,提出了一个士兵解甲归田、男耕女织的和平社会构想。此诗表达了诗人在年迈之年、流寓之迹,虽无可奈何,但仍心系国家安危,因而在《去蜀》中感伤道:“安危大臣在,不必泪长流。”

(三)思亲怀友

李白和杜甫重情重义,虽然与家人、朋友分散各地,但始终心怀彼此,与朋友、家人惺惺相惜,时常挂念,尤其是在离别时分,难免潸然泪下,伤心不已。李白性情豪迈,交友甚广,与友人惜别时,这位积极乐观、泪不轻流的诗人,也会慨然落泪,“平生不下泪,于此泣无穷”(《江夏别宋之悌》)、“远别泪空尽,长愁心已摧”(《赠别郑判官》)、“裴回相顾影,泪下汉江流”(《江夏送友人》)等,李白对友人的不舍与深切关心皆见于这无穷的别泪中了,“谁传《广陵散》?但哭邙山骨”追忆亡友崔宗之。李白为追求自己的理想,长年在外漫游,时常思念远在家乡的妻子儿女,“折花不见我,泪下如流泉”(寄东鲁二稚子)运用想象,将他与女儿彼此思念的场景刻画得如在目前;“遥将一点泪,远寄如花人”(《寄远十二首》其六)中的“一点泪”将他对妻子的执着思念表达得形象具体,极具感染力。

杜甫诗歌中亦有很多怀亲思友之泪,尤其是夜深人静时,孤独之感难以排解,常起相思之情。诗人望着一轮弯月,更加思念远方的亲人,“无家对寒食,有泪如金波”(《一百五日夜对月》),而妻子也在家中想念着诗人,“何时倚虚幌,双照泪痕干”(《月夜》)。因战乱未定,杜甫和弟弟妹妹也失去了联络,诗人心中始终牵挂着他们的消息,时常想到此事就潸然泪下,“不见江东弟,高歌泪数行”(《元日示宗武》)、“海内风尘诸弟隔,天涯涕泪一身遥”(《野望》)。此外,杜甫还流下了许多与友人惜别及思念友人之泪,如“故人忧见及,此别泪相忘”(《别常征君》)、“明朝牵世务,挥泪各西东”(《酬孟云卿》),皆表达了送别友人时依依不舍之情,“天涯春色催迟暮,别泪遥添锦水波”(《奉寄高常侍》)将诗人对好朋友高适的深切思念表达得淋漓尽致。

总之,李白与杜甫对泪意象的诠释,寄托了他们共通的情感内涵,如怀才不遇的悲慨、忧国忧民的宏大襟怀、思亲怀友的哀伤等,传达出一代诗学宗师对国家及自身命运的深刻思考。

二　李杜诗歌中泪意象之差异

李白和杜甫终其一生，始终坚持以天下为念的理想，尽管在现实中遭遇了诸多不顺，但是都没有放弃入世的信念。他们的性格和思想不大一样，诗歌风格也截然不同，严羽在《沧浪诗话》中评价："子美不能为太白之飘逸，太白不能为子美之沉郁"[①]，将飘逸与沉郁对举，两人风格之异显而易见。正因如此，李白与杜甫诗歌中泪意象的使用也有着彼此的特色，表现在情感内涵、意象组合、语言表达等方面皆存在差异。

（一）情感内涵

李白与杜甫诗歌的泪意象的情感内涵有其共通之处，但由于两人思想与经历等方面不同，因而其情感内涵亦有所差异。

李白这类包含泪意象的诗歌与杜诗相比，其情感内涵之独特性主要表现在三个方面。其一，李诗之"泪"更多是咏史怀古，表达一己之悲愤和幽情，如在《鸣皋歌送岑征君》中："哭何苦而救楚？笑何夸而却秦？"用申包胥救楚和鲁仲连却秦的典故，用这沽名钓誉二人衬托自己的遗世独立，表达自己的怀才不遇之情。再如"泣把李陵衣，相看泪成血"（《苏武》）、"多君同蔡琰，流泪请曹公"（《在浔阳非所寄内》）等，皆寄寓了太白怀才不遇的感伤。其二，李诗之"泪"是转泪为笑、化悲愤为动力，充满着一种积极向上、超越苦难的情感张力，如在《梁园吟》中，李白虽产生了"沉吟此事泪满衣，黄金买醉未能归"的悲伤低落之感，但最后又"东山高卧时起来，欲济苍生未应晚"，始终没有丢弃追求和信心。再如太白在《冬夜醉宿龙门觉起言志》中言："去去泪满襟，举声梁甫吟"，尽管泪流满面，但仍高歌前行，坚信"青云当自致"。其三，太白诗描写了较多的女性之泪，抒发了女子的闺怨闺情，如"停梭怅然忆远人，独宿

① 严羽《沧浪诗话》，中华书局1985年版，第36页。

孤房泪如雨”(《乌夜啼》)、“露如今日泪,苔似昔年衣”(《望夫石》)、“昔时横波目,今作流泪泉”(《长相思》)等。值得一提的是李白借女子之泪曲写诗人自己之泪,如“愁苦不窥邻,泣上流黄机”(《赠裴司马》),明写女子失宠落泪,实写诗人自己受馋被放、怀才不遇的悲苦。正如刘熙载在《艺概》中所说:“太白诗言侠、言仙、言女、言酒,特借用乐府形体耳。读者或认作真身,岂非皮相。”[①]

杜诗泪意象的独特处有两点,其一,杜诗之泪更多的是为国为民而流,杜甫深受儒家思想熏陶影响,尤其是长期的抑郁不得志、贫困及战乱的酝酿,他对社会现实有着更加深刻的影响,致君尧舜的政治理想与悲慨深沉的忧国忧民之情紧密融合时常心系家国之安危,落日时兴悲,中宵时流泪,“落日悲江汉,中宵泪满床”(《暮春题瀼西新赁草屋五首》其五)。其二,杜诗描写了不同身份主体之泪,表现出诗人对社会生活全方位的关心与思考。他的诗歌既有平民百姓之泪:“征戍诛求寡妻哭,远客中宵泪沾臆”(《虎牙行》)、“老弱哭道路,愿闻甲兵休”(《遣兴三首》其二);也有王孙贵胄之泪:“腰下宝玦青珊瑚,可怜王孙泣路隅”(《哀王孙》)。既有鬼魂之泪:“战场冤魂每夜哭,空令野营猛士悲”(《去秋行》)、“新鬼烦冤旧鬼哭,天阴雨湿声啾啾”(《兵车行》);也有动物之泪:“殊方日落玄猿哭,旧国霜前白雁来”(《九日五首》其一)、“邻鸡野哭如昨日,物色生态能几时”(《晓发公安》)。其三,杜诗记录了较多羁旅漂泊思乡之泪。杜甫常年漂泊他乡,羁旅之愁难以抑制,发之于诗,如“客泪闻歌掩,归心畏酒知”(《寒食夜苏二宅》)、“客泪闻歌掩,归心畏酒知”(《寒食夜苏二宅》)、“哀猿啼一声,客泪迸林薮”(《九成宫》)、“天边老人归未得,日暮东临大江哭”(《天边行》)等,将杜甫漂泊天涯、饱受思乡之苦表达得淋漓尽致。

---

① 郭绍虞编校,富寿荪校点《清诗话续编》下册,上海古籍出版社,1983年版,第2425页。

(二) 艺术特色

袁行霈在《中国诗歌艺术研究》中说:“诗的意象带有强烈的个性特点,最能见出诗人的风格。”①虽然李白与杜甫诗歌都使用了泪意象,但两人各有其特色,具体表现在修辞手法、语言等方面。

首先,李白好用夸张手法来表达他内心不受遏制而喷涌出的情感,主要表现在两方面。一方面,他常用“尽”“满”“盈”等表达极限的词来修饰“泪”之多,从而更好地表达他满腔亟需发泄的情感,或表达与家人、朋友离别时内心的极度不舍之情,如“夜坐寒灯连晓月,行行泪尽楚关西”(《别内赴征》)、“拂羽泪满面,送之吴江渍”(《送崔度还吴》)等;或表达内心那难以抑制怀才不遇、报国无门的悲愤,如“霜惊壮士发,泪满逐臣衣”(《书怀赠南陵常赞府》)等。另一方面,李白还好用“行”“点”等量词来修饰眼泪之多少,并借其表达对友人的思念、不舍等情感,如“及此北望君,相思泪成行”(《留别曹南群官之江南》)、“遥将一点泪,远寄如花人”(《寄远十一首》其六)等。正如《皮子文薮》中说:“言出天地外,思出鬼神表,读之则神驰八极,测之则心怀四溟,磊磊落落,真非世间语者,有李太白。”②

杜甫也喜欢用夸张来描写泪意象,但他并非像李白一样夸大眼泪之多,而是更突出眼泪是悲痛到极点所流,所以此泪是血泪,如“虎倒龙颠委榛棘,泪痕血点垂胸臆”(《楠树为风雨所拔叹》)、“拭泪沾襟血,梳头满面丝”(《遣兴》)、“君不见空墙日色晚,此老无声泪垂血”(《投简咸华两县诸子》)、“气春江上别,泪血渭阳情”(《奉送二十三舅录事(崔伟)之摄郴州》)等,诗人内心之悲伤可见一斑。

其次,李白常用比喻手法,将泪比作雨水、泉水、露水等,将自己和诗中主人公内心的情感表现得更加形象具体,不管是用来表达自己对家人与朋友的深切思念或万分不舍,如“沉忧心若醉,积恨泪如雨”(《陈

① 袁行霈《中国诗歌艺术研究》,北京大学出版社 1887 年版,第 242 页。

② 皮日休《刘枣强碑》,皮日休《皮子文薮》卷四,四部丛刊初编本。

情赠友人》)、"因君此中去,不觉泪如泉"(《送杨燕之东鲁》)等,还是表达妻子对丈夫缠绵相思之情,如"停梭怅然忆远人,独宿孤房泪如雨"(《乌夜啼》)、"妾读蘼芜书,悲歌泪如雨"(《寒女吟》)、"相思杳如梦,珠泪湿罗衣"(《学古思边》)等,皆显得生动形象,如在目前。

杜甫更偏重刻画流泪的动作,从而能够更好地表达不同情景下的不同情感,如"挥泪""垂泪""迸泪""染泪""洒泪""忍泪""拭泪"。当与朋友分别时,杜甫不舍却又无可奈何,只好怅然"挥泪临大江,高天意凄恻"(《送韦讽上阆州录事参军》);当思念挚友高适,杜甫吟出了"今晨散帙眼忽开,迸泪幽吟事如昨"(《追酬故高蜀州人日见寄》),其中情意,催人肝脏。此外,杜甫诗歌中还有"恸哭""吞声哭""野哭"等含"泪"动作,真正做到了言行符合人物身份、情感,如在《兵车行》中写人民对战争的痛恨,家人被征兵的无奈,是"牵衣顿足拦道哭,哭声直上干云霄";又如"少陵野老吞声哭",将诗人哭时却不敢哭出声的情状刻画得淋漓尽致。

除了上述差异,李白和杜甫对泪尽后的处理态度不一样,李白是当时事,当时过,擦干眼泪又变得积极开朗,坚信"长风破浪会有时,直挂云帆济沧海";杜甫是忧虑淤积在心,难以排解,陈廷焯在《白雨斋词话》中说:"所谓沉郁者,意在笔先,神余言外。写怨夫思妇之怀,寓孽子孤臣之感。凡交情之冷淡,身世之飘零,皆于一草一木发之。而发之又若隐若现,欲露不露,反复缠绵,终不许一语道破。"①因而杜甫之泪是无法排解的沉郁,是诗人长期忧国忧民的产物。

总之,李杜诗歌中的泪意象虽存在着共通之处,但由于两人思想、性格与人生经历的不同,泪意象在两人诗歌中有着更为明显的差异,寄托了不同的情感意蕴,李白笔下的泪意象更侧重表达自身怀才不遇之情,杜甫笔下的泪意象是与忧国忧民紧密联系起来的,他们对泪意象的不同描写,展现出两人独特的个性气质与艺术风格,传达了两人对现实人生的不同思考。

---

① 陈廷焯《白雨斋词话》,人民文学出版社1998年版,第5页。

三　李杜诗歌中泪意象差异之成因

泪意象本身就具有独特的意蕴，进入李杜的诗歌中，就与诗人自身的思想、个性等内在因素及所处的社会时代背景、人生经历等外在因素密切相关，因而也就导致两人诗歌中的“泪”存在着同异。笔者将从内因和外因两个方面进行切入，分析李杜诗歌中泪意象同异之原因。

（一）内因

首先，分析李杜诗歌中泪意象存在相通之处的原因。正如安旗在《李白研究》中谈李白的思想有一根为实现伟大抱负而始终不渝的红线，“他同屈原一样，同杜甫一样，同一切伟大的历史人物一样，他们的一生都像是一场热恋，一场苦恋，一场生死恋”[①]。李白的思想是极其复杂的，他接受了儒、道、纵横等多家思想的影响，他的儒家与任侠思想是其诗歌使用泪意象的思想根源。正如王琦所说李白是“心在江湖，心存魏阙”，始终心怀用世理想，立志建功立业，也正因如此，当他未能实现自己的政治理想时，他也会悲伤难解，只好借泪自解。杜甫受到儒家思想的深刻影响，忠君爱国的思想在他的心中历久弥新，心怀国家与人民。李杜两人都受到了儒家思想的影响始终心怀用世理想，因而未能实现政治理想时，两人留下了怀才不遇之泪；而当面对国难民瘼时，两人满怀忧国忧民之泪。因此，李杜诗之泪意象也就蕴含了共通的情感内涵。此外，李杜诗歌泪意象之所以存在着共通处，与他们对中国传统文化的继承息息相关，一些与泪意象有关的典故，皆被两人重复使用，如“贾生泪”“堕泪碑”等。

其次，再来探究差异之因，李杜两人的个性气质与思想不同。钱易

① 安旗《李白研究》，西北大学出版社 1987 年版，第 6 页。

在《南部新书》中评价:“李白为天才绝,白乐天为人才绝,李贺为鬼才绝”[①],李白是一个天资聪颖、学识渊博、想象力丰富、“为天才绝”的诗人,因此他诗歌中泪意象显得极其纷繁多彩、豪放飘逸,常用比喻、夸张和用典的修辞手法来描写泪意象,因而他笔下的泪意象显得特别生动传神,内涵丰富,如他在《流夜郎永华寺寄寻阳群官》中将九江之水比作万行眼泪,“愿结九江流,添成万行泪”,诗人末路失意之悲苦跃然纸上。杜甫受到儒家思想的深刻影响,其性格谦和敦厚,心怀国家与人民,因此其“泪”更侧重为国为民而落,对战乱中的国家命运深感担忧,对因战争而受苦受难的人民大众深表关切,如“老妻卧路啼,岁暮衣裳单”(《垂老别》)等。

(二) 外因

从外因上看,李杜二人家学渊源、社会背景及人生经历等方面迥然不同,这些投射到他们对泪意象的描写中,形成了独具特色的内涵与艺术风格。

其一,李白的人生经历充满了传奇色彩,他的活动主要在玄宗、肃宗,是唐代由盛转衰的转折期。李白从出蜀的“遍干诸侯”无果,到三入长安的报国无门,再到安史乱起后陷入困境,他目睹了朝政之黑暗腐败、统治者之荒淫无度、民生之疾苦不堪,自己虽心系君国却报国无路,表面的狂放也终究难以掩盖内心的痛苦,肠已断,泪难收,反映在其诗歌中就是更侧重借泪抒发怀才不遇之幽愤。

其二,杜甫家学渊源深厚,他不仅继承了“奉儒守官”的家学传统,坚持儒家的政治理想,心怀家国民生,而且博览群书,才思敏捷,善于创新,“为人性僻耽佳句,语不惊人死不休”。因此,杜甫笔下的泪意象不仅寓意深刻,蕴含了深沉的忧国忧民之情,而且通过杜甫的刻画,显得精警动人,尤其对流泪的动作,根据感情的不同使用不同的流泪动作,如“垂泪”“洒泪”等。杜甫的一生与唐朝由盛转衰急剧变化的时代相始

① 钱易《南部新书》卷丙,上海古籍出版社2012年版,第23页。

终。安史之乱的爆发打破了盛唐安定的局面，诗人们的心态也发生了巨大的变化，忧患意识占据心头，杜甫直面苦难现实，选择了在诗歌中揭露时弊和反映民生疾苦，因此杜甫诗歌洒满了忧泪。

结　语

李杜忧国心切，以用世自期，然生不逢时，壮志难酬，不得重用。后半生奔波流离，历尽艰辛，二人虽高才硕学，抱济世之志，却未能实现己身之抱负，内心之苦借泪抒之，二人诗歌中泪意象既有共通之处，又各具特色。从情感内涵上看，李杜二人既有怀才不遇、忧国忧民及思亲怀友等共通的情感，又有各自不同的情感，李白更侧重抒发一己之情，杜甫之己情则紧密与忧国忧民结合；从艺术特色上看，李白更偏好用比喻和夸张等修辞手法来描写泪之多，杜甫则好用夸张手法和锤炼动词来说明眼泪是悲痛到极点所流。通过比较李白与杜甫诗歌中“泪”意象的同异，挖掘其存在同异之因，窥探其诗歌蕴含的深刻文化内涵，从而对两位诗人有更客观的认识。

（作者单位：湖南理工学院）

略谈李白诗歌的吟唱与传播

葛景春

一　诗词和音乐、吟咏的伴生关系

中国古典诗歌与音乐一直有着密切的关系。在没有文字的远古时代，诗歌是由口头传播和歌唱的形式流传下来的，如《候人歌》《越人歌》等，并且诗、歌、舞是合为一体的。到了春秋时的《诗经》时代，全部《诗经》中的诗，都可以弦而歌之[①]。屈原的《九歌》肯定是能唱的。自汉代设乐府采诗，以及六朝隋唐的乐府诗，也都是配有音乐，以供歌唱的[②]。北朝的民歌也都是可唱的。到了唐朝的燕乐九部，其一就是清商曲辞，是从汉代以来的乐府诗而来的。至于燕乐二十八调所收的歌辞，逐渐演变成了后来的长短句，变成了词，后又发展成曲。中国古典诗歌包括诗、词、曲，一直都与音乐有着密切的联系。吴相洲的论述，说的是歌与诗的关系，而其弟子左汉林则从唐代的乐府建制的制度上来考证和论述唐代乐府诗和歌诗演唱的具体状况[③]。二书相互补充。华锋的《吟咏学概论》对关于吟咏的界定、吟咏的起源、吟咏的意义、吟咏与音乐的关系及吟咏的基本原则等作了分析和探讨，使我们对吟咏有了一个较

---

① 司马迁《史记·孔子世家》："诗三百五篇，孔子皆弦歌之。"

② 吴相洲说："在唐代，歌诗传唱曾是一个普遍的客观存在。人类社会只要有生活，就离不开歌声。歌唱活动，历代有之。先秦的周诗、楚辞、汉乐府、魏晋南北朝乐府民歌以及唐宋词、元散曲中的部分作品都是入乐的的歌辞。而唐人所唱，除了句式长短不齐的杂言歌辞以外，还有齐言的诗。"见《唐诗创作与歌诗传唱关系研究》首页，北京大学出版社2004年版。

③ 参见左汉林《唐代乐府制度与歌诗研究》，商务印书馆2010年版。

为明确的认识①。

唐代的诗歌体裁,包括五七言或杂言的乐府诗,五七言绝句(绝句被称为是小乐府),甚至五七言律诗,都与音乐有着密切的关系。

这里所说的音乐,就是指诗歌的诵、吟、咏、唱。那么它们之间是什么关系呢?诵指的是有节奏的朗诵、诵读,不光是诵诗,也包括诵文;吟是有抑扬顿挫音调地念诗。咏则是对声调的拉长(言之不足,故长言之),唱即是按曲调进行歌唱(长言之不足,故咏歌之)。其实吟、诵、咏、唱并未有很明确的界限。吟诵是读书调,吟咏或长吟(杜甫:新诗改罢自长吟)是吟诗调,多带有方言和地方歌曲腔调,而多不配乐器伴奏的自娱或娱人的自吟自乐。吟诵和吟咏,多是由父子或私塾师徒口耳相传,具有民间性。而吟唱的重点在唱,则多是指乐府机构梨园乐坊按曲谱配乐演唱,具有专业性,多在上层社会流行。

二　李白诗词的吟咏和演唱情况

李白生活在音乐最繁荣的盛唐时期。音乐,一个是器乐,靠的是琴、笛、琵琶等管弦乐器演奏,更多的是器乐对人歌唱的配合演出。李白是很懂得盛唐歌舞吟唱的。他不但会弹琴,而且能歌善舞,会舞江南的《白纻辞》舞,还会跳胡舞《青海波》。当然,他也能歌,如"我歌月徘徊";能吟唱,如"一唱都护歌,心摧泪如雨""菱歌清唱不胜春";能吟词曲,如"且吟白纻停绿水","白纻"是歌辞名,"绿水"是曲子名。

李白的诗歌,宋本《李太白文集》称为"歌诗",很明显,歌诗指的是能入乐的诗歌。其中有乐府诗 149 首。这些诗如数地收录在宋人郭茂倩的《乐府诗集》中。在李白乐府诗中,有的还是能唱的。但现在保存下来的带有乐谱的李白诗,是由明末的《琴谱》《魏氏乐谱》及乾隆十一年刊印的《九宫大成南北词宫谱》中保存下来的。这几部乐书是由河北大学刘崇德先生由原来的工尺谱,译成五线谱和简谱的。后来,刘先生

① 参见华锋《吟咏学概论》,大象出版社 2013 年版,前言第 1—4 页。

还出版了《中国古典诗词曲古谱今译》[①]，收录了关于李白的乐府诗14首。它们是《子夜吴歌》《关山月》《三五七言》《把酒问月》《玉阶怨》《宜春苑》《醉起言志》《月下独酌》《沐浴子》《乌夜啼》《凤凰台》《清平调三首》等古曲。这些流传下来的古曲，并不一定全是唐代的，也可能部分是清以前乐人所谱，但今天来看，明代或清乾隆时的曲谱，也算是古曲了吧。

《关山月》(明《魏氏乐谱》)

明月出天山，苍茫云海间。
长风几万里，吹度玉门关。
汉下白登道，胡窥青海湾。
由来征战地，不见有人还。
戍客望边邑，思归多苦颜。
高楼当此夜，叹息未应闲。

《三五七言》(明《琴谱》)

秋风清，秋月明。
落叶聚还散，寒鸦栖复惊。
相思相见知何日？此时此夜难为情。

《把酒问月》(明《琴谱》)

青天有月来几时？我今停杯一问之。
人攀明月不可得，月行却与人相随。
皎如飞镜临丹阙，绿烟灭尽清晖发。
但见宵从海上来，宁知晓向云间没。
白兔捣药秋复春，嫦娥孤栖与谁邻？
今人不见古时月，今月曾经照古人。
古人今人若流水，共看明月皆如此。
唯愿当歌对酒时，月光长照金樽里。

另外，李白的诗歌，现当代也有许多人为其谱曲歌唱或吟咏。如台湾的蔡肇祺、江油李白纪念馆的吴丹雨曾为李白诗歌谱过曲，马鞍山市

① 刘崇德《中国古典诗词曲古谱今译》，黄山书社2015年版。

茆家培主编的《中国古诗词吟诵曲选》①，其中有李白的诗歌吟诵曲谱20首，还有当代一些作曲家和吟唱家，用京剧、越调、评剧的调子，演唱或吟咏李白的诗歌等。这一切都说明，当代人喜爱用音乐为李白诗歌插上翅膀。

《赠汪伦》(华锺彦吟诵)

李白乘舟将欲行，忽闻岸上踏歌声。
桃花潭水深千尺，不及汪伦送我情。

《早发白帝城》(华锋、王文金吟诵)

朝辞白帝彩云间，千里江陵一日还。
两岸猿声啼不尽，轻舟已过万重山。

《将进酒》(华锺彦吟诵)

君不见黄河之水天上来，奔流到海不复回！
君不见高堂明镜悲白发，朝如青丝暮成雪！
人生得意须尽欢，莫使金樽空对月。
天生我材必有用，千金散尽还复来。
烹羊宰牛且为乐，会须一饮三百杯。
岑夫子，丹丘生，将进酒，君莫停。
与君歌一曲，请君为我侧耳听。
钟鼓馔玉不足贵，但愿长醉不愿醒。
古来圣贤皆寂寞，惟有饮者留其名。
陈王昔时宴平乐，斗酒十千恣欢谑。
主人何为言少钱，径须沽取对君酌。
五花马，千金裘，
呼儿将出换美酒，与尔同销万古愁。

① 茆家培主编《中国古诗词吟诵曲选》，江苏文艺出版社1996年版。

三　吟咏和演唱是李诗传播的重要途径

中国古典诗词仅由纸面上阅读,或用白话来朗读,是远远不能满足当代大众的趣味和要求了。其实,在当时,这些诗词的传播,已经具有多样的传播样式。如王之涣、高适、王昌龄“旗亭画壁”的故事,白居易的《长恨歌》被歌妓传唱的故事,都说明唐诗是需要运用吟咏和歌唱来传播的,李白之所以为唐明皇和杨妃所恩宠,还不是他那几首《阳春歌》《宫中行乐词八首》《清平调词三首》等乐府诗在宫廷和长安的广泛传唱所致吗？其诗名一下子由京城传遍天下。他的《蜀道难》《将进酒》也都是乐府诗,想来当时也有曲调流传,也是能够吟咏和歌唱的。李白的《菩萨蛮》《忆秦娥》等词还被宋人黄升在《唐宋诸贤绝妙词选》中称为“百代词曲之祖”,说明了他精通诗词音乐,在中国词史上的地位之高。正因为如此,李白歌诗在李白生前就已经传播广远,为人所喜爱。唐代诗歌的发表,不仅现于纸上,或诗板、题壁和印刷雕版上,还表现在宴会上将自己的诗乘兴吟咏歌唱上,这就算是发表了。

李白的诗歌被称为“歌诗”,他又是盛唐诗人中写乐府诗和绝句最多的诗人,他会弹琴,能歌善舞,所以他的诗,很多是可以入乐和歌唱的,当然更是可以吟咏的。

四　让李白诗词活起来

现在是图影视频和音乐的时代,李白的诗词,光凭书籍出版靠阅读流传,已是远远不够的了,我们要将李白的诗歌通过吟咏演唱的音乐形式和书法绘画及戏曲演唱等其他艺术手法,才能让李白诗词活起来,让它插上音乐等艺术的翅膀飞起来。

(作者单位:河南社会科学院)

试论李白诗歌的文学效应

崔际银

唐代是古代诗歌发展的高潮期，盛唐是诗歌创作的黄金时代，李白是盛唐诗坛最为杰出的代表①。基于超卓的诗歌创作才能，李白在其生前，便在诗坛赢得极高的声誉和强大的影响力。王昌龄是盛唐著名诗人、李白的好友，所作《巴陵送李十二》诗云："摇枻巴陵洲渚分，清江传语便风闻。"②此中的"传语""风闻"，是指李白当时已然声名远播。李白离世之后，其诗坛声名地位愈益隆盛，形成巨大而多向的文学效应。人们欣赏其作品、赞誉其诗风、编辑其诗集、学习其章法，虽历千年而迄今不衰。

一　欣赏诗篇

诗歌作品（此指传世佳作），是证实其作者可否称为诗人、是否优秀诗人的主要标志③。李白被称为唐代及中国古代最著名的诗人，主要基于其拥有大量的诗歌佳作。自其生活的时代为始，人们对其诗的赞赏之声未曾断绝。

李白长于古体诗，他的此类体式诗歌，时常得到热评。例如，杜甫

---

① 盛唐诗人，皆以李白与杜甫为代表。李白创作的诗歌，多在唐玄宗当政的"盛唐"；而杜甫的诗歌名篇，多成于"安史之乱"爆发之后的"中唐"。

② 王昌龄《巴陵送李十二》，《全唐诗》卷一四三，中华书局 1960 年版，第 1449 页。

③ 清代乾隆皇帝作诗数万首，而无真正的传世之作，因而不能称其为诗人。古今有诗作而无诗名者甚夥。

特别推介李白的歌行体作品:“近来海内为长句,汝与山东李白好。何刘沈谢力未工,才兼鲍昭(照)愁绝倒。”[①]高棅认为,李白乐府诗堪称古今第一:“李翰林天才纵逸,轶荡人群,上薄曹、刘,下凌沈、鲍,其乐府古调,能使储光羲、王昌龄失步,高适、岑参绝倒,况其下乎?”[②]宋代释契嵩《书李翰林集后》,对其乐府诗从整体给予非常正面的评价,并且列举作品为证:“其乐府诗百余篇,其意尊国家,正人伦,卓然有周诗之风,非徒吟咏情性、咄呕苟自适而已。白当唐有天下第五世时,天子意甚声色,庶政稍解,奸邪辈得人,窃弄大柄。会禄山贼兵犯阙,而明皇幸蜀,白闵天子失守,轻弃宗庙,故作《远别离》以刺之。至于作《蜀道难》,以刺诸侯之强横;作《梁甫吟》,伤怀忠而不见用;作《天马歌》,哀弃贤才而不录其功;作《行路难》,恶谗而不得尽其臣节;作《猛虎行》,愤胡虏乱夏而思安王室;作《阳春歌》,以诫淫乐不节;作《乌栖曲》,以刺好色不好德;作《战城南》,以刺穷兵不休,如此者不可悉说。及放去,犹作《秋浦吟》,冀悟人主。”[③]北宋钱公辅也说:“李白《远别离》《蜀道难》《胡无人》《战城南》之比,皆辞气抑扬,始怪骇而终絜;语虽放荡逸伟,如骐骥勇怒、怒龙奋水之可畏,其不也必造乎理,然后折而正之。非材雄性挺,包括仁义者,畴能若是?”[④]他的诗歌,具有警世醒人的现实作用:“《蜀道难》,可以戒为政之人矣;《梁甫吟》,可以励有志之士矣;《猛虎行》,可以勖立节之子矣;《上云曲》,可以化愚夫之懵矣;《怀古》,可以革浇风之俗矣。其余所作,虽以感物因事而发,终以补世匡君为意。”[⑤]李白所作律诗不多,但其绝句极具特色。有人认为他与杜甫的同类作品各具优长:“子美五言绝句,皆平韵,律体景多而情少。太白五言绝句平韵,律体兼仄韵,古体景少而情多。二公各尽其妙。”[⑥]另有人将李白的绝句诗,推

---

① 杜甫《苏端薛复筵简薛华醉歌》,《全唐诗》卷二一七,第2270页。

② 高棅《唐诗品汇》,吴文治《明诗话全编》,凤凰出版社1997年版,第一册,第352页。

③ 释契嵩《镡津文集》卷一三,《李白资料汇编》(唐宋之部),中华书局2007年版,第115页。

④ 钱公辅《读李白文》,《李白资料汇编》(唐宋之部),第142页。

⑤ 杨遂《李太白故宅记》,《李白资料汇编》(唐宋之部),第89页。

⑥ 谢榛《四溟诗话》卷二,《历代诗话续编》,中华书局1983年版,第1170页。

举为唐代第一："（太白）五七言绝句，实唐三百年一人。盖以不用意得之，即太白亦不自知其所至；而工者顾失焉。"①李白的绝句，获得了一致的好评。

对于李诗中的名篇，更是受到论者的格外关注，其中最为典型者当属《蜀道难》。人们对《蜀道难》多有关注，涉及对其主旨的理解、结构的分析、情感的发抒、词语的使用乃至创作的时间，等等。仅就《蜀道难》的主题意旨而言，传统的观点至少包括"罪严武、讽章仇兼琼、讽玄宗幸蜀、即事成篇别无寓意"四种看法（参见詹锳《李白诗论丛——李白〈蜀道难〉本事说》），而且迄今仍无公认的定论。除了对此诗本身的分析评赏，还有发表阅读体会者，例如北宋石介："李白诗中蜀道难，把诗试读泪汍澜。江形诘曲千回折，岑路崚嶒万屈盘。登陟去年腰欲折，追思今日鼻犹酸。"②欧阳修："太白之精下人间，李白高歌蜀道难。蜀道之难难于上青天，李白落笔生云烟。千奇万险不可攀，却视蜀道犹平川。"③此外，更有对《蜀道难》进行的摹仿拟作（见下文）。在李白的各体诗歌中，都有流传甚广的名篇。古体中的《将进酒》《宣州谢朓楼饯别校书叔云》《梦游天姥吟留别》《梁甫吟》《侠客行》《行路难》（三首），近体中的《登金陵凤凰台》《赠孟浩然》《闻王昌龄左迁龙标遥有此寄》《望庐山瀑布》《望天门山》等，皆为人们耳熟能详、过目不忘、激赏不尽的名篇。

除了诗歌作品，李白其他体式的作品，也多为人称道。任华的杂言诗《寄李白》写道："古来文章有能奔逸气，耸高格，清人心神，惊人魂魄。我闻当今有李白，大猎赋，鸿猷文；嗤长卿，笑子云。班张所作琐细不入耳，未知卿云得在嗤笑限。登庐山，观瀑布：'海风吹不断，江月照还空'，余爱此两句；登天台，望渤海：'云垂大鹏飞，山压巨鳌背'，斯言亦好在。至于他作多不拘常律，振拢超腾，既俊且逸。"④对李白所有作品（包括散文及赋体）予以很高的评价。在他看来，李白的诗与文各体作

---

① 李攀龙《选唐诗序》，吴文治《明诗话全编》第四册，第 3824 页。

② 石介《送冯司理之任彭州》，《李白资料汇编》（唐宋之部），第 111 页。

③ 欧阳修《太白戏圣俞》（一作《读李集效其体》），王琦《李太白全集》卷三十三，中华书局 2015 年版，第 1758 页。

④ 任华《寄李白》，《全唐诗》，中华书局 1960 年版，第 2902 页。

品,都具有相似的特点、达到极高的水平。

清代学者吴乔,在回答"诗文之界如何"之问时,作出这样的表述:"意岂有二?意同而所以用之者不同,是以诗文体制有异耳。文之词达,诗之词婉。书以道政事,故宜词达;诗以道性情,故宜词婉。意喻之米,饭与酒所同出。文喻之炊而为饭,诗喻之酿而为酒。文之措词必副乎意,犹饭之不变米形,啖之则饱也。诗之措词不必副乎意,犹酒之变尽米形,饮之则醉也。……李、杜之文,终是诗人之文,非文人之文。"[①]在他看来,李白与杜甫的散体文,也包含着浓重的"诗味"。这一特征,在李白的作品中,表现得特别突出,从而也成为人们真诚喜爱的重要原因。

二　赞誉诗风

李白诗歌的风格,具备独特的个性。论者对此多有关注,予以由衷的赞誉。杜甫对李白的诗才、诗风十分佩服,在多首诗作中抒发赞叹之情,认为李白诗歌"文彩承殊渥,流传必绝伦"[②]。与李白情谊深厚且受托为其编辑作品的李阳冰说他"耻为《郑》《卫》之作,故其言多似天仙之辞"[③]。裴敬在为李白撰写的碑文中,说他"为诗格高旨远,若在天上物外,神仙会集,云行鹤驾,想见飘然之状"[④]。中唐文坛领袖韩愈坚持"李杜并称",他的《荐士》诗回顾了自《诗经》以来的诗歌创作概况,认为唐代诗歌创作超越前代,而李杜的成就最大,是唐诗"勃兴"的标志,后来者皆受其影响而形成特色独具之风格。晚唐吴融在为诗僧贯休的《禅月集》作序时写道:"国朝能为歌诗者不少,独李太白为称首,盖气骨

① 吴乔《围炉诗话》卷之一,《清诗话续编》,上海古籍出版社1983年版,第一册,第479页。

② 此处所引杜甫诗句,见《寄李十二白二十韵》,杨伦《杜诗镜铨》,上海古籍出版社1980年版,第15、32、282页。

③ 李阳冰《草堂集序》,安旗《李白全集编年笺注》,中华书局2015年版,第1949页。

④ 裴敬《翰林学士李公墓碑》,王琦《李太白全集》卷之三十一,第1723页。

高举，不失《颂》咏《风》刺之道。”[①]诗僧齐己，对李白诗歌的特征予以概括，认为神奇的物象意境、脍炙人口的语言、充满阳刚的丈夫气，是其主要表现：“竭云涛，刳巨鳌，搜括造化空牢牢。冥心入海海神怖，骊龙不敢为珠主。人间物象不供取，饱饮游神向悬圃。锵金铿玉千余篇，脍吞炙嚼人口传。须知一一丈夫气，不是绮罗儿女言。”[②]宋代僧人释智圆认为，李白继承了《诗经》“正群臣、明父子、辨得丧、示邪正”的传统，“其为诗，气高而语淡，志苦而情远，其辞与古弥异，其道与古弥同”[③]。欧阳修不太喜欢杜甫诗，“然于李白而甚赏爱，将由李白超卓飞扬为感动也”[④]。王安石对李白诗歌有所批评，但也承认“李白歌诗豪放飘逸，人固莫及”[⑤]。陆时雍盛赞“太白雄姿逸气纵横无方，所谓天马行空，一息千里。……读太白诗当得其气韵之美，不求其字句之奇”，并且以李白七古为例，谓其“想落意外，局自变生，真所谓‘驱走风云，鞭挞海岳’。其殆天授，非人力也”。他认为，诗人应当“绝去故常，铲除涂辙，得意一往，乃佳。依傍前人，改成新法，非其善也。豪杰命世，肝胆自行，断不依人眉目”[⑥]。李白的诗歌创作，显然与此说相契。

在对李白诗歌的体认中，“豪放劲健、飘逸舒展、奇特变幻、清新自然”等鲜明特征，为论者所公认。这些特征的形成，既是李白着力创新的结果，同时也符合诗歌创作的规律。“子瞻云：‘诗以奇趣为宗，反常合道为趣’此语最善。无奇趣何以为诗？反常而不合道，是谓乱谈；不反常而合道，则文章也。”[⑦]李白诗歌追求“奇趣”且“反常合道”的风格特征，并非轻易所能企及，因而获得一致的好评。

---

① 《李太白全集》卷之三十四，第1787页。

② 齐己《读李白集》，《全唐诗》卷八四七，第9585页。

③ 释智圆《松江重祐和李白姑熟十咏诗序》，《李白资料汇编》(唐宋之部)，第98页。

④ 刘攽《中山诗话》，吴文治《宋诗话全编》，凤凰出版社1998年版，第一册，第444页。

⑤ 何汶《竹庄诗话》卷五，吴文治《宋诗话全编》第十册，第10093页。

⑥ 陆时雍《陆时雍诗话》，吴文治《明诗话全编》第十册，第10736、10658、10656页。

⑦ 吴乔《围炉诗话》卷之一，《清诗话续编》，第475页。

三　摹拟创作

在众多热爱李白的学人之中,有的不仅仅满足于欣赏其名篇佳作,而是认真学习借鉴、付诸创作实践。这种创作,可以分为不同的方式。

学习借鉴李白的常用方式,是仿拟赓和。李白诗歌创作,以古体最为擅长。中唐诗人张籍,被认为与之最为接近者:"公(张籍)为古风最善。自李杜之后,风雅道丧,继其美者,惟公一人。"①他的古体诗创作,取得的成就较高,显然受到李白的影响。有人评价晚唐诗人杜荀鹤之诗:"其雅丽清苦激越之句,能使贪吏廉、邪臣正、父慈子孝、兄良弟顺,人伦纪纲备矣。其壮语大言,则决起逸发,可以左揽工部袂,右拍翰林肩。"②杜荀鹤之于李白,更多的是诗歌的内容选择及情感抒发的影响。宋代晁迥将李白与潘佑诗进行对比:"予似记忆李白有诗句云:'野禽啼杜宇,山蝶舞庄周。'后又见潘佑有《感怀》诗句云:'幽禽唤杜宇,宿蝶梦庄周。席地一樽酒,思与元化浮。但莫辜明月,何必秉烛游。'予谓才思暗合,古今无殊,不可怪也。""李白《庐山东林寺夜怀》诗有句云:'宴坐寂不动,大千入毫发。'潘佑《独坐》诗有句云:'凝神入混沌,万法成虚空。'予爱二才子吐辞精敏之力等,入道深密之状同,合而书之,聊资己用。"③潘佑生活在五代至宋初,晁迥虽将潘与李的诗句相近称为双方"才思暗合",也难以掩饰潘佑作诗与李白之间的关联。宋代胡瑗在其《石壁并序》中写道:"余尝览李翰林题《泾川汪伦别业》二章,其词俊逸,欲属和之。今十月,自新安历旌德,而仙尉曾公望同游石壁,盖胜境也。……辄成一首,题于汪公屋壁。虽不及藻饰佳境,比肩英流,庶俾谪仙之诗,不独专美矣。李白好溪山,浩荡旌川游。题诗汪氏壁,声动桃花洲。英辞逸无继,尔来三百秋。……我来至石壁,赏之不能

① 张洎《张司业诗集序》,《李白资料汇编》(唐宋之部),第74页。
② 顾云《唐风集序》,《李白资料汇编》(唐宋之部),第50页。
③ 晁迥《法藏碎金录》卷六、卷七,《李白资料汇编》(唐宋之部),第92页。

体。……庶与谪仙诗，千古同风流。”①这些文字表达出作者向李诗学习、借李白而扬名的愿望。

针对李白某一作品，进行点化套用，与李诗的关系更加直接。北宋范仲淹《送蔡挺代父之蜀》：“朔风岂不寒，蜀道岂不难。之子代亲行，万里心自安。剑阁雪犹明，锦江春未阑。到日必诗战，重登李杜坛。”②明显受到李白《蜀道难》的影响，诗中“蜀道岂不难、剑阁、锦江（城）”诸语，更是直接本自李诗。《宣州谢朓楼饯别校书叔云》是李白诗歌名篇，北宋毛滂因其作诗《李白于宣州谢朓楼饯别校书叔云一首十二月初六日夜独坐松斋怀抱良不佳饮少辄醉庭下梅两株月色皎然倚树微吟偶诵李白此诗有会予意者次其韵追和一首》。这首“次韵和诗”，照搬李白原诗格式，且每句之末的“留、忧、楼、发、月、愁、舟”字，与李诗全同。次韵和诗，在严格讲究格律的近体诗较为常见，毛滂此诗与李白原诗的句式及韵脚文字皆合，可见其颇为用心。

人们学习李白进行诗歌创作，最显著的标志是“李白体”（亦称“李太白体”或“青莲体”）。最早以“李白体”为名的诗歌，是宋初徐铉《寄饶州王郎中效李白体》：“珍重王光嗣，交情尚在不。芜城连宅住，楚塞并车游。别后官三改，年来岁六周。银钩无一字，何以缓离愁。”③明代的邵宝《新泉效李白体》：“闲人有幽赏，乃在山下泉。水声六月冷，白石净娟娟。倚杖对青壁，上有瑶柯悬。海天三百里，一勺方流涓。仙人陆鸿渐，遗世已千年。芳骨如可起，裹茗谈烹煎。”④此二诗皆为五言古体诗。宋代秦观的《拟李白》（芙蓉露浓红压枝），属于七言诗；南宋范浚《拟李太白笑矣乎》，则是杂言体。明代著名文学团体“前七子”，提倡“文必秦汉，诗必盛唐”，其领袖李梦阳身体力行，创作了数十首仿效“李白体”的诗歌。据称同为“前七子”之一的康海，曾说“献吉（李梦阳），今之李白也”。（明·陆应阳《樵史》卷一）李梦阳的举措，既是践行“前七

① 胡瑗《石壁并序》，《李白资料汇编》（唐宋之部），第 99 页。

② 范仲淹《文正集》卷二，《李白资料汇编》（唐宋之部），第 106 页。

③ 徐铉《寄饶州王郎中效李白体》，《全唐诗》卷七五二，第 8560 页。

④ 邵宝《容春堂续集》卷一，《文渊阁四库全书》，上海古籍出版社 2003 年版。

子”的文学主张,也表现出自身对李白的真诚钦敬之情。明代贝琼,在为丘浚《琼台集》所作序中说“其五言七言近体,必拟杜甫;其歌谣乐府,必拟李白”[①]。由此可知,在复古风气浓郁的明代,仿作李白诗歌的情形常见。

关于如何界定“李白体”,古今皆有论之者。南宋杨万里:“‘问余何意栖碧山,笑而不答心自闲。桃花流水杳然去,别有天地非人间’。又:‘相随遥遥访仙城,三十六曲水回萦。一溪初入千花明,万壑度尽松风声’。此李太白诗体也。”[②]这是列举李白的诗句,以证“李白体”。严羽《沧浪诗话·诗体》列举了从汉代到南宋时期,包括“陶体(陶渊明)、谢体(谢灵运)、少陵体(杜甫)、太白体(李白)、孟浩然体、王右丞体(王维)、韩昌黎体(韩愈)、李长吉体(李贺)、李商隐体(即西昆体)、东坡体(苏轼)、山谷体(黄庭坚)、王荆公体(王安石)、杨诚斋体(杨万里)”在内的数十种“以人而论”的“诗体”,但他并未对这些归属个人的“诗体”进行具体解析。还有用诗酒风流的“王孙公子”(清·费经虞《雅伦》)喻指“李白体”,亦非确当之说。有论者将“李白体”的特点概括为:体式以五言古体或歌行体为主,偶有律体;语言简洁凝练,浅近淳朴,不事雕琢,句式灵活,接近汉魏;内容题材以叙写成仙、饮酒、游侠以及男女爱情、朋友友情为主;风格洒脱纵逸,豪放不羁,淳朴率性,天真自然[③]。若以此说为标的,则李白的绝大多数诗歌符合“李白体”的特点,从而扩大了“李白体”的范围,助推了人们创作“李白体”诗歌的热情与信心。

还有一些人,将学习李白诗歌与修持其人格相互融合。北宋诗人郭祥正,据称乃其母梦李白而生。年少而有诗声,被大诗人梅尧臣赞叹为“天才如此,真太白后身也”(《宋史》卷四四四)。郭祥正性格倜傥不羁,诗作颇具飘逸之气,且多有摹拟赓和李白之作。有的是追和应韵之作,如:《追和李白姑熟十咏》《追和李白秋浦歌十七首》《追和李白宣州

---

① 贝琼《清江文集》卷二八《琼台集序》,《文渊阁四库全书》。

② 杨万里《诚斋诗话》,吴文治《宋诗话全编》第六册,第 5933 页。

③ 郝润华《从“效李白体四十七首”看李梦阳对李白的接受》,《首都师范大学学报》2016 年第 5 期。

清溪》《追和李白郎官湖寄汉阳太守刘宜父》《追和李白登金陵凤凰台二首》《题化城寺新公清风亭用李白原韵》《舟次新林先寄府尹安中尚书用李白寄杨江宁韵二首》《将游宣城先寄贾太守侍御用李白寄崔侍御韵》等；有的是直接引用李白诗句，如“信道相看两不厌，古来只有敬亭山”（《忆敬亭山作》）、“长吟李白蜀道难，蜀道之难难于上青天。长蛇并猛虎，杀人吮血毒气何腥膻。锦城虽乐不可到，侧身西望泣涕空涟涟”[①]（《蜀道难篇送别府尹吴龙图》）。明末清初的屈大均，直言自己热爱李白、以之为师：“仆平生好嗜太白，以太白为师，薰以水沈之香，浣以荼靡之露，而后敢开卷帙。三十年来，非太白不存乎耳目，非太白不留于心思，见于羹墙，形诸梦寐。故所为诗，多有似太白。声音笑貌，具体而微。得其精者于神明，得其粗才旦字句。全用之不嫌其全，半用之不嫌其半。……仆之心亦甚光明，天下之人皆见不以为非。即使太白复生，亦当掀髯大笑，以仆为肖子肖孙。”他还特意将自己的诗作与李白诗相对照：“如太白云：‘吾心似秋月，碧潭光皎洁’，仆则云‘吾心皎皎如秋月，光映澄潭无可说’；太白云：‘愁随一片月，挂在九华松’，仆则云：‘我有罗浮月，长悬四百峰’之类，使天下之人皆知仆之诗本是太白，以与太白并称，斯人之力也，仆之幸也。”[②]如此直白地表明自己与李白的密切关系，可见其对李白情感之深厚。另如：南宋潘紫岩，被人们称为“太白、子瞻后身”（南宋·牟巘《潘善甫诗序》）；金代李经，被称为“今世太白”（金·刘祁《归潜志》卷一）；清代的黄景仁，“七古绝似李白”（清·袁枚《哭黄仲则》）。这些人都是仰慕李白其人、学习李白之诗的典型代表。

借鉴李白诗歌，还有一种方式，可称为异态借鉴。典型的例子是针对李白《蜀道难》而作的《蜀道易》。《蜀道易》的作者是中唐时期的陆畅（活动于宪宗朝前后），与陆畅同时的韦绚（801—866年?）在其《刘宾客嘉话录》中记述如是：“陆畅尝谒韦皋，作《蜀道易》一首，句曰：‘蜀道易，

---

① 郭祥正《青山集》，陈思编，陈世隆补《两宋名贤小集》卷八〇，《文渊阁四库全书》本。

② 屈大均《复石濂书》，欧初、王贵忱辑《屈大均全集》，人民文学出版社 1996 年版，第三册，第 486 页。

易于履平地'皋大喜，赠罗八百匹。……《蜀道难》，李白罪严武作也，畅感韦之遇，遂反其词焉。"①晚唐李绰《尚书故实》所录，与这段文字几乎全同(一说《刘宾客嘉话录》所录为伪托)。《新唐书·韦皋传》亦载录此事："(陆)畅字达夫，皋雅所厚礼。始，天宝时，李白为《蜀道难》篇以斥严武，畅更为《蜀道易》以美皋焉。"②可见认定此事非虚。记述陆畅作《蜀道易》之事的典籍，自唐至明清不绝如缕(如宋代《太平广记》《唐诗纪事》、明代《蜀中广记》、清代《日知录》《钦定续通志》等)，并且引发相关作品的出现。明代方孝孺《蜀道易有序》："唐李白作《蜀道难》，以讥刺帅之酷虐。厥后韦皋治蜀，陆畅反其名作《蜀道易》以美之，今其词不传。伏惟今天子以大圣御极，殿下以睿哲之姿为蜀神明主，临国以来施惠政、崇文教，中外同声称颂。西方万里之外，水浮陆走，无有寇盗；商贾骈集，如赴乡间。蜀道之易，于斯为至矣。臣才虽不敢望白，而所遇之时，白不敢望臣也。因奉教作《蜀道易》一篇，以述圣上及贤王之德名，虽袭畅而词无溢美，颇谓过之。美矣哉！西蜀之难，何今易而昔难？陆有重岩峻岭万仞镵天之险阁，水有砯雷掣电悬流怒吼之江关。……今逢天子圣贤王之德，世所钦。文教洽飞动，风俗无邪淫；孱夫弱妇怀千金，悍吏熟视不敢侵。蜀道之易谅在此，咄尔四方来者，不惮山高江水深！"③通过方孝孺的"序"，可知这首《蜀道易》是奉命之作，用以歌颂圣君贤王治理蜀地的功绩，诗中的文字也确为溢美之辞。这与陆畅《蜀道易》赞美韦绚的创作意旨是一致的。元代耶律铸《蜀道有难易并序》："李白作《蜀道难》以罪严武，后陆畅感韦皋之遇，作《蜀道易》云：'蜀道易，易于践平地。'戊午秋余入蜀，漫天岭阻雨。次秋回至此岭带雨。因二公之作，为赋《蜀道有难易》云：'有言蜀道难，有说蜀道易。难于上青天，易于践平地。说易有所媚，说难有所激。……行路之难，难于上青天。蜀道之难，若比行路是平地。出处虽然全在人，世路不能无险易。

① 韦绚《刘宾客嘉话录》，《唐五代笔记小说大观》，上海古籍出版社2000年版，第800页。

② 欧阳修《新唐书》卷一五八，上海古籍出版社1986年版，第520页。

③ 方孝孺《逊志斋集》卷二四《蜀道易有序》，《文渊阁四库全书》本。

长途岂可比青天，誓铲漫天作平地。'"[①]耶律铸根据自己在蜀地的亲身感受，将“蜀道”与人生之路相联系，得出有“难”有“易”的结论，可谓综合了李白与陆畅诗歌的义旨且有所引发。另有作者的诗题并未出现“蜀道难”或“蜀道易”的字眼，而是将其置于正文之内。宋·楼钥《送王仲矜倅兴元》：“蜀道难难于上青天，蜀道易易于履平地。蜀山天险固自若，视难为易在人尔。”[②]明·邱浚《重编琼台藁》卷六《行路难》“蜀道难，难于上青天。蜀道易，易于履平地。行路难，不在水，不在山，只在人情反复间”[③]就是将“蜀道”的“难、易”写入诗中的例证。毫无疑问，从陆畅、方孝孺到楼钥和邱浚的作品，都是缘起于李白《蜀道难》。他们的创作，或“反其名称及意义”、或“融其名称及意义”而成，都是借鉴李白的成果，这种有别于常的作法，可以视之为“异态借鉴”。

四　编辑作品

诗歌作品的流传，大致可分为两个指向。一是横向，即作品产生当世的传播；二是纵向，即作品延及后世的传播。能够实现真正的（大范围、长时间）传播，首要条件是作品确为佳作，为受众所喜爱，同时也在于作者及编者的精心保存与整理。李白的诗歌，从皇宫、士林到民间均声名显赫、广为流传。晚唐任华：“见说往年在翰林，胸中矛戟何森森。新诗传在宫人口，佳句不离明主心。”[④]可见当时其诗歌接受之盛况。与此同时，李白也注意自己诗歌作品的保存与编辑事宜。天宝十三载（754），李白在金陵与友人魏颢相见，“因尽出其文，命颢为集”（《魏颢《李翰林集序》）；乾元二年（759），他遇赦返至江夏时，遇到僧人贞倩，将“平生述作，罄其草而授之”（李白《江夏送倩公归汉东序》）；到了临终之

① 耶律铸《双溪醉隐集》卷二《蜀道有难易并序》，《文渊阁四库全书》本。

② 楼钥《攻媿集》卷一《送王仲矜倅兴元》，《文渊阁四库全书》本。

③ 邱浚《重编琼台藁》卷六《行路难》，《文渊阁四库全书》本。

④ 任华《寄李白》，《全唐诗》卷二六一，第 2902 页。

时,他又将所作“草稿万卷,手集未修,枕上授简”于族叔李阳冰(李阳冰《草堂集序》),求其“为序”(整理出版)。虽然经过战乱流离,李白作品遗失多多,但自其身后不久,编辑出版作品之工作,仍然得以开展、延续下去。

最早结成的李白作品集,是李阳冰《草堂集》;唐宪宗元和年间,范传正编成《李白文集》(二十卷)。北宋初年,乐史编成《李翰林别集》;宋敏求在乐史所编基础上,编为《李太白文集》,这是传世最早的李白诗文集。自宋代以降,比较重要的李白作品集是:宋蜀本(《李太白文集》)、咸淳本(《李翰林集》),元代萧士赟本(《分类补注李太白诗》),明代解州刊本(《分类李太白诗》)、胡震亨本(《李诗通》)、缪本(缪曰芑影宋刻本《李翰林集》),清代王琦本(《李太白文集辑注》)。当代编辑出版的李白集,主要包括:瞿蜕园、朱金城《李白集校注》(上海古籍出版社1980年版)、詹锳主编《李白全集校注汇释集评》(百花文艺出版社1996年版)、安旗主编《李白全集编年笺注》(中华书局2015年版)。此外,台湾陈宗贤《李太白诗述评》(台湾商务印书馆1980年版)、日本大野实之助《李太白诗歌全解》(早稻田大学出版社1980年版),也是较为知名的李白作品集。

除了李白作品的“合集”(全集),历代也编辑了多种“选集”。最早选录李白诗歌的是《河岳英灵集》,选编者为李白同时代的殷璠,此集所选皆为活动于唐玄宗开元、天宝年间的诗人之作,共收入24位诗人的作品234首;其中李白诗13首,包括《蜀道难》、《行路难》、《将进酒》、《梦游天姥山别东鲁诸公》(《梦游天姥吟留别》)等作品;唐末韦庄选编《又玄集》,收录李白诗4首:《蜀道难》、《长相思》、《金陵西楼月下吟》、《古意》(《南陵别儿童入京》);后蜀韦縠《才调集》,收录李白诗28首,如《长干行》、《长相思》、《白头吟》、《宫中行乐词》(八首选五)等。这三部“唐人选唐诗”的诗集,选择视角各不相同,大体上涵盖了李白古体诗的基本题材内容。以李白之名单独而成的作品选集,古代较为知名者,如:元代范德机《李翰林诗》(四卷),明代张含《李诗选》(十卷)、朱谏《李诗选注》(十三卷)、梅鼎祚《李诗钞评》(四卷)、汪瑗《李白五言辨律》(一卷),清代应时《李诗纬》(四卷)、沈寅《李诗直解》(六卷)等。现当代国内出版的李白诗歌选本，多达数十种，如：胡云翼《李白诗选》（上海亚细亚书局1932年版）、舒芜《李白诗选》（人民文学出版社1954年版）、复旦大学古典文学教研组《李白诗选》（人民文学出版社1961年版）、安旗《李白诗新笺》（中州书画社1983年版）、马千里《李白诗选》（香港三联书店1983年版）、裴斐《李白诗歌赏析集》（巴蜀书社1988年版）、刘开扬《李白诗选注》（上海古籍出版社1989年版）、郁贤皓《李白选集》（上海古籍出版社1990年版）、詹锳等《李白诗选译》（巴蜀书社1991年版）、薛天纬《李白诗选》（人民文学出版社2017年版）等。此外，我国台湾省及日本、韩国均有李白诗歌选本，英语的李白选本，也有多种版本行世[①]。

詹锳先生对李白作品的结集及刊刻流传情况，进行了深入研究与梳理，并就古代的结集情况作出评价："论李集之繁富，必归功于宋敏求，然其真伪杂陈，亦自敏求始。宋氏以前各本俱已失传，居今之世而欲辨李诗之真伪实难言矣。若夫李诗编次，则分类出于敏求，考次出于曾巩，而分体出明人之手。宋氏分类碎杂无足观，明人分体亦一时风气所趋，居功多者当以南丰曾氏为最。惜其用力尚未深至，仅寓先后于各类之中，而未能通体为之编年。……今传李集各本实无善者。不得已而求其次，则好古当取缪本（清·缪曰芑），求解当取王本（清·王琦）。"[②]虽然古今编辑的李白集（"全集"及"选集"）或多或少存在一些问题，但自李白生活之时起的学者，代代承传地精心编辑李白作品，为李白其人其作的传播与弘扬发挥了重要作用，也是其文学效应的体现。

自唐以降的历代专家学者，正是通过上述这些方式，提供了识认李白诗歌名篇、借鉴李白创作方法、保存李白诗歌作品、弘扬李白人格精神的路径载体。李白其人其诗，亦因之彰显出历经千载而不衰的巨大影响力。

（作者单位：天津财经大学）

① 此处有关李白作品的版本流传等内容，请参见詹锳《〈李白集〉版本源流考》，《李白全集校注汇释集评》，百花文艺出版社1996年版，第4537—4672页。

② 詹锳《李太白集板本叙录》，《李白诗论丛》，人民文学出版社1984年版，第12页。

李白《古风五十九首》诗题篇数定自何人之探讨

杨栩生

关于李白《古风五十九首》诗题和篇数的确定出自何人何时，参与讨论者颇多，大抵持两类见解。其一，认为是后人（包括李阳冰）编集时的命题。此说自《唐宋诗醇》评《古风》"大雅久不作"一首言阳冰"其纂《草堂集》，以《古风》列于卷首，又以此篇弁之，可谓有卓见者"①，及赵翼《瓯北诗话》之谓"《古风》五十九首非一时之作，年代先后，亦无伦次，盖后人取其无题者，汇为一卷耳"②后，詹锳③、郁贤皓④等先生从其说。其二，认为是李白自己命题、选择、编排，后世逐步增扩成五十九首。此

① 詹锳主编《李白全集校注汇释集评》，百花文艺出版社 1996 年版，第 28 页。

② 《李白全集校注汇释集评》，第 264 页。

③ 詹锳《李白诗文系年》（人民文学出版社 1958 年版）载《李白古风五十九首集说》："意者太白古风本是咏怀或感寓诗，其易为今题乃出于后人之手。"

《李太白全集校注汇释集评》："意者太白古风本是咏怀、感寓或感遇诗，其易为今题或出于后人之手，未可知也。"

④ 郁贤皓《论李白〈古风五十九首〉》（《中国李白研究》1990 年集上）："考《才调集》卷六录李白'泣与亲友别''秋露白如玉''燕赵有秀色'三首，已题名为《古风》……可能是李阳冰在编集时把有关咏怀内容的短篇五言古诗集中在一起，题名为《古风若干首》。"

《李太白全集校注》（凤凰出版社 2015 年版）："此五十九首诗中，李白原来有取名为《咏怀》《感遇》之类题目，也有《古风》的题目，在流传过程中有些题目失落，至李阳冰编集时，将这些诗集合在一起，题名为《古风若干首》，至宋人乐史、宋敏求编集，增成《五十九首》。"

一识见，先后出自乔象钟[①]、贾晋华[②]、周勋初[③]、阎琦[④]、薛天纬[⑤]等诸家。

诸家之论，虽然对揭开《古风五十九首》诗题和篇数确定的真相皆具有重要的启示意义，但似亦言犹未尽。

李白文集命名为《草堂集》，“草堂”“草庐”这类言词，大抵皆居者对自己居所的称说，多为谦言其居室之简陋，或者以此自标风操之高雅，如“钟山之英，草堂之灵，驰烟驿路，勒移山庭”（孔稚珪《北山移文》），“先帝不以臣卑鄙，猥自枉屈，三顾臣于草庐之中”（诸葛亮《出师表》）；即使是以“草堂”命名诗文集，也是编撰者自命，谦言其出自陋室，如《草堂诗话》（南宋蔡梦弼撰）、《草堂诗余》（一说为无名氏编，一说为南宋何士信编，一说为杨万里编）。如果称他人之居处为“草堂”“草庐”，命他人之文集为“草堂”集，应是很不得体也是很不尊重他人的做法。以“杰出圣代英”“不借四豪名”“激昂风云气，终协龙虎精”“贤彦多逢迎”（李白《献从叔当涂宰阳冰》），而且“善词章，留心小篆迨三十年”“有唐三百年，以篆称者，唯阳冰独步”[⑥]的李阳冰，学识修养如此之高，定不会将李白文集命名为《草堂集》。

---

① 乔象钟《李白论》（齐鲁书社 1986 年版）载《李白〈古风〉考析》：《古风五十九首》的编排“并非出自曾巩，也不是出自李阳冰”，“《古风》是李白晚年自己选择、组合的大型组诗”。

② 贾晋华《李白〈古风〉新论》（《中国李白研究》1991 年集）：“这一组诗的最后命题，可能是李白有意识、总结性的构思。”

③ 周勋初《李白评传》（南京大学出版社 2005 年版）：“……绝大多数诗应当原来就题为‘古风’，李阳冰不可能为了添一新类而将原诗题目大批去掉，一一改为《古风》。”

④ 阎琦《关于李白〈草堂集〉的编辑及其“古风”命名的断想》（《中国李白研究》2013 年集）：“宝应元年第三次将文稿交付李阳冰，则仅仅是‘俾予为序’（李阳冰《序》）。既托付阳冰为序，则李白对自己的文稿先须有一番整理，不可能因自己病体缠绵将一沓无头绪的文稿交给李阳冰。”“59 首诗，多数无具体的人、事和时间，诗句之得，在题目之先；诗篇既已完成，题目仍然暂阙，有待后再补之意。……久而久之，似此类无题之五古渐积渐多，用何题目来处理这一大组五古……《感兴》或《感遇》是安顿 59 首无题五古较为合适的题目……然而李白皆弃而不用，自创‘古风’二字，是有他的深意的。”

⑤ 薛天纬《关于〈古风五十九首〉研究的三个问题》（《中国李白研究》2013 年集）：“意者，《古风》之最初命题和编集，当系李白自为。但李白当时未必即编就‘五十九首’。这组诗的编定，自李白‘枕上授简’给李阳冰以来，实经历了一个逐步扩容及个别篇章出入变动的过程。”

⑥ 《李白全集校注汇释集评》，第 1867 页。

李白曾三次将自己的诗文托付他人为其编集。第一次是天宝十三载(754),李白的狂热追求者魏万(后更名颢),“东浮汴河水,访我三千里”(李白《送王屋山人魏万还王屋》),得见李白于扬州,偕游金陵,临别之时,李白赠诗并“尽出其文,命颢为集”(魏颢《李翰林集序》)。第二次是肃宗乾元二年(758)李白长流夜郎赦还至江夏时遇倩公(按,即李白《汉东紫阳先生碑铭》中“有乡僧贞倩,雅仗才气,请予为铭”之贞倩),将“平生述作,罄其草而授之”(李白《江夏送倩公归汉东序》)。第三次是代宗宝应元年(762)李白因病由金陵往依当涂李阳冰,“又疾亟”,临终之前“枕上授简”,将“草稿万卷”托付李阳冰“俾予为序”(李阳冰《草堂集序》)。值得注意的是,第一次是“尽出其文,命颢为集”,第二次是“平生述作,罄其草而授之”;第三次是“草稿万卷……俾予为序”;“草稿万卷”之“万卷”,虽然是夸饰之词,但却表明也是“尽出其文”“平生述作”。很显然,前两次托付,其文稿都是留有复本的。这个复本的缮写,不管是请人代劳还是李白自为,李白对自己的文稿都会有所整理,其中对自己文集的命名定会有所斟酌。尤其是第三次向李阳冰托付,是“草稿万卷,手集未修,枕上授简,俾予为序……”。这告诉我们,虽然是“草稿”,却已成“万卷”“手集”(手抄之集),可见文稿已经被李白自己作过整理、编排,只是尚未修订(“未修”),嘱托李阳冰为之作序——话里或有请其刊印的意思。

如此看来,《草堂集》应是李白自己编成并命名。

为什么以“草堂”名集?李白的家乡蜀地虽然有草堂寺——孔稚珪《北山移文》李善注云:“梁简文帝《草堂传》曰:汝南周颙,昔经在蜀,以蜀草堂寺林壑可怀,乃于钟岭雷次宗学馆立寺,因名草堂。”[①]据清人仇兆鳌说,杜甫在蜀锦城之“草堂”正是“近草堂寺,因以命名耳”[②]。但李白并无如杜甫有“近草堂寺”的居所,其经历也与草堂寺无涉,当然不会以“草堂”名其集,他人则更不会也不能用“草堂”为其名集。其所以名之为《草堂集》,或者如阎琦先生所言,“一是表明自己暂时栖居于此(当

① 李善注《文选》,中华书局1977年版,第612页。

② 仇兆鳌《杜诗详注》,中华书局1979年版,第743页。

涂),二是感激李阳冰在自己走投无路之际安置自己于'草堂',有'风雨茅庐'之义"[①];或者,也还有自己一生追求"达则兼济天下,穷则独善其身",却"兼济"(仕)不成"独善"(隐)不就,但从出峡之初的"九江秀色可揽结,吾将此地巢云松"(李白《望庐山五老峰》),到中年的"少年早欲五湖去,见此弥将钟鼎疏"(李白《答王十二寒夜独酌有怀》),直到暮年的"吾非济代人,且隐屏风叠……明朝拂衣去,永与海鸥群"(李白《赠王判官时余归隐居庐山屏风叠》)、"卜筑司空原,北将天柱邻"(李白《避地司空原言怀》),隐士情怀愈老弥剧,因而将自己的文集以"草堂"命名,以标其风操;或者,还有自己漂泊一生,穷困潦倒,居无定所且简陋有如"草堂"生活真实的苦辛。当然,以"草堂"命名其文集,究竟包含了李白怎样的情感只有李白自己最清楚,这里不过是想要说明《草堂集》之命名是出自李白自己,而不是也不应该是出自他人。

既然《草堂集》之命名是出自李白自己,而李白在将"草稿万卷"托付李阳冰俾其作序之前对文稿又经过一番整理、编排,则组诗《古风》诗题的拟定也应该是李白自己。

所谓"古风",正如朱谏《李诗选注》之论:"古风者,效古风人之体而为之辞者也","美刺褒贬,感发惩创,得古风人之意","所言者世道之治乱,文辞之纯驳,人物之邪正,与夫游仙之术,饮酒之情,意高而论博,间见而层出,讽刺当乎理,而可规戒者,得风人之体"[②]。这就是说,李白的这组《古风》,是继承汉魏五言古诗体制,以古朴的语言和"言在耳目之内,情寄八荒之表"的比兴寄托,保留并发扬着风骚汉魏传统风格和精神,讽喻针砭、感发规戒而指言时事、世道。虽然《古风》中还有不少"感伤己遭"和"抒写抱负"的篇章,但这些篇章,却多是以自身的不遇于时、抱负难成抒写世道不平的愤慨。所以,正如钱志熙先生所说的那样,"'世道之治乱'是《古风》组诗的总纲……所谓'世道之治乱',是指三代以下,春秋战国以来的治乱之情,兼及李白当代的政道舆情,侧重

① 阎琦《关于李白〈草堂集〉的编辑及其"古风"命名的断想》,《中国李白研究》2013年集,安徽文艺出版社2014年版,第77页。

② 裴斐、刘善良《李白资料汇编》(金元明清之部),中华书局1994年版,第221页。

于刺乱。这是《古风》五十九首的基本主题”[①]。因此可以说,《古风》组诗,形式、风格、内容,无论哪一方面,都体现了李白自己自觉的拟古、复古和指言时事世道创作的自觉意识。如果《古风》之命题是出自他人之手,则体现不了或削减了李白主观上拟古、复古和创作的自觉性。换言之,是诗歌的客观体现,而非李白的主观意识的自觉性。

《古风》“五十九首”之数,并非出自后人之手,也不是历代增扩所成,而是李白自己所编定。

首先说“五十九”首之数是一个传统的传承定数。

《古风》这组诗,在流传过程中,其篇数多有出入。宋咸淳本为六十一首,宋葛立方《韵语阳秋》则说“太白古风两卷,近七十篇”[②]。朱熹又说“太白五十篇《古风》,是学陈子昂《感遇诗》”[③]。詹锳先生在《李白古风五十九首集说》中还征引了《道山清话》中“秦观少游一日写李太白古风诗三十四首于所居一隐壁间”[④]的一则传闻。而刘克庄(《后村先生大全集》卷一七三《诗话前集》)则说“太白《古风》……此六十八首与陈拾遗《感遇》之作笔力相上下,唐诸人皆在下风”[⑤],在卷一七四《诗话后集》中又说“陈(子昂)《感遇》三十八首,李(白)《古风》六十六首,真可以扫齐、梁之弊而追还黄初、建安矣”[⑥]。明人胡震亨《李诗通》还说“《古风》六十篇中,言仙者十有二……虽言游仙,未尝不与讥求仙者合也”[⑦]。明人陆时雍《诗镜总论》又说“太白《古风》八十二首,发源于汉魏,而托体于阮公”[⑧]云云。虽然李白《古风》篇数在流传中有这样的出入(后村前言六十八首,后言六十六首,何以有差,不得而知),但宋蜀本、萧注本、王注本都是五十九首。王琦在《李太白集辑注序》中说:“余

---

① 钱志熙《论李白〈古风〉五十九首的整体性》,《文学遗产》2010 年第 1 期。
② 金涛声、朱文彩《李白资料汇编》(唐宋之部),中华书局 2007 年版,第 242 页。
③ 黎靖德编《朱子语类》,岳麓书社 1997 年版,第 3002 页。
④ 《李白诗文系年》,第 154—155 页。
⑤ 《李白资料汇编》(唐宋之部),第 574 页。
⑥ 《李白资料汇编》(唐宋之部),第 576 页。
⑦ 《李白资料汇编》(金元明清之部),第 440 页。
⑧ 《李白资料汇编》(金元明清之部),第 465 页。

所见杨子见、萧粹斋、胡孝辕三家……爰合三家之注订之，芟柞繁芜，补增阙略，析疑匡谬，频有更定……第思粹斋之作补注，所以补子见之阙也，而未能尽补其阙。孝辕作《李诗通》，力正杨、萧二家之讹，而亦未能尽正其讹。余承三子之后，捃摭其残膏剩馥，广为综辑。”①又在其《跋》中说：李诗全集“其有注，自子见杨氏始。继之者粹斋萧氏，作《分类补注李太白集》，附杨注后合刊之”②。萧士赟《补注李太白集序例》之谓“一日，得巴陵李粹甫家藏左绵所刊春陵杨君齐贤子见注本读之……择其善者存之，注所未尽者，以予所知附其后，混为一注”③，其“左绵刊本”正是宋蜀本。这就是说，《古风》“五十九”首之数，从宋蜀本、杨注本、萧注本、王注本是一个传统的传承定数。而且，最值得注意的是，“宋本‘宝剑双蛟龙’‘咸阳二三月’编入二十二卷，题作《感寓二首》，‘昔我游齐都’‘泣与亲友别’‘在世复几时’分为三首；萧本、郭本、王本则将此三首合为一首，《感寓二首》插入《古风》，凑成五十九首”④。不管是一首分为三首，或者是三首合为一首，都要成就“五十九首”，可见“五十九”之数是不能突破、不能变更的。

为什么不能突破不能变更？因为“五十九”之数是李白自己所定。

如前所言，从宋蜀本到杨、萧注本再到王琦注本，“五十九”首之数是一个传统的传承定数，而“宋蜀本所根据的晏处善刻本是经过宋敏求从各种传抄本收集而刻成的”⑤。宋敏求《李太白文集后序》云：“唐李阳冰序李白《草堂集》十卷……。咸平中，乐史别得白歌诗十卷，合为《李翰林集》二十卷，凡七百七十六篇。史又纂杂著为《别集》十卷。治平元年，得王文献公溥家藏白诗集上中二帙，凡广一百四篇……。熙宁元年，得唐魏万所纂白诗集二卷，凡广四十四篇。因裒唐类诗诸编，洎刻石所传，别集所载者，又得七十七篇，无虑千篇……合为三十卷。”⑥

---

① 王琦注《李太白全集》，中华书局 1977 年版，第 1685 页。

② 《李太白全集》，第 1688 页。

③ 詹锳《〈李白集〉版本源流考》，《李白全集校注汇释集评》，第 4564 页。

④ 《李太白全集校注》，第一册正文第 2 页。

⑤ 詹锳《〈李白集〉版本源流考》，《李白全集校注汇释集评》，第 4567 页。

⑥ 《李太白全集》，第 1477 页。

于是,我们便可以清楚地知道《古风》“五十九”首的这样一个传承线索:《草堂集》—乐史《李翰林集》—宋敏求《李太白文集》—宋蜀本—杨、萧注本—王琦注本。《草堂集》为李白自己所命,其“草稿万卷”在托付李阳冰前是经过他自己的一番整理、编排,《古风》题目的拟定也是出自他自己,而“五十九”首之数又是自《草堂集》以来的传统的传承定数,因此,我们有理由认为“五十九”的篇数正是他自己所定。

再说为什么要定“五十九”这个数。

要确凿地认定“五十九”之数是李白自己所定,还得追寻为什么是“五十九”这个数,而不是任何其它的数。

《黄帝内经·灵枢·热病》载有“五十九刺”针灸疗病之方:

“热病三日,而气口静、人迎躁者,取之诸阳,五十九刺,以泻其热,出其汗,实其阴,以补其不足者。……所谓五十九刺者,两手内、外侧各三,凡十二痏;五指间各一,凡八痏;足亦如是;头入发一寸,旁三分,各三,凡六痏;更入发三寸,边五,凡十痏;耳前后、口下者各一,项中一,凡六痏;巅上一,聪(别本作顖,即囟)会一,发际一,廉泉一,风池二,天柱二。”

又,《黄帝内经·素问·水热穴论》同样载有“五十九俞”(按,“俞”通“腧”,人体穴位)针灸疗病之方:

“帝曰:夫子言治热病五十九俞,余论其意,未能领别其处,愿闻其处,因闻其意。岐伯曰:头上五行行五者,以越诸阳之热逆也;大杼、膺俞、缺盆、背俞,此八者,以泻胸中之热也;气街、三里、巨虚、上下廉,此八者,以泻胃中之热也;云门、髃骨、委中、髓空,此八者,以泻四支之热也;五脏俞傍五,此十者,以泻五脏之热也。凡此五十九穴者,皆热之左右也。”

清人永瑢《四库全书简明目录》卷十“《黄帝素问》二十四卷”条云:“唐王冰注。……原本残阙,冰采《阴阳大论》以补之。其书云出上古,固未必然;然亦必周、秦间人传述旧闻著之竹帛。”①又,“《灵枢经》十二卷”条云:“是书论针灸之道,与《素问》通号《内经》。然至南宋史崧,始

① 永瑢等《四库全书简明目录》,上海古籍出版社1985年版,第378—379页。

传于世。”[①]虽然《灵枢经》至南宋，才传于世，但在晋人皇甫谧所撰《针灸甲乙经》中已有其内容，《四库全书简明目录》《甲乙经》八卷条云：“晋皇甫谧撰。据其自序，盖合《针经》《素问》《明堂孔穴针灸治要》三书，撮其精要，以成是经。言针灸之法最悉。或曰王冰所撰《灵枢经》即割裂此书之文，伪为古书也。”[②]这就是说，《灵枢经》是《针灸甲乙经》中的一部分。李白“五岁诵六甲，十岁观百家”（“百家”当然包括医家），就算读不到《灵枢经》，但能读到《黄帝内经·素问》和《针灸甲乙经》（按，其书多处提到治伤寒热病以“五十九刺”）是肯定的。李白《古风》定篇“五十九”之数的暗寓性由此而来，昭示其要以疗治人体病疾之“五十九刺”“五十九俞”的针刺疗法，针砭时弊刺乱救世。其命意之深，创作的自觉意识之强，舍李白其谁！

（作者单位：绵阳师范学院）

①② 《四库全书简明目录》，第378页。

明代李杜全集合编、合刻现象及其文学史意义

王永波

明代杜诗学史上有一个突出的现象，就是李白、杜甫集合编与合刻，包括全集与选本，存世数量较多，代表了明代李杜接受史的一种倾向，值得加以关注。

一　明代李杜全集合编、合刻的类型

明代是杜诗学史上的低谷时期，它的成就既不能与宋代千家注杜盛况相提并论，也无法与清代丰硕的杜诗注本相比，但明代杜诗学也有自己的特点。这种特点表现在明代首次出现了李白、杜甫集合编与合刻，明人有意识地将唐代诗坛上最有名的两个诗人，在诗集文献上予以并列，既方便读者的阅读，又是明代复古文艺思潮的一种具体表现形式，具有多种文化意义。

从李白、杜甫集的刊刻史来看，唐五代迄宋元时期极少有将两部诗集合编合刊的历史，多为将李杜集各自笺注、解说汇编的单行刻本。宋代的学者如王洙、赵次公、郭知达、黄希、鲁訔、黄鹤、蔡梦弼等人，专心注释杜诗，而乐史、宋敏求、曾巩、戴觉民等人则用力于李白集的编纂与刊刻，各自在李杜诗文集的整理上作出了贡献。在宋元时期，鲜有将李杜诗合编、合刻的，甚至连选本也罕见，这个状态到了明代才得以改变。

明人编刻李杜集主要有三种类型。一种是汇刻宋元人编纂的李杜集，一种是汇刻本朝人编纂的李杜集，一种是明人注解李杜集。从书目

著录与文献实物来看，正德八年(1513)安徽歙县人鲍松刊刻的《李杜全集》八十三卷是现存第一部李杜诗文合集本。鲍松是明代著名藏书家，字懋丞，号钝庵，平生喜购藏图书，先后积至万余卷。他刊刻的《李杜全集》底本取自两个著名的宋本，其中《李翰林集》三十卷为宋咸淳本，《杜工部集》五十卷为蔡梦弼《杜工部草堂诗笺》注本。《李翰林集》接近于乐史、宋敏求编集的本子，十行二十字，白口，无鱼尾，左右双边，署翰林供奉李白。各卷目录之下是正文，它虽然比宋蜀刻本《李太白文集》少收诗十首，但首次收录了李白的《菩萨蛮》《忆秦娥》二词，对研究李白词的传承，提供了版本依据。《杜工部集》为南宋鲁訔编次，蔡梦弼笺注的《杜工部草堂诗笺》五十卷本，十一行十九字，按年编辑，每卷皆表明诗歌作地。前四十九卷为正文，第五十卷为逸诗、拾遗。现存宋刻本《杜工部草堂诗笺》皆为残本，而鲍松刊刻的《杜工部集》为全本，对研究这个本子的版本提供了珍贵的文献依据。鲍松刻《李杜全集》，选用底本均为南宋刻本，首次将这两个有名的李杜集本子予以合刻，对保存文献起到了极大的作用，功不可没。光绪三十二年(1906)吴隐重刻《李翰林集》，即以鲍松本为底本。

万历三十年(1602)，江苏长洲人许自昌刊刻《李杜全集》四十七卷。与鲍松一样，许自昌合刻李杜全集，也是选用两个有名的宋元注本。其中李集为《分类补注李太白诗》二十五卷，南宋杨齐贤集注，元代萧士赟补注。杜集为《集千家注杜工部诗集》二十卷文二卷，南宋刘辰翁评点。许自昌字玄佑，号霖寰，又号去缘，别署梅花主人，嗜好藏书与刻书。曾刊刻过皮日休、陆龟蒙、李白、杜甫的诗文集，以及《唐诗十二家》《太平广记》等书。杜诗在宋代注释本较多，有千家注杜之说，李白诗在宋代仅杨齐贤注释过，他的这个本子已经佚失，然而元代萧士赟注释李白诗时曾引用过杨注，因而《分类补注李太白诗》成为最早的李诗注本。该书半页九行二十字，小字双行，单鱼尾，白口，四周双边，署春陵杨齐贤子见集注、章贡萧士赟粹可补注，明长洲许自昌玄祐甫校。卷一列赋八篇，余下二十四卷为各体李白诗，书中注释以“齐贤曰”“士赟曰”标示，做到文责自负。南宋刘辰翁评点、元代高崇兰编集的《集千家注杜工部诗集》二十卷文二卷，在元代、明代流行很广，据周采泉《杜集书录》卷二著录,元明两代刊刻此书不下二十种。许自昌编刻李杜全集所用杜集底本即为此本,版式与李集同。开篇附有王洙《杜工部诗史旧集序》、王安石《杜工部诗后集序》、胡宗愈《成都草堂诗碑序》、蔡梦弼《杜工部草堂诗笺跋》四篇序跋。因《集千家注杜工部诗集》在明代就有多次刊刻,许自昌所用的可能是之前的明本,“其祖本恐出于玉几,但玉几为每半叶八行,此则改为九行,并有所删节,于刘批刊落特多,故不再标刘辰翁姓氏。清初人注杜,大都以此为底本”①。所评大抵中肯。

万历四十年(1612)浙江海盐人刘世教编校《合刻分体李杜全集》一百零八卷刊行问世,其中李集四十二卷,杜集六十六卷,堪称李杜全集卷数最多的一部合集。与邵勋编《唐李杜诗集》不同的是,刘世教此编是诗文全集,更有利于李杜诗文的流传。该书半页九行十八字,白口,左右双边,单鱼尾。《李翰林全集》四十二卷《年谱》一卷《目录》四卷,卷首为李维桢《合刻分体李杜全集序》。其次为刘世教撰《凡例》,王稚登《李翰林分体全集序》。后依次为李阳冰、乐史、宋敏求、曾巩旧序,毛渐题跋,薛仲邕撰《李翰林年谱》,两唐书李白传,李华《李翰林墓志铭》、刘全白《唐翰林李君碣记》以及苏轼的《碑阴记》。接下来是目录四卷年谱一卷,各卷目录与正文相连,正文是白文,无注释笺证。由刘世教、姚孟承、刘鉴三人参订而成。卷次依次为卷一、卷二为古赋;卷三为四古;卷四为古风;卷五至卷二十二为五古;卷二十三至卷三十为七古;卷三十一、卷三十二为五律;卷三十三为七律、五排;卷三十四为五绝;卷三十五为七绝;卷三十六为杂体、联句、补遗;卷三十七为表;卷三十八为书;卷三十九为序;卷四十为颂、记;卷四十一为赞;卷四十二为铭、碑、祭文。《杜工部全集》六十六卷,前有万历壬子姚士粦序,次列宋代王洙、孙仅、王安石、胡宗愈、鲁訔、王琪、王彦辅、蔡梦弼等人序跋。次列黄鹤撰《杜甫年谱》、两唐书杜甫传、李观遗《补杜子美传》、元稹《杜工部墓志铭》。卷次依次为卷一、卷二为赋表;卷三至卷十八为五古;卷十九至卷二十六为七古;卷二十七至卷四十六为五律;卷四十七至卷五十一为七律;卷五十二至卷五十九为排律;卷六十为五绝;卷六十一、卷六十二为

① 周采泉《杜集书录》卷三,上海古籍出版社 1986 年版,第 141 页。

七绝;卷六十三至卷六十六为杂文。这个本子虽然是白文本,但是有校记,标明异文,具有较高的版本价值。刘世教编校的这部李杜全集,对清代注李杜诗,影响较大,如王琦《李太白全集辑注跋》就说:"有全去其注且分析其体为五七言古律绝句者,为刘世教本。刘书虽缺训诂,然校订同异,改正讹舛,殊见苦心。"①

崇祯二年(1629)浙江钱塘人闻启祥刊刻了《李杜全集》四十二卷,其中《李太白诗集》二十二卷,《杜子美诗集》二十卷,也是南宋两部评点本。该书半叶九行二十字,小字双行,白口,左右双边,单鱼尾,行间刻圈点。《李太白诗集》前列李阳冰序、毛渐后序,署严羽沧浪评点。《杜子美诗集》署刘辰翁会孟评点。严羽评点《李太白诗集》成为一桩公案,陈良运《读严羽评点〈李太白诗集〉献疑》一文认为此书当为明人伪作,詹锳《李白集版本源流考》也认为书中的评点不出于严羽之手。但在明人眼中尚无此认识,故闻启祥将二书合刻,对李杜诗的流传还是有一定贡献的。

上述几种合刻李杜集,编选者在选择底本时将目光放在宋元本李杜集上,而且做到底本不重复,可以看出他们的选编用意,就是尽量展现宋元古本的风貌。在明代也有将本朝人编刻的李杜集合刻的。例如嘉靖二十一年(1542),江苏无锡人邵勋编刻《唐李杜诗集》十六卷本印行。邵勋将正德十四年(1519)李濂所刻《李白诗集》十二卷与嘉靖五年(1526)许宗鲁所编《杜工部诗》八卷合并,重编为《唐李杜诗集》,其中李杜诗各八卷。李濂正德年间刻《李白诗集》十二卷今不存,但今存嘉靖十八年(1539)《唐李白诗》十二卷极有可能是李濂本,因为该书卷首有李濂序一篇,且两书卷数都是十二卷。《唐李杜诗集》卷首《唐李白诗序》亦为李濂作,正好印合正德本《李白诗集》十二卷与嘉靖本《唐李白诗》十二卷皆为李濂所编刻。李濂《唐李白诗序》说:"余刻白诗十二卷于沔阳,共九百六十四首,而赋序书表赞颂杂文不与焉,辩赝补逸,尚有望于世之博雅君子。"②这明明清楚地交代他在沔阳刊刻过李白诗十二

① 王琦注《李太白全集》,中华书局1977年版,第1690页。

② 黄永武主编《杜诗丛刊》(第三辑),台湾大通书局1974年版,第6页。

卷,未收录李白文,只是邵勋将李濂所刻李白诗由十二卷重编为八卷,因邵勋本流传颇广,后来有书目著录李濂本为八卷,盖编目者未曾见到李濂本原书所致。

邵勋所编《唐李杜诗集》多次刊刻,影响较大。该书首刻为嘉靖二十一年无锡知县万氏刊本,傅增湘《藏园群书经眼录》卷十七著录,黄永武编《杜诗丛刊》时收入第三辑中。半页十二行二十三字,白口,左右双边,无鱼尾,天头地尾宽阔,字体镌刻饱满舒朗。前列李濂《唐李白诗序》,署明正德五年相月望日关中许宗鲁序。次列各种传记,依次为宋祁《唐李白传》、刘全白正德己卯春三月既望大梁李濂川父题,次列许宗鲁《刻杜工部诗序》、刘全白《唐故翰林学士李君碣记》、宋祁《唐杜甫传》、元稹《杜工部墓志铭》。《李杜诗集目录》各八卷,按分体分类排列。李集第一卷为古赋和五古;第二卷至第五卷为五古;第六卷至第七卷为七古和长短句;第八卷为五律、五排、七律、五绝、七绝。各体之下另外进行分类,如五绝下就分为乐府、歌吟、寄赠、留别、题咏、闺情、哀伤七类。杜集第九卷为赋和五古;第十、十一卷为五古;第十二卷为七古;第十三卷、十四卷为五律;第十五卷为五排;第十六卷为七律。从目录的编排上可以看出李杜二人诗体创作的差异,即李白的五言古诗较多,而杜甫的五、七言律诗和排律较多。书末有邵勋《刻李杜诗后序》,署嘉靖壬寅冬十月邵勋顿首谨书。《杜诗丛刊》所影印嘉靖二十一年(1542)无锡万氏刻本卷首有邓邦述题跋三则,其一曰:"李杜诗十六卷,据邵氏后序,知为无锡宰万氏刻本,乃合正德李濂所刊李集,嘉靖许宗鲁所刊杜集而合刻之者。故前有李、许两序。明人好刻古籍,固为可尚,但以同时之人翻刻其所雕之本,已形浅陋。"①明人不仅翻刻前代之李杜集,也翻刻本朝所编之李杜集,邵勋此编正好是个例子。

真正代表明人注释李杜诗成就的是另一位浙江海盐人胡震亨的《李杜诗通》六十一卷。崇祯八年(1635)在编完《唐音统签》一千零三十三卷后,开始着手编撰《李杜诗通》,至崇祯十五年(1642)才竣工。书稿写成后因为战乱没有刊刻,存放在寺庙中,直到清顺治七年(1650)才首

① 《杜诗丛刊》(第三辑),第1页。

次刻印传世。其中《李诗通》二十一卷,《杜诗通》四十卷,二书合刊。该书半叶九行十九字,小字双行,单鱼尾,左右双边。署海盐胡震亨遯叟甫撰,秀水朱茂时子葵甫订。前有刊刻者友人朱大启叙、朱茂时跋以及其子胡夏客识语各一篇,次列胡震亨改编的李白传,以及依据薛仲邕简编的李白年谱。李诗总目不以序目排列,而以分体纪卷次,同后为卷序论年谱列前。计四言乐府诗、五言乐府诗二卷,七言、长短句乐府诗二卷,律体乐府诗一卷,四言古诗、五言古诗十卷,七言古诗一卷,长短句、骚体一卷,五言律诗、五言小律一卷,五言排律、七言律诗、七言小律一卷,五绝、七绝一卷,附录一卷,合计二十一卷。其中附录著录《戏赠杜甫》等逸诗及伪作诗三十余首。《杜诗通》卷首载胡震亨作杜甫传、元稹《杜甫墓志铭》、《新唐书》杜甫传、胡震亨自叙。次列杜甫年谱,大致采用高楚芳编《集千家注杜工部诗集》所附年谱,略加增删。卷目为五言古诗十二卷,七言古诗六卷,五言律诗十一卷,五言排律五卷,七言律诗四卷,五言绝句、七言绝句二卷,逸句联句附末卷。所引宋元明诸家杜诗注释为多,时加己之注解。

二　明代的李杜诗选本及其注解特色

除了合编李杜集外,明代还刊刻了不少李杜诗选本,包括白文本和注解本,显示出明人对李杜的推崇与喜爱。与编刻李杜全集相比,编刻李杜诗选本更为灵活,因而这部分刻本比全集本要多,据各类公私书目统计,明人编刻李杜诗选本约有二十多种。李杜诗选本不始于明代,宋代即有选编,如王安石《四家诗选》所选就有李白、杜甫诗。又据《宋秘书省续编到四库阙书目》卷一著录《李杜诗集》一卷本,可知在宋代选编李杜诗当不止一家,但蔚为大观当在明代。《千顷堂书目》卷三十一著录宣德年间刻印的赖进德《李杜诗集》三卷,当为明人最早选编的李杜诗选本,该书惜已佚失。

明人编选的李杜诗选本大致有以下三个特点。首先是明人对李杜诗具有浓厚的评点、注解兴趣,尤其是明代著名学者的参与,这与宋元人对李杜诗的笺注不同。宋元人对李杜诗的笺注主要是针对全部诗歌,笺注者往往毕其终生笺释,而明人则对自己感兴趣的李杜诗予以评点和注解,更加契合艺术审美口味。例如由张含选、杨慎等批《李杜诗选》十一卷,最能代表明人选编李杜诗的品味倾向。该书专选李杜诗,其中李白诗五卷,收诗一百六十余首,杜甫诗六卷,收诗二百六十四首。前有杨慎《李诗选题辞》:“吾友禺山张子愈光,自童习至白纷,与走共为诗者。尝谓予曰:‘李杜诗齐名,杜公全集外,节钞选本凡数十家,而李何独无之?’乃取公集中脍炙人口者一百六十余首刻之。”[①]后有文仲阁《杜诗选序》:“古今推诗坛宗主者,莫不以青莲、少陵两家并称,豪迈不羁,今人读过,翩翩然凌云想者,或不能无逊于青莲;若雄壮沉雄之气,惟于少陵有献钟也。我朝杨太史用修阅而批骘之,寸致所关,俱经拈出,偶一寓目,辄欲搔首问天,是少陵之神得诗以传,诗之神复得用修以传。”[②]杨慎的题辞道出了明人选编李杜诗的关键在于李杜齐名,且宜二诗并选,代表了明人对李杜诗的评价标准。文仲阁的序言则高度评价了杨慎评点杜诗的成就,但溢美之词也过了头。实际上这部《李杜诗选》所收的评语并不止杨慎一家,还包含范德机、钟惺、刘辰翁、蒋一葵等人的相关评语。杨慎的评语多纠正旧讹,尤其是在版本文字异同方面,颇有卓见,如《杜诗选》卷二《苏端薛复筵简薛华醉歌》诗中“汝与东山李白好”下评曰:“乐史《李太白诗序》云:‘李白游山水每以声妓自随,慕谢安之风,自号东山李白’,杜诗云汝与东山李白好是也,今之试妄改,倒其字,故特正之。”[③]杨慎的评语虽不多,但都切实有效,解决具体的问题。张含选编的这部书在明代很有名,产生了多个版本,有单刻的《李诗选》和《杜诗选》,从嘉靖到天启之间均有刻本行世,在明代李杜选本中较有影响。

明代其他李杜诗评点选本还有顾明编、史秉直评《李杜诗选》十二卷,其中《李诗选》《杜诗选》各六卷。此外,王象春撰《李杜诗评》,李廷机撰《李杜诗选》八卷,汪旦《评选李杜诗》,池显方撰《李杜诗选》,李齐

①② 张含编,杨慎等评《李杜诗选》,明天启元年乌程闵氏朱墨套印本。

③ 《杜诗丛刊》(第二辑),第 54 页。

芳、李茂年编《李杜诗合刻》十八卷等书也属于评点选本。

其次是明人对李杜诗的笺注，特别是对李杜律诗的注解所下功夫颇大，产生了一些有影响力的选本。例如王维桢撰《杜律颇解》四卷《李律颇解》一卷，就是很有特色的一部李杜律诗笺注选本。王维桢字允宁，号槐野，华州平定里人。嘉靖十四年(1535)进士，选授翰林院庶吉士，三年后授翰林院检讨。后累任翰林院修撰、署南京翰林院事、南京国子监祭酒。嘉靖二十四年(1545)参加《明会典》的续修。著有《槐野先生存笥稿》二十卷。《杜律颇解》《李律颇解》专收杜甫、李白七言律诗，予以笺释评说。该书通行本为嘉靖三十七年(1558)江阳朱茹刊本，前有朱茹《刻杜律颇解序》、张光孝《杜律颇解序》，次为杜律颇解目录与李律颇解目录，书末收王维桢《李律颇解序》、朱茹《李律颇解跋》。何为颇解，张光孝序中说："名曰颇解，辞不猥繁，而旨意即见，可以传工部之心矣。"[①]所收杜甫律诗按照写作年代编排，注重名篇，如《望岳》《和贾至早朝》《江村》《卜居》《又呈吴郎》《蜀相》《登高》《秋兴八首》等都收录了，注释极为简略，但大体能揭示出杜律的特色。《李律颇解》只收李白《寄崔侍御》《赠郭将军》《登金陵凤凰台》《别中都明府兄》《鹦鹉洲》《题东溪幽居》等八首律诗，与所选一百五十一首杜律不相对应，且注释寥寥数语，无所建树。

王维桢选注的是部分杜甫律诗，在明代也有注释全部杜律的著作，例如汪瑗撰《杜律五言补注》四卷，收录全部杜律六百二十二首，与《李律五言补注》一卷合刊，名《李杜五言律注》，云南大学藏万历四十二年(1614)刻本。汪瑗字玉卿，安徽新安人，与王世贞、李攀龙多交游，是明代著名的楚辞学者。根据汪瑗子汪文英《楚辞集解》跋可知，汪瑗曾著有《李杜律注》一书，现存《杜律五言补注》当为其中的一部分，七言补注今则不存。《杜律五言补注》有万历四十二年新安汪氏家刻本，前有潘之恒《杜诗补注序》，其曰："五言律至唐始工，目为近体，然为杜工部子美独擅长城，唐人无敢为雁行者。今世行本，有公自注、千家注、刘须溪

① 《杜诗丛刊》(第一辑)，第8页。

注,而五言律单行赵注,未有会其全而独断其是以归于定论。”[①]目录后有汪文英后记。其曰:“《杜律补注》四册,失没多年,近于姻亲之处,获前二册,癸丑春乃授梓,既而业成。其姻复出后二册,俱先君亲笔稿也,但获而有先后之异,故校而重刊之。”[②]从潘、汪二文中,可知王维桢的确是对全部五七言杜律进行了补注,而且杜律七言补注后来也是刊行过的。潘序中的赵注指的是赵汸注《杜工部五言律诗》,但赵注仅收录杜律二百六十一首,篇数不及本书一半。汪瑗注杜甫五律较为详明,采取句注、尾注形式,阐明诗意,颇多新解。《李律五言补注》一卷今未见。

再次是明代选编的李杜诗选本时间跨度长,几乎与明代王朝相始末,而且参与者大都是著名学者和诗人,因而提升了明代李杜诗选本的质量。从洪武年间赖进德《李杜诗解》,到崇祯年间萧思伦《李杜诗正声》,几乎横跨整个朱明王朝,可见明人对李杜诗选编、选注的重视。这些选编者大都是明代有名的学者、文人,如杨慎、胡震亨、王维桢等,这里再评述晚明时期两部有名的选本,即梅鼎祚、林兆珂选编的两种李杜诗。梅鼎祚选编的《唐二家诗钞》十二卷,其中《李诗钞》四卷,《杜诗钞》八卷,是明代第一部以“唐二家”命名的李杜诗合选本,在明代曾多次刊刻,并衍生出其他品种,具有重要的影响。梅鼎祚(1549—1616),字禹金,安徽宣城人,晚明著名的诗人、戏曲家,与王世贞、汤显祖多交游。《唐二家诗钞》在明代有多次刊刻,其中以万历七年(1579)鹿裘石室精印本为佳。该书半页八行十六字,白口,左右双边,单鱼尾,白棉纸,书口下方刻“鹿裘石室”及写刻工名。前有蹇达《唐二家诗钞序》,次为梅鼎祚《唐二家钞小叙》,接着为《二家诗总评》,总评毕刻“万历六年戊寅秋,直隶宁国府行梓”,后有史仲彧《刻二家钞后序》。在体例上,本书所选李杜诗分体编排,其注语大致分题解和诗解两种,熔注释、评说、考辨于一炉,“不仅重视参考以往各类成果,而且还注意自身编撰理念与阐

① 《杜诗丛刊》(第一辑),第 1 页。
② 《杜诗丛刊》(第一辑),第 36 页。

释原则的贯彻。后二者是其考证诗学的理念基础”[①]。梅鼎祚选编的这个本子在明代晚期非常有影响，屠隆在梅本的基础上，另编《合刻李杜二家钞评》十二卷，增添各体诗总评，多引前贤评语，或加入己见，内容丰富。目前见到的有万历十七年(1589)刻本，署梅鼎祚编、屠隆集评，又有署梅鼎祚编、屠隆集评《唐二家诗钞评林》十二卷，内容不变，仅书名稍有变化。

福建莆田人林兆珂编著《檀弓述注丛书》中有《李杜诗钞述注》一种，分为《李诗钞述注》十六卷、《杜诗钞述注》十六卷，合计三十二卷，今存万历二十七年(1599)安庆刻本，署莆林兆珂孟鸣父纂述，齐鲁书社《四库全书存目丛书》据此影印。对于林兆珂选编的这部书，评价不太好，例如《四库全书总目》卷一百七十四评价《李诗钞述注》说:“今注内亦未证明，文义便不可晓，凡此不一而足，尚未可谓之善本也。”[②]但林兆珂选编此书对传播李杜诗还是有一定意义的，不可一概抹杀其功劳。

三　明代李杜集合编、合刻的文学史意义

从上述两节的论述来看，明代李杜诗合编，无论是全集还是选本，现存的数量都相当大，确实可以得知明人对李杜诗的喜爱。为什么直到明代才会大量出现李杜诗合编、合刻的现象呢？换言之，明代合编、合刻李杜诗的文学意义体现在哪些方面？这为进一步认识明代诗学发展状况或许可以提供另外一种视角。

从唐诗学史的发展来看，李杜齐名的形成其实是经历过较为复杂的演变历程的。唐五代时人对李白的揄扬超过了杜甫，这本是公论，一个主要的原因在于李白集在唐五代时期的编集与刊刻，在次数与规模上都远超于杜集，现存唐人选唐诗也可从侧面予以佐证。这种状况很

① 陈晨《〈唐二家诗钞〉发覆》，《古代文学理论研究》(第二十九辑)，华东师范大学出版社2009年版，第387页。

② 永瑢等《四库全书总目》卷一七四，中华书局2003年版，第1532页。

快在宋代出现逆转,宋人编纂杜集、注杜、拟杜蔚然成风,甚至有千家注杜之说,可见杜诗在宋代刊行与流传之广泛。这种局面的形成与诗坛上大人物的推波助澜有很大关系,例如王安石选编杜甫、韩愈、欧阳修、李白《四家诗》,将杜诗居首,而李白诗在欧阳修之后,在当时引起较大争议。不仅如此,王安石还曾说:"白诗近俗人,易悦故也;白识见污下,十首九说妇女与酒。"①寥寥数语将李白人品与诗歌说的简直是一钱不值。苏轼先是在《书黄子思诗集后》中称赞李杜齐名:"李太白、杜子美以英玮绝世之姿,凌跨百代,古今诗人尽废。"②接着又在《王定国诗集叙》中说:"古今诗人众矣,而杜子美为首。"甚至在《李太白碑阴记》开篇说:"李太白,狂士也! 又尝失节于永王璘,此岂济世之人哉。"③苏轼对李杜评价的先后不一致,表明了他本人作为诗人与官员身份的双重性与矛盾性。宋代的陆游、葛立方、李纲、赵次公、罗大经等人基本上也是持抑李扬杜的观点,核心内容在于贬低李白的人格和作品的内容。

到了明代,随着复古派诗歌运动的兴起,自宋代以来的抑李扬杜现象才得到遏制,出现了双峰并立的局面,一直持续到明末。明人反对主理的宋诗,对主情的唐诗有好感,查清华先生《明代唐诗接受史》从前朝积累与宗唐启迪、社会政治与士人心态、经济状况与文化条件等方面论述了明代接受唐诗的社会文化背景,相当有力。明代是从元代异族手中夺取的政权,加上明初皇权对知识分子的压制,士人间普遍渴求刚强自信的文化精神,唐诗就成为明人效法的对象。李梦阳就明确提出"文必秦汉、诗必盛唐"④。盛唐诗坛主要诗人李白、杜甫就成为明人心目中的楷模,这为明代合编、合刻李杜集提供了环境和条件。

明人首次将李杜集予以合编、合刻,这在唐诗学史上是创举,值得大书特书,在此之前尚无李杜全集合刻的先例。根据历代公私目录著录,宋代重编、注释杜诗约有九十余种,其中流传到明代的约二十余种。

---

① 释惠洪《冷斋夜话》,中华书局1988年版,第43页。

② 孔凡礼点校《苏轼文集》卷六七,中华书局1986年版,第2124页。

③ 《苏轼文集》卷一一,第348页。

④ 张廷玉等《明史》卷二八六,中华书局1974年版,第7384页。

而宋代重编李白集的只有寥寥四、五种，注本仅杨齐贤一种，经过元人萧士赟补注，在明代前只有一种《分类补注李太白诗》传布，李白、杜甫诗集刊刻与流传的差异性可见一斑。面对李杜诗集编集、刊刻流传的不对称性，明人首次将二集合编，从保护文献这个意义上说，鲍松刊刻的《李杜全集》八十三卷具有伐山奠基之功，开启了明人合编、合刻李杜集的先河。他将能见到的两个著名宋刻本，即宋咸淳本《李翰林集》三十卷和蔡梦弼注《杜工部草堂诗笺》五十卷，予以合编合刻，可见鲍松是极具学术眼光的。宋咸淳本与宋蜀刻本的底本可以推断是宋敏求增订、曾巩编次本《李太白文集》三十卷，但二者在内容、篇数与编排上有明显的不同。如今咸淳本原本已经佚失，鲍松本对研究咸淳本的原貌，乃至于李白诗在宋代的编刻，具有无可替代的版本价值。同样，许自昌刊刻《李杜全集》四十七卷，李白集底本选用杨齐贤注、萧士赟补注的《分类补注李太白诗》二十五卷，这是李白诗唯一的注本，许自昌用这个本子作为底本，可以看出他是不想与鲍松本相冲突，二者刊刻的年代比较接近，从底本的选择上看许自昌还是经过慎重比较的，从而为读者提供更多的李杜诗版本选择。

明人不仅在底本选用上重视名家刻本，而且还迎难而上注解了李白诗。胡震亨的《李杜诗通》功夫主要下在《李诗通》上，原因在于杜诗宋元多注本，而李诗注本仅一种，胡氏想在李白诗的注解上有所作为，事实证明他的这个设想是正确的。在注解李白诗时，胡震亨还是有所选择的，他对李白的四言乐府、五言乐府、律体乐府等乐府诗注颇为详细，"无论是太白乐府的解题、太白乐府与古题乐府之比较，还是对诗句典故出处的揭示以及语句的校勘，胡氏注均简明扼要，不做冗长的考证和烦琐的征引"①。因此，胡震亨对李白乐府诗的注解，在李白研究史上独具一格，占有较为重要的地位，后人研究李白乃至于乐府诗，都离不开胡震亨此书。此外，像闻启祥刊刻《李杜全集》四十二卷，汇集严羽评点《李太白诗集》二十二卷、刘辰翁评点《杜子美诗集》二十卷，在保存

① 胡振龙《明人注李的典范之作——论胡震亨的〈李诗通〉》，《中国李白研究2003—2004年集》，黄山书社2004年版，第250页。

李杜诗集以及南宋严羽、刘辰翁的评语方面,也是值得肯定的。

在选择李杜诗集的底本上,明人虽多取自于宋人所编本子,但也不厚古薄今,对本朝人整理的李杜集也有浓厚的兴趣。如邵勋编刻《唐李杜诗集》十六卷即以正德十四年(1519)李濂所刻《李白诗集》十二卷、嘉靖五年(1526)许宗鲁所编《杜工部诗》八卷为底本,有意识地保存明代选编李杜诗的原貌。从现存的几部李杜诗集的底本来看,明人没有一部书的底本相同,虽然这些书的编刻时间有先后,但明人尽量避开底本雷同,尽可能地保存不同版本的李杜诗集,这给后世研究李杜诗集的传承、演变带来了极大的便利,不能不归功于明人的精心选择。

合编、合刻李杜集是明人的创举,在评论李杜及其诗歌时,明人也尽量做到公允,阐明各自的艺术特色,尽量避免抑李扬杜或抑杜扬李,这也是李杜双峰并峙的主要内容。如朱大启《李杜诗通序》说:"出手定李供奉、杜工部诗集示余,且谓李杜大篇,寄意深婉,何可无为通?故于旧注间参而伍之,务探其原委,复为之胪次其体,佐以评骘,语无复衷。"[①]胡震亨对李杜诗的看法代表了明人的观点,这在多种明人选编李杜诗集序跋中可以得到印证。再如刘世教《合刻分体李杜全集序》说:"开元天宝间,陇西、襄阳二先生出,遂穷诗律之能事,观于是乎止矣。是二先生者,其雄材命世同,其横绝来异同,其坎坷弗得志,又无弗同。顾千载而下,使人披其编,相见其为人,若陇西不胜乐,而襄阳不胜忧者,何也?陇西趋风,风故荡泆,出于情之极,而以辞群者也;襄阳趋雅,雅故沉郁,入于情之极,而以辞怨者也。趋若异,而轨无弗同,故无有能轩轾之者。盖自唐以后,诸尚论之士,人持其指,而莫之一,迨近世琅琊长公,而二先生之论始定。故陇西好称古调,其与近体,若雅意所不屑,而襄阳沾沾此技,篇什最为繁富,意又若不屑古调者。"[②]刘世教在序中将李杜二人性格特点及其原因逐一揭示出来,在于李白、杜甫的性格一个在于"趋风",一个在于"趋雅",也就导致了其诗歌创作主体的

① 詹锳、李庆元《明末李白诗两种注本》,《中国李白研究1991年集》,江苏古籍出版社1993年版,第383页。

② 《杜集书录》卷三,第136页。

不同。李白“趋风”,诗歌创作上喜欢古调,杜甫“趋雅”,所以最工近体诗,近体诗诸体最考手艺。刘世教从诗人性格上的差异来探讨李杜诗风的异同,这种做法至今仍是值得借鉴的。

即便是明人选编的李杜诗选本,在体裁、题材、篇目等方面也是花费了不少精力的,尽量照顾到李白、杜甫诗歌的特色,在选目上展现出各自的优长,反映出明人针对李杜诗采取扬长避短的态度。而且,针对同体裁的诗歌,往往也会仔细甄辨出二者的差异,例如梅鼎祚选、屠隆集评《李杜二家诗钞评林》十二卷,其中《李诗钞评》分为五古、七古、五律、七律、五七言绝句,《杜诗钞评》除了上述几种体裁外,另外多出五言排律、七言排律,这是杜甫律诗的重要组成部分。梅鼎祚在每体前均有评语,揭示出李杜同体之作的差异性。在对李白五古评论说:“白选体似歌行尔,大都从鲍明远来,开丽隽伟,故足雄长一世。其于古,颇在远近之间,愈长愈多衍辞矣。”在对杜甫五古评论道:“少陵五言古,苦心独造,颇涉矜持,其佳者朴茂笃至,风雅未亡,创为乐府,词致隐恻,亦自动人矣。”①梅鼎祚将李杜二人的五古进行了比较,指出李白五古源自鲍照,“开丽隽伟”,越长越有特色,足可以雄霸诗坛。而杜甫五古则戛戛独造,挥洒不自如,以至于“词致隐恻”,很大程度上要依靠内心。几句话形象地将李杜五古的异同和特色和盘托出,可以看出梅鼎祚在对李杜诗的理解上的确是颇有心得。

明人编刻的李杜集及其选本,因为自身富有特色,不仅在明代多有翻刻,甚至影响到清代的李杜诗注解和笺释。明人多部李杜诗注本、选本为清人所吸收、化用,显示出较为旺盛的生命力,在唐诗学史上起到了承上启下的作用,这是明代唐诗学的贡献,应该予以重视和关注。

(作者单位:四川省社会科学院)

① 孙琴安《唐诗选本六百种提要》,陕西人民教育出版社1986年版,第162页。

李白《金陵酒肆留别》之“香”

郑慧霞

李白的《金陵酒肆留别》，开元十四年(726)暮春时节作于金陵(今江苏南京)[①]，诗作以其含蓄蕴藉而一直传诵弗衰：

风吹柳花满店香，吴姬压酒唤客尝。金陵子弟来相送，欲行不行各尽觞。请君试问东流水，别意与之谁短长。[②]

首句就抓住了最具春时令特点的“柳花”[③]，南朝吴均有诗云：“黄鹂飞上苑，绿芷出汀州。日映昆明水，春生鳷鹊楼。飘飏白花舞，澜漫紫萍流。画织回文锦，无因寄陇头。思君甚琼树，不见方离忧。”[④]“风吹柳花”正是“飘飏白花舞”之景；“满店香”之“香”，正檃栝“画织回文锦，无因寄陇头。思君甚琼树，不见方离忧”之“思”。“柳”自带“情思”，源自“昔我往矣，杨柳依依”[⑤]，“要解读一首诗，就必须回溯诗中的对先前各种文学与非文学文本的典故，影射，借用，沿袭，继承，变更。而且，回溯

① 李白时年26岁，是年春天自金陵至扬州，作《夜下征虏亭》诗曰：“船下广陵去，月明征虏亭。山花如绣颊，江火似流萤。”征虏亭在金陵，广陵即扬州。详参安旗、薛天纬《李白年谱》，齐鲁书社1982年版，第25页。

② 王琦注《李太白全集》卷十五，中华书局1977年版，中册，第728页。

③ 伍缉之《柳花赋》：“步江皋兮骋望，感春柳之依依。垂绿叶而云布，飏零花而雪飞”(见徐坚《初学记》卷二十八果木部，中华书局2004年版，第691页)；伍缉之《春芳诗》：“桃柳发荣荣，丹绿粲郊邑”(见《初学记》卷三岁时补部，第45页)；李商隐《赠柳》：“忍放花如雪，青楼扑酒旗”(见刘学锴、余恕城《李商隐诗歌集解》，中华书局1988年版，第1563页)；张鷟《游仙窟》：“昔时过小苑，今朝戏后园。两岁梅花匝，三春柳色繁；水明鱼影静，林翠鸟歌喧；何须杏树岭，即是桃花源”(见汪辟疆校录《唐人小说》，上海古籍出版社1978年版，第35页)等。

④ 吴均《与柳恽相赠答六首》其一，徐陵编，吴兆宜注，程琰删补，穆克宏点校《玉台新咏笺注》卷六，中华书局1985年版，第230页。

⑤ 《诗经·小雅·采薇》，高亨注《诗经今注》，上海古籍出版社2009年版，第229页。

到另一个文本又会带出一连串的文本，这个过程是无限衍义的一种特殊类型，它朝向一定的方向反溯”[①]。所以，诗题“留别”之“留”，与“风吹柳花满店香”之“柳”，有着意旨的关合。基于此，此诗“香”之意涵就显豁出来：非特指某一确定之“物”如“柳花酒”或具象之“柳”等，而是一种和“思”相关的“混沌心灵场”[②]的含蓄表达。

一 “风吹柳花”之“香”

李白为何特意写“风吹柳花”，不外乎以下几个原因：（一）“柳”时令特点明显，言情之作多涉及“杨柳”者，如《杂咏五首·春咏》：“杨柳乱如丝，绮罗不自持。春草青复绿，客心伤此时。”[③]（二）“柳”关合着“折杨柳”风俗，如李白《折杨柳》：“垂杨拂渌水，摇艳东风年。花明玉关雪，叶暖金窗烟。美人结长想，对此心凄然。攀条折春色，远寄龙庭前。”[④]（三）李白对“白”“碧”类色彩有着天然的锐觉与偏爱[⑤]。“杨花”“柳花”皆为“白”且如“雪”，构成一幅“烟花三月”之暮春图景；（四）因人而赋予“柳香”，如李白《赠秋浦柳少府》：“因君树桃李，此地忽芳菲。摇笔望白云，开帘当翠微。”[⑥]李白《赠崔秋浦三首》其一：“吾爱崔秋浦，宛然陶令风。门前五杨柳，井上二梧桐。山鸟下厅事，檐花落酒中。怀君未忍

① 赵毅衡《文学符号学》，中国文联出版公司1990年版，第124页。

② 王蒙《混沌的心灵场——谈李商隐无题诗的结构》（《文学遗产》1995年第3期）谓“作者构建的自己的独特的心灵风景”，是“不受空间时间形式逻辑的束缚”的，因为“心灵是说不出道不来的，说出来的可能只是一小部分，而更多的东西全靠你在字里行间反复体味”。

③ 《玉台新咏笺注》卷五，第188页。

④ 《李太白全集》卷六，上册，第338页。

⑤ 李白《答湖州迦叶司马问白是何人》自谓“青莲居士谪仙人”（《李太白全集》卷六，中册，第876页），仅从色彩搭配分析，“莲”为“芙蕖其实”，“青皮裹白子为的。的中有青长三分如钩，为薏，味甚苦。故俚语云苦如薏是也”，见陆玑《毛氏草木鸟兽虫鱼疏》卷上“有蒲与荷”，上海古籍出版社1987年版，第4页。

⑥ 《李太白全集》卷十，上册，第548页。

去,惆怅意无穷。”[①]基于以上理解,“风吹柳花满店香”之“香”源,当绝非仅仅来自于“柳花”或是其它任何单一之物什儿,而是难以指实之“香”,体现着“气象氤氲”[②]之“盛唐气象”[③]。这种闻“香”而不知“香”之所自,可借助《红楼梦》中黛玉之“香”以解之[④]。清人徐文靖曾辨析“风吹柳花满店香”曰:

> 太白诗:“风吹柳花满店香”,解者谓柳花不可言香。按《唐书·南蛮传》:“诃陵国以柳花椰子为酒,饮之辄醉。”太白“风吹柳花满店香”,亦以酒言。如《七命》:“豫北竹叶”,竹叶亦酒名也。又《梁书》:“顿逊国酒树似安石榴,取花汁贮杯中,数日成酒。”《宋史·外国传》:“阇婆国,其酒出于椰子虾蝚及丹树。”《一统志》:“浡泥国有加蒙树,其树心可为酒。琼州有严树,捣皮叶浸水和以酿,数日成酒,皆此类也。”[⑤]

徐氏“酒香”之说,实谓卓见。刘逸生先生在徐氏之论基础上,对“香”的理解不再仅限于“柳花”和“酒”,而是更进一步从艺术层面来对“香”的“意境”进行解读:

> 也许会有人说,首句中的柳花,指的是柳絮,哪里来的“满店香”?说不定是从下句“压酒”而来的。应该解作满店是酒香才对。
>
> 这里牵涉到艺术上的虚与实、真与不真的问题。柳絮并没有香味,这是事实,但是一则柳絮本来就有点象花,容易引起香的联想;二则从诗人此际的感受来说,即从诗人对金陵风物的留恋所引

---

① 《李太白全集》卷十,上册,第 548 页。

② 皎然《诗式·诗有四深》,皎然著,李壮鹰校注《诗式校注》卷一,人民文学出版社 2003 年版,第 18 页。

③ 林庚《唐诗综论·盛唐气象》,商务印书馆 2015 年版,第 28 页。

④ (宝玉)只闻得一股幽香,却是从黛玉袖中发出,闻之令人醉魂酥骨。宝玉一把便将黛玉的袖拉住,要瞧笼着何物。黛玉笑道:“冬寒十冷,谁带什么香呢。”宝玉笑道:“既然如此,这香是哪里来的?”黛玉道:“连我也不知道。想必是柜子里头的香气,衣服上熏染的也未可知。”宝玉摇头道:“未必。这香的气味奇怪,不是那些香饼子、香毬子、香袋子的香。”见曹雪芹、高鹗著,俞平伯校,启功注《红楼梦》第十九回,人民文学出版社 2000 年版,上册,第 203 页。

⑤ 瞿蜕园、朱金城校注《李白集校注》“评笺”引徐文靖《管城硕记》,上海古籍出版社 1980 年版,第 929—930 页。

起的感情来说，却不妨承认柳絮也是香的……这里的“风吹柳花满店香”，也是乍看不似而细思甚似的一例。至于下文接着写了“吴姬压酒”，说满店的香与此有关亦可，却无需加以科学分析，反正“满店香”是事实，“风吹柳花”“吴姬压酒”同样也是事实，三者已经溶成一片。诗人不妨说“柳花”有香，读者也毋宁承认这种诗的现实，不去破坏它那完美的意境。这样，这两句诗就好解释，而不必硬说“满店香”只能源于“吴姬压酒”了。①

刘先生从“柳花”之“香的联想”和“诗人对金陵风物的留恋所引起的感情”②二者来解释“柳花香”，从诗人角度来解“香”，可谓慧眼如炬。但谓“柳花无香”，似有进一步探讨的空间，因为李白对于“女怀芬芳”③写作传统的接受及素有的“心清闻妙香”之说，如《红楼梦》曾借香菱之“香”言说：

（金桂）拍着掌冷笑道：“菱角花谁闻见香来着！若说菱角香了，正经那些香花放在那里去！可是不通之极。”香菱道：“不独菱花，就连荷叶莲蓬都是有一股清香的。但他那原不是花香可比。若静日静夜，或清早半夜，细领略了去，那一股香比是花儿都好闻呢。就连菱角、鸡头、苇叶、芦根，得了风露，那一股清香就令人心神爽快的。”④

香菱语是有出处的，“荷叶香”如刘孝绰《遥见美人采荷》：“菱茎时绕钏，棹水或沾妆。不辞红袖湿，唯怜绿叶香。”⑤“草香”如庾肩吾《咏长信宫

① 刘逸生《唐诗小札》，广东人民出版社1961年版，第99页。

② 因恋地之风物不去即“风物留人”说，陆玑《毛氏草木鸟兽虫鱼疏》卷上“薄言采芑”即有：“西河雁门芑尤美，胡人恋之不出塞。”而“芑”色乃青白，“茎青白色，摘其叶，白汁出，肥可生食，亦可蒸为茹，青州谓之芑”（第6页）。“芑”与“柳花”皆青白色，“李青莲”亦青白色，李白对于青白二色的喜爱或从自己的名字中得到一些心理暗示。当然，李白对于《诗》学相关著作的涉猎，“草木”类多“青白”“香”等，对其诗的取景设色有着潜移默化的影响。

③ 傅玄《有女篇》：“有女怀芬芳，提提步东箱。蛾眉分翠羽，明目发清扬。……珠环约素腕，翠爵垂鲜光。……”见《玉台新咏笺注》卷二，第74—75页。

④ 《红楼梦》第80回，下册，第892页。

⑤ 《玉台新咏笺注》卷十，第514页。

中草》:“委翠似知节,含芳如有情。全由履迹少,并欲上阶生。”[①]师祖安旗先生和业师薛天纬教授则注意到了时令因素与“柳花”的关系,“暮春时节,风儿把柳絮吹得纷纷扬扬,漫天飘落,柳絮下的酒店里,沁人心脾的香味也被风儿吹得四处飘散。这‘满店香’的‘香’,到底是什么香味,很难说清楚。柳絮固然没有香味,但在‘杂花生树’的暮春三月,空气中自然是花香飘溢,更不用说,还有醉人的酒香搅在一起”[②]。“空气中自然是花香飘溢”,点出“空气香”,自会“熏香”“柳花”,或者说“柳花”被这样的“空气”“沁香”,一则“游盖飘青云”或有助于理解此“香”:

> 长安春时盛于游赏,园林树木无闲地,故学士苏斑《应制》云:“飞埃结红雾,游盖飘青云。”帝览之嘉赏焉,遂以御花亲插斑之巾上,时人荣之。[③]

“飞埃结红雾,游盖飘青云”写出大唐盛世气象,春天的长安如在“红雾”“青云”中,成了一座“香都”。“香都”中的一切,自然皆香。李白的《金陵酒肆留别》之“香”,亦当作如是解:金陵城成了一座“无处不飞花”[④]之“沁芳城”,其中的“酒肆”自然是“满店香”的。“柳花”是不是“香”源都不再重要了,因为“柳花”也是“沁芳城”中之“花”。

二　“草木皆香”之“江南”[⑤]

《说文解字》七上:“香,芳也。从黍从甘。”[⑥]从诗思来分析,“风吹

---

① 《玉台新咏笺注》卷十,第515页。

② 安旗、薛天纬《李诗咀华》,北京十月文艺出版社1984版,第42—43页。

③ 王仁裕撰,曾贻芬点校《开元天宝遗事》卷下,中华书局2006年版,第44页。

④ 韩翃《寒食》:“春城无处不飞花,寒食东风御柳斜。”见顾青编注《唐诗三百首》,中华书局2009年版,第318页。

⑤ 胡仔《苕溪渔隐丛话》“李谪仙”谓“吴姬压酒唤客尝”句,“见新酒初熟,江南风物之美”,见胡仔纂集,廖德明校点《苕溪渔隐丛话》卷五,人民文学出版社1962年版,第27页。赵彦卫《云麓漫钞》亦评该句曰:“说者以为工在‘压’字上,殊不知乃吴人方言。至今酒家有‘旋压酒子相待’之语。”见赵彦卫著,傅根清点校《云麓漫钞》卷十,中华书局1996年版,第171页。

⑥ 许慎《说文解字》,中华书局1963年版,第147页。

柳花满店香”是总括其“心清”所闻之“妙香”[①]的，有“柳花”相关之“香”，有“吴姬”“馥馥芳袖挥……雅舞播幽兰”[②]之“色香”[③]，有“酒香”，有“金陵子弟”人情之“香”等。可见金陵在李白笔下，是一处“草木”与“人情”皆香的所在：

> 会稽剡县民袁相、根硕二人猎，经深山重岭甚多，见一群山羊六七头，逐之。经一石桥，甚狭而峻。羊去，根等亦随渡，向绝崖。崖正赤，壁立，名曰赤城。上有水流下，广狭如匹布。剡人谓之瀑布。羊径有山穴如门，豁然而过。既入，内甚平敞，草木皆香。有一小屋，二女子住其中，年皆十五六，容色甚美，著青衣……见二人至，欣然云：“早望汝来。”遂为室家。[④]

李白诗中有意无意化用的“草木皆香”之典，有点类似于断章取义、借题发挥。“草木皆香”之典，关合着“遂为室家”，当然李白仅取其“宾至如归”之意。这一点从《客中作》可得到证明：“兰陵美酒郁金香，玉碗盛来琥珀光。但使主人能醉客，不知何处是他乡。”[⑤]此诗之“郁金香”，就在借酒言无“故乡”“他乡”区别之“香”。李白深谙“草木皆香”之典，如《梦游天姥吟留别东鲁诸公》有“势拔五岳掩赤城”[⑥]，《秋浦歌十七首》其八有“山川如剡县”[⑦]，《金陵送张十一再游东吴》有“春光白门柳，霞色赤城天”[⑧]等。“赤城”中的“草木皆香”，被李白移置到了“金陵”，“柳花”会“香”自属自然。李白对于色彩是很着意的，诗歌题目谓“金陵”，南京

---

① 杜甫《大云寺赞公房四首》其三“灯影照无睡，心清闻妙香”，见杜甫著，仇兆鳌注《杜诗详注》卷四，中华书局 1979 年版，第 1 册，第 335 页。

② 《玉台新咏笺注》卷三《艳歌行》，第 103 页。

③ 《开元天宝遗事》“蜂蝶相随”：“都中名姬楚莲香者，国色无双，时贵门子弟争相诣之。莲香每出处之间，则蜂蝶相随，盖慕其香也。”见王仁裕撰，曾贻芬点校《开元天宝遗事》卷上，中华书局 2006 年版，第 13 页。

④ 陶潜撰，汪绍楹校注《搜神后记》卷一，中华书局 1981 年版，第 2 页。

⑤ 《李太白全集》卷二十一，中册，第 1012 页。

⑥ 《李太白全集》卷十五，中册，第 708 页。

⑦ 《李太白全集》卷八，上册，第 419 页。

⑧ 《李太白全集》卷十七，中册，第 822 页。

旧名颇多而独选“金陵”用之,就有意无意和“赤城”在内在意蕴进行关合[①]:“金”和“赤”、“陵”和“城”,这两个地名的构成方式是如此相似:“赤城”(“赤诚”)与“金石”[②],均被用以言友谊,如刘孝仪《咏石莲》:“莲名堪百万,石性重千金。不解无情物,那得似人心。”[③]如此,“风吹柳花满店香”则是对仙化的“草木皆香”和现实中草木荣华之江南佳丽地二者叠加后“金陵印象”的诗意呈现。这就使得“草木”“柳花”之“香”,和六朝人文的风流余韵之“芳”有了在意蕴方面的链接。

三 “谁能坐对芳菲月”之“真意趣”

如果单单一句“谁能坐对芳菲月”,我们肯定不能理解“月”怎么会“芳菲”。而事实上,“芳菲月”正如李白的“柳花香”,是一种在特定季节特定场景中心情的传达——把不可言传的“心景”视觉化、嗅觉化,或可谓之通感[④]。这种表达手法,“是指精神的自由不再借助于感官,而非指各感官之间相互通用,各感官仍是‘各有攸司’”[⑤]。如何逊《咏春风》:“可闻不可见,能重复能轻。镜前飘落粉,琴上响余声。”[⑥]“琴响”也是可以“香”的,陆机《拟西北有高楼》:“佳人抚琴瑟,纤手清且闲。芳

① 如周晓琳《“金陵”意象与古代作家的怀古心态》(《西华师范大学学报》2007年第5期)把“金陵”作为一个体现诗人意的旨意象进行考察,“作为文化名城,金陵的地理形胜与历史遭遇所具有的客观性是构成意象的基本要素,而诗人们寄寓其中并使之诗化的主观情感与韵味则是意象的灵魂。通常情况下,意象附着在词语之上,隋唐以还,历代诗人在反复使用‘金陵’这一地理名词时一以贯之地附着上某些具有民族文化特征的情韵”。

② 刘孝威《咏佳丽》:“可怜将可念,可念直千金。惟言有一恨,恨不遂人心。”见《玉台新咏笺注》卷十,第521页。

③ 《玉台新咏笺注》卷十,第517页。

④ 周裕锴《“六根互用”与宋代文人的生活、审美及文学表现——兼论其对“通感”的影响》(《中国社会科学》2011年第6期)认为,“通感”是未受佛教影响的一种文学书写,多为修辞技巧,无官各司其职乃是本土传统文化中普遍的生理学常识。

⑤ 周裕锴《“六根互用”与宋代文人的生活、审美及文学表现——兼论其对“通感”的影响》,《中国社会科学》2011年第6期。

⑥ 《玉台新咏笺注》卷十,第496页。

草随风结，哀响馥若兰。”[①]

通感的运用，“看似无理”，“实则有味”，如杜甫《自京赴奉先县咏怀五百字》中“朱门酒肉臭”却发生在“岁暮百草零，疾风高冈裂”的季节[②]，而以“臭”谓“酒肉”似乎不合常理：“肉”虽可腐败变质，但一般也不会在“霜严衣带断，指直不得结”的时节发生；更有“酒”，则很难和“臭”关联，自然是诗人当时特定心情即时的传达。这种“香”与“臭”的瞬间转化，其实是心境急剧变化的某种程度上的外化。这种例子在汉魏六朝小说中特别多，如《幽明录》记载一则“香”与“秽”瞬间转化的故事：

> 宋永兴县吏钟道……先乐白鹤墟中女子，至是犹存想焉。忽见此女子振衣而来，即与燕好。是后数至。道曰：“吾甚欲鸡舌香。”女曰：“何难。”乃掬香满手以授道，道邀女同含咀之。女曰：“我气素芳，不假此。”女子出户，狗肉忽见随。咋杀之，乃是老獭，口香即獭粪，顿觉臭秽。[③]

“顿觉臭秽”之“香”，是因“人”而产生的变化，虽然是志怪小说，实则颇有人之常情。再如李公佐《南柯太守传》之“灵龟山”一变而为“腐龟山”，亦是随着视者在“槐安国”和人间之“视阈”的不同而发生了变化：

> （槐安国）王命（淳于）生与群寮备武卫，大猎于国西灵龟山。山阜俊秀，川泽广远，林树丰茂，飞禽走兽，无不蓄之。[④]

> 又一穴：西去二丈，磅礴空圬，嵌窞异状。中有一腐龟，壳大如斗。积雨浸润，小草丛生，繁茂翳荟，掩映振壳，即生所猎灵龟山也。[⑤]

“灵龟”之所以为“灵”，是因为彼时淳于生正春风得意；“腐龟”之所以为“腐”，是因为淳于生“美梦”破灭回到了现实——由“大槐安国国王女

① 《玉台新咏笺注》卷三，第 95 页。

② 《杜诗详注》卷四，第 1 册，第 267—270 页。

③ 刘义庆撰，王根林等校点《幽明录》，见上海古籍出版社编《汉魏六朝笔记小说大观》，上海古籍出版社 1999 年版，第 741 页。

④ 《唐人小说》，第 103 页。

⑤ 《唐人小说》，第 107 页。

婿”而“吴楚游侠”身份的变更,决定了同一人的眼中同一“龟壳”由“灵”变“腐”之别。同理,“风吹柳花满店香”是诗人彼时好心情的外化。

综而论之,“风吹柳花满店香”看似平淡之语,却写出了“留别”酒店的宜人环境;“吴姬压酒唤客尝”更使“满店”酒色生香、意趣盎然,“压酒唤客尝”这句就把“吴姬”满面春风招揽客人的热情、风情、声情都写出来了。如此的酒店环境,如此的酒店女主人,可见“金陵子弟”对于“留别”之地的精心挑选,显出对这次“留别”的重视,当然是因为与李白有着非比寻常的友情。所以,整首诗的“金陵酒肆留别”是“龙睛”所在——诗的正文是诗人精心画出来的那条“龙”,诗题用“留别”而不用“送别”“言别”等,正是要用“留”的谐音与“柳花香”形成义脉上的关合。

(作者单位:河南大学)

李白文化研究发祥地考述

——以古代姑孰境内李白文化研究为例

沙　鸥

李白作为唐以来最伟大的诗人，足迹遍布大半个中国，其奇特的生活经历，以及所留下千余首诗文，这些诗歌及传奇的人生色彩，遂被后人称之为“李白文化”。李白作为“圣朝之高士”“当涂之旅人”，更与姑孰当涂有着不解之缘。曾多次停留姑孰，留下五十余首诗文，并终老于当涂。故而自唐代起就开始有了李白文化研究的动态，而动态的起端以及重要的历史文献的完成均在姑孰境内完成。因此，说姑孰是李白文化研究的发祥地，应不为过。

一　最早李白诗集文献的整理

姑孰境内是最早研究李白的发祥地。编辑李白诗集，李白本人就有自觉的意识。天宝十三载(754)，李白曾在金陵把诗文托付给魏颢，请他编集。魏颢于上元二年(761)编成《李翰林集》二卷，收入诗文44篇，但后世未见。乾元二年(759)，李白流放夜郎回经江夏，也曾将手稿交付给随州僧人贞倩，希望他帮忙编辑，但手稿未见编次，且后来下落不明。

唐宝应元年(762)，时任当涂县令的李阳冰[①]受李白之托，编辑李

① 李阳冰，赵郡(今河北赵县)人，生卒年不详。约生于唐玄宗开元年间。唐代文学家、书法家。字少温，寄寓云阳。初为缙云令、当涂令。李白族叔。为李白作《草堂集序》，后官至国子监丞、集贤院学士。世称少监。他善词章，工书法，尤精小篆。自诩“斯翁之后，直至小生，曹喜、蔡邕不足也”。他的篆书，“劲利豪爽，风行而集，识者谓之苍颉后身”。

白诗集。这在《草堂集序》中就有记载“阳冰试弦歌于当涂,心非所好,公遐不弃我,扁舟而相欢。临当挂冠,公又疾亟。草稿万卷,手集未修。枕上授简,俾余为序”。李阳冰在《草堂集序》中,除对李白的家世、生平、思想、性格、交游等作出了较为客观的记述外,同时还对李白的著述情况和诗文成就进行了高度评价,称其为“自三代已来,风骚之后,驰驱屈、宋,鞭挞扬、马,千载独步,唯公一人”。“唯公文章,横被六合,可谓力敌造化欤。”这本诗集的编著是李白文献资料整理的最早文献之一,也是至今研究李白学人绕不开的文献之一。后来与李白有通家之好的范伦的儿子范传正[①]在皖南宣城任刺史,就派人查找李白后人,搜寻李白诗文,并按李白夙愿将李白墓从当涂龙山迁至青山西麓。范传正在李阳冰《草堂集》十卷的基础上,补充诗文,“或得之于时之文士,或得之于公之宗族,编辑断简,以行于代”。最终,于元和十二年(817),重编出了李白文集《草堂集》二十卷。北宋咸平元年(998),乐史[②]在李阳冰《草堂集》的基础上,又搜集李白诗十卷,通过反复对比,剔除重复,编为《李翰林集》二十卷,凡七百七十六篇。后又将李白撰写的文章搜集起来,编为《李翰林别集》十卷,共有六十五篇。

嘉祐年间(1056—1063),新任太平州(州治当涂)知州,著名学士宋敏求[③]即在唐李阳冰的《草堂集》与宋乐史李白歌诗和杂著《别集》的基础上,先后收得王溥家藏白诗集二帙、魏万所纂白诗集二卷,然后依照

① 范传正,字西老,南阳顺阳(今河南淅川)人,唐朝官员、文学家、诗人。其父范伦,曾任户部员外郎,范传正唐德宗贞元十年(794)甲戌科陈讽榜进士第二人。初授集贤殿校,后历任殿中侍御史、比部员外郎、歙州刺史,唐宪宗元和四年(809)八月转湖州刺史,六年二月迁苏州刺史,八年八月擢为宣歙观察使,十一年受代至京拜光禄卿。后因中风辞世。赠左散骑常侍。范传正一生政绩卓著,《旧唐书》《新唐书》有传,《宁国府志》将其列为名宦。

② 乐史(930—1007),字子正,北宋宜黄霍源村(今属江西)人,文学家、地理学家。曾在南唐时做过官,入宋后为平原主簿,是隋唐开科举以来抚州地区第一位进士。仕宦 60 余年,先后任过著作郎、太常博士、水部员外郎及舒州、商州等地的地方官。

③ 宋敏求(1019—1079),字次道,赵州平棘(今河北赵县)人。北宋大臣。燕国公宋绶之子,北宋宝元二年(1039)赐进士,宋仁宗朝历任馆阁校勘、集贤校理、知太平、亳州,累迁至工部郎中。宋英宗治平中,同修起居注、知制诰。宋神宗熙宁中,除史馆修撰、集贤院学士,加龙图阁直学士。元丰二年(1079)去世,年六十一岁,追赠礼部侍郎。

旧目，附以杂著，分类编成《李太白文集》三十卷，并在当涂任上撰成《李太白文集后序》，这是李白诗文集最为丰富，也是最早李白诗文分类整理汇编的集大成之文献。随后，嘉祐五年（1060），太平州司法参军、文学家曾巩，也在当涂任上，因仰慕李白，又在知州宋敏求李白分类编辑的基础上，进而将李白作品按其生长、生活及其游历各地的先后时间加以编排，编辑成既有分类又有大体编年的较为系统的诗集，并在分编整理后作了《李太白文集后序》，他在序文中除记其编辑原因、经过外，还简略记述了李白的身世、经历、作品以及从璘获罪等情况。这是李白诗文集按照编年分类的首次集成，也是当涂早期又一部重要文献。

咸淳年间（1265—1274），太平知州江万里[①]又延请州学教谕戴觉民编刻“当涂本”《李翰林集》三十卷，并为之作序。宋时李诗刊本中的“当涂本”向不为人注意。清王琦《李太白集辑注跋》载：“宋时李诗刊本始自苏守宴公，所谓苏本也。其后又有蜀本，有当涂本。”又云：“其当涂本，周益公《二老堂诗话》谓当涂《太白集》，后有续刻《司空山瀑布诗》一首。陆放翁《渭南集》中一跋谓当涂本虽字大可喜，然极多谬误。”作为知州，江万里序文开篇即以“当涂独以太白故见称”领起，然后说他到任后见到这里有太白祠，有太白墓，有脱靴亭，“无不可以想见（李白）其人”。问及李白的诗集，“乃无有，盖漫灭弃毁久矣”。又说后来有人主张“当涂不必刻者，而白集不见刻，岂非恨也”，于是他邀请州学教谕戴觉民假“以余力趣成之”。至咸淳五年（1269）三月，他离开太平州时，始“见其成而去”，因之写了这篇序文。据缪荃孙《艺风堂藏书记》载：“李翰林集三十卷，宋刊本，次行题翰林供奉李白，与他刻本不同。每卷有目录，连属正文。每半叶十行，每行二十字，白口，前有李阳冰、乐史、魏颢、曾巩序，李华撰墓志，刘全白撰碣记，范传正、裴敬撰墓碑，后有咸淳己巳戴觉民希尹跋，此集即觉民所刻。又有江万里跋，大行书。”这里的“江万里跋”，即指本序文。

从李白诗歌的初期汇总到按体分类、系统编年以及后期的刊刻付

① 江万里（1198—1275），初名临，字子远，号“古心”，南康军都昌（今江西都昌县）人，南宋末年民族英雄、政治家、教育家。

梓,以及县令、知州的高度重视到亲自编纂并为之作序,这在李白诗歌研究史上是绝不多见的一种现象。

二　最早的有关李白的碑刻、碣石、墓志

最早的有关李白的碑刻、碣石、墓志在唐代就有了,可以看出李白在当时的影响。李华《故翰林学士李君墓志并序》[①]是目前所见最早为李白所作的墓志。可惜"不特于生平行事一切不言,即郡邑、世系、表字、配偶亦略而不书,寥寥数言,何其惜墨如金乃尔!"[②]其后《唐左拾遗翰林学士李公新墓碑并序》[③]系唐元和十二年(817)与李白有通家之好的宣歙池等州观察使范传正,会同当涂县令诸葛纵,将李白坟由龙山改葬青山而撰写的碑文。该文真实地记述了李白墓由龙山迁葬青山的经过及原委,记载了李白的出生、家世、晚年及其身后的境况,反映了李白一生的思想、经历及其性格特征,对于研究李白其人及其诗歌创作的形成与发展道路,具有十分重要的历史价值与文献价值。

至宋淳祐二年(1242),此碑已"断仆零落,仅存方尺许"。"当时兼权太平州事节制军马孟点"乃重书刻石,立之墓左。至今仍存。按古代墓志,应刻石埋入死者棺前,但范传正在为李白迁墓时,却为李白这样的士大夫缺少墓志而感叹,可见,范传正不知有这个墓志。故而有学人质疑其伪作。这里不加辩论。

之后唐会昌三年(843)二月,前守秘书省校书郎裴敬[④]前往当涂青

---

① 王琦注《李太白全集》卷三一,附录一,中华书局1977年版,第1458—1459页。李华(715—766),字遐叔,赵郡赞皇(今河北赞皇县)人。开元二十三年(735),中进士。天宝二年(743),登博学宏词科,拜监察御使,转右补阙。安禄山攻陷长安时,被迫接受凤阁舍人伪职。"安史之乱"平定后,贬为杭州司户参军。后隐居大别山南麓,唐代宗大历元年(766),病故。著有《李遐叔文集》四卷。

② 《李太白全集》卷三一,附录一,第1459页。

③ 《李太白全集》卷三一,附录一,第1461页。

④ 裴敬,晚唐人,曾任秘书省校书郎。曾四至青山,两到当涂。与前濮州鄄城县尉李劲拜谒青山李白慕。撰《翰林学士李公墓碑》碑文,勒石刻碑立于墓前。

山，拜祭李白墓时撰写了一篇祭文。后于墓前立碑一方，即《翰林学士李公墓碑》。今碑已不存。祭文，本是古时文体的一种，一般在设祭时宣读。裴敬的这篇祭文，是在他“南游江左，过公墓下”，具酒馔祭祀李白后，授给管墓人毕元宥的。裴敬在文中极力称赞李白异于常人，“得天地秀气”，说他每“过其墓下，爱其才，壮其气，味其嗜酒，知其取适”，始“作碑于墓”。接着他又列举了唐及唐以前以诗文、德行、武功、忠烈著称的文武官员二十三人，运用借宾扬主的手法，表达了作者同情李白、珍惜人才、勉励后人的至诚之心和重名崇贤之意。文中还简略记述了他在当涂、历阳（今安徽和县）、上元（今南京江宁）等地寻访李白游踪、遗迹的情况。

唐贞元六年（790）尚书膳部员外郎刘全白出任池州刺史，途经当涂龙山，凭吊李白，见李白坟将毁，乃请当涂县令顾游秦修坟立碑，刘全白自撰《唐故翰林学士李君碣记》。王琦在题下注云：“碣即碑也。《韵会》：方者谓之碑，圆者谓之碣。”刘全白在《碣记》中简明记述了李白的身世、遭遇及其修坟建碑之经过，说他自幼即“以诗为君所知”，今见“荒坟将毁，追想音容，悲不能止”，始有“表墓式坟”之举。

除这四篇墓志、碣记、碑记外，北宋元丰七年（1084）苏轼在路过当涂所撰的《李太白碑阴记》以及南宋孟点[①]《大唐翰林李公新墓碑》，明罗篪[②]《重立墓碑记》、汪道昆[③]《重修采石太白祠碑》、李先芳[④]《重修祠

① 孟点，宋理宗绍定元年（1228）知余姚县。淳祐元年（1241）为江东运判兼权太平州。三年，改提举广东常平。

② 罗篪（约1445年前后在世），明代豫章人。正统十年（1445）举进士，官至通议大夫、资治尹，南京督察院右副都御史。

③ 汪道昆（1525—1593），明代文学家。字伯玉，号南溟，又号太函。歙县西溪南松明山（今属安徽省黄山市徽州区）人。

④ 李先芳（1510—1594），字伯承，号北山，祖籍湖北监利，其祖迁居濮州李庄（今山东鄄城李进士堂）。明嘉靖二十六年（1547）中进士，二十九年升为户部主事，后历任刑部曹郎，尚宝司丞、陛少卿、亳州同知、宁国府同知。万历初年，辞官回归故里，联络郡人名士编修《濮州志》。

墓记》、孙慎行[①]《谪仙楼碑》、曹履吉[②]《李太白先生碑记》,清杨芳灿[③]《重修太白墓碑记》、吕星垣[④]《补唐翰林学士李公墓碑》也都是研究李白文化的参考资料。

但这些碑文都是在前四篇墓志、碣记、碑记的基础上所生发出来的,故而唐代四篇墓志、碣记、碑记对于研究李白生平及其诗歌创作的形成更具有十分重要的史学文献价值。

三　最早李白殁后神话完型

李白作为唐代最伟大的诗人,其诗家喻户晓。虽终老于当涂是不争的事实,但李白之死,历来众说纷纭,莫衷一是。总体可以概括为三种:

其一是醉死说。见《旧唐书》云李白"以饮酒过度,醉死于宣城"。

其二是病死说。肇起于刘全白,继之于皮日休。790年尚书膳部员外郎刘全白任池州刺史途经李白墓,乃请当涂县令顾游秦"表墓式坟",自题《唐故翰林学士李君碣记》,记中曰李白:"偶游至此,遂以疾终"。而皮日休不知根据什么版本,在他的《七爱诗》中言及李白"竟遭腐胁疾",此说已离李白之死百年之久。

其三是溺死说。肇始于项斯,继之于王定保和梅尧臣。844年项

---

① 孙慎行(1565—1636),字闻斯,号淇澳,江苏武进人。明万历二十三年(1595)朱之蕃榜进士第三人,授翰林院编修,累官至礼部侍郎。韩敬科场事发,享年74岁。著有《困思抄》《玄晏斋集》等。

② 曹履吉(?—1642),字根遂,号元甫,太平斧当涂人。明万历四十四年(1616)进士,授户部主事,历官河南学宪,晋光禄少卿归。著有《博望山人稿》等。

③ 杨芳灿(1754—1816),字才叔,号蓉裳,江苏省常州府金匮县(今无锡)人,清朝文学家。乾隆四十二年丁酉(1777)拔贡,官灵州知州,改户部员外郎。

④ 吕星垣(1753—1821),字叔讷,号湘皋、映微、应尾,大学士吕宫五世孙,江苏阳湖人。乾隆五十年(1785),辟雍礼成,进颂册,钦取一等一名,选训导。后官河间县知县。与同里洪亮吉、孙星衍、杨伦、黄景仁、赵怀玉、徐书受齐名,时称"毗陵七子"。乾隆四十八年(1783)住京城。

斯擢进士赴丹阳县尉，经李白墓，写诗曰："夜郎归未老，醉死此江边。"五代时，王定保在笔记《唐摭言》中云："李白着宫锦袍，游采石江中，傲然自得，旁若无人，因醉入水中捉月而死。"后来北宋梅尧臣在《采石月下赠郭功甫》中说李白："醉中爱月江底悬，以手弄月身翻然。"他们都是通过诗歌和笔记反映的。后来元代辛文房《唐才子传》也记："(李)白晚节好黄老，度牛渚矶，乘酒捉月，沉水中，初悦谢家青山，今墓在焉。"

李白之死究竟是怎样一个情境，既然每一种说法都有足够的文献依据，这就必须引起重视和关注。然而大多学人，只看到表象或局部，并没有综合起来进行考察，所以得出的结论都不能使人信服。如果作一个理性分析，其一，李白晚年得病是成立的，李白爱饮酒，故而得"腐胁疾"(肝腹水)，从医学角度来说，应该是成立的。其二，李白虽得了"腐胁疾"(肝腹水)，在当时的医学条件下，李白也不知是因为饮酒过度所致，因而在病中继续饮酒是可能的。其三，游采石江边因饮酒过度，失足落水也是有可能的。再来看看文献资料的先后顺序：按说李白晚年与当涂县令李阳冰走得最近，因而他最有发言权，对李白的死因一定是最为清楚的，但在其《草堂集序》中他并未言明因何而亡，只是说起病中"枕上授简，俾予为序"一事，其中必有其难言之隐。在李白死后的二十八年之后，池州刺史刘全白在《唐故翰林学士李君碣记》中曰李白为"偶游至此，遂以疾终"。病死一说想必受李阳冰序中"疾亟"二字之影响，所作推论，或有所避讳而言。一百年后的皮日休在其诗中所述也同样是病死之说的延续，只不过指出了李白的病兆为"腐胁疾"，想必皮氏一定看过什么版本记载，或曾作过民间调查才得出这一结论。之后便是 844 年项斯经李白墓，写诗道出李白为"醉死江边"。而五代王定保在笔记《唐摭言》所云之"醉入水中捉月而死"，就更加点明先醉酒后失足溺死的过程，由此溺死说存于世间。但唐五代成书的官方史书——《旧唐书》却采取"醉死"一说，可能是知其醉酒失足溺死而避讳，只取醉酒事发之原因而记。

从这样一个文献过程来看，就可以推出这样一个结论，李白的死并不是一个简单的过程，而是有着事发的原因，推论如下：李白的病情十分严重，但在当时的医学条件简陋的情况下，李白并没有认为他的病是由于饮酒所致,故而嗜好饮酒的李白继续饮酒,在某一天采石江边饮酒畅玩中饮酒过度失足落水,溺死江中。这种失足落水而死,毕竟不便公布于世,便有了捉月的神话传说(五代之后、宋、元),避讳其不光彩的一面。然捉月而死,最富传奇色彩。与诗人性格非常吻合,自然是最受百姓欢迎的一种传说。而采石矶上的联璧台以及史书上所说的捉月台,也就自然吸引眼球了。当然联璧台、捉月台与李白之死是毫无关系的。联璧台之名的出现,是明代的事,而捉月台至少在宋代以前并未出现,只是在李之仪的诗中出现了"捉月亭"一说,其《捉月亭》诗云:"我昔扬帆下庐阜,落帆采石春欲暮。江南江北只见山,欲识锦袍无问处。"此诗说明昔日去庐阜时并未有捉月亭,而此次来就有捉月亭了。由此可知捉月亭始建于北宋时期。

李白死后一百年以来,人们始终无法找到一个合适的词来避讳其醉酒溺死的真相,直到五代才有了"捉月"一说,这"捉月"一下子让人们很容易地接受,因为既不失客观,又为李白增添了一段神奇佳话,这当然是最符合百姓的意愿。

捉月说,既能说明李白醉酒溺死的真相,又保护了李白的隐私,故而传播的比较快速,而相对的病死说、醉死说、溺死说就微乎其闻了。但不管是溺死、醉死、病死都比较客观,只是孤立地片面机械地显露出冰山一角耳,都不全面,故而并没能引起足够的重视,得出事实真相。事实的真相,就是醉酒、重病是起因,失足落水才是事实的本相,实际上醉酒、生病、溺死是一个不可分割、环环相扣的过程。如果不是醉酒、身体的病状,相信李白即使落水也会凭借体能避免意外。至于为什么是在采石江边而不是在其他地方,是与李白喜好佛道文化有关,李白一生喜欢交友,在与他交往的朋友中,僧人并不少见。据葛景春统计,与李白交游的僧人在李白全集中可以查出名字的有三十余人,所参观过的佛寺,有寺名的就有二十余座。

据郁贤皓所证,李白 26 岁至 28 岁期间曾写过《赠僧行融》《别东林寺僧》《庐山东林寺夜怀》《安州般若寺水阁纳凉喜遇薛员外乂》四首与佛结缘的诗作。而李白与佛门接触最为频繁之时是在 50 岁之后,几乎年年到佛寺游览、与僧人论佛。如 750 年,李白访石门幽居时,与元丹丘在方城寺谈玄，作《与元丹丘方城寺谈玄作》，753 年在宣城作《听蜀僧濬弹琴》《赠宣州灵源寺仲濬公》《送通禅师还南陵隐静寺》，754 年游泾县作《与谢良辅游泾川陵岩寺》，755 年在九华山礼拜作《改九子山为九华山联句》，游泾县水西寺作《别山僧》，游马鞍山当涂作《陪族叔当涂宰游化城寺升公清风亭》，756 年作《答湖州迦叶司马问白是何人》，756 年夏流放江夏时作《流夜郎至江夏陪长史叔及薛明府宴兴德寺南阁》，758 年在江夏作《题江夏修静寺》，758 年流放夜郎离别浔阳时作《流夜郎永华寺寄浔阳群官》，759 年秋与贾至同游岳州龙兴寺作《与贾舍人于龙兴寺剪落梧桐枝望灉湖》，760 年春自永州回到巴陵时作《登巴陵开元寺西阁赠衡岳僧方外》，761 年在泾县水西作《游水西简郑明府》，现存的李白诗文中，与佛教题材有关的作品有 53 首(篇)。

采石的广济寺自古以来就是佛教、道教互存的道场，李白在病重期间在采石寻求佛道的帮助、调养也是人之常情。

自宋之后的捉月神话完型之后，历代画家也多次以神话传说创作了众多画作，以此纪念李白。如王恽《太白扪月图》、程钜夫《谪仙捉月图》、余阙《李白玩月图》、胡俨的《题李白夜月泛舟图》、黄淮《题贝祭酒李白夜月泛舟图》、张以宁《题李白问月图》、林鸿《题李白问月图》、高棅《题李白邀月图》《李白问月图》、方孝孺《题李白对月饮图》、唐文风《题李白玩月图》、程敏政《李白问月图为巡按吴天弘侍御赋》、龚犖《扇面李白对月》、陆深《李白对月图》、正勉《李白观月图》、倪宗正《李白捉月图》、金蔡圭《太白捉月图》、朱存理《题太白泛月图》。

总之，李白的醉酒捉月，骑鲸升天，这种神话的完型，不仅是人们对李白身后的美好祝愿，也是李白向死而生的一段美丽传说，更是李白向往光明的精神象征，是长江文化的一朵奇葩。这也引来众多的诗人、画家为之研究创作出丰富多彩的作品。

四　拜谒李白活动千年不绝

李白殁后，天下名家皆前往拜谒，并留下许多脍炙人口的诗文。正如清代南陵人李传荫所说:“才以仙名,诗酒高风传万古;地因人重,江山胜迹播千秋。”拜谒李白之诗,最早就数唐代诗人白居易。唐德宗贞元十五年(799),二十八岁的白居易,在宣州(今安徽宣城)。途经当涂,所见当是范传正未迁葬时的旧墓,“坟高三尺,日益摧圮”,诗人无限感慨,发出“采石江边李白坟,绕田无限草连云。可怜荒垄穷泉骨,曾有惊天动地文”[①]之叹。

千百年来,诗人、学人来当涂必追寻李白遗迹、拜谒和凭吊李白,因此所唱诗文充箱盈架,多散见于历代别集和各种志书的艺文卷中。而我们目前所能知道的古人拜谒李白活动,就是通过凭吊李白所留下的的诗文知晓其古人的动态活动的。而有心记载题咏当涂、采石李白遗迹的诗文总集目前发现仅有两种:一种是明万历年间的《谪仙楼集》,一种是清光绪年间的《李翰林姑孰遗迹题咏类钞》。

《谪仙楼集》是由明代监察御史邝约[②]所编,后经监察御史骆骎曾[③]编辑,于万历四十四年(1616)刊行,距今已有四百余年的历史。

《谪仙楼集》共三卷,凡文一卷、诗二卷。卷一为文钞,收有李白集序、碑碣墓志、史书传记、祠宇碑记和其他文赋共十七篇。卷二为诗钞,所收诗词歌赋起于中唐白居易,讫于明万历四十四年骆骎曾编是集,近九百年间的一百五十篇作品,按诗歌体裁和作者先后编次。卷三仍为诗钞,所收诗皆为“拾遗”,有宋讫明共一百三十首。

《谪仙楼集》虽然是目前我们所能看到的最早的一本古代有关当涂、采石李白遗迹和谪仙楼的题咏诗文总集,其中收有不少有价值的诗文资料。

《李翰林姑孰遗迹题咏类钞》,是清代光绪八年(1882)刊行的诗文总集。据书中沈镕经、钟良骏、曹笙南三序和方志记载,内阁中书吴懋祚之子当涂花津人吴其琳,积数年之功,搜集李白在当涂、采石的遗迹

① 《全唐诗》卷四百四十,康熙本。

② 邝约,字文博,广东南海人,明弘治十五年(1502)进士,正德六年(1511)任监察御史,巡按应天府(今江苏南京)。

③ 骆骎曾,万历二十二年(1594)举人,二十六年进士,骆鸣銮孙,骆绳史子。

诗文和后人题咏，于道光七年(1827)辑成《安巢钞稿》。惜未及付刻，吴其琳便去世。之后，当涂薛镇人钟良骏于兵燹后得《安巢钞稿》残本，藏于家中。光绪七年(1881)，太平知府沈镕经得知采石谪仙楼之退藏道院住持方卧云集刻《太白楼楹联》一册，遂嘱当涂县教谕曹笙南搜录历代名人咏怀太白遗迹之诗文，合《太白楼楹联》，都为一集。钟良骏闻知，主动将所藏吴其琳《安巢钞稿》残本献与曹笙南，曹笙南得之甚喜。并于光绪七年冬间走谒青山墓，寻访采石李白遗迹，“陟麓剔藓，碑残碣断，手自摩挲”，终使“零奇蚀落之文，不随蔓草荒烟同归销灭”。随后，曹笙南在《安巢钞稿》和《太白楼楹联》的基础上，又广征博采，将所搜诗文、楹联合而校雠，终在光绪八年手钞成帙，名曰《李翰林姑孰遗迹题咏类钞》(以下简称“题咏类钞”)。太平知府沈镕经、邑人钟良骏以及编者曹笙南分别为《题咏类钞》作序。是年五月，采石谪仙楼退藏道院住持方卧云募捐，由姑孰城南寺巷集文堂聚珍板活字印刷。

这部《题咏类钞》于卷首收李白当涂诗文三十二篇，以李白集原顺序排列。以下六卷关涉姑孰遗迹题咏，共收诗文二百二十二篇。各分门类，以时代为先后；同时代者，略分体格；凡作者，皆上标明时代，下标明乡贯，而官于姑孰者亦必注出。最后，采石谪仙楼退藏道院住持方卧云为该书志跋，略述成书原委及付刻始末。

《题咏类钞》不仅收录范围较宽，内容宏富，而且编者态度审慎，考订精严。所收诗文，疑有错讹者，皆慎加雠校。诗文之后往往注明出处，使阅者知有所据。凡寻访所得，亦皆于诗文之后复跋说明，以稽备考，略胜《谪仙楼集》。

从这两部编集，辅之于《全唐诗》、《太平三书》、《文苑英华》、《宋诗抄补》、《文恭集》、《宛陵诗集》、《当涂县志稿》、王琦《李太白全集辑注》、成都科技大学出版社《历代名人咏李白》、《沈氏三先生文集》、《钱塘韦先生文集》、《画慢集》、乾隆十五年《当涂县志》、《庆湖遗老诗集》、四部丛刊《济北晁先生鸡肋集》、《伐檀集》、《金氏文集》、《无为集》、《青山集》、《青山续集》、《姑溪居士全集》、《湖山集》、《词综》、《诚斋集》、《剑南诗稿校注》、《燕堂诗稿》、《客亭类稿》、《香山集》、《自鸣集》、《全宋词》、《瓜庐集》、《鹤林集》、《文山先生全集》、《晞发集》等二百五十余种诗集、志书,可以知道唐宋以降至清,文人学者诗人等名家拜谒的情况,据目前相关资料统计,共计620人前来拜谒,留下诗歌作品943首[①]。当然未有记载的拜谒更是空前,这种拜谒活动大多数是个人自发为主。这些拜谒诗歌为李白文化研究起到不可估量的作用。

五 开李白诗文考据先河

对李白的考证早在嘉祐五年(1060),太平州司法参军、文学家曾巩当涂任上,就在知州宋敏求李白分类编辑的基础上,进而将李白作品按其生长、生活及其游历各地的先后时间加以编排,编辑成既有分类又有大体编年的较为系统的诗集,并在分编整理后作了《李太白诗集后序》,他在序文中就新旧《唐书》所记李白之误进行了考证。这里不再一一赘述。

而李白在当涂留下众多诗文,某些诗文却时有争议。如《姑孰十咏》在宋代就有所质疑。

最为著名的就是宋代两位大诗人苏轼、陆游的质疑。苏轼《东坡志林》卷二:"过姑孰堂下,读李白《十咏》,疑其语浅陋不类太白。孙邈云:闻之王安国,此李赤诗,秘阁下有赤集,此诗在焉。白集中无此。赤见柳子厚集,自比李白,故名赤。卒为厕鬼所惑而死。今观此诗止如此,而以比太白,则其人心疾已久,非特厕鬼之罪。"而陆放翁《入蜀记》卷二所记也不过所听族伯父彦远之语,内容如旧说,增至一条逸闻而已,"李太白集有《姑孰十咏》,予族伯父彦远尝言:东坡自黄州还,过当涂,读之,抚手大笑曰:'赝物败矣,岂有李太白作此语者?'郭功父争以为不然。东坡又笑曰:'但恐是太白后身所作耳。'功父甚愠。盖功父少时诗句俊逸,前辈或许之以为太白后身,功父亦遂以自负,故东坡因是戏之。或曰:《十咏》及《归来乎》《笑矣乎》《僧伽歌》《怀素草书歌》,太白旧集本

① 李子龙、李昌志《李白与马鞍山——历代诗歌词曲辑注·弁言》,安徽文艺出版社1999年版。

无之,宋次道再编时贪多务得之过也”。

早在明代诗人徐熥就有不同看法,云:“今观《十咏》,体格声调,无可指摘,且中多佳句。如‘波翻晓霞影,岸叠春山色’,又‘少女棹轻舟,歌声逐流水’,又‘竹里无人声,池中虚月白’,又‘石甃冷苍苔,寒月湛孤月’,又‘翠色落波深,虚声带寒早’,又‘岸映松色寒,石分浪花碎’,此非太白不能办也。”①

实际上在宋代目睹过李白《姑孰十咏》者大有人在,反响也与苏轼有差异。宋代彭乘在《墨客挥犀》中记载:“张端公伯玉大科成名,篇什豪迈,尤为清脱。过姑孰见李白《十咏》,叹美久之。”既肯定《十咏》是李白所作,并发出很多赞美之词。

宋初释智圆(976—1022)《闲居编》卷三三《松江重祐和李白姑孰十咏诗序》即云:松江重祐师,学佛之外,于风骚颇工,尝爱李谪仙《姑孰十咏》,因赓而和之。钱唐僧智圆,字无外,序曰:夫诗之道,本于三百篇也,所以正君臣,明父子,辨得丧,示邪正而已。……唐朝李谪仙得之者也,其为诗气高而语淡,志苦而情远;其辞与古弥异,其道与古弥同,则《姑孰十咏》复尤于众篇矣。而二百年来,莫有继和者,今祐师之作,情志语气,惟肖于谪仙,则祐师之善诗,其可知也。② 据此,智圆法师除了对重祐之学李诗大加赞扬外,更对李白《姑孰十咏》在诗史上的地位给予了充分肯定。

尽管宋以来对《姑孰十咏》时有争论,但由于苏轼在文学史上的地位,故而这种言论对后世影响很大,直到清编《全唐诗》也存二说。

这种考证虽呈碎片式的只言片语,但为李白诗文的考辨开了良好的先河。直到乾嘉时代,考据学日益成熟。

① 黄宗羲《明文海》卷二五三,中华书局1987年版,第三册,第2647页。

② 释智圆《闲居编》卷三三《松江重祐和李白姑孰十咏诗序》,《大藏新纂卍续藏经》第56册,第914页。

结　语

综上所述，我们可以看出，自李白殁后，唐以降，李白的研究活动就非常活跃。姑孰之所以能够成为研究李白的发祥地，是因为有不断完善李白文献典籍、历代名家的拜谒李白所留下的诗文、祠堂的建设和多次的修葺完善、神话传说的神秘力量不断推动李白文化研究的深化，而这一切都是在姑孰境内完成的。所完成的每一项成果都深深地影响着后来的李白学人。直至二十世纪八十年代，马鞍山市也率先成立李白研究会，后又在几位研究李白的前辈的支持倡议下，成立中国李白研究会，并将中国李白研究会秘书处安置在马鞍山市，我想这也是顺理成章的，其意义是不言而喻的。

（作者单位：安徽省文史研究馆）

《李白诗全译全注》的信达雅*

杨　观

李白诗歌镕铸古今，继往开来是前无古人的。他的乐府诗，旧瓶新酒，溶胸中垒块于其中，汪洋恣肆，扑朔迷离，给后人留下了广阔的研索空间，从而成为乐府诗的古今绝唱。他的歌行体以丰富的想象，磅礴恢诡的气势，回肠荡气的旋律力冠有唐而傲视千古，他的五言古风远绍阮嗣宗，近不让陈子昂，以风雅为模范，以诗骚为参质，雅淳浑厚，轹轹唐宋而后无来者。至于其七言绝句，明王世贞以为唯王昌龄差可颉颃，信哉斯言。虽然，后世的模李学李者如过江之鲫，但学问可步而天才难及，纵使有所谓成功者，也不过是拾得其龙鳞数片，其间大多为"可怜无补费精神"而已。

李白的诗，同杜甫一样，在唐代便散佚不少，韩愈《调张籍》有云："惟此两夫子，家居率荒凉。帝欲长吟哦，故遣起且僵。翦翎送笼中，使看百鸟翔。平生千万篇，金薤垂琳琅。仙官敕六丁，雷电下取将。流落人间者，太山一毫芒。""流落人间者，太山一毫芒"，虽有夸张的成分，但也说明李杜诗亡佚多多。有宋而下，李白集的版本不少，各种目录记载各异。关于此，历来注本大同小异地对相关版本都有叙述，我们就不再重复。近半个世纪，研究李白者众多，我们谨举与我们译注关系密切的笺注之类专著，如：瞿蜕园、朱金城《李白集校注》，上海古籍出版社1980年版；安旗主编《李白全集编年注释》，巴蜀书社1990年版、2000年版，此书2015年在中华书局有修订本；詹锳主编《李白全集校注汇释

* 本文系巴蜀书社即出《李白诗全译全注》"前言"第二部分内容，文字有修改。该书为2017年四川省社科重大招标项目"李白全集编年集注"后期成果。

集评》,百花文艺出版社1996年版;管士光《李白诗集新注》,上海三联书店2014年版;郁贤皓《李太白全集校注》凤凰出版社2015年版,至于相关的注本选本更是汗牛充栋,不烦琐列。

纵观古今这些著作,主要是以传统的训诂方式对李白诗进行整理,包括解题、寻绎典故、笺释文意、阐明修辞、解析辞章等。虽然,研究日趋深入,无疑是好事,但毋庸讳言,这些研究多只是停留在一个高端的文化圈中,一般民众没有能力,同时也因职业差异不会窥探这象牙塔中的李白。在古代,传统文化的薪传从未间断,李杜诗篇自然是家喻户晓,即或是三家村中的童蒙,也会背得若干的李杜诗篇。这正如清人赵翼有诗尝云,“李杜诗篇万口传,至今已觉不新鲜”。可见李杜诗歌及名声在古代的流播何其广泛而深入人心。但在今天看来,赵翼所谓“不新鲜”似乎又值得思考了。因为二十世纪中叶以来,由于历史的原因,传统文化的缺失已经非常严重,用不绝如缕来形容它恐怕未必为过,虽然人人知道唐诗这个概念,知道李杜的名字,然而皆是皮相,古人认为不新鲜的李白杜甫,人们究竟又知道多少?说穿了新鲜得很,因为大多数人不外乎中小学或大学读过李杜诗的少许篇目,恐怕连豹斑都说不上,更不要说两位大诗人平生经历,诗风同异。针对这种现状,如何更好地真正将继承和弘扬落到实处,如何让传统文化深入人心,进入寻常百姓家庭,进而使之走向世界,让中华民族的优秀传统文化在全世界绽开更为绚丽的花朵,这是文史工作者需要花大力气去研究、实践的长期而艰巨的并且是责无旁贷的担当。这方面,学者们也早已意识到了,如改革开放以来,学者们便进行过一些努力,诸如1994年詹锳先生等推出了《李白诗选译》(2011年出版了修订本),1997年詹福瑞先生等推出了《李白诗全译》,2011年郁贤皓先生在台湾三民书局推出了《新译李白诗全集》。我们这里举的是有代表性的,其实各类选本译本很多。

以上选译选注全译全注本,春兰秋菊,各擅其美。我们觉得,诗歌本身是有韵律的,其所反映的精神除文字词汇外,也在很大程度上要凭借声律来传递个中情趣。郭沫若先生曾说:“我们相信理想的翻译对于原文的字句,对于原文的意义,自然不许走转,而对于原文的气韵尤其不许走转。原文中的字句应该应有尽有,然不必逐字逐句的呆译,或先或后，或综或析，在不损及意义的范围以内，为气韵起见可以自由移易。”(郭沫若《讨论注译运动及其它》)我们既服膺此言，同时也对郭沫若先生的译诗佩服至极。基于这种考虑，我们在翻译形式上采取“以诗译诗”，具体贯彻这个精神则是忠实于原作的对译，即在准确把握原诗字词的基础上展开翻译，原诗每一句无论长短，都是用一句白话诗对译，且韵脚的字不重复。既读起来朗朗上口，而诗歌本身的情味也得到了另一种形式的体现，并试图尽可能译出李白诗的“风韵“(这是郭沫若特别强调的译诗的关键)。至于我们的译诗是不是有千虑一得之处，尚请专家赐正。

前修时贤在以诗译诗领域早有很多成功的经验和教训，如余冠英《诗经选译》，郭沫若译《楚辞》以及外国的诗歌，周振甫译《诗经》，程俊英译《诗经》等。詹锳先生的《李白诗选译》质量上乘，可惜只有一百多首。郭沫若先生曾说：“翻译是一种创造性的工作，好的翻译等于创作，甚至还可以超过原作。这不是一件平庸的工作，有时候翻译比创作还难。”(郭沫若《谈文学翻译工作》)虽然，郭老此言主要是针对外译而言的，但古诗今译同样是这个道理。忠实于原诗，传达出神韵这是极高的准绳，我们竭尽绵力向这个目标迈进。同时，在我们的计划中，如果《李白诗全译全注》能够得到行家的颔许和读者的认可，我们接下来准备全译杜甫、李商隐、杜牧、刘禹锡、苏轼等。

对于诗文翻译来说，人们都比较恪守“信、达、雅”的信条。不揣谫陋，我们也从这三个方面谈谈我们注译的特色。

一、先说信。所谓信，也就是吃透原著，准确传达出原著的精神。对于注译，首先是文本的校勘。李白诗文版本很多，因而诗中异文不少。在这方面，前贤们已付出了许多心血。考虑我们做的是普及推广的工作，与传统的文献版本目录研究及笺注都不一样，繁琐累赘的文字让读者往往无所适从。本书原诗文字基本依循清缪曰芑本，对于异文，我们或证诸文献，或辨择众说，或揆之情理，或揣摩诗意，或根据音韵而取舍之，就不再列“一作”之类的征引。举一例，如《古风》二十九“仲尼亦浮海，吾祖之流沙”，亦，一本作“欲”。这是出自《论语·公冶长》：“子曰：‘道不行，乘桴浮于海，从我者其由与?’”显然，孔子只是一种假设，如果用“亦”，于理不合，故我们径直用“欲”。其次则是诗意的理解，从大的方面说，诗人写诗，总是在一定的时代背景里，在某种精神状态下而写就的，所以我们尽可能地把握诗作的写作年代，诗人当时的处境心态，诗中涉及的历史、人物、地域、花草虫鱼乃至于具体的词汇解诂等。那么，一首诗所反映出的大致本旨也就了然。从细节上考虑，每句诗都是由多少不等的字词组合而成的，每一个字词自然被作者寄托了相应的信息，只有对诗句中所有字词理解到位，才能真正把握该句诗的要旨。这里我们试举一例，《长干行》是大家再熟悉不过的诗篇了，而“青梅竹马”更是汉语中一个充满情致的成语。但是，“绕床弄青梅”则未必每个人都是明白的，特别是一个“床”字到底该如何理解？恐怕十之八九理解未必到位。试说如次：就“床”的含义来说，不外乎一是如今天的睡觉的床，二是如《世说新语》中时时见到的床，其实就是胡床，即俗语所说的“马札子”，三是指井床，即水井周围的栏干。通常农家的水井都是在自家的院子里或门外不远处，那井床的作用是为了安全而设置的，其形制是一个稍高出地面的井台，井台四周有栅栏围着，防止小孩或家畜掉到井里。在古代诗歌中，“床”的“井床”义的例子是不少的，如《乐府诗集·准南王篇》“后园凿井银作床，金瓶素绠汲寒浆”，杜甫《冬日洛城北谒玄元皇帝庙》“霜风筝吹玉柱，露井冻银床”，李商隐《富平少侯》：“不收金弹抛林外，却惜银床在井头。”(詹锳先生注本，释为“井床”；安旗先生本释作“古代的坐卧用具，亦指井上的栏干”，郁贤皓先生本释语是“此指井床，即井栏”)四是指桌子、几案。试以上述四者论之，理解成今天的卧床显然破坏了无邪的情趣，至少这种联想都玷污了这对天真烂漫的小朋友，且分明小姑娘是在门外折花，自不会又跑进屋到卧床边嬉戏，所以第一义是不成立的；如果是胡床，那么这床在哪儿，客厅里？院子里？都不大合适，小孩也不会如老态龙钟的翁妪般去躺马札，且怎么围着马札子绕，也不好转啊；如果是井床的话，似也有悖常理，一是本非安全的地方，大人是不会让小孩在井边玩的，这是起码的常识。二是从礼数上说，近邻的小孩来了，女孩的家人也必然会招呼到客堂里摆上糖果之类，人情世故当是如此，不至于就让两个小孩在院子里或门外瞎追逐。所以，最合理的解释那就应该是桌子，即客厅里的摆设。两个小孩在客厅里玩得高兴，围着桌子嬉戏打闹，这就是“绕床弄青梅”的内涵。可惜的是，床的“桌子”义本来在六朝到唐常见，人们却多没有注意到，如《晋书·刘毅传》：“毅次掷得雉，大喜，褰衣绕床，叫谓同坐曰：‘非不能卢，不事此耳。’”这个床显然就是赌桌。《北齐书·上洛王思宗》附子元海：“元海乞还省一夜思之，武成即留元海后堂，元海达旦不眠，唯绕床徐步。”这个“床”显然也是桌子。《太平广记·李氏》引《广异记》：“上都来庭里妇人李氏者，昼坐家堂，忽见其夫亡娣，身衣白服，戴布幞巾，径来逐己。李氏绕床避走，追逐不止。”（《广异记》是唐初的志怪小说）这个绕床避走就是绕着桌子奔逃。李白诗中，还有一处“绕床”，《猛虎行》：“昨日方为宣城客，掣铃交通二千石。有时六博快壮心，绕床三匝呼一掷。”这个“绕床”，也就是围绕着赌桌转圈子无疑，并且就是用的《晋书·刘毅传》的典故。总之，“绕床弄青梅”就是两个小孩围绕着桌子玩弄着青梅。至于如何玩，我们不得而知，也许就是双方在不同位置，用青梅滚来滚去，互相接传为戏。顺便再说一个问题，《孔雀东南飞》中“新妇初来时，小姑始扶床。今日被驱遣，小姑如我长”，从来对这个“床”的解释众说纷纭，我们觉得，这床也就是桌子，就世情言，人们说小孩的高度通常也说“桌子那么高了”，大概就是如今一米多一点，扶床也就是攀着桌子、扶着桌子，诗明明说“共事二三年，始尔未为久。女行无偏斜，何意致不厚”，那么三四年后，如新妇之高正合情理。这个问题，留待日后细论。我们在译注中，正是这样“锱铢必较”，不放过任何一个疑点，把一个个字词落实连通，努力向“信”的目标看齐。注释则尽量清通简要，注意与译诗有机地结合起来，译诗已经很明白了，注文则从简；如译诗需要注文配合意义更为彰显，则根据内容酌量。大凡一般习见人物，如孔子、孟子、秦皇、汉武、杜甫、苏轼之类不注，一是读者熟悉，二是检索方便。典故、疑难语词也尽量简明扼要地交代，不作繁琐考证。为了读者阅读的方便，省却翻检之劳，大凡语辞或语典，我们则不避重复，在当诗下皆注。如果是事典，便第一次出注，后边注明见某卷某诗注，生僻字注上拼音。

至于李白诗歌的编年问题非常复杂，前八卷中，没有争论的不过二十多首。如果我们要去详细考索写作年代，一是必然要占去大量篇幅，二是也未必就能在众说纷纭中作出一个令人信服的决断。同时,这也不是我们译诗之本旨,译诗目的是以通俗明快的注释方式去传播优秀的传统文化,如果其间充斥着大量繁琐的高头讲章似的考辨,则显然是不合适的。这个学术任务,我们是放在《李白全集编年集注》中去探索的(当然,有的诗篇,如果其作年可以肯定,且对诗的理解需要支撑,我们也在第一注中提示。如《古风》之十六,诗言天津桥,而又写到上朝朝退情形,则只能是唐玄宗开元二十二年幸东都时所作。于是我们就作了说明)。于此,时贤也是比较谨慎的,如管士光先生的《李白诗集新注》,第一卷古风59首,仅在第34首说了一句"天宝十载"。所以,关于写作年代,我们觉得可从的略作说明,也就不累赘地介绍"从王(王琦)"、"从詹(詹锳)""从郁(郁贤皓)""从安(安旗)"说等。关于诗所涉人物能坐实的就略作介绍,不能坐实的根据情况多少介绍一下异说,至于诗所反映的内容,或许诗意晦涩的有的简单提示一下,相当多的诗,意思本来明了,实在没有蛇足的必要。再则,古人所谓诗无达诂,倘若先入为主说教太多,弄得不好就成了盲人骑瞎马了。因此,我们是在译诗和注释中尽量传达出原诗旨趣,给读者留下广阔的思索揣摩空间。其实这也是前修今贤的成功经验。

二、第二是达。就是通达,流畅。翻译诗歌,或者用散文,或者用诗句,我们尝试用白话诗对译,不破坏原诗的结构和韵律,具体做法是,一句原诗用一句诗译,不将一句扯成两句或三句。韵律大略与原诗贴近,即或换韵也注意全诗的流畅。短诗一般一韵到底,长诗也尽可能少换韵,使诗意贯通,音律铿锵。在李白近千首诗歌中,我们的译诗基本上同一首诗中没有重复的韵脚。这难度是很大的,常常一个韵脚字的选择颇费踌躇,因为既要在准确传达诗意的基础上调谐韵律,同时还要考虑灵动而不呆板,至少要不失自然之趣。为了达到这个效果,我们在韵律的调整上有一点也需要交代:李白的古风乐府之类诗,押韵比较随便,天马行空,不受羁束,常常是平仄通押,我们在译诗时也大致如此处理,一是李白这类诗的韵律本来如此,二是我们要考虑韵脚的不重复,不得不变通一下以贯彻这条宗旨,即平仄比较随意,目的是读起来更和谐些。至于近体诗,当然是依原诗或平或仄基本不乱。也许,我们是全译，是以白话诗的形式贯彻始终，这应该是迄今如此风格李诗全译的第一次尝试吧。

三、再次是雅。是说语言要雅致优美。李白是谪仙，是天人，就总体而言，他的诗是天籁，不管是触景生情还是寄寓良深，不管是酒宴唱和还是醉后狂吟，无不堪称美轮美奂，读来齿颊生香。以我们这样的凡夫俗子用诗歌去译李白的诗，本来就是自不量力，佛头着粪。所以，只能黾勉以求，不敢有太大的奢望。我们力争在准确理解、贯通原意的前提下注意语言的优美，词藻的生动贴切，音韵的铿锵协调，雅致流畅，力求使之最终成为一首首优美的白话诗章。非曰能之，愿学焉。例如《相逢行》："相逢红尘内，高揖黄金鞭。万户垂杨里，君家阿那边？"我们译作：

漠漠红尘中相逢也是缘分，
执鞭一揖请问君高姓大名。
烟柳深处隐约万家楼阁，
君家在何处呢可否指明？

也许大致传达出了原诗的精神。又如前边提到的《长干行》之一："妾发初覆额，折花门前剧。郎骑竹马来，绕床弄青梅。同居长干里，两小无嫌猜。十四为君妇，羞颜未尝开。低头向暗壁，千唤不一回。十五始展眉，愿同尘与灰。常存抱柱信，岂上望夫台？十六君远行，瞿塘滟预堆。五月不可触，猿声天上哀。门前迟行迹，一一生绿苔。苔深不能扫，落叶秋风早。八月蝴蝶来，双飞西园草。感此伤妾心，坐愁红颜老。早晚下三巴，预将书报家。相迎不道远，直至长风沙。"我们译作：

当年我的刘海刚覆盖额头，
在屋门外折花斗草玩个不休。
你挎着青竹马儿来连声驾驾，
和我绕着桌子玩青梅追逐嬉逗。
我们两家都在长干里相隔不远，
从小两无嫌猜一起熙熙长大。
十四岁我就嫁给了你，
初为人妇老感觉羞羞答答。
脸朝墙背对你我脸红心跳，

叫我千遍我也不好意思回头啊。
十五岁我收起了天真懵懂,
与你形影不离像泥土伴着沙沙。
你愿做尾生守誓言初心不改,
我哪会独上望夫台凄凄泪撒?
十六岁那年你说要出门闯荡,
经过瞿塘滟预顺着长江南下。
五月的瞿塘风浪阔险恶难渡,
两岸猿声哀哀我也担心受怕。
如今家门前还有你旧日足印,
一一长满青苔许久无人踩踏。
青苔渐渐变深我不舍得清扫,
秋风叶落倏忽间送走了年华。
到了八月那彩蝶翩翩飞来,
双双对对在西园草间戏耍。
看到蝴蝶双双我悲伤忧郁,
青春逝去我额上愁纹添加。
你多久才从三巴启程回还,
千万寄封书信约好何时出发。
我去接你哪怕路途遥远,
一直到长风沙伴你回家。

对于有的诗篇原有小序,我们通过注解为读者解决疑难,就不再翻译成白话。

我们的注译本,如果达到了上述的设想,那么,其作用将是多方面的,既能在传统文化领域的普及和推广方面作出贡献,其成果还可以为外文翻译提供一个好的底本,为传统文化走向世界搭建桥梁,他日进而可以与音乐界合作,将一些脍炙人口的诗篇谱成歌曲,让美的享受更加宽广而多元。

(作者单位:绵阳师范学院)

2023 年李白研究综述

许菊芳　王友胜

作为盛唐乃至中国古代诗人的典范，李白的历史价值与现实意义都不容小觑。在当今建设文化强国的时代语境下，李白更成为弘扬中国传统文化的重要“名片”。2023 年度的李白研究虽在成果数量上有所减少，但高质量成果仍不在少数。相比于古代文学研究的整体态势，2023 年度的李白研究依然呈现繁盛之势。据我们不完全统计，本年度出版的各类李白研究著作凡 4 种，论文 100 余篇(其中硕士学位论文 4 篇)。其研究整体呈现出以下特点：李白的思想人格和诗歌艺术依然是讨论的重点，文的研究亦有所突破；李白诗歌的译介传播和跨学科研究较为活跃；李白精神的当代价值与现实转化意义备受关注；资深学者的李白研究在深度上不断推进，青年学者日渐涌现。

本年度出版的李白研究著作有四部，现简述如次：王红霞与刘铠齐合著《孤本品诗仙：〈瑶台风露〉整理与研究》(商务印书馆 2023 年 10 月版)一书对晚清时期鲍瑞骏、王鸿朗所编选的李白现存唯一五言古诗选本《瑶台风露》进行了整理与研究。该书分上下两编，上编依照《瑶台风露》原貌，整理选本的选诗与评点，在比对《瑶台风露》选诗与各李白集版本异文情况的同时，参考历代对具体作品的评价，对该书的诗文和批语进行了详细校注。下编则主要从三个方面对《瑶台风露》选本展开了全面研究：其一，通过遍检文献、钩沉材料，结合史书与方志，梳理《瑶台风露》的编选者鲍瑞骏和王鸿朗的生平，并从他们的诗文著述中考证出二人的交游情况和选诗经过。其二，将具有代表性的古今李白诗歌选本与《瑶台风露》进行对比，从选诗篇目的题材分类、创作时间、创作地点、应酬对象四个方面讨论了《瑶台风露》的选诗倾向，并进一步归纳出该书在思想情旨、艺术风格、创作技法上重视行文章法的选诗宗旨。其三，联系编选者自身的相关情况和清代诗学的发展轨迹，综合归纳，总结出《瑶台风露》的评点特征和论诗主张。李致忠等《诗仙归来——李白〈嘲王历阳不肯饮酒帖〉诗稿的鉴定历程与艺术价值探析》(文化艺术出版社2023年6月版)一书集中收录了李白《嘲王历阳不肯饮酒帖》诗帖归国前后诸位名家从笔法墨色、纸张成分直至历史考据的鉴定和多位书法评论家关于其艺术价值的探讨文章，以及重要报刊的相关报道。该书包含李致忠《诗仙归来——〈李白嘲王历阳不肯饮酒帖〉回归记》《李白〈嘲王历阳不肯饮酒帖〉诗稿的鉴定历程与艺术价值探析》《李白〈嘲王历阳不肯饮酒〉诗稿考论》，傅申《李白〈嘲王历阳不肯饮酒帖〉考》，林从龙、肖志丹《李白〈嘲王历阳不肯饮酒〉诗的创作年代考》，蒋朝显《李白墨迹〈嘲王历阳不肯饮酒帖〉在日本的递藏》，崔传桢《从李白〈嘲王历阳不肯饮酒帖〉感受中国文化自信强大》，武铭泽《两岸文物专家持续关注唐帖》，武兵川《方寸之间感悟文化之美》九篇文章。内容既涉及李白的生平交游活动，《王历阳帖》的创作背景和艺术价值，还涉及对古帖的鉴定方法和鉴定知识，更可以从《王历阳帖》流传归国中体悟国宝回归的艰辛历程和相关专家学者等人拳拳的报国之情。中国李白研究会与马鞍山李白研究所合编《中国李白研究(2021年集)》(黄山书社2023年11月版)收录李白研究论文33篇，其内容涉及李白思想、诗文题材内容、艺术风格、传播与接受、历史文化意义等多方面。此外，马睿《培育大师的五个条件——李白诗歌背景一百二十讲》一书亦即将出版。该书设“今译”“诗歌背景”“名家点评”“经典名句”及“对比阅读”数栏，运用知人论世之法，征引相关材料，具体阐述了李白120首诗歌的生成契机与历史文化背景。

本年度关于李白研究有两次学术会议。2023年11月24—26日，四川省李白研究会年会暨李白文化学术成果交流会在绵阳举行。会议围绕“李白文化与企业的融合”等议题展开了探讨，年会组织方还作了2023年学会工作情况报告和2024年工作计划，这次会议不仅对于推动李白文化研究具有重要的学术意义，而且对于促进李白文化的创造性转化和创新性发展具有重要的理论和现实意义。2023年12月8—

10日，由中国李白研究会、湖南理工学院联合主办，湖南理工学院承办的中国李白研究会第二十一届年会暨李白学术研讨会在岳阳湖南理工学院举行，来自中国国家图书馆、北京大学、南开大学、复旦大学等全国数十所高校和科研院所的专家学者及湖南理工学院中文学院师生代表等120多人参会研讨，会议围绕“李白与湖湘文化、楚文化”的主题展开，全方位、多层次地深入探讨李白的文学和思想，并就进一步深挖和弘扬李白精神文化以及中华优秀传统文化进行了深入探讨。期间，中国李白研究会会长、北京大学钱志熙教授在会议开幕式中倡导，要重点关注李白的接受史与影响史，关注李白在当代的影响与传播，尤其是当代文化以多种形式来传播李白的情况。

本文重点对2023年度李白研究论文择要进行归纳梳理，分别综述，以为李白研究者参考之资。

一　生平交游研究

李白一生身世谜题较多，其人生中大半光阴是在游走名山大川与结识友朋故旧中度过，而其诗作多抒情而鲜叙事，故其人生诸多行踪后人难于确考。因此，关于其生平交游史实考证一直是李白研究的重要论题。本年度关于李白生平与交游研究虽成果不多，但相关论题仍在延续。

生平考订上，刘明川、董灏《高适、李白、杜甫、李邕“济南之会”考辨》（《洛阳理工学院学报（社会科学版）》2023年第1期）一文考辨了李白生平中是否参与高适、杜甫、李邕“济南之会”的问题。通过研究高适、李白、杜甫、李邕四人在“济南之会”的前后行踪，分析相关作品，得出的结论是：李邕是在天宝四载夏由汲郡转任北海途中路过济南，高适和杜甫参加了此次聚会，三人各有诗作留下，而李白没有参加“济南之会”。薛天纬《“范碑”不朽　李白不朽》（《名作欣赏》，2023年第13期）一文详细赏读并评析了范传正《唐左拾遗翰林学士李公新墓碑并序》的内容，其中不仅涉及李白的生平故实，还包含范传正为李白寻访后人、编辑文集及撰写墓志等事迹，认为范碑内容详尽可信，充分肯定其对李白生平记载的不朽价值。此外，山柏《李白身陷谋反案，是阴谋还是另有隐情?》(《公民与法(综合版)》2023年第8期)一文梳理了李白因李璘事件被流放的内幕，罪名是"反逆缘坐"，而李璘的谋反罪名亦是政权更迭的结果。

关于李白与地方文化的关系，也有部分代表性的文章。其中，唐元元、黄晓东《李白诗歌中的古铜陵及铜文化》(《铜陵学院学报》2023年第3期)一文辨析了李白生平研究中的"南陵之争"，梳理了李白的铜陵之行及其诗歌创作，并挖掘了其铜陵诗歌创作中蕴含的铜文化。朱绍斌《"我本楚狂人"——李白与湖北安陆》(《武汉文史资料》2023年第11期)一文则梳理了李白与湖北安陆的关系，肯定了安陆十年生活对李白诗文创作及其"大济苍生"人生理想形成的重要影响。

关于李白交谊问题，本年度论文不多，较有代表性的有文爽《〈春日忆李白〉:文人相轻还是相亲?》(《文史杂志》2023年第3期)、辛晓娟《与君同传万古名——杜甫心目中的李白》(《光明日报》2023年11月24日)两篇。前者通过探析杜甫与李白的诗歌主张，杜甫对李白、庾信、鲍照及阴铿等人的态度，深入辨析了杜甫因《春日忆李白》颔联"清新庾开府，俊逸鲍参军"以及末句"重与细论文"曾引发的"文人相轻"论，认定《春日忆李白》反映出杜甫对李白的相亲相厚，而非相轻相忌。后者则具体形象地回望了杜甫与李白的交游过程，突出了杜甫对李白的"追仙""画仙""梦仙"追随历程，强调了李白在杜甫成长之路中的重要作用。另外，杜红燕《论李白诗歌中的友谊》(《青年文学家》2023年第2期)一文亦通过解读李白诗歌，探析了李白与汪伦、杜甫、孟浩然及曹衡等人交谊的具体情形。

二　思想人格研究

李白的思想复杂，性情豪迈，为人极度自信，其人格魅力对后世影响深远。因此，关于其思想与人格的研究，一直是备受关注的论题。本年度有关李白思想与人格的研究，一方面仍延续着传统思想研究的路数，探究李白的儒道思想、纵横家思想、任侠精神及自由精神等；另一方面则借鉴现代心理学理论与分析方法，分析李白人格形成的条件与过程、精神困境与自恋心理等问题。

儒道思想方面，主要探究了儒道思想在李白诗歌中的表现及其影响。表现方面，林韫琨《浅论李白〈将进酒〉中的儒道结合》(《名作欣赏》2023 年第 20 期)一文以《将进酒》为研究对象，重点从诗句的情感抒发、诗作的表达方式、诗人的价值观等方面探究了儒道结合的思想在其作品中的具体呈现。影响方面，主要有两篇文章。高玮、李琦《论儒家思想下对"诗佛"王维、"诗仙"李白的误读》(《三峡大学学报(人文社会科学版)》2023 年第 5 期)一文重点从李白道教信徒的宗教身份出发，阐释了在传统儒家思想影响下，人们对李白诗歌的误读时有发生，并探究了避免误读的方法包括"清晰界定宗教信徒身份""客观判断信仰是否忠实""接受信仰实现方式的多样性""精确解读文本""客观解读人生经历"等。袁培尧《从山水诗创作看道教对李白的影响》(《商丘职业技术学院学报》2023 年第 5 期)一文以李白山水诗为研究对象，重点探究了李白山水诗的道教文化烙印，认为李白的山水诗构筑了神奇瑰丽的神仙世界，并体现出道家的"齐物论"思想。

纵横家思想方面，林柏豪、周建军《从诗与文看李白的纵横家思想》(《文化创新比较研究》2023 年第 7 期)一文重点论述了李白干谒诗文中纵横家思想的具体表现，认为其诗文中的纵横家思想主要表现为："以铺陈藻饰的语言夸赞自己或他人以求官""讽刺谩骂他人，以让他人栽培自己""以危言耸听的语言来劝谏统治者"。

关于李白的任侠精神，主要有两篇文章。黄柳嘉《试论李白咏侠诗的任侠精神及其形成原因》(《名作欣赏》2023 年第 2 期)一文梳理分析了李白 60 余首咏侠诗中任侠精神的表现，并从统治者推举、城市经济发展、胡风盛行与民族融合、家庭与个人因素等方面分析了其任侠精神形成的原因。段旭丹、李春霞《李白咏侠诗中的英雄主义初探》(《今古文创》2023 年 07 期)一文主要探究了李白咏侠诗的英雄主义表现及其英雄主义形成的原因，认为其原因主要为盛唐的时代环境、社会风尚和诗人追求公平正义的意识等。

关于李白的自由精神,有刘宁《论李白作品中的自由精神》(《文化学刊》2023 年第 2 期)、纳薇玥《论李白诗歌的自由精神》(《青年文学家》2023 年第 18 期)两文。前者从李白的身世背景、成长遭遇及性格思想等方面入手,对李白的自由精神进行了综合探析。后者分析了李白诗歌自由主义风格形成的原因,具体阐述了其在李白诗歌中的表现。

关于李白的人格研究主要从李白人格形成条件与过程、李白的心理两个层面展开。从人格形成条件与过程方面展开的文章主要有:崔际银《试述李白人格形成的前提条件》(《绵阳师范学院学报》2023 年第 3 期)一文重点论述了李白人格形成的前提条件包括自身的先天禀赋资质、宽松的家庭环境、密切的亲情关系、良好的物质条件与环境氛围,以及生活在大唐盛世形成的自信心与进取精神。刘思阳《自信、自恋、自狂——从李白早年交游诗文探究其性格的形成》(《名作欣赏》2023 年第 27 期)一文则从李白早年的交游诗文出发,探究了李白性格形成的过程,认为其性格发展经历了自信、自恋、自狂三个阶段,自信源于其"学以蓄博才,道以养仙性",自恋彰显在他的"大鹏情结"与"成功妄想"中,自狂则呈现为因狂而悲,由悲转狂,并最终处在悲与狂之间循环往复的状态。并认为,李白这一性格的形成,对其一生命运影响巨大。

从心理分析角度展开的论文有:王锐、徐定辉《"天才的白日梦"与"现实苦闷"的挣扎——李白诗中精神困境探奥》(《绵阳师范学院学报》2023 年第 7 期)一文运用精神分析的研究方法,具体阐释了李白的"白日梦"精神特质,及在此基础上表现出的理想主义情结,并因此成就了其诗歌悲壮的崇高美。另外余果儿《从人格心理学看李白的自恋》(《百科知识》2023 年第 12 期)一文则从人格心理学角度分析了李白的自恋情结。

三　题材内容研究

题材内容研究历年来皆为李白研究的热门话题,本年度这方面的成果依然丰富。其中既有园林题材、山水题材、酬赠题材及神话题材等的专门研究，亦有特殊意象研究，还有一部分针对具体文本进行分析的论文。

园林题材研究。李小奇《李白诗文园林文化空间的建构与续构》(《新疆大学学报(哲学社会科学版)》2023 年第 1 期)一文从李白游历的三十六处园林与四十余篇诗文出发，从园林视角解读李白及其作品，同时寻绎出李白诗文与后世园林建构、园林绘画及琴曲创作的关联，揭橥李白诗文在后世园林空间续构中的审美价值及其文化内蕴。作者认为，李白的诗文影响了后世的园林建构实践，在后世的园林题咏中不断被书写，其诗文意境不断被后世的园林绘画、音乐艺术再现续构出新的物质园林空间、文本空间和画本乐本空间，从而形成具有李白烙印的多重艺术空间。

山水题材研究。张诏涵《盛唐诗人漫游吴越诗歌研究——以孟浩然、李白为例》(湖北师范大学 2023 年硕士论文)一文选取吴越地域范畴，以盛唐诗人孟浩然与李白漫游吴越诗歌为研究对象，深入探讨吴越地理文化与诗歌创作的密切关系。文中第四章以李白漫游吴越诗歌作为研究对象，探析了诗人漫游吴越的原因，根据创作诗歌的时间、地点绘制了漫游吴越的路线，总结了其漫游诗歌蕴含的咏史、咏怀、游览、赠答主题，探析了这类诗歌的审美内蕴及艺术特色。第五章从孟浩然、李白漫游吴越诗歌的地位与贡献两个角度展开论述，认为孟浩然吴越诗歌的“清、淡、旷、逸”与李白吴越诗歌的“灵秀”“细腻”，使得吴越诗歌在孟、李二人的全部诗歌作品中占据举足轻重的地位。从贡献来看，孟浩然、李白的漫游吴越诗歌创新了盛唐诗歌的创作题材、语言风格，充实了盛唐气象。涉山诗研究，欧阳丽娜《李白涉山诗的空间书写研究》(海南大学 2023 年硕士论文)一文从空间角度入手，根据李白一生游历山岳的地理线索，重点分析李白诗歌中的山岳意象，并通过研究涉山诗中的自然空间与人文空间，把握其生命历程，全方位、多角度地揭示了山岳、李白与涉山诗之间复杂而微妙的辩证关系。作者认为，在自然空间里，李白的涉山诗用再现与表现这两种方式，极大地拓宽了涉山诗的横向与纵向空间，增强了诗歌的立体感。在人文空间里，作者通过梳理李白游历山岳的轨迹,剖析其涉山诗中的地理空间,发现山岳既作为李白涉山诗的表现对象,又是李白精神世界不可或缺的载体,在李白不同的人生选择节点中扮演着重要的角色。

酬赠题材研究。殷可《李白赠诗研究》(上海师范大学 2023 年硕士论文)一文以李白的赠诗为研究对象,论述了李白赠诗的创作时间与赠送对象、赠诗内容与诗歌结构以及赠诗体裁,比较了李白赠诗与他人赠诗的创作异同,探究了李白赠诗的礼物属性及其艺术价值。作者认为李白赠诗具备实用性与审美性两种特点,出于不同的目的以及不同的馈赠对象,赠诗中集中体现的特点也有所不同。李白的赠诗是诗人主动选择馈赠对象,带有既定目的、沟通性质的,与其他诗歌大多只有诗人自身参与有所不同,赠诗是两个及以上人的共同参与,也是情志表达的重要媒介。这项研究,对于李白诗文的创作特点、交游功能和思想情感等诸多方面的研究具有辅助、补充价值。

神话题材研究。丁佐湘、郑玉兰《"十五游神仙,仙游未曾歇"——从诗歌看李白与神话》(《绵阳师范学院学报》2023 年第 3 期)一文重点探究了李白神话题材的诗作,分析了其青年、中年、晚年等不同阶段的神话诗,并从盛唐的时代精神、李白对屈原和陶渊明的接受、道教与道家的影响等方面探究了李白诗歌神话色彩浓厚的原因。

关于李白诗歌意象的研究,主要涉及有"人"意象、"侠"意象、"天马"意象、"月"意象等。首先,"人"意象研究。王素美《李白诗"人"意象的文化内涵与天人合一的境界》(《河北大学学报(哲学社会科学版)》2023 年第 1 期)一文别出新意,该文探究了李白诗歌中的"人"意象,并从儒释道三个文化层面出发,分别论述了"圣人""贤人""至人""真人""天人""神人""仙人""故人"等具体的"人"意象,阐释了李白不仅儒释道兼容认知,而且将这种情感认知内化为个体主体精神,并在更高范畴上与中国哲学的知情意保持了很强的一致性,以力求实现情感与意志的超越,从而达到天人合一的思想境界。其次,"侠"意象研究。以王昕怡《李白诗歌中侠意象的文化内涵》(《中国民族博览》2023 年第 11 期)为代表,该文阐述了李白是唐朝"侠"意象文化内涵发展的关键人物,其诗歌中"侠"意象出现次数较多,不限于对"侠"这一形象的描写,还扩大至具有侠特征的品格与精神。本文对唐以前“侠”意象文化内涵的流变进行梳理；通过对比，具体探索李白诗歌中“侠”意象文化内涵对前代的延续与创新，并从社会与个人两个角度探究其文化内涵形成的原因。再次，“天马”意象研究。武晓红《乐府诗“天马”意象考证及其对唐诗之影响》（《乐府学》2023 年第 1 期）一文是其代表。该文颇具深度，作者在考察“天马”意象时，充分肯定了李白《天马歌》对于“天马”意象塑造的意义，其不仅强化了天马形象的精神内涵，而且使其闪现出神性的光辉。此外，李白诗歌意象研究中关于“月亮”意象的研究依然是意象研究的重点。本年度相关研究成果有郑泽卉《浅析〈李太白全集〉中的部分月意象》（《文学艺术周刊》2023 年第 9 期），涉及了李白诗歌中关于邀月、问月、歌月的描写。对传统的“月”意象，李白进行了突破与创新，他的月亮是他自己的化身，具有从不曾有过的生命与灵魂。潘虹《古诗意象意义的生成及发展——以峨眉月诗词为例》（《中国民族博览》2023 年第 5 期）一文以李白《峨眉山月歌》及《峨眉山月歌送蜀僧晏入中京》为重点研究对象，探讨了峨眉月诗词意义的生成，并在此基础上分析了这一意象的发展及延伸意义。此外，孙欣《月亦有情递心声——浅谈李白诗歌中的“月”意象》（《青年文学家》2023 年第 3 期）一文继续探寻了“月”意象的丰富内涵。

关于李白诗文具体作品的研究，主要涉及李白的《赠孟浩然》《独坐敬亭山》《蜀道难》《清平调》《将进酒》等作品。其中，吴怀东撰有两篇文章。其一是《孟浩然：好“卧”好“游”的隐士及其心理机制——兼论李白〈赠孟浩然〉诗对孟浩然的描述与认知》（《学术界》2023 年第 3 期），该文在论述孟浩然隐士心理机制中，兼及论述了李白《赠孟浩然》诗对孟浩然的描述与认知，认为李白赠诗最突出的特征是用“卧”这个意象描述孟浩然的清高、淡泊，而“卧”这个词语和意象也在孟浩然诗中大量使用，“卧”正是最有代表性的隐逸生活方式。李白对孟浩然隐士形象的理解与推崇，完全符合孟浩然刻意留给世人的总体印象，而李白与孟浩然在推崇隐逸、崇尚高洁人格方面的心心相印，正是盛唐文化“风流”的反映。其二是《“思入风云变态中”——李白〈独坐敬亭山〉二题》（《绥化学院学报》2023 年第 12 期），该文以李白《独坐敬亭山》为研究对象，从文学地理学角度出发,探讨了前贤尚未涉及的此诗孤独感的成因与感情、意象的继承性问题。认为《独坐敬亭山》是李白与谢朓、陶渊明跨越时空的心灵对话——李白基于他深刻的生活经历与生命体验,在学习谢朓、陶渊明等前代诗人的基础上再创造的结果,也是李白与敬亭山的精神交流。敬亭山和《独坐敬亭山》诗相互生成,成为永恒的中国文化风景。此外,次仁吉《〈蜀道难〉——一首深蕴傲骨的旷世仙歌》(《中国民族博览》2023年第5期)一文从文本细读出发,辩驳了大多数人对《蜀道难》的意蕴为赠别去蜀之友人,暗含劝慰其道途艰险早日归还,以及讽谏实事,映射现实的理解,认为该诗还隐含着一个极为高远深邃的境界,《蜀道难》可谓不是人之作,而是仙之歌,是太白谪仙傲视凡俗的旷世仙歌。陈前进《〈清平调〉新解——兼论李白被"赐金放还"》(《杜甫研究学刊》2023年第3期)一文深入阐述了李白《清平调》三首之间严密的逻辑关系,第一首写玄宗与杨妃未见时,第二首写两人初见时,第三首写两人长相守。就三首诗的主旨而言,李白在此并无讥刺之意,而当以褒为主,李白是借三首诗在奉迎"礼同皇后"的杨妃。作者还认为,李白被"赐金放还"当与其"不拘细行"的性格和玄宗极为重视礼法的态度有很大关系,同时无论是李白被招入长安还是后来被逐出长安,都与玄宗对道教的态度有关。戴兆国《哲思视域中饮者精神世界的多维面向——论〈将进酒〉的诗化人生与醉意生活》(《江南大学学报(人文社会科学版)》2023年第1期)一文具体深入解读了李白《将进酒》,发掘了其中蕴含的饮者之问、饮者之信、饮者之乐、饮者之歌、饮者之名及饮者之愁,并以此呈现出李白诗化人生与醉意生活的统一。

四　诗文艺术研究

本年度关于李白诗文艺术研究的成果不多,较具代表性的有三篇。王秋秋《论李白〈古风〉艺术的"复古"与"创革"》(《理论界》2023年第6期)一文围绕李白《古风五十九首》,探讨了从魏晋时期的拟代传统到盛唐时期李白的《古风五十九首》的发展过程,阐述了李白《古风五十九首》形成的必然性。从《古风五十九首》所表达的思想内容和艺术手法两个方面，阐明了李白《古风》之“复古”追求与“创革”精神的重要联系，说明了《古风》在倾“世道大乱”之诉求和求“深沉含蓄、浅酌低吟之美”之间的艺术关系，指出了《古风五十九首》的社会价值与艺术价值。另有一篇关于李白赞文的研究。赵聪、莫山洪《论李白的赞文》(《漯河职业技术学院学报》2023 年第 1 期)一文以李白 17 篇赞文为研究中心，站在中国古代赞文发展史的角度探析了李白赞文的思想内容和艺术特色，认为李白赞文在唐代赞文中具有重要的地位，其赞文形式美，音韵和谐，语言清新俊逸，作者还以此为切入点深入探讨了李白的宗教信仰、交友观念和唐人的精神风貌。李金坤、魏彩霞《李白游仙诗神妙世界——兼议对〈楚辞〉游仙体式的接受》(《中国李白研究》，黄山书社 2023 年 11 月版)一文阐述了李白在道教文化的影响下，从神仙道教的角度驾驭神仙题材来传达其思想感情，吸收《楚辞》游仙的精神内核与表达形式，突破了六朝以来一味升登求仙而企慕长生的游仙题材与颇为单纯的游仙意象，结合自身遭遇，融合现实时事，在浓烈的性情中涂抹上相当个性化的梦幻色彩，创造了“以幻写仙”“以梦写仙”与“以游写仙”的三种抒写游仙世界的新异模式。其才力之大、想象力之丰、个性之显，洵无愧“诗仙”之名。而其广阔的堂庑，既为道教神仙世界努力拓展人性化的空间，也为游仙诗史竖起了一座继往开来的丰碑。

此外，李昀姝《李白诗歌中的写实与写意》(《作家天地》2023 年第 3 期)一文重点探讨了李白诗歌中的现实主义因素。肖卓锟《浅谈李白散文的艺术特点》(《青年文学家》2023 年第 5 期)侧重探究了李白散文的艺术特点。张印发《〈黄鹤楼送孟浩然之广陵〉的艺术特征研究》(《作家天地》2023 年第 20 期)一文通过对诗歌的结语进行分析，可以看到诗歌的主题是友情和离别，同时也体现了诗人对人生的思考和对命运的感慨。肖瑾《解读李白诗词中的独特语言风格》(《文学教育》下 2023 年第 8 期)一文谈及了李白诗词的语言特色，阐述了李白的诗词语言有让人如梦如醉的洒脱美；自信不羁的豪放美；情感跳脱的变化美；想象大胆的奇特美，展现出鲜明的个人特色。

五　创作渊源与传播接受研究

李白的诗文创作博采众家之长,其独特的文学魅力对后世国内外创作者产生了巨大影响,成为人们竞相模仿的对象。本年度李白创作渊源与传播接受研究,主要从李白诗歌的创作渊源、中国古今诗人对李白的接受、李白对传统诗学理论建构的意义、李白对区域文化建设的影响等角度展开。

本年度探究李白创作渊源的文章主要有王福栋、王艳平《李白之“士气”与〈史记〉人物形象》(《渭南师范学院学报》2023年第7期)一文。该文主要阐述了李白诗歌对《史记》人物形象的接受情况,阐明了李白对《史记》人物“士气”的关注,这些士气大致可分为侠刺之士气、国士之士气和隐士之士气三类,并肯定这些不同的士气共同指向李白的功业理想。

关于李白诗文的传播与接受研究,论文的写作较多也较丰富。第一,从后世古人的创作角度看对李白诗文的接受。刘岩《误读与重塑——论李纲对李白的评价与接受》(《国学学刊》2023年第1期)是一篇17页的长文,该文通过定量分析李纲引用李白诗句的40首诗,挖掘出李纲按照自己的理想与诉求对李白进行了误读与重塑,这具体体现在:在诗歌上,李纲多化用李白诗中有浓郁道教色彩的篇章;于人格评价而言,李纲对李白的评价出现了神仙化、符号化的明显趋向。这种误读,主观上表现出李纲对李白坚守道义、傲岸独立、不与权贵合污这一理想人格的追求,客观上起到了在两宋之际提升李白地位的作用。万羽《论苏轼词对李白的接受》(《西安石油大学学报(社会科学版)》第3期)一文探讨了苏轼词对李白接受的过程及其特点,认为苏轼词对李白的接受,经历了从简单地化用李白的诗文、事迹到体验李白的心境,再到引李白为知己相励相慰,呈现精神层面的沟通,是一个流动变化的过程。

第二,从传统诗学理论角度论述李白的后世传播与接受。李鹏飞

《杨齐贤、萧士赟、徐祯卿三家李白诗注与宋元明诗学》(《励耘学刊》2023 年第 1 期)也是一篇 17 页的长文。该文从注释学角度出发,综合阐述了杨齐贤、萧士赟、徐祯卿三家注李白诗的特点、成就及其成因,认为:“一方面,杨、萧注皆有博而不约、祖述宋人记录、以史证诗的特点,但徐注的尚简主情与两家也不无渊源。另一方面,萧注在诗语出处、诗章结构、诗人寓意处下功夫,徐注以诗旨概说、句意笺注为特色。三家注释话语的离合轨迹,既关乎注家情感动机,也是取舍《文选》李善注与五臣注不同理路的结果,更受到宋元明文本诠释分工、李杜接受纷争与诗学向心力的影响。”花志红《〈瓯北诗话〉之“李青莲诗”简析》(《名作欣赏》2023 年第 35 期)一文以《瓯北诗话》中所涉及李白生平事迹及其诗歌进行了解读,具体阐述了《瓯北诗话》对李白及其诗歌的接受。潘如忆《从“兴趣”说看严羽对李白漫游诗之批评》(《大众文艺》2023 年第 10 期)一文以李白漫游诗为例,通过分析“兴趣”的美学内涵,论述了严羽对李白漫游诗歌的接受。

第三,从今人文学创作角度论述李白文学风格的当下传承。此类文章主要有两篇:其一,谢莉《翱翔于中国诗学星空的大鹏——试谈李白诗中的大鹏意象兼及赵义山先生对大鹏意象的新创》(《文史杂志》2023 年第 3 期)一文通过李白《大鹏赋》与赵义山《大鹏歌》的文本细读,探讨了赵义山对李白大鹏意象的继承与发展,李白自拟大鹏,书写个性特征,展现了盛唐精神。赵义山承传太白风神豪情,借大鹏意象描绘时代风貌,寄寓个人壮怀。作者认为太白以鹏自比,是生性不羁、充满奇思妙想和高度自信自负的体现。赵义山的大鹏,有对太白高度自信的直接继承,也有对无边想象力和创造力的赞扬。其二,赵姝书《〈蜀道难〉的时空穿越——由李白〈蜀道难〉的开拓到赵义山蜀道主题的现代重塑》(《文史杂志》2023 年第 3 期)一文肯定了李白《蜀道难》的创作将乐府旧题《蜀道难》推向了一个前所未有的创作高峰。当代学人赵义山对《蜀道难》的新创与现代重塑,为“蜀道难”再次赋予了新意蕴,使乐府旧题《蜀道难》一系列的蜀道诗文得以继续发展。由李白《蜀道难》的开拓到义山先生蜀道主题的现代重塑,可以看到中国古体诗歌不断发展创新之过程,中国古体诗歌的现代重塑亦将由此深受启发。

第四,从区域文化角度讨论李白的影响。代表性文章有:方丽萍《边省地区文化传统的选择与赓续——以清代贵州李白接受为中心》(《临沂大学学报》2023 年第 4 期)一文重点梳理了清代贵州地区重建李白诗迹、撰文志事、雅集游览、考证“李白至夜郎”等李白接受活动,阐述了清代贵州接受李白的原因在于“地以人显”、借李白“润色山川”“援引殊方已负盛名之古人为闾里荣”的传统观念,探讨了中国边省地区继承文化传统的路径问题,展现了传统文化在边省地区强大的影响力与凝聚力。此外,还有曾江《太白故里看文化传承》(《中国社会科学报》2023 年 2 月 10 日)一文是记者曾江亲临李白故乡江油县李白读书台、李白纪念馆,感受当地弘扬与传承李白文化的新春新气象的记录。

六　比较研究

比较研究是文学研究的一种重要方法。本年度运用比较方法研究李白及其诗文作品的论文中,既有李白与国内诗人的比较,也有与国外诗人的比较;既有特定意象的文学比较,亦有文化观念的对比分析。

李白与国内诗人的比较。从任侠精神角度进行比较的,有两篇文章。张焕《郑愁予与李白任侠精神之比较》(《名作欣赏》2023 年第 9 期)一文将当代台湾诗人郑愁予与李白的任侠精神予以比较,指出了其相同之处在于诗人对国家前途和人民命运的担忧和同情,但时代和性格使得他们在很多方面也存在着较大的差异性。王佳宁《千古文人侠客梦,肯将碧血写丹青——曹植与李白游侠诗之比较》(《青年文学家》2023 年第 8 期)一文以曹植与李白的游侠诗为对象进行比较研究。另外,关于李杜的比较,也有部分成果。付秀宏《李白和杜甫的旷古诗意》(《群言》2023 年第 4 期)一文探求了李白与杜甫二人因性格与思想观念差异造成的不同的诗意表达。张程《李白、杜甫的舍与得》(《文史天地》2023 年第 6 期)一文综合论述了李白与杜甫的交谊及其人生志业上的取舍问题。此外,有李白与曹植自荐文的比较研究一篇,高榕《浅析〈求自试表〉和〈与韩荆州书〉的表达艺术》(《青年文学家》2023 年第

17 期)一文以曹植的《求自试表》与李白《与韩荆州书》为参照对象，探究了二人自荐文书的艺术特色为:在语言艺术上精炼有道，采用了以退为进的表达技巧，表明了各自真挚诚恳的情感态度。

李白与国外诗人比较。这方面的论述主要从题材、意象、文化观念等方面展开。有关诗歌题材比较，汪程《李白与威廉·布莱克诗歌中的神话比较研究》(《绥化学院学报》2023 年第 12 期)一文重点探讨了李白与威廉·布莱克二人诗歌中神话元素使用的特点。认为这两位诗人诗作中通过神话表现了迥然各异的浪漫主义，体现了独特的民族性。李白沿袭了中华民族上古神话系统，其神话思维中的具象性与象征性都基于热爱祖国的情怀；布莱克却对西方传统圣经神话系统全盘推翻，其以想象力为武器，向当时的统治者宣战。

诗歌意象比较。胡嘉卿《李白与莎士比亚诗歌花意象对比研究——以芙蓉和玫瑰为例》(《名作欣赏》2023 年第 12 期)一文深入分析了李白与莎士比亚诗歌以芙蓉与玫瑰为代表的花意象的异同之处，认为芙蓉与玫瑰分别为李白与莎士比亚诗歌花意象的典型代表，具有独特的意蕴与文化印记。李白诗歌中的芙蓉意象与莎士比亚十四行诗中的玫瑰意象均映射出“美”与“情”两大主题。不同在于芙蓉意象反映出儒家思想、佛教、道教在李白诗歌中的有机结合；玫瑰意象体现的则是莎士比亚十四行诗的永恒性主题。吴慧《语料库下的东西方诗歌隐喻意象比较研究——以雪莱和李白诗歌为例》(《开封文化艺术职业学院学报》2023 年第 3 期)一文利用在线语料库和隐喻识别，将李白诗歌里的常见隐喻意象与雪莱诗歌里的常见隐喻意象进行比较，发现东西方浪漫主义诗歌里常见意象由于文化背景而表现不一样，但都描述出丰富多彩的大自然，呈现出了人与自然和谐相融的关系。

文化观念比较。代春艳《井原西鹤与李白文学作品中的女性爱情观比较》(《今古文创》2023 年第 3 期)一文通过对李白与日本近代诗人井原西鹤二人诗作中的女性书写，比较并探究中日文学中女性爱情观的差异并分析其原因。认为江户女性爱情观扭曲，唐朝女性爱情观为忠贞。另有张艳《汉英诗歌折射的时间观——以李白的〈将进酒〉和雪莱的〈时间〉为例》(《青年文学家》2023 年第 8 期)一文通过对李白的

《将进酒》和雪莱的《时间》二诗的比较分析，比较了汉英人不同的时间观。

七　译介研究

译介研究作为李白文学域外传播与接受的重要侧面，近年来一直颇受关注，且呈现欣欣向荣的态势。本年度李白诗文译介研究主要集中在李白诗歌具体作品的译文研究，也有不同译文的对比研究；有经典译文范本的综合研究，也有诗歌翻译策略、译介效果等的研究。

具体作品的译文研究。陈佳怡、李梓铭《李白〈将进酒〉英译本研究概述》(《现代英语》2023 年第 9 期)一文对李白《将进酒》不同英译本研究进行整理归纳，以期拓宽其英译研究视域。作者指出，本诗现有英译本对比研究主要从“三美”理论、“信、达、雅”翻译标准以及及物性理论三种角度着手，比较不同英译本在字词斟酌、韵律形式、意象表达等方面的差异，并分析其中蕴含的翻译方法和翻译技巧。武浩《生态翻译学视角下的〈将进酒〉译文研究》(《今古文创》2023 年第 25 期)一文以许渊冲、孙大雨译本为基础，运用生态翻译学中的语言维、文化维和交际维的“三维”转换理论，对这两种文本进行比较分析，探讨了译文之间的异同。

不同译文的比较研究。高博《李白〈黄鹤楼送孟浩然之广陵〉多译本的翻译策略体系比较研究》(《南华大学学报(社会科学版)》2023 年第 1 期)一文以汉语古诗英译策略体系为理论框架，从译诗语言的易化策略、译诗形式的多样化策略、译诗词语的转换策略以及附翻译扩展策略四个维度对《黄鹤楼送孟浩然之广陵》一诗的五个代表性译本加以比较分析。研究结果表明，不同译者在译诗语言、词语、形式和附翻译应用层面上各具特色，每个译本的内部策略也都各成体系。潘曼曼《关联论视域下〈长干行〉中文化负载词翻译对比研究》(《今古文创》2023 年第 12 期)一文指出，文化负载词是指各民族国家之间地理位置、民俗文化等差异在语言词汇层面上的表现。文章从关联理论出发，以地点、习语典故、民俗文化为例，比较许渊冲先生和埃兹拉·庞德《长干行》英译本中文化负载词的翻译发现，庞德在翻译过程中存在错译、误译现象，尤其是对中国特色地名、传统文化的翻译上，而许渊冲先生在译入语的词汇选择上并没有实现完全的语用对等。梁晶《汉诗英译的"绝对节奏"与"可变音步"——以〈长干行〉两译本为例》(《外国语文研究》2023 年第 3 期)一文通过对庞德《长干行》与威廉斯《桂树集》中的译诗《长干行》的比较分析，发现二者的翻译策略迥异：庞德的"绝对节奏"译诗策略联结主体情感与智性两极，威廉斯的"可变音步"策略终极指向也是主体之"思"，但较之庞德的"绝对节奏"，威廉斯的"可变音步"意欲更有效贴合现时的现实生活世界。作者总结说，两种翻译策略背后，浓缩的毋宁是美国自由诗音乐性的嬗变。卢琪《李白〈将进酒〉英译本中汉语文化负载词翻译研究》(《今古文创》2023 年第 39 期)一文结合奈达对文化负载词的分类，分析许渊冲先生和 Stephen Owen 两位译者的《将进酒》英译本，对比研究他们对于《将进酒》中文化负载词的翻译策略。研究发现，李白《将进酒》英译过程中运用的汉语文化负载词对于汉语文化在英语世界里的传播起到了重要作用，同时也为人们深入了解李白提供了一个新的视角，丰富了诗歌翻译学研究的内容。

李白经典诗文译本的综合研究。蒋向艳《诗仙远游：〈玉书〉里的李白》(《中国文学研究》2023 年第 4 期)一文，探究了法国女诗人朱迪特·戈蒂耶的中国诗创译集《白玉诗书》对李白诗歌在欧美国家传播的重要影响，认为《玉书》是中国古诗词海外传播和中法文学关系史上的一部重要作品，并挖掘出李白在《玉书》中的主角诗人地位。在这部中国诗创译集中，李白的肖像第一次出现在西方出版的书籍里，《玉书》里大量诗歌彰显了李白诗的色彩。同时，《玉书》所选的"李白诗"证明本诗集是 18 世纪欧洲的"中国风"在 19 世纪末 20 世纪初欧洲文坛的延续。随着《玉书》多个外语转译本的出版，李白的诗名由欧入美，走向了更为广阔的文学世界。石春让、戴玉霞、梁丽群《第一部李白诗集英译本的百年出版传奇》(《出版科学》2023 年第 4 期)一文介绍了世界上第一部李白诗歌英译文集由日本学者小畑薰良翻译的《李白诗集》的出版与印行情况。这部诗集收录了李白诗歌 124 首，并介绍了李白的生平和诗歌成就。100年来,该诗集在美国、英国、日本等国家印行20余次,创造了中国古典诗歌作品在西方世界的出版传奇。该诗集的出版概况、出版特征、封面设计、馆藏情况都呈现出独特特征,对当下中国典籍外译仍有启迪意义。

李白诗歌翻译策略与译介效果研究。郑春光、齐冬梅《宇文所安与路易·艾黎的李白诗英译译者主体性研究》(《哈尔滨学院学报》2023年第8期)一文从李白诗歌英译中翻译者的主体性角度出发,从翻译者受动性、能动性、为我性三个要素入手,分析两位译者不同的主体声音对诗歌翻译策略和翻译效果的重要影响,为汉诗英译乃至中国文学英译提供了启示和借鉴。常红婧、梁娟《"软硬皆施":李白诗歌英译本在美国的译介效果及影响因素研究》(《绥化学院学报》2023年第12期)一文通过考察李白诗歌英译本在美国的"软效果"和"硬效果",文章发现:李白诗歌获得了英美国际学术场域的认可,对美国文学选材、诗歌创作以及音乐艺术等产生深远影响。但其主要英译本销量排名总体靠后,在普通读者群中影响力有限。在涉及影响李白诗歌译介效果的各要素中,译介控制和译介内容发挥了主要作用。中国古典诗歌译介应重视专业读者和普通读者的差异化效果体现,通过助推译介各要素,合力促进李白诗歌在海外更好的译介效果。

八　跨学科及其他研究

本年度关于李白的跨学科研究呈现出多学科交叉的丰富性,其议题主要从文献学、学术史、数字科技、文学地理学、文学史学及艺术等领域展开。

李白诗文故实考辨。这方面的成果主要有四篇。詹福瑞《李白〈行路难〉三首用典释读与系年再议》(《唐代文学研究》2023年第1辑)一文通过对李白《行路难》三首诗中典故的深入解析,推断出这三首诗皆为李白去朝前这一个时期内所作。这一观点,具有重要的翻案意义。关于李白《行路难》三首的创作时间问题,学界一直未有定论。20世纪

80年代以前，学界把三首皆定为李白天宝三载离京前所作。因李白生平考证中的二入长安说出现后，关于此三首诗的系年出现了分歧，有学者怀疑这三首诗不是同时所作，将前二首系于一入长安。但无论是定为一入长安作品，还是二入长安之作，都无文献作为确证，而是通过对作品的理解得出结论的。而作者通过对诗中典故的深入细读，推断出李白在被玄宗疏远后，并未马上要求离京，曾有一段“浪迹纵酒，以自昏秽”的生活，而《行路难》三首都是作于这个阶段。曾涧《李白〈上安州裴长史书〉中“郡督马公”考辨》（《扬州职业大学学报》2023年第2期）一文重点考辨了李白《上安州裴长史书》中“郡督马公”的具体所指，认为其所指不是开元十五、十六年出任安州都督的马正会，而是马克麾，因马正会实卒于开元九年前。张立华《李白〈蜀道难〉异文改笔研究及疑难辨正》（《文史知识》2023年第7期）一文结合李白的创作心迹，对《蜀道难》的一些重要异文如“西当太白有鸟道，可以横绝峨眉巅”中“何以”与“可以”、“地崩山摧”与“蛇崩山摧”、“悲鸟”与“悲乌”、“古木”与“枯木”、“雌从”与“从雌”、“林间”与“花间”、“子规啼夜月”与“子规啼月”，改笔如“连峰去天不盈尺”与“连峰入烟几千尺”等进行了考辨。杨硕硕《李白〈峨眉山月歌〉诠释之争评议》（《名作欣赏》2023年第5期）一文从地理学及文学意象角度辨析了李白《峨眉山月歌》中的地名“平羌江”“清溪”“三峡”及“君”字所指作了细致梳理与考辨，认为“平羌江即为青衣江”“清溪位于犍为县清水溪镇”“三峡意味巴东三峡”，“‘君’应指月亮”。另有两文从名物角度考辨了李白《静夜思》中“床”的具体所指。刘继才《母亲的床与李白的“床”》（《博览群书》2023年第4期）一文从博物学角度，辨析了李白《静夜思》中“床”字的实物为“井床”，亦可理解为“卧具”。张宏《从传统木作和酿酒技术看李白〈静夜思〉之“床”》（《中国民族博览》2023年第7期）一文从传统木作和酿酒技术出发，辨析了李白《静夜思》中的“床”除有“坐具说”“井栏说”“檐廊说”等说法外，还可以是“卧具”，也可能是“酒床”。

李白研究的学术史。这方面的成果，有李白研究综述、部分学者或著述的李白研究成就等的论述。李白研究综述方面，林大志《三十年来福建地区的李白研究论略》（《闽南师范大学学报（哲学社会科学版）》

2023 年第 1 期)一文,通过对中国李白研究会成立三十余年来福建地区的李白研究成果加以回顾和总结,论述了福建地区李白研究的三个阶段及其成就,研究方法及研究空间。认为这一时期的研究大略可分为三个阶段:第一阶段以陈祥耀、黄炳辉、孙绍振等为代表,第二阶段以林继中、陈节、贾晋华等为代表,第三阶段以李小荣、胡旭等为代表。三代学人分别在三个阶段作出贡献。举其要者,当以第二阶段学者的研究成果影响最大,成绩亦更为显著,而以第三阶段学者初露锋芒,发展空间尚大。从研究方法的视角观之,福建省学者李白研究的视角具有多样化特点,于传统研究范式跨学科新视角研究两种类型兼而有之。概言之,三十年以来福建地区的李白研究都还显得相对薄弱,相对分散。部分学者或著述的李白研究成就方面,海滨《充实之谓美,积健而为雄——简述薛天纬先生的李白及唐诗研究》(《名作欣赏》2023 年第 12 期)一文概述了薛天纬对唐代诗人李白、杜甫及唐诗其他相关问题的研究成就,肯定了其沉潜李白的全面研究,集其大成的伟大成就。概括出薛天纬治学的特点为:其研究内容是“言之有物”的“实”,其学术表达是“绝无虚文”的“实”,真体内充,超心炼冶,乘之愈往,识之愈真,充实之谓美,积健而为雄。陈玉强《生命诗学视野下的李白研究——读詹福瑞〈诗仙・酒神・孤独旅人:李白诗文中的生命意识〉》(《名作欣赏》2023 年第 19 期)一文评述了詹福瑞《诗仙・酒神・孤独旅人:李白诗文中的生命意识》一书的价值,认为詹福瑞采用了文本悟入与哲学阐释的研究路径,探究了“生命意识研究何以可能”“李白生命意识的内在构成”“李白生命意识研究的多维路径”“李白生命意识研究的意义”等议题,肯定该书弥补了当下文学研究中对中国古代经典作家生命诗学阐释的缺失,为学界建构了生命诗学视野下中国古代经典阐释的新路径。

李白知识图谱的数字化研究。沈雪莹、欧石燕、卢彤彤《中国古代文人生平知识图谱构建与应用——以李白和杜甫为例》(《数字图书馆论坛》2023 年第 8 期)在实例部分,以李白和杜甫为对象,基于构建的古代文人语义模型,对他们的生平和作品信息进行半自动标注,构建“李杜”生平知识图谱,并存入 neo4j 图数据库,采用可视化技术展示和分析两位文人的人际关系、生平事件、时空轨迹、作品风格演变。关注文人生平的时空信息，将他们的生平事件与作品特征关联起来，从而直观地观察他们的生平经历与思想感情变化之间的联系，为传统人文研究助力。

李白诗文的文学地理学研究。徐定辉、段小曼《地域文化中的生命放歌——李白湖北诗文之生命意识书写》（《湖北民族大学学报（哲学社会科学版）》2023年第1期）一文从文学地理学角度出发，对李白游历及寓居湖北期间创作的95首诗和18篇文展开研究，具体分析了其诗文中呈现出来的春秋代序的时间感悟、功业不朽的理想追寻、怀古感今的生命沉思等生命意识。

李白诗歌的史学价值研究。王雪凝《论李白诗作中的历史意识》（《绵阳师范学院学报》2023年第7期）一文从李白诗作的文本细读出发，概括出李白诗歌的历史意识表现为珍视文学创作传统、客观评价历史人物、借古之事以喻今世等方面。

李白诗文与音乐及书法研究。明言《李白音乐批评初探》（《北方音乐》2023年第2期）一文站在音乐的角度审视李白的经典诗词名篇，用音乐批评的手法对李白的听（抚）琴诗、观伎乐诗、乐人品藻诗等类别的诗词作品给予了文本解析。

关于李白研究，本年度相关的其它成果还有：查屏球《李白与宣城》（通讯作者）（《三联生活周刊》2023年第32期）、卢燕新《唐诗选本中李杜优劣观的嬗变》（《光明文学遗产》2023年9月4日）、《今天，我们为什么重读李白？》（《安徽时评》2023年12月29日）、贾克帅《让“李白名片”成为读懂中国的窗口》（《安徽日报》2023年12月25日）等文，从选本研究、李白的精神价值、新时代文化创建意义等方面展开了探讨。

（作者单位：郑州航空工业管理学院；
湖南科技大学中国古代文学与社会文化研究基地）

关于在青山李白墓园重刻重树范传正《唐左拾遗翰林学士李公新墓碑》的建议

薛天纬

青山李白墓，2006年被国务院公布为全国重点文物保护单位。青山李白墓存在的真实性及其形成的历史过程，全面反映在李白去世55年后的元和十二年(817)正月遵照李白遗嘱为李白迁葬的宣池观察使范传正所撰《唐左拾遗翰林学士李公新墓碑并序》(简称"范碑")中。"范碑"是传世文献记载李白生平家世最为详尽的一种，尤其是对李白后裔(包括李白子伯禽，以及伯禽的一个儿子、两个女儿)的记载，更为其他文献所缺载而显得弥足珍贵。

"范碑"写道："今作新墓铭，辄刊二石，一置于泉扃，一表于道路"，"猗欤琢石为二碑，一藏幽隧一临歧。岸深谷高变化时，一存一毁名不亏"。当时把一块墓铭埋在墓穴中，另一块墓碑树于大路旁。范氏预料到大路旁那块碑难免被毁，而"幽隧"中的墓铭可以永久存在。果如其所料，"元和丁酉岁距今淳祐壬寅凡四百二十六年碑石断仆零落仅存方尺许于榛莽间"(《重刻墓碑记》)，南宋淳祐年间，当地官员时皙(?)与孟点看到的"范碑"已遭毁坏，于是，重刻了《唐左拾遗翰林学士李公新墓碑并序》，这就是今天在墓园内"太白祠"内壁上嵌镶的那块"宋碑"。碑的正文基本完好清晰，但《重刻墓碑记》文字漫漶得相当严重。太白祠内光线幽暗，碑的展出位置又不显眼，绝大多数游人不会关注这块蒙在玻璃罩下的"范碑"。

《重刻墓碑记》明言，"得碑之文于其集中"，这块"宋碑"的文字依据是我们今天所能看到的宋本《李太白文集》，换句话说，是把宋本《李太白文集》所载的"范碑"搬到了碑石上。然而，"范碑"还有另外一个版本，即《文苑英华》（以及清编《全唐文》）所载“范碑”。两个版本大同小异，经校勘，《文苑英华》所载“范碑”较宋本《李太白文集》所载“范碑”多“布衣之遇，前所未闻。公自量疏远之怀，难久于密侍，候间”22字，这段文字对于了解天宝年间李白在朝及出朝的情况极为重要。宋本《李太白文集》在缺22字的情况下，加了“既而”二字以连贯文意。此外，宋本《李太白文集》之“传正共生唐代，甲子相悬”二句还少一个“共”字。两相比较，《文苑英华》之“范碑”正文实优于宋本《李太白文集》之“范碑”。我最近写了一篇题为《读范碑　知李白》的文章，将刊于明年初的《名作欣赏》杂志。

我之所以提出这个建议，基于以下两点考虑：

一、恢复“范碑”“表于道路”的原貌（墓穴内的“范碑”是后世永远看不到的），换句话说，恢复元和十二年（817）正月、李白辞世55年后青山李白墓营建始成时的面貌，使1200年后的游人看到一个更真实更完整的青山李白墓园。

二、使游人了解青山李白墓的由来。

我设想，可将“范碑”树于大路边的文物保护碑旁，正面用繁体无标点竖排，以符合唐碑之体制，反面用简体加标点横排，以利于游人阅读。碑上文字均用电脑字体。碑应建于亭中，以避风雨侵蚀及阳光曝晒。

我的建议如能付诸实施，太白墓园将增加一个富有历史价值及文化价值的新景点，这对提升墓园的品位无疑具有重要意义。再挑选一位长于表达、富于感情的解说员，我相信，关于李白孙女的声情并茂的解说，一定会感动无数前来瞻拜李白的游人。

希望马鞍山市党政领导能重视以上建议，并作出决策，付诸实行。

2022年12月13日

（作者单位：新疆师范大学）